U0481139

国家社科基金
后期资助项目

绿色规制与上市公司环境信息披露行为画像

Green Regulation and Environmental Information Disclosure Behavior Profile of Listed Companies

麦勇 著

四川大学出版社
SICHUAN UNIVERSITY PRESS

图书在版编目（CIP）数据

绿色规制与上市公司环境信息披露行为画像 / 麦勇著. — 成都：四川大学出版社，2024.1
ISBN 978-7-5690-6698-2

Ⅰ．①绿… Ⅱ．①麦… Ⅲ．①上市公司－环境信息－信息管理－研究－中国 Ⅳ．①F279.246

中国国家版本馆CIP数据核字（2024）第042412号

书　　名：	绿色规制与上市公司环境信息披露行为画像
	Lüse Guizhi yu Shangshi Gongsi Huanjing Xinxi Pilu Xingwei Huaxiang
著　　者：	麦　勇
出 版 人：	侯宏虹
总 策 划：	张宏辉
选题策划：	王　冰　王　睿
责任编辑：	王　冰　王　睿
责任校对：	陈　蓉　吴近宇
装帧设计：	墨创文化
责任印制：	王　炜
出版发行：	四川大学出版社有限责任公司
	地址：成都市一环路南一段24号（610065）
	电话：（028）85408311（发行部）、85400276（总编室）
	电子邮箱：scupress@vip.163.com
	网址：https://press.scu.edu.cn
印前制作：	四川胜翔数码印务设计有限公司
印刷装订：	四川五洲彩印有限责任公司
成品尺寸：	165mm×238mm
印　　张：	23.5
字　　数：	403千字
版　　次：	2024年3月 第1版
印　　次：	2024年3月 第1次印刷
定　　价：	88.00元

本社图书如有印装质量问题，请联系发行部调换

版权所有　侵权必究

扫码获取数字资源

四川大学出版社
微信公众号

国家社科基金后期资助项目
出版说明

后期资助项目是国家社科基金设立的一类重要项目，旨在鼓励广大社科研究者潜心治学，支持基础研究多出优秀成果。它是经过严格评审，从接近完成的科研成果中遴选立项的。为扩大后期资助项目的影响，更好地推动学术发展，促进成果转化，全国哲学社会科学工作办公室按照"统一设计、统一标识、统一版式、形成系列"的总体要求，组织出版国家社科基金后期资助项目成果。

全国哲学社会科学工作办公室

前　言

　　为全面应对环境污染问题，实现经济社会可持续发展，我国政府目前已出台多项规章制度促进环境保护，规范企业环境信息披露行为，以期促进企业的环境信息公开。但从目前的形势来看，一方面上市公司环境信息披露尚处于起步阶段，环境信息披露还未真正嵌入公司内部治理结构，环境信息披露机制仍不健全，披露形式也不规范；另一方面，广大投资者难以从繁杂枯燥的文字和数字中，直观了解上市公司信息披露的内容。此外，政府监管机构也难免对信息产生疏忽，难以做到精准监管。

　　针对上述问题，本书收集整理了大量上市公司信息，使用数据挖掘和文本分析技术对上市公司披露环境信息的行为进行分解，从不同维度对上市公司环境信息进行标签提取，为上市公司绘制环境信息披露行为画像。同时结合上市公司画像系统，构建环境信息披露指数，为政府机构监督和广大投资者提供一种更为直观、高效的环境信息披露指标体系。

　　本书针对以下几方面进行了深入探讨：

　　第一，上市公司环境信息披露行为与绿色规制。一方面，通过考察我国上市公司环境信息披露的案例，对环境信息披露行为进行分类，重点着眼于上市公司环境信息披露中的"漂绿"行为、"洗棕"行为和"印象管理"行为等，并进一步分析公司治理与消费者绿色评价对上市公司环境信息披露行为的影响。另一方面，在分析中国绿色规制体系构成的基础上，运用动态博弈方法探讨地区间绿色规制政策之间的策略博弈关系，并构建我国31省份绿色规制强度指标体系，以此探讨我国近年来绿色规制强度存在的空间差异。

　　第二，上市公司环境信息披露的国际比较。研究各国的环境信息披露现状，搜集大量文献资料，分别总结了环境信息披露政策演变背景及原则的国际比较、环境保护法律法规的国际比较、环境信息披露形式的国际比较、上市公司ESG披露要求的国际比较及环境会计信息的国际比较。

第三，上市公司环境信息披露行为画像计算方法。首先对上市公司环境信息披露行为用户画像技术依托的软硬件平台展开介绍。然后阐明本书中环境信息披露行为画像的总体框架设计和使用到的多种技术。最后阐述了上市公司环境信息披露行为画像的概要。

第四，结合行为画像的上市公司环境信息披露特征。首先介绍国内外环境信息披露指标发展历程、环境信息披露指标的评分准则。接着结合行为画像技术构建合适的披露指标模型。最后基于上市公司社会责任报告，使用上述模型与技术，分析其环境信息披露特征。

第五，绿色规制影响上市公司环境信息披露行为的画像。首先探讨绿色规制影响上市公司环境信息披露行为的内在逻辑。然后基于相关算法，从行业整体和公司个体两个维度构建绿色规制影响环境信息披露行为的画像。针对若干典型公司"漂绿"、绿色供应链"漂绿"以及企业规避绿色规制的跨区域选址行为进行画像分析，以探明绿色规制影响公司环境信息披露行为画像的路径，并据此为政府监管、投资者决策提供有效信息保障。

第六，提升上市公司环境信息披露质量策略。本部分结合中国现实背景，在着重分析绿色规制对上市公司环境信息披露行为治理效用基础上，阐明提升企业环境信息披露质量需依赖完善的绿色规制标准体系。为全面提升上市公司环境信息披露质量，建议从政府、社会和企业三个层面共同发力，以协同推进上市公司环境信息披露的高质量发展。

目 录

第一章 绪 论 …………………………………………………… 1
  第一节 研究背景及意义 ………………………………………… 1
  第二节 基本概念的界定 ………………………………………… 3
  第三节 理论基础 ………………………………………………… 5
  第四节 国内外研究进展 ………………………………………… 9
  第五节 研究思路与方法 ………………………………………… 32
  第六节 创新之处 ………………………………………………… 36

第二章 上市公司环境信息披露行为与绿色规制 ……………… 39
  第一节 上市公司环境信息披露的意义 ………………………… 39
  第二节 上市公司环境信息披露行为分析 ……………………… 40
  第三节 中国绿色规制体系 ……………………………………… 78

第三章 上市公司环境信息披露的国际比较 …………………… 101
  第一节 环境信息披露政策演变背景及原则的国际比较 ……… 101
  第二节 环境保护法律法规的国际比较 ………………………… 106
  第三节 环境信息披露形式的国际比较 ………………………… 114
  第四节 上市公司 ESG 披露要求的国际比较 ………………… 125
  第五节 环境会计信息的国际比较 ……………………………… 144

第四章 上市公司环境信息披露行为画像计算方法 …………… 154
  第一节 软硬件平台搭建 ………………………………………… 154
  第二节 项目总体框架设计 ……………………………………… 154
  第三节 分布式网络爬虫技术 …………………………………… 157
  第四节 文本预处理 ……………………………………………… 162
  第五节 文本分析 ………………………………………………… 165
  第六节 面向用户画像的机器学习模型 ………………………… 184
  第七节 上市公司环境信息披露行为画像概要 ………………… 193

第五章　结合行为画像的上市公司环境信息披露特征 …………… 201
第一节　国内外环境信息披露评价体系发展历程 ……………… 201
第二节　环境信息披露指标的评分准则 ………………………… 204
第三节　环境信息披露指标的生成 ……………………………… 210
第四节　基于上市公司社会责任报告的环境信息披露特征 …… 211

第六章　绿色规制影响上市公司环境信息披露行为的画像 ……… 254
第一节　绿色规制影响环境信息披露行为的逻辑 ……………… 254
第二节　绿色规制影响环境信息披露行为的研究方法 ………… 256
第三节　绿色规制影响环境信息披露行为的画像 ……………… 257
第四节　绿色规制影响上市公司环境信息披露的典型行为 …… 297

第七章　提升上市公司环境信息披露质量策略 …………………… 306
第一节　绿色规制对上市公司环境信息披露行为的治理效用 … 306
第二节　提升上市公司环境信息披露质量的路径 ……………… 309

参考文献 …………………………………………………………… 317

附　录 ……………………………………………………………… 357
附录1　我国各省区已发布的大气污染物排放标准文件汇总 …… 357
附录2　我国各地区水污染物排放标准文件汇总 ………………… 363

后　记 ……………………………………………………………… 365

第一章　绪　论

第一节　研究背景及意义

一、研究背景

自 20 世纪 90 年代，环境信息披露就受到我国政府职能部门关注和投资者重视，我国政府陆续出台的相关环境信息披露政策制度表明，其将对环保和气候变化的关注付诸行动。早在 2007 年，达沃斯论坛便宣布成立碳信息披露标准理事会，以期加强对世界环境信息披露的监管。在降低温室气体排放总量方面，国际气候联盟就相关事宜提出了重要的指导意见。2009 年世界气候大会在哥本哈根召开后，各国对碳排放的研究报告等成果出现了急剧增长的态势。Gonzalez 等（2016）用 2012 年英国碳信息披露项目数据研究了环境信息披露的影响因素，为后续的相关研究奠定了基础。

近年来，我国环境污染情况依旧严峻，京津冀和长三角等地区在冬季均出现较大面积的雾霾现象，严重影响居民日常的生产生活，若无法合理改善环境污染问题，必然会妨碍生态文明建设的推进和经济的可持续发展。在 2015 年的巴黎气候大会上，中国明确承诺，到 2030 年，要让中国单位 GDP 的 CO_2 排放量比 2005 年减少 60%~65%，这意味着中国政府将担负更多环境责任。环境问题是企业生产经营中无法回避的内容，因而在落实推进生态文明建设的背景下，企业应全面、及时、高效、准确地对相关环境信息进行披露，这一问题已是当下迫在眉睫的重要任务。整体来看，我国的企业环境信息公开制度尚处在起步探索阶段，企业环境信息披露水平良莠不齐，环境信息披露质量亟待提升。此种局面产生的原因是多方面的，具体可归纳为内部和外部两种原因。Liu 等

（2009）研究表明，企业环境信息披露深度和水平，主要受外部压力的影响，其中政府管制压力能够显著提升企业环境信息披露质量。Luo 等（2012）从政府规制压力、社会压力等多方面展开研究，结果表明，体制监管、经济和社会的压力是影响企业环境信息公开的主要因素。国内学者贺建刚（2011）研究表明，企业环境信息公开透明度的提升，减少了相关决策过程中存在的信息不对称，有助于更好地为外部投资者提供具有参考价值的信息。

因此，在当前背景下，深入探讨我国上市公司环境信息披露行为，分析其进行环境信息披露的深层次原因，事关公司可持续经营和环境信息披露制度的完善，甚至会影响我国绿色交易市场的有效运行。

二、研究意义

结合以上背景分析可见，我国环境信息披露刻不容缓，着眼于绿色规制与上市公司环境信息披露行为画像的研究，具有重要的理论与现实意义。

1. 理论意义

本书在分析上市公司环境信息披露行为与国内外环境信息披露制度的基础上，着重考察了环境信息披露对公司治理的影响，并从宏观、中观视角剖析公司环境信息披露在资本市场上产生的效应；结合上市公司社会责任报告构建企业环境信息披露行为画像系统，从微观视角挖掘我国上市公司环境信息披露中的多种特质。这些研究内容有效地揭示了上市公司环境信息披露对隐性和显性社会价值影响的方式，从而大大推进了理论研究的深度。

总体上看，本书的研究能够有效丰富上市公司环境信息披露监管的理论，并在应用层面强化对环境信息披露的分析，为政府监管部门实时协同管治提供有效的理论支持，还有助于帮助广大投资者直观清晰地了解上市公司绿色生产和经营的现状。

2. 现实意义

研究环境信息披露与上市公司环境披露行为画像有利于保障公民环境参与权，提高公民关注环境保护、参与环境管理的积极性，推动生态文明建设。同时，监管部门通过有效监管上市公司环境信息披露行为，能够充分掌握公司环境绩效表现和环境信息披露情况，有效监督上市公司提升信息披露质量，从而给社会公众带来诸多有利影响。公民环境参与权即公民参与环境保护决策的权利,具体包括参与环境保护立法及听证的权利、参与环保及面临利益受损时依法诉讼的权利。随着公众对环境友好型社会建设的参与感增强,社会更关注环保和环境信息公开。而政府是公众的代言人,其对环境信息披露监管将促使公司履行环境保护责任,如定期依法披露环境信息,满足公民环境参与权的实现,有效确保公民获得相关环境信息等,这些都有助于公民参与环境保护活动,建立公众监督机制。此外,公司披露环境信息也有助于政府准确考核环境成本和收益,为绿色GDP核算提供依据,为推进绿色发展和生态文明建设提供政策支持。

第二节 基本概念的界定

一、绿色规制

绿色是相对于污染而言的,关于绿色规制这一概念,最早可追溯到企业的环境规制。近几十年来,随着全球气候变化、环境污染、生态失衡等问题愈发严重,人与自然的共生关系逐渐成为全球普遍关注的重要议题。在这一历史形势与背景下,我国政府积极践行绿色理念,将绿色发展放在突出位置。政府为解决环境保护与经济协调发展的问题,通过政策设计,加强政策执行力度,针对各地不同类型的环境生态,分地域、分行业采取差异化的政策工具对各地企业环境污染问题进行治理。党的十八大首次将"生态文明制度建设"上升为国家战略,"绿色"发展成为国家"五大发展理念"之一。党的十九大报告指出,"既要创造更多物质财富和精神财富以满足人民日益增长的美好生活需要,也要提供更多优质生态产品以满足人民日益增长的优美生态环境需要",彰显了国家对生态环境保护的决心。2018年3月,十三届全国人大第一次会议通过了《中华人民共和国宪法修正案》,在宪法修订时将生态文明、美丽中国与绿色发展纳入其中。党的二十大报告进一步指出,"中国式现代化是人与自然和谐共生的现代化",将生态文明建设作为中国式现代化的一个重要特征,强调要协同推进降碳、减污、扩绿、增长。上述政策的推出,体现了我国对污染治理以及对生态环境保护的高度重视。

目前学术界对绿色规制的分类主要有两种。一是将绿色规制分为正式绿色规制和非正式绿色规制。正式绿色规制又根据对经济主体排污行为和约束方式的不同，分为以政府为主导的命令控制型绿色规制和以市场机制为基础的激励性绿色规制（张嫚，2006）。二是从政府行为的角度，将环境管制分为命令控制型、经济激励型和商业与政府合作型（彭海珍和任荣明，2003）。本书基于上述绿色规制的定义和分类，在借鉴相关研究成果的基础上，将绿色规制定义为：政府以生态环境保护为目的，以企业为规制对象，通过监督管理和公众关注等方式，对企业环境污染行为形成约束的制度的总和。绿色规制强调企业必须遵守的环保标准和规范，规定企业必须采用的环保措施，促使企业做出有利于环境保护的行为。

二、环境信息披露

环境信息披露是指企业根据有关部门及监管机构的规定，对外披露企业环境方面的相关信息，以满足公众、投资者、债权人等与企业存在利害关系主体的信息使用需求。一般研究关注环境信息披露的内容和方式。Cho 和 Patten（2007）将环境信息披露分成货币披露和非货币披露两种主要方式。Clarkson 等（2007）依据 2002 年公开的全球报告倡议组织（GRI）可持续发展报告指南，制定了项目环境信息硬披露和软披露的具体指标。披露体系包括与绿色相关的公司治理与管理系统、可信度、环境绩效指标、环保概况以及环保倡议等七个维度。每一维度又分为若干小项，共计 45 个小项，涵盖了治理、可信度、排放、投资、倡议等方面的内容。这些项目既有定性的指标又包括定量的指标，以充分反映企业的环境信息披露情况。Huang 等（2015）研究发现，上市公司环境信息披露中存在选择性披露的现象，公司会主动披露一些积极的环境信息或描述模棱两可的环境信息。Mousami 等（2017）提出在印度这样的发展中国家中，强制性披露虽然能够提升环境信息披露的透明度，但仍以描述性披露为主。

环境信息披露是企业将其环境影响及环境表现相关的信息向外界公开，并受到社会组织和公众监督的过程。企业公开披露的环境信息直接影响着利益相关者的行为和决策，也是政府对企业环境监督的基础，同时也是社会公众参与环境保护治理的依据。本书在借鉴已有文献的基础上，将环境信息披露定义为：企业依照国家环境保护法律法规、地方环境保护标准以及证券监管机构信息披露的要求，以特定方式向投资者和社会公众公开与企业环境保护相关信息的内容总和。企业环境信息披露体现了企业对环境信息披露法规和制度的遵守和执行，企业环境信息披露能够增加企业利益相关者对企业环保行为的了解。

三、环境信息披露行为

从企业环境信息披露的自主程度来看，现有文献将企业环境信息披露行为大致归纳为三类：一是自愿性环境信息披露行为；二是强制性环境信息披露行为；三是选择性环境信息披露行为。企业自愿性环境信息披露能够降低公司内外的信息不对称，从而有助于利益相关者增强对公司价值的认可。强制性披露能够降低自愿性信息披露的门槛（Einhorn，2005），在市场失灵和信息不对称的情况下，更有利于提高市场信息透明度，从而有效地增强市场的配置效率（Coffee，1984）。选择性环境信息披露是指企业为特定目的而采取的有选择的环境信息披露行为。较典型的企业环境信息披露动机包括企业"漂绿"（Green Wash）、"洗棕"（Brown Wash）和"印象管理"（Impression Management）等动机。

本书借鉴相关文献，将企业环境信息披露行为定义为：企业在国家环境保护法律法规、地方环境保护标准，以及社会公众的监督下，对其环境信息是否披露、披露什么以及如何披露的行动的总和。企业环境信息披露的行为也是其满足各利益相关者要求的过程。

第三节 理论基础

一、合法性理论

19世纪末，社会学家马克斯·韦伯对合法性的系统研究，使其成为现代政治学核心概念与主流范式。Parsons（1969）将合法性概念逐渐运用于对组织的分析上，后经Suchman（1995）对合法性概念的拓展延伸，合法性概念被正式引入组织行为的分析框架。具体而言，合法性是指社会普遍认可的社会规范、道德价值取向，能够判断一个组织的行为是否符合主流价值、是否被认为是可取的。组织合法性理论强调，企业只有通过遵守社会普遍认可的价值观，获得企业内外部利益相关者的认同，才能获取合法性地位。合法性地位的获得涵盖三要素：组织，是合法性地位的获取主体；利益相关者，是合法性的评价者；合法性评价体系，包括正式的法律法规制度、非正式的主流社会价值观念和道德取向等。

合法性是组织生存与发展的关键资源。合法性有赖于社会公众对企业的认识和看法，是对企业行为的恰当性和能被接受程度的整体评价。企业为了获得更多战略资源或者降低未来生产经营风险，可通过以下两条渠道寻求合法性支持：一是满足强制的合法性要求，包括法律法规等正式制度或利益相关者期望等非正式的强制性要求；二是积极应对组织面临的外部环境不确定性，如企业对一项研发项目未来能否转变为无形资产的不确定性。从这个意义上来看，信息披露作为企业与外界沟通、帮助市场了解企业的重要方式，在企业合法性理论中有不可替代的地位（沈洪涛等，2014）。Newson 和 Deegan（2002）指出影响合法性的是企业的信息披露，而不是未披露的企业行为的改变。

随着可持续发展理念在社会形成广泛共识，环境信息披露已成为现代企业获取合法地位的重要方面，企业为获得良好声誉或树立良好形象会通过披露更多环境信息进行合法性管理，影响外部市场对企业的认识，从而帮助企业改善自身环境合法性水平。Neu 等（1998）研究认为，环境信息披露为企业提供了一类不必改变企业经济模式就可以维持企业合法性的方法。因此，基于合法性的环境信息披露研究认为，公司会继续现有的自愿披露或者进行更多的自愿披露以确保公司的合法性不受损害（Villers 等，2006）。

二、利益相关者理论

利益相关者理论是解释企业环境信息披露行为的重要理论基础，利益相关者理论倡导者主要是西方一些社会学、政治学和管理学者。Ansoff（1965）最早用利益相关者理论界定企业目标，他认为，企业的目标是用以平衡各利益相关者利益冲突的准则。Freeman（1984）是利益相关者理论重要的倡导者之一，他给出了一个被广泛认同的定义，即利益相关者是那些能够影响组织目标的实现，或者受组织实现其目标过程影响的所有个体和群体总和，具体包括股东、雇员、供应商、客户、竞争者、政府部门、环保主义者、相关利益团体等。Frederick（1988）更进一步地将利益相关者分成直接利益相关者和间接利益相关者，直接利益相关者是与企业直接发生市场交易关系的利益相关者，主要包括股东、企业员工、债权人、供应商、零售商、消费者、竞争者等；间接利益相关者是与企业发生非市场关系的利益相关者，包括中央政府、地方政府、外国政府、社会活动团体、媒体、一般公众、其他团体等。

Clarkson（1995）则将利益相关者分为主要利益相关者和次要利益相关者，前者包括股东、雇员、顾客、供应商和提供基础设施的政府，他们能对企业的存续和发展产生根本性的影响；后者包括环保主义者、特殊利益集团等，他们不直接参与公司的交易，对公司的生存不产生根本性的影响。

利益相关者理论认为，企业不仅仅是股东的企业，更是利益相关者的企业。企业保持稳定经营需要获得利益相关者的认可和支持，对利益相关者的关系管理能够在企业生存发展中发挥重要作用。企业依赖利益相关者的支持，如果一家企业被认为从事不利于社会的活动，那么社会将不再认可该企业，甚至导致企业倒闭，因此企业有动机披露环境信息以维持其社会存在（Guthrie 和 Parker，1990；Ramanathan，1976；Williams，1999）。利益相关者的力量对企业环境信息披露有较大的影响，利益相关者力量越大，则公司对披露环境信息需求就越重视，就有可能更积极地向关键利益相关者披露更多的环境信息。因此，利益相关者的压力有助于促使企业满足政府监管、社会环保诉求、员工绿色认同，形成符合利益相关者价值诉求的环境伦理信念（潘楚林和田虹，2016）。总体而言，利益相关者理论强调企业在考虑股东价值之外，还要将环境保护、维持社区关系、实现社会价值列为企业的发展经营目标，以构成环境信息披露的理论基础。已有研究将利益相关者理论纳入分析框架，发现环境信息披露越多，企业将拥有更低的权益资本成本（沈洪涛等，2010；Weber，2014）。

三、信息不对称理论

信息不对称理论是指在不完全市场上，某些交易者掌握但另一些交易者无法掌握的信息，主要有以下四种表现形式：（1）信息源不对称，即交易者获取信息的源头不同；（2）信息时间不对称，指交易者获取公司信息的时间差异，较早获得信息的投资者在交易中处于优势，较迟获得信息则反之；（3）信息数量不对称，指交易获取信息内容的数量不同；（4）信息质量不对称，即交易者获取信息的质量存在差异。通常，信息掌握量多的人处于有利地位，信息掌握量少的人则处于相对不利的一方。并且，市场上卖方一般比买方掌握更多的信息。为了减轻市场因信息不对称产生的低效问题，需要政府发挥"有形的手"作用，缓解市场经济中的信息不对称。

上市公司对其自身环境信息状况比较了解，而其他社会主体对上市公司的生产经营对环境产生的影响了解不多。在此情形下，即使不同上市公司环境行为产生的环境后果不同，这些公司也将被利益相关者同等对待。因此，为缓解信息不对称下不同上市公司损坏环境的不良后果，政府相关部门既要出台有关法律法规，以约束企业的环境污染行为、鼓励企业积极参与环境保护，也要强制要求上市公司披露环境信息，使其利益相关者们能及时、完整了解上市公司环境信息状况。

四、政府干预理论

环境外部不经济的问题，尤其是在环境产权不清晰的情况下，市场无法有效解决因经济发展引起的气候变暖、环境污染等问题，这意味着市场调节失灵，需要政府通过政策手段进行调节。

为了维护社会利益，并使社会稳定和经济发展保持平衡，政府相关部门应采用法律和经济手段进行干预。虽然政府干预不可能完全消除污染行为，但可以通过建立合理约束机制及激励机制，通过有效的污染排放标准达到降低环境污染的目的。只要政府部门对其职能做出合理的定位，并制定可持续发展的制度措施，就能够实现环境资源的友好和社会经济的可持续发展。

在上述理论分析的基础上，我们进一步从行为动机、行为模式和行为结果三个层面构建了基于绿色规制背景的环境信息披露行为的理论框架，见图1-1。

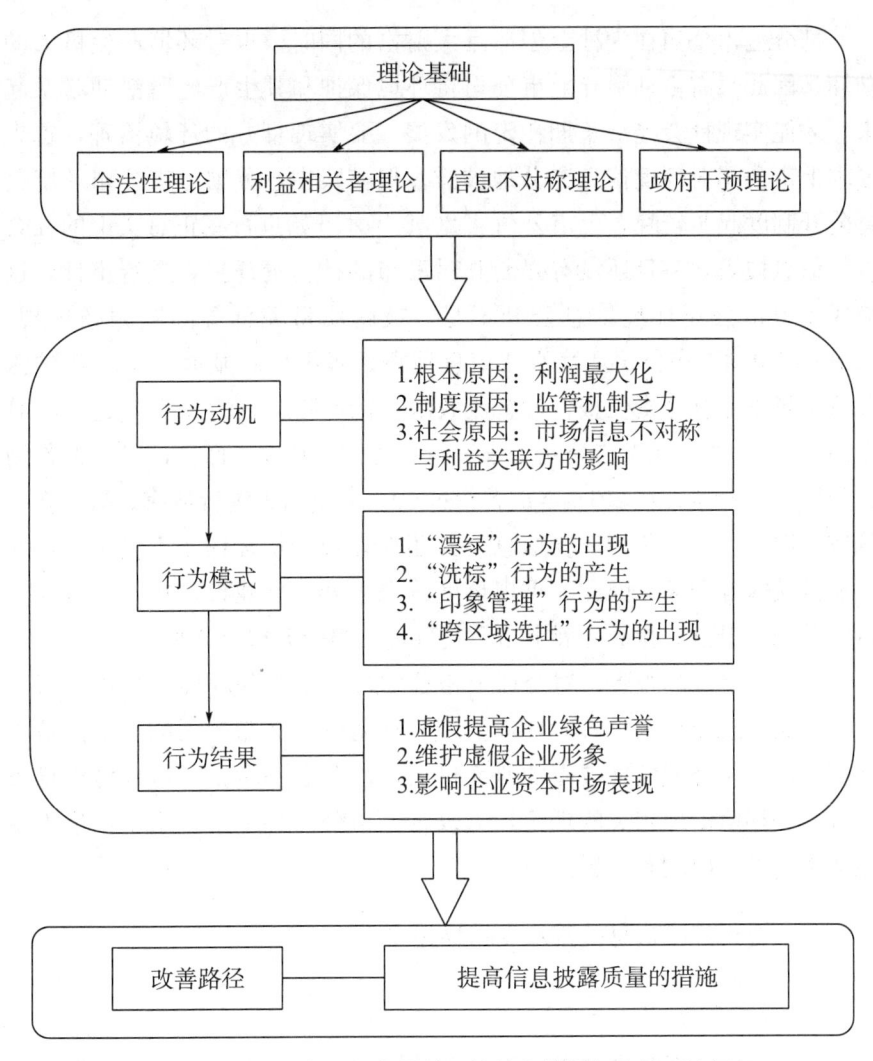

```
┌─────────────────────────────────────────────┐
│                  理论基础                    │
├──────┬──────────┬──────────────┬────────────┤
│合法性 │利益相关者 │ 信息不对称理论│政府干预理论│
│ 理论 │  理论    │              │            │
└──────┴──────────┴──────────────┴────────────┘
```

┌───┐
│ ┌────────┐   1. 根本原因：利润最大化   │
│ │行为动机│   2. 制度原因：监管机制乏力   │
│ └────────┘   3. 社会原因：市场信息不对称   │
│   与利益关联方的影响   │
│   │
│ ┌────────┐   1. "漂绿"行为的出现   │
│ │行为模式│   2. "洗棕"行为的产生   │
│ └────────┘   3. "印象管理"行为的产生   │
│   4. "跨区域选址"行为的出现   │
│   │
│ ┌────────┐   1. 虚假提高企业绿色声誉   │
│ │行为结果│   2. 维护虚假企业形象   │
│ └────────┘   3. 影响企业资本市场表现   │
└───┘

┌────────┐   ┌─────────────────────────┐
│改善路径│────│ 提高信息披露质量的措施 │
└────────┘   └─────────────────────────┘

图 1-1　基于绿色规制背景的环境信息披露行为的理论框架

第四节　国内外研究进展

现代经济社会的高速发展，给人类生产生活带来极大的便利，但全球环境问题也日益凸显，由此引发的生态危机严重影响社会经济的可持续发展。因此，生态环境的有效治理已成为近年来事关全球社会经济发展和人类命运共同体构建的重要议题。在此过程中，中国坚持走绿色低碳发展道路，提出低碳发展长期目标，并将环境保护放在社会发展的突出位置。

部分上市公司在为社会创造巨大财富的同时，也对环境产生极大的破坏，因此只有主动引导上市公司将环境保护和其生产经营活动联系起来，才能实现社会经济长期稳定的发展。要实现良好的环境治理，首先要求上市公司对环境信息充分地披露。但实践中，我国上市公司环境信息公开制度起步较晚，上市公司从2008年才开始进行真正意义上的社会责任信息披露，并且还没有强制其对发布的社会责任报告进行审计。这造成了上市公司环境信息公开不足，披露质量偏低等问题频频出现。《2018年中国上市公司环境责任信息披露评级报告》显示，2018年沪深A股市场发布社会责任报告的企业数量占比不到总数的30%，这意味着有超过70%的A股上市公司尚未进行环境信息披露。而重污染企业作为强制披露的对象，在2018年也有超过50%的公司未进行披露。除披露数量较少以外，上市公司环境信息公开还存在披露指标体系不健全、自愿选择性披露等问题。因此，重视环境信息公开制度建设，在相关制度不断完善的背景下，积极开展上市公司环境信息公开极其必要。

本书立足国际视野，对全球上市公司环境治理和环境信息披露行为展开探讨，总结各国学者对环境治理和环境信息披露的贡献，全面梳理比较上市公司环境信息披露的研究进展，以期进一步拓展与环境信息披露行为和环境治理相关的理论，为改善上市公司环境治理水平，推进生态文明建设做出应有贡献。

一、公司环境信息披露及文献综述

1. 环境信息

随着全球自然灾害频发，生态环境日益恶化，人类开始思考如何寻求经济的绿色可持续发展，在上市公司环境信息披露领域更强调环境友好，国内外研究者就这一问题进行了丰富而深入的探讨。

为全面把握上市公司环境信息公开的相关情况，首先要对环境信息的内涵进行界定。环境信息包含环境信息系统（Environmental Information System，EIS）和环境信息技术（Environmental Information Technology，EIT）两个方面。环境信息系统是信息和通信系统的集成，它直接支持整个经济的环境可持续发展计划（Ogunyemi 和 Aktas，2013；Dedrick，2010）。环境信息系统对保持上市公司竞争优势和提升社会责任形象至关重要，其目标是设计和实施可持续的业务流程，使上市公司在生产过程中减少污染和节约资源，降低成本，从而促进上市公司的可持续发展（Yang 等，2019；Raisinghani 和 Idemudia，2019）。通过环境信息系统，可跟踪和监测环境变量，如跟踪和监测废物、排放、毒性、水消耗和碳足迹，从而减少产品的能源消耗（Chen 等，2008）。Camargo 和 Jabbour（2017）认为可以将环境信息系统视为组织通过简化信息流并在职能部门和业务合作伙伴之间共享信息来促进其绿色战略的系统资源。这一资源产生的组织变革，往往会提高生产率和效率，并更快地响应客户和社会对环境友好型产品和服务的需求（Bergenwall 等，2012；Masa'deh 等，2017）。因此，我们可以发现环境信息系统的使用与公司的可持续发展呈明显的正相关关系（Yang 等，2017）。

环境信息技术是以环境友好为目标，来达成环境可持续性的信息技术（Hodges 和 Gaughan，2008），这一技术能够解决与硬件软件使用相关的能源消耗和浪费问题，从而对环境产生直接积极的影响。例如，提高硬件和数据中心的能源效率，使用虚拟化软件整合服务器，减少与陈旧设备相关的浪费。Molla 等（2011）将环境信息技术定义为"系统地应用生态可持续性标准来创建、采购、使用和处置 IT 技术的基础设施，以及在 IT 人力和管理实践中的技术基础设施"。工业革命借助技术改变了人类与地球生态的关系（Dastbaz 等，2015）。因此，环保技术的概念考虑使用永不枯竭的可再生自然资源，最大限度地减少技术创新和绿色工程的负面影响（Yi，2014）。它通过从摇篮到摇篮的回收和再利用设计，以减少废物和污染来降低环境破坏程度；通过开发替代先进技术来创新，以环境保护来证明经济效益，通过创造可持续发展的方式以减少人类对环境的影响（Cheng 和 Das，2014）。另一个技术概念是生态效率，它通过减少整个产品生命周期的环境影响和资源使用，在使用技术时创造额外的价值。除了减少环境影响，环保技术的使用还可以帮助减少工业危害（Hassan 等，2017）。此外，软件设计也被认为是环保技术的一个重要因素（Engel，2015）。Murugesan（2008）开发了一种软件系统来减少技术对环境的影响，包括绿色使用、绿色处置、绿色设计和绿色制造。

2. 公司的绿色信息以及绿色信息披露

（1）公司绿色信息披露方式及其影响因素。

绿色信息披露是公司环境信息披露的延伸。最早可追溯到1989年，在这一年企业环境信息披露就在国际会计和报告准则政府间专家工作组的会议上被广泛认可。从此以后，各国学者展开了对绿色信息披露的研究热潮。环境信息披露的内容包括企业的环境政策、环境管理体系、环境影响评价、环境绩效等方面的信息。绿色信息披露的内容则更加具体，进一步包括企业的绿色战略、绿色管理、绿色生产等方面的信息，以及企业在环保方面的投入和成果，侧重于企业在绿色、环保、可持续发展方面的行为和成果，如企业的绿色技术创新、绿色产品、绿色供应链等。

归纳起来，绿色信息披露的相关研究主要是从绿色信息披露的内容及方式和影响绿色信息披露的因素这两方面展开的。

在绿色信息披露的内容和方式研究领域，Deegan 等（1996）把美国作为主要的观察对象，通过实证得出较多上市公司开展了以文字为基础的绿色信息披露。Cho 和 Patten（2007）则将绿色信息披露分成货币披露和非货币披露两种主要方式。Cho 等（2012）认为强制性环境信息披露并不能有效改善公司环境表现。Huang 等（2015）研究发现，上市公司环境信息披露中存在选择性披露的现象，公司会主动披露一些积极的环境信息或描述模棱两可的环境信息，并且会主动回避媒体关注的对上市公司具有不良影响的绿色信息。Mousami 等（2017）认为在印度这样的发展中国家中，强制性披露虽然能够提升环境信息披露的透明度，但仍以描述性披露为主。耿建新等（2003）经过实证分析认为，中国上市公司在绿色信息披露的内容上，应该包括绿色会计绩效、与污染治理相关的企业支出等。肖淑芳等（2005）提出要构建和完善适应我国国情的绿色信息披露体制。沈洪涛等（2010）研究表明，中国上市公司发布的年报仍是信息披露的主要载体，同时独立环境报告的比例和数量在不断上升，但其信息质量还有待提高。姚圣等（2016）构建了双重博弈模型，其分析实验结果认为地区经济金融发展程度与公司环境信息选择性披露呈现显著的负相关关系。

关于影响绿色信息披露的因素方面，Mary 等（1997）认为影响企业绿色信息披露的因素，包括管理层参与、对诉讼和谈判的考虑、政府监管、资本市场担忧、其他监管影响等五个方面。Anderson 和 Frankle（1980）发现公司的营业收入越高，其绿色信息披露的质量也会上升，但 Freedman 等（2005）却认为绩效高的公司，其环境信息水平反而越低，他们的研究结果形成了鲜明的对比。Brammer 和 Pavelin（2006）从公司规模的视角考虑，发现重污染企业的收入越高，越能够有效提升公司环境信息披露质量。Meng 等（2013）利用中国 782 家制造业上市公司数据的实证研究，发现高管人员的离职会对公司环境信息披露产生影响。

Dhaliwal 等（2014）认为公司污染治理的支出越多，公司当期就越有动机去公开企业的绿色信息。Chaklader 等（2015）研究表明，通过外部环保机构认证的公司和规模较大的公司，会主动披露更多的环境信息。Fatma 等（2019）基于财务报告框架来研究公司环境信息披露质量，发现与公司战略和愿景相关的因素能够显著影响公司环境信息披露水平。国内学者汤亚莉等（2006）研究表明，上市公司的企业盈利水平和政治关联，是干扰公司环境信息披露的主要原因。王霞等（2013）认为来自社会媒体舆论的公共压力和提升公司商品名声的内部激励，对企业选择性环境信息披露产生显著影响。沈洪涛等（2014）研究发现，公司绿色信息披露和其污染物排放量存在显著的"U"形关系。毕茜、顾立盟、张济建（2015）认为包含正式制度和非正式制度的企业内部控制能够正向激励公司提高绿色信息披露质量。武恒光、王守海（2016）以重污染行业部分龙头企业作为主要观察目标，他们分析发现，公司的绿色会计绩效水平越高，其绿色信息披露质量也会得到提升。吕明晗等（2018）基于不完全契约理论，从利益相关者关系视角出发，认为金融性债务契约能够积极促进企业披露环境信息。潘爱玲等（2019）认为重污染企业在实施绿色并购后，为了降低信息透明度以减少外界关注，公司的环境信息披露质量会存在显著下降的趋势。邱牧远和殷红（2019）认为环境、社会责任和公司治理（ESG）表现好的上市公司，其环境信息披露质量较高。

（2）绿色信息与绿色治理。

公司绿色信息能够集中体现企业社会责任（Corporate Social Responsibility, CSR）。从制度设计层面构建基于绿色理念、绿色价值观、绿色战略、绿色组织安排的绿色治理结构评价体系，能够有效衡量公司社会责任信息（Li 等，2019）。企业社会责任的现有研究，主要强调以资源交换为主的行为层面。公司开展的社会责任行为能够与政府交换相关资源，这使政府实现其社会和政治目标，而企业则更容易获得政府资源和相应的金融支持（Li 和 Zhang，2010；Shen 等，2016）。Ko 等（2020）提出企业社会责任行为只有具有连续性和主动性，才能代表高质量的社会责任，从而有助于实现长期可持续发展。

关于绿色治理的研究，已有文献会从绿色治理与融资约束的视角切入。有学者认为对于绿色治理结构水平较高的企业来说，绿色理念和社会责任已经深深嵌入企业文化、愿景和战略之中，这些公司通常具有高度的社会责任感和道德感，在与这些公司进行融资交易的过程中，道德风险和违约风险的可能性更小（Allen，2005）。构建绿色治理结构体系，能够从顶层设计层面保证落实公司绿色责任，从而为绿色治理活动的有效运行奠定良好的基础。绿色治理结构水平较高的企业更有可能在资本市场上获得良好的社会声誉（Fombrun 和 Shanley，1990），并通过降低交易不确定性和信用风险获得投资者、金融机构及银行的信任（Zak 和 Knack，2001）。通过建立信任关系，投资者和债权人对公司的信心增加，公司更容易获得贷款和更多投资者的支持（Guiso 等，2008）。

一些学者尝试从信号理论的视角分析，认为公司通过表现出某种行为向资本市场的投资者或债券市场的债权人发出信号（Latridis，2013）。相应的，投资者和债权人也关注公司信息披露以减少信息不对称（Stiglitz，2000；Lys 等，2015）。绿色治理结构的建立代表了企业的长期战略发展方向，表明企业更加注重 CSR 活动的连续性和主动性。通过披露绿色治理结构信息，企业与投资者和债权人之间的信息交换显著增加（Fuente 等，2017）。因此，增加上市公司与投资者或债权人彼此的信息交换（Handa 和 Linn，1993；Lang 和 Lundholm，1996；Dhaliwal 等，2011），能够在一定程度上缓解融资约束。

此外，有学者从宏观政策视角分析，以中国为例，在大力强调"绿水青山就是金山银山"的绿色环保理念下，发展绿色经济成为大势所趋。He 等（2019）研究表明，为激励公司绿色发展，银行会将公司的绿色发展水平作为绿色信贷的依据，甚至给予一些优惠贷款利率，而对于污染企业则拒绝放贷。因为具有较高绿色治理水平的公司，会在社会责任问题上表现出主动性和连贯的延续性，向银行展示其具有长期稳定的可持续发展能力，从而更容易获得贷款以缓解企业融资约束（Li 等，2020）。

（3）绿色信息与绿色制造。

绿色制造不同于传统的组装，主要是指限制公司的资源浪费和环境污染以合法的自然准则为基础，能够推动公司绿色发展，降低成本，从而增加公司盈利能力（Sarvesh 等，2020）的制造业。随着环境问题日益严峻，可以预料的是，未来的全球制造业将不再只是简单的资本投入与产品生产，而是蕴含绿色创新技术的绿色制造业，这一行业能够有效较少污染排放，提升公司生产效率。

关于绿色制造的驱动因素，相关学者展开了深入研究，具体文献列示如表 1-1。Ammenberg 等（2005）主要围绕计划和项目安排条件来确定董事会框架，研究了绿色制造管理框架的驱动因素及边界问题。Agan 等（2013）描述了国家的规则和指导方针，客户、内部激励和公司执行力等绿色制造的驱动因素。Santolaria 等（2012）则从业务效率、成本、品牌定位和业务通信能力方面讨论了绿色制造的驱动因素。Yacob 等（2012）认为，货币优势、预算激励因素、合作伙伴要求、法规、资产激励是马来西亚中小企业接受绿色实践的重要驱动力。

表1-1 绿色制造的驱动因素相关文献汇总

驱动因素	文献出处
1. 创新	Singh 等（2014），Tseng 等（2013），Chen（2008）
2. 经济效益	Agan 等（2013），Yacob 等（2012），Searcy 等（2012），Castka 等（2009）
3. 利益相关者关系	Despeisse 等（2013），Yacob 等（2012），Searcy 等（2012），Castka 等（2009），Sadorsky 等（2007），McKeiver 等（2005）
4. 公司理念	Chen（2008），Srivastava（2007），Allen 等（2002），Florida 等（2000），Ammenberg 等（2005）
5. 健康与安全	Zailani 等（2012），Rusinko（2007），Sangwan 等（2007），Digalwar 等（2005）
6. 员工需求	Searcy 等（2012），Castka 等（2009）
7. 市场趋势	Agan 等（2013），Searcy 等（2012），Castka 等（2009）
8. 环保需求	Searcy 等（2012），Castka 等（2009），Rusinko（2007），Fijal（2007），Curkovic（2003）
9. 管制	Searcy 等（2012），Castka 等（2009），Rusinko（2007），Fijal（2007），Curkovic（2003）
10. 内在动机	Agan 等（2013），Searcy 等（2012），Castka 等（2009）
11. 竞争优势	Tseng 等（2013），Agan 等（2013），Searcy 等（2012），Castka 等（2009），Sangwan（2006），Santolaria 等（2011）

资料来源：Rajput S, Datta S, 2020. Sustainable and Green Manufacturing—A Narrative Literature Review [J]. Materials Today：Proceedings 26.

3. 公共信息与私有信息

信息不对称是私人信息问题中的重要内容之一，对此问题的分析主要有两个方向：在一组研究中，不知情的成员向知情成员提供合同以诱导信息提示；在另一组研究中，知情的成员向不知情的成员提供合同以发出信息（Babich 等，2012）。在此分类下，Gan 等（2010）赋予零售商更好的需求信息，并建议零售商在直接运输供应链中采用带有惩罚承诺的合同。Oh 和 Özer（2013）讨论了如何在不对称需求预测的动态演变下设计容量规划。随后，Lobel 和 Xiao（2017）研究了制造商根据长期供应合同将掌握私人需求信息的零售商出售给零售商的情形。Wang 等（2018）、Yu 等（2018）也对供应链绿色信息交互关系进行了更深入的讨论和研究。

二、公司环境信息披露行为及文献综述

1. 公司治理与环境信息披露动机

环境信息披露是公司治理的重要环节，在查阅相关文献的基础上，我们发现对于公司环境信息披露行为动机分析的相关研究，主要从企业内部原因和外部合规性两方面来进行探讨。

（1）企业内部因素。

Patten（2002）通过分析美国上市公司年报中的环境信息披露与公司绿色表现间的联系，发现公司环境信息披露与公司绿色表现之间存在稳健的负向作用。Freedman 等（2004）研究认为，在政府公布绿色规制后，公司社会责任报告中公开的环境信息越多，其股价和市值将会越低。Karim 等（2006）在研究公司外资占比程度时发现，外资占比较高的上市公司，反而更多地公开相关环境信息。Brammer 等（2008）研究表明内部控制程度和管理层特征是影响公司环境信息披露的重要因素。Clarkson 等（2008）分析认为企业环境表现与其发布独立报告和官方新闻的非强制环境信息公开并没有直接联系。Philippe 和 Durand（2011）认为，公司的环境信息披露是基于对市场和区域的考虑，公司通过良好的环境信息披露来吸引相关投资者的关注。Peters 等（2014）发现构建污染治理部门和首席可持续发展官（CSO）的公司，其环境信息披露的质量会显著提升。Reverte（2016）以西班牙上市公司为样本，研究表明公司环境社会责任与自身股票价格呈正相关关系。

国内学者徐玉德等（2011）认为环境信息披露质量的高低，强烈影响着该公司的债务融资成本。张淑惠等（2011）发现更好的环境信息披露水平，能够有效提高企业股票的市场价值。吴红军（2014）提出增加上市公司环境信息披露质量，可显著提升公司环境绩效水平，并可以显著降低股权融资成本。叶陈刚等（2015）研究表明，公司外部管理水平是影响环境信息公开水平的关键原因。倪娟、孔令文（2016）的研究认为，在公司公开更多的环境信息的情况下，一些公司可以得到较多的政

府补助,导致且其债务的融资约束相对较小。

(2) 外部合法性压力。

Lindblom (1994) 的研究表明,受到外部合法性压力的公司,为告知甚至改变公众对公司表现的认知,有增加信息披露的动机。Bewley 和 Li (2000) 的研究也得出类似结论:遭到媒体曝光较多的上市公司,更有选择性披露信息的可能。Deegan 等 (2000) 发现,发生环境事故企业的当年年报中对正面积极环境信息的披露比发生事故前明显增加。Sharfman 和 Fernando (2008) 强调银行对企业的环境信用风险综合评估也能够从外部有效制约企业环境信息披露。Clarkson 等 (2010) 发现外部利益相关者施加的压力,也能够对公司环境信息披露产生正向影响。Chan 等 (2014) 认为受外部合法性压力的影响,公司治理质量与企业年度报告中的企业社会责任披露之间存在联系,强调与其强制要求企业披露具体环境信息,不如让监管机构关注企业治理质量,并将此作为增加企业社会责任披露的一种方式。Thijssens 等 (2015) 对 199 个大公司的国际样本进行 OLS 回归分析后发现,环境利益相关者在合法性上的差异对公司之间在环境信息披露方面的差异产生重要影响。Baldini 等 (2018) 从国家和公司特征对 ESG 披露的影响提出了假设,借助彭博数据库中的 ESG 披露得分,对企业 ESG 披露行为进行实证检验,他们的实证分析结果表明制度和合法性压力对公司 ESG 披露有重要影响。

国内的相关研究,有从环境监管视角展开研究的,如沈洪涛等 (2010) 分析认为,再融资环保核查政策能够明显影响环境信息公开和银行贷款额度间的关系。方颖、郭俊杰 (2018) 指出中国环境信息披露政策在资本市场途径上处于基本失效状态,而张正勇等 (2019) 研究表明,政府监管力度的增加会提升公司环境信息披露水平。

2. 自愿性信息披露及其影响因素分析

现有研究主要是从以下四方面对自愿性信息披露进行研究:

第一,现有文献对非强制性绿色披露的原因分析,主要有资本市场交易假说、控制权力争夺假说、工作薪酬假说和法律成本假说等四个方面。

资本市场交易假说强调,公司为降低其融资成本,会在发行股票、债券时主动披露信息,向市场释放更多信号,以减少市场主体间信息不对称,从而获得更多资金支持 (Healy 等,1999);公司控制权争夺假说强调,公司高管担心公司经营状况不理想而被解雇,因而管理层会自愿披露相关信息，避免由于公司市场价值被低估而带来公司控制权转移的情况（Brennan，1999）；股票薪酬假说则是指为了有效规避监管者对公司内部交易的限制，公司自愿披露相关信息，以达到买卖公司股票的目的（Aboody 和 Kasznik，2000）；而法律成本假说主要强调公司想要避免或降低受到诉讼的风险，因此选择主动自愿地披露额外信息。

除此之外，自愿性披露假说还认为，公司管理层出于降低市场交易成本、执行股票补偿计划、向市场传递良好公司形象等因素的考虑，也会自愿进行信息披露（Healy 和 Palepu，2001）。管理层通常在自愿披露其自有信息时，会选择让自己获得利益最大化的披露方式（高敬忠和王英允，2013）。Moser 等（2012）发现在激烈的市场竞争下，业绩良好的公司为了与其他对手区别开来，以更好地满足利益相关主体对公司的信息需求，会自愿公开上市公司相关事实，如社会责任报告等。Guay 等（2016）认为，当公司财务报表的复杂性增加时，公司自愿披露的频率也得到了相应增加，这反映出公司使用自愿披露来克服信息质量损失等问题，以保障公司声誉。Glaeser（2018）发现依赖于贸易保密的公司更有可能用自愿披露非专有信息的增加来替代披露专有信息的减少，以减少信息不对称的问题。

第二，关于自愿性信息披露的影响因素研究，已有文献主要从四个维度展开。1) 在法律方面，Luo 等（2012）研究表明，法律压力是促使企业节能减排并向投资者披露碳信息的首要原因。同样的，Liu 等（2009）发现，企业披露的信息量与政府环境规制压力有显著正向联系。Bewley 和 Li（2000）从自愿披露理论的视角切入，研究发现，受到更多政治影响的公司，更有着公开一般环境信息的可能，这说明环境信息披露与绿色会计绩效有着反向的联系。2) 规范性压力是指应对来自利益相关者的组织合规压力。Luo 等（2012）发现，如果企业的母公司是碳披露计划项目的企业，该企业则受其母公司影响也倾向于披露更多的碳信息。Belal 等（2009）发现，在发展经济体中，企业履行社会责任主要受外界力量驱动，如国际组织或国际市场的压力。3) 在文化性压力方面，Luo 等（2016）基于全球 33 个国家的跨国样本数据，发现社会文化中的权力距离和风险偏好会显著影响企业碳信息披露。4) 在企业特征影响自愿绿色公开方面，Cooke（1992）认为业绩越好的企业，会进行更多更详细的自愿性披露，Meek 等（1995）也得出类似结论。公司盈利情况对自愿性披露也存在一定影响，当管理层发现公司盈利情况较糟甚至存在亏损时，更可能在年度报告中自愿报告相关信息（Skinner，1994；Chen

等，2002）。

还有文献从内部控制视角研究自愿性信息披露。Ullmann（1985）认为，财务绩效成为影响企业自愿信息公开的首要因素。Verrecchia（1990）强调在自愿性信息披露有成本的情形下，若利益相关者掌握的公司经营信息越少，则公司越有动机提供额外信息。Tasker（1998）将电话会议作为非强制性信息公开工具的基础上的实证研究表明，企业年报中报告的文本含量越少，则其在电话会议中进行非强制性信息公开的可能性就越大。Graham 等（2005）基于问卷调查的研究表明，近一半的经理人赞同企业主动向市场传递信息能够提高股票流动性。

第三，对自愿性信息披露度量的研究。相关学者依据上市公司年报等内容及公司所在地的披露法规相关信息，通过挑选部分指标进行赋值，从而构造了非强制性信息公开指标（Chau 等，2002；Francis 等，2008）。

第四，对自愿性信息披露的结果相关研究。Levi（2008）认为，自愿性信息披露能够有效降低企业代理成本，减少公司内外的信息不对称，从而有助于利益相关投资者增强对公司价值的认可。从自愿性披露对资本市场的影响分析，企业主动信息披露在有助于提高公司资本流动性的同时（Healy 等，1999），也能有效降低公司融资时的资本成本（Botosan 和 Harris，2000）。自愿性信息披露还会引发社会关注和媒体曝光，相关市场分析师也会对公司进行追踪分析（Francis 等，2008）。除此之外，在自愿性信息披露情况下，公司的环境绩效和披露水平之间呈现显著的正向关系。企业优秀的环境绩效将通过披露客观的环境绩效指标来向外界传达企业良好的社会责任感，而这些信息是环境表现差的企业难以模仿的。业绩较差的公司将选择较少披露或对其环境业绩保持沉默，从而被投资者和其他用户认为属于平均水平类型。维持这种部分披露平衡的是与环境绩效披露相关的专有成本（Verrecchia，1983）和公司是否被告知其类型的不确定性（Dye，1985）。

3. 强制性信息披露的成本及其外部效应

强制性披露能够降低自愿性信息披露的门槛（Einhorn，2005），在市场失灵和信息不对称的情况下，更有利于提高市场信息透明度，从而有效地增强市场的配置效率（Coffee，1984）。Cotter 等（2012）基于国际财务报告准则（IFRS），研究发现企业盈余存在重大变化时会应规提供更多企业信息。Horton 等（2013）认为强制采用 IFRS 有助于改善资本市场中的信息环境，进而改善公司环境信息披露水平。在国内方面，章永奎（2001）认为强制性环境信息披露质量相对更好，其原因如下：1）企业信息属于公共产品，完全依靠私人契约将使交易成本过高，容易导致信息供给不足；2）在自愿性披露情况下，企业往往各行其是，隐瞒不利情况，导致信息结果混乱；3）自愿性披露相对来说，缺乏可比性，容易丧失有用信息。谢仍明等（2013）通过建立不完美信息博弈模型论证了强制性信息能提供更好的信息质量，打破了信息不对称所导致的恶性循环。

关于强制性信息披露后果的研究，已有文献主要围绕强制社会责任报告展开。2017年欧盟推出了一项指令，要求大约6000家大型欧洲公司在2017年开始的财政年度中发布此类信息（EU，2014）。强制性企业社会责任报告与公司报告数量的增加有关（Dumitru等，2017）。研究结论表明，在缺乏监管的情况下，一些公司认为参与和报告企业社会责任活动是有益的，能够满足利益相关者的需求，并向社会表明其合法性（Deegan，2002；Laplume等，2008；Amel-Zadeh，2018）。根据欧盟的这项新规定，以前未报告企业社会责任活动的公司将被要求报告其社会责任活动，从而增加了报告企业社会责任的公司数量。此外，由于企业只报告它们认为对其利益相关者最重要的企业社会责任活动，披露企业社会责任报告的要求可能会增加其平均报告数量。Maryna（2018）研究发现，强制社会责任报告的执行，导致德国企业报告行为的转变，虽然德国的上市公司近年来增加了相关责任报告的数量，但其报告质量却有所下降。Li等（2019）构建了一个准自然实验，结果表明企业受强制性责任法规约束后，在过度投资的情况下其投资效率实际是降低的。

Cornell等（1987）认为强制性的企业社会责任报告迫使公司向利益相关者披露并承诺，这使披露信息的公司受到更多的社会关注和审查。同时，强制披露企业社会责任信息有可能会增加代理问题，因为内部人士会利用企业社会责任来掩饰或转移人们对其自私行为的关注（McWilliams等，2006）。Wang等（2016）发现，在中国强制采用CSR与较少的盈余管理和较低的信息不对称程度有关。Ioannou等（2016）认为，在实施强制社会责任信息披露法规后，中国企业披露的相关社会环境信息更为广泛，且更有可能采用GRI准则。Manchiraju等（2017）表示，强制性企业社会责任活动为代理成本较高的印度公司创造了更高的股东价值。

有学者讨论了强制信息披露的实际经济影响。Boodoo（2016）利用准自然实验的方法，以 100 家印度上市公司 ESG 数据为研究对象，实证发现印度自 2013 年实施强制披露制度以来，强制信息披露的实施全面提高了环境、社会和治理方面的绩效。Ni 等（2019）研究发现强制信息披露大大减少了公司的股利支出，这种负相关关系在治理机制较弱的公司更加明显，这些公司的股东缺乏有效的工具来保护自己以免受利益相关者的压力，权力更有可能向利益相关者转移，即强制信息披露以牺牲内部股东利益为代价，却让相关利益者获得了更大收益。Cheung 等（2018）指出强制披露社会责任信息能够降低资本成本，从而鼓励企业持有现金或投资。强制披露企业社会责任会对矿山安全记录、环境影响和企业社会责任支出产生重要影响（Christensen 等，2017；Gramlich 等，2017；Fiechter 等，2018）。Wang 等（2018）发现强制信息披露能够改善信息不对称现象，有效防止公司管理层操纵公司收益。Chen 等（2018）则认为强制披露会使得企业为了获得良好声誉形象，而产生以牺牲股东利益为代价的行为决策。

强制信息披露也对公司及其利益相关者产生显著影响。Oberholzer-Gee 等（2006）发现披露有关公司污染水平的信息刺激了相关公司和邻近地区的媒体报道，并降低了该公司的市场估值。Doshi 等（2013）的研究也有类似结论，信息披露作为一种监管机制，在强制公司披露它们产生污染的细节方面发挥重要作用，即强制性信息公开会对公司产生外部制度压力，从而刺激公司改善其业绩。

4. 环境报告中的选择性信息披露

随着绿色理念的深入推进，企业面临越来越大的监管压力，政府、相关投资者和社会公众都要求企业报告更多与环境相关的信息，并说服企业披露更多的环境和社会绩效信息（Jira 和 Toffel，2013）。因此，自 20 世纪 80 年代发布首份企业环境和可持续发展报告以来，全球自愿发布企业相关环境信息报告的公司数量激增。到 2013 年，英国、法国、丹麦、日本等国的前 100 家上市公司都发布了环境报告，甚至美国有超过 86% 的公司都发布了企业环境报告（KPMG，2013）。

但在关于企业环境信息公开的研究中，有越来越多的学者认为环境信息公开仅是象征性行为。例如 Pfeffer（1981）的研究表明，信息保密是企业常见的策略，对环境信息可能只是模糊地披露，即选择性披露。Abrahamson 和 Park（1994）发现，公司除非在受到投资者和董事会的严厉监管下，基本不会主动披露其负面的财务信息。这反映了公司一般会有策略地、选择性地公开披露其信息的类型和数量。我们通过梳理文献发现，相关研究对选择性信息披露的研究进行了一系列扩展，"漂绿"和"印象管理"成为选择性信息披露的典型行为。

(1) 公司"漂绿"行为的研究。

对公司"漂绿"行为的研究，讨论主题包括"漂绿"的内涵及形式、"漂绿"的动机、"漂绿"的影响及后果。

第一，关于"漂绿"的内涵及形式的研究。"漂绿"自 1991 年由 David Beers 在其"Greenwash"一文中被提及以来，迅速在全球得到传播，是企业环境信息披露中的普遍现象。"漂绿"是指选择性披露公司积极的环境行为或社会表现，同时掩盖消极甚至不利的行为以误导公众，以此对其整体环境绩效产生积极印象（Lyon 等，2011）。由于社会对绿色发展的追求，公司的"漂绿"行为也变得愈发普遍（Lyon 等，2015）。"漂绿"企业会选择采取选择性披露及"报喜不报忧"等方式来粉饰其行为，以向社会公众树立企业积极正面的绿色形象，其实质是一种形式上顺应绿色要求而实际上反其道而行的现象（黄溶冰等，2019）。这种企业层面的"漂绿"与产品层面的"漂绿"不同，后者强调通过混淆甚至夸大产品和服务的环境绩效来获取更高的收益（Delamas 等，2011）。Ackerstein 和 Lemon（1999）提出在政府监管不到位的情况下，企业会利用法律对"漂绿"界定不明确的这一漏洞，而大胆实施"漂绿"行为。

在"漂绿"形式方面，美国 Terra Choice（TC）环境公司（2009）最先总结出了"漂绿七宗罪"，具体包括含糊不清、名不副实、无关痛痒、流于表面、无凭无据、说谎欺骗、崇拜认证等七种"漂绿"形式。学者 Lyon 等（2015）将"漂绿"形式从学术视角总结为：空头声明、误导性语言和图像、选择性信息披露、与非政府组织的虚假合作等四种形式。

第二，对于"漂绿"动机的研究。现有文献主要从信息经济学、新古典经济学和利益相关者三个方面进行分析。1) 信息经济学的视角。Darby 和 Karni（1973）认为绿色市场是信息不对称的，消费者在消费产品后，也无从判断其购买的产品是否达到环保水准。虽然近年来的绿色标志变得流行，但市场信息不对称的问题并没有得到有效解决。Kollman 等（2001）发现绿色产品市场上仍然存在虚假绿色认证和绿色标志。2) 新古典经济学的视角。有研究认为，公司"漂绿"是为了更好地盈利。Horiuchi 等（2009）认为随着消费者对绿色产品的需求增加，政府部门出台了许多相关政策以鼓励和规制公司的绿色发展，一些公司为了获取政府补贴和政策支持会存在"漂绿"的动机。3）利益相关者的视角。Delmas 等（2011）分析认为，"漂绿"的动机包括来自消费者、投资者及相关竞争对手等市场因素的影响。Vos（2009）发现在社会法规不够健全的情况下，公司受到来自消费者和投资方的双重压力，会存在更强的"漂绿"动机。而且越是规模大、知名度高的大公司，就越受社会媒体和相关利益主体的关注，迫于压力，这些公司也会进行"漂绿"（Meznar 等，1995）。Marquis 等（2016）认为在政府监管和环境规制所带来的成本上升和合法性威胁的影响下，公司会选择用明确的行为来象征性地应对外部压力，以更好地树立社会责任和获得融资支持。也有文献研究了公司特征的影响，Wimbush 等（1997）指出公司的道德风气和激励机制会成为公司是否进行"漂绿"的决定性因素。

第三，对"漂绿"后果的研究。Leonidou 等（2013）指出，一旦消费者发现公司存在"漂绿"倾向，便会对公司产品失去信任感，降低对品牌的满意度和忠诚度，从而对企业声誉造成打击。Walker 等（2012）发现"漂绿"行为会对企业盈利水平产生显著的负向影响。Marquis 等（2012）认为投资相关责任主体需要了解公司披露的相关信息，来综合评估公司的环境绩效表现，并据此判断是否对公司进行投资，而一旦发现公司存在"漂绿"行为时，便在资本市场中以用脚投票的方式对公司股价进行打击。也有从消费者角度切入的相关研究，Parguel 等（2011）发现"漂绿"会对消费者持续购买决定产生影响，从而导致消费者对公司产品产生不信任感。"漂绿"行为对社会可持续发展会产生负面影响，因而要实现市场的绿色有序发展，政府需要花费更多精力来进行立法规范。

（2）公司"洗棕"行为的研究。

目前对于公司"洗棕"行为的研究还处于起步阶段，讨论主要集中在"洗棕"的定义和"洗棕"的表现形式两个方面。

第一，关于"洗棕"定义的研究。"洗棕"是指企业在披露环境信息时过度谦虚地隐藏了自身较好环境表现的现象（Kim 等，2015）。"洗棕"会让公司看起来不那么环保，甚至会招致媒体和环保人士的批评。Ullmann（1985）认为由于信息披露会产生一定的成本，容易降低股票回报，从而损害股东的利益，因而公司可能会选择性地少披露其社会责任履行情况，以掩盖其在履行社会责任活动中所产生的成本支出。Friedman（1970）指出股东可能会怀疑管理者正在追求社会责任活动，从而牺牲其他可以更直接增进股东利益的活动。尤其是在公司面临财务压力并且环境规制较为宽松时，为了提高股东的满意度以及维护股东的利益，上市公司可能会选择对环境信息披露进行"过分谦虚"的披露，也即"洗棕"行为（Kim 等，2015）。

第二，关于"洗棕"表现形式的研究。在环境方面，洗棕行为可能表现为上市公司披露的污染物减排量少于其实际的减排量；在社会方面，洗棕行为表现为少披露或者不披露公司的慈善捐款、雇员福利上的支出以及对社会发展的贡献；在治理方面则是对公司的治理改革轻描淡写等（Kim 等，2015）。

(3) 公司"印象管理"行为的研究。

"印象管理"是选择性信息披露的重要形式，是一种通过否认、推诿、道歉等手段，以维护或树立自身形象的非市场性策略。良好的公司形象能够增加上市公司实现发展目标的可能性，因而上市公司就有动机进行"印象管理"。另外，从政府视角考虑，政府的绿色偏好会对上市公司产生威慑作用，公司为了有效规避监管，甚至是骗取政府相关财政补贴，也会有"印象管理"动机。Leary 和 Kowalski（1990）将印象管理分为两个环节：首先是印象管理动机，反映公司想要改变其他人对自身的评价，以此实现自己的目的；其次是印象构建的过程，强调在印象动机的驱使下，采用各种手段实现印象管理的行为的过程。Tata 等（2015）研究认为，管理层出于利己主义的考量，有动机对企业社会责任报告进行印象管理，从而干扰报告使用者对公司整体形象和业绩表现的判断。

已有印象管理的研究主要集中在以下三方面：

第一，印象管理动机的研究。1) 实现业绩目标的动机。当公司业绩下降时，管理层会主动利用资本市场的信息不对称，通过粉饰年报等手段进行印象管理（Clatworthy 等，2003）。Graffin 等（2006）的研究表明，公司为将并购计划顺利推进，会对股东及相关投资者进行印象管理，以获得他们的信赖，消除相关疑虑。2) 获得稀缺资源的动机。Pan 等（2018）研究表明，公司是为了获得投资者的资金支持或投资机会，让投资者增强对公司的信心。3) 提升公司治理水平的动机。公司管理层为了实现其利益最大化，有动机通过印象管理来蒙蔽相关投资者群体（孙蔓莉，2012）。

第二，对印象管理策略方式的研究。已有文献将印象管理分为两类。一是获得型印象管理，主要是指为了实现公司正面影响的最大化，而通过自我推销和承担社会责任等手段进行印象管理。Zott 等（2007）指出通过自我推销的形式，主动对外传达优点或长处是印象管理的常见策略。

Pan 等（2018）认为通过操纵信息披露中的语调和修辞来实现报告制定者的目标，也是印象管理行为。Martínez 等（2019）指出公司通过操纵社会责任报告中的语言、文字及修辞手法，来模糊处理公司的环境业绩，突出强调公司对环保所做的贡献。二是防御型印象管理，主要是为了将负面影响最小化，其手段包括战略噪声、隐瞒、道歉和辩解等。公司在受到社会质疑时，会通过辩解使其行为合理化，或是在发生负面事件后，主动承担责任，并承诺会在未来进行整改，发布道歉公告（黄艺翔等，2016）。Graffin 等（2016）认为在事件发生前后，公司发布与其不相干的信息，类似这种混淆视听的方式也属于此类印象管理策略。但从实际上看，这两种类型的印象管理策略并没有严格的界限，经常同时运用到公司的印象管理中。

第三，对于印象管理测度的研究。Paulhus（1984）最早提出构建关于测量印象管理的均衡表，均衡表中包括了 40 个问题。Roth 等（1988）在此研究基础上，扩展细化了相应问题，构建了测量印象管理差异的量表。Conroy 等（2003）提出包括 9 个项目的情景训练中的自我呈现问卷修订版，结果发现，相关印象管理的度量，是学者对公司承担的社会责任等非语言行为和语调、修辞等语言行为进行打分或编码，以数据化相关信息。虽然相关印象管理的数据比较真实，但也存在过于主观的问题。而通过搜集问卷获取的信息，有助于找到明确的公司印象管理动机及目标群体，但通过问卷得到的结果可能存在选择性披露的情况，因而数据的可靠性、真实性尚待进一步证实。

三、绿色规制相关文献综述

1. 关于环境规制和绿色规制的研究

环境规制更注重使用法律和行政手段来保护环境，通常包括制定环境标准、污染物排放标准、技术标准等，并强制要求企业和个人遵守这些标准。环境规制的目标是确保环境质量达到一定的标准，防止环境污染和生态破坏。如果企业或个人违反环境规制，可能面临法律处罚和行政处罚。

相比之下，绿色规制通常强调在法律法规约束的基础上，政府和相关机构使用经济激励手段来进一步推动环境保护和可持续发展。这些经济激励手段可以包括绿色税收、绿色补贴、绿色信贷等，旨在通过市场机制引导企业和个人采取更加环保的行为。绿色规制注重利用市场力量，通过经济利益的驱动来促使企业和个人主动采取环保措施。例如，政府可以通过对环保行为提供税收优惠或补贴，降低环保行为的成本，从而鼓励更多的环保行动。

总的来说，环境规制和绿色规制都是为了保护环境而制定的政策和措施，但它们的实施手段和目标有所不同。环境规制更注重使用法律和行政手段来强制要求企业和个人遵守环保标准，绿色规制则更注重使用经济激励手段来引导市场力量推动环保行动。在实际应用中，这两种规制手段通常会相互补充，共同推动环境保护和可持续发展。所以本书在前半部分讨论了法律法规层面上起作用的环境规制，后半部分则着重讨论了对企业影响较大的绿色规制。

对相关文献的梳理发现，已有关于政府环境规制与公司研发投入的文献，主要观点分为两类。一类观点着重强调政府环境治理容易加重企业经营成本，迫使企业将有限资源投入到节能减排上，致使企业无法全身心展开研发工作，由此降低企业研发水平（Levinson 和 Taylor，2008）。另一类观点则认为，在短期内，政府环境监管法律可能加重企业负担，让企业经营压力加大，但从长期来看，环境规制通过倒逼形式，使得公司增加研发资金以改善生产效率，实现环境改善和企业竞争力提升的双赢。金晓雨、宋嘉颖（2020）从技术异质性角度考虑，认为对于高生产率企业，环境规制产生的摆脱规制效应超过利润削弱效应，环境规制力度的增长可以刺激公司加大研发投入。

关于环境规制和技术创造的文献，Feng 等（2018）发现在政府环境法治监管约束下，通过鼓励绿色工艺改进的市场化环境规制，能够促进相关产业发展。在扩展波特假说的基础上，Jiang 等（2018）从产业和区域两个方面来定义环境规制，认为区域政府规制促进公司创新绩效，但产业规制对其却有显著的负向作用。Jiang 等（2020）认为自愿性环境信息公开和环境管理体系认证对企业技术创新投资产生显著的正向影响，且自愿接受政府监管规制对重污染行业技术创新的影响远高于轻污染行业。国内学者张成等（2011）使用中国工业企业数据库的相关数据进行研究，认为东中部地区的政府环境规制强度和企业技术创新存在"U"形关系。沈能等（2012）也得到类似的结果，发现政府环境监督规制强度与企业创新研发存在一个"门槛效应"，而且其对技术创新的促进作用存在较为明显的地区差异。蒋伏心等（2013）再次验证了"U"形动态关系的这个结论，认为政府环境监管规制强度的增加，对公司创新研究存在一个"U"形影响。王杰等（2104）认为只有在合理区间内，政府环境监管规制强度能够推动技术创新，由此提升企业生产率，一旦强度超过了企业可承受能力，将会阻碍企业的研发技术创新。

也有学者从政府视角研究环境规制水平。Lei等（2017）研究发现，在政府能力不足的情况下，由于政府规模效应，对于数量少但规模较大的企业，区域环境规制会相对更加严格；而在政府监管规制能力足够强大时，企业的规模大小不会受政府环境规制的影响。Han（2020）从政府的角度对各省环境规制水平进行客观估计，研究发现，2013年以后，碳排放交易试点省份的绿色投资水平显著低于其他非试点省份，环境保护政策的出台使政府的绿色投资水平降低了约8%，即政府环保政策有助于提升环境信息公开水平。总体来看，研究环境规制的文献较为丰富，并从各个角度展开了讨论，且环境信息披露作为一种重要的环境规制工具（Fang等，2019），对协调经济健康发展与环境治理具有重要的实际意义，但对于环境信息公开规制的研究，却少有学者进行探讨。

绿色规制的研究主题集中在对产业绩效、研发投入及技术创新的影响等方面。在绿色规制对产业绩效影响的研究领域，Porter（1995）是最著名的代表人物，他强调只有合理的绿色规制能够提升相关产业的生产绩效。Stefan（2007）认为企业为了规避环境监管而发生的污染治理成本，可以通过其他层面获得抵偿。Lian等（2016）着力探讨政府环境监管对中国制造业区位的影响，研究表明在受规制时，中国制造业倾向于从管制严格的省份向管制宽松的省份转移。Liu等（2016）认为，在一定条件下，政府对企业的绿色规制有助于促进当地产业结构转型升级。Wang等（2016）实证发现，在严格的政府环境监管下，绿色制造业产品出口增加，不断推向世界各地，而污染比较严重的初级产品在不断减少。国内学者原毅军和谢荣辉（2014）也有类似的结论，认为政府环境监管有助于推动当地产业结构调整，成为地区发展的新动力。何玉梅等（2018）以中国重污染企业为研究对象，研究表明政府绿色规制能整体提升企业绩效和竞争力水平。

2. 绿色规制与企业环境信息披露

Kolstad（1996）认为绿色规制有助于改善企业环境绩效，政府颁布相关法律法规，可以要求企业承担更多的社会、环境责任，由此能够提升企业环境信息披露水平。Li等（2008）认为，自萨班斯法案（SOX）实施后上市公司盈利水平出现了明显的下降，但环境信息质量得到明显提升。Akhigbe等（2008）发现SOX法案增强了企业环境信息公开的数量。Frost（2007）发现在政府出台相关环境法律法规后，企业环境信息公开的程度显著提升。王建明（2008）认为重污染企业容易受到更大力度的政府环境监督规制，因此企业为了树立相关社会责任以减少政府监管，会选择披露更多的环境信息。Lee（2010）以印尼环境信息规制为研究案例，发现在国家监测和执行能力薄弱的情况下，可以通过公开披露相关公司环境绩效的信息来发挥环境管制的作用。同样的，有些学者认为政府环境监管规制和企业环境信息披露也存在"门槛效应"，李强、冯波（2015）的研究结果表明，绿色规制对公司环境信息公开质量的影响显著，其中，政府环境监管规制与国有上市公司的环境信息公开呈正"U"形，而与民营企业呈倒"U"形关系。

卢馨等（2010）认为，自从我国环境信息公开制度颁布后，上市公司环境信息公开内容和披露力度有明显改善。Kerret等（2010）利用企业年度报告和环境保护部提供的业绩数据，分析以色列重污染行业上市公司对以色列证券法修正案的反映质量，结果表明，各地要求企业信息披露规范的程度可能存在较大差异。日本学者稻田健志（2011）认为中国企业要应对来自当地政府的环境监管压力，因而会倾向于按照法律披露企业相关信息。杨熠等（2011）认为，绿色金融政策下的审计委员会等公司内部治理因素有力地促进了公司环境信息水平的提升。毕茜等（2012）认为我国环境信息公开制度的实行，有效提升了重污染行业上市公司的环境信息披露水平和质量。潘安娥和郭秋实（2018）以我国6个重污染行业上市公司为研究样本，结果发现政府监管强度的确能提升企业环境环境信息的公开水平。

3. 绿色规制与公司环境治理

企业环境社会治理责任不但是新的全球公司的特征，而且越来越成为新的公司治理特征。企业社会责任政策被视为对硬法规的有力补充。与硬性法规相比，企业社会责任政策的软法特征意味着在特殊利益集团的抵制下，其政治成本可能相对较低（Moon，2007）。

Aerts等（2006）认为强制性的制度压力会影响ESG绩效，即政府规制会影响公司的环境治理。Sarker和Burritt（2008）研究表明，基于政府监管和满足利益相关者需求的社会背景下，公司的环境治理战略发生转变，会主动强调完成环境保护等目标。Williams和Aguilera（2008）指出法律和强制性法规设立的标准有助于建立对负责任的企业行为的社会期望，建立社会期望后，要求企业从与其他实体，如消费者、机构投资者、社区和非政府组织的互动形式方面来建立公司激励机制以达到法律规定的标准。López-Gamero 等（2010）研究了环境法规与主动环境治理之间的关系，结果表明，当绿色规制源于立法和行政命令时，其对公司主动环境管理的影响并不显著，但如果是从公司内部环境治理角度出发，则会提升公司环境治理水平。Steurer（2010）的研究发现，近年来许多欧洲国家的政府在塑造和促进企业社会责任方面发挥了越来越积极的作用，众多政府CSR举措形成了跨部门而又连贯的政策领域，原因在于：1）它们都具有自愿性和协作性的治理原则；2）政策工具都具有软性法律特征；3）能够与传统的硬性法规共同促进相关公司长期稳定发展。Ortas等（2015）研究表明，西班牙和法国的公司表现出相似的社会和公司治理绩效水平，并且高于日本的公司。但日本的公司似乎比西班牙和法国的公司更关注环境问题。以上结果反映出即使在对采用企业社会责任倡议的相同原则做出共同承诺的情况下，具有不同制度背景的不同国家在ESG绩效方面也会在其公司之间引发不同的优先事项。王云等（2017）也发现政府绿色规制能够提升企业环保投资水平，改善公司环境治理，需要政府加强绿色规制水平。Liu和Li（2019）认为在公有制企业中，政府规制的空间异质性会促进企业碳信息披露，也会对非金融和金融碳信息公开产生明显的促进作用。

四、文献述评

基于上述文献梳理发现，已有文献从公司环境信息公开、公司环境信息公开行为、环境信息规制三个方面对上市公司环境信息公开行为展开广泛且深入的研究，取得了丰硕成果。这些研究都为本书进一步探讨绿色规制与上市公司环境信息披露行为提供有益的借鉴基础，而现有研究仍有在此基础上进一步扩展和完善的空间。

第一，关于公司环境信息披露的研究进展，已有文献从其发展脉络、披露方式、影响驱动因素、绿色治理等视角进行了较为广泛而深入的研究。文献普遍认为公共压力、行业竞争和提升公司价值等因素，会影响公司环境信息披露。但现有研究基于制度视角，探讨如何改善中国上市公司环境信息公开质量的研究内容还有待深入挖掘。尤其在绿色发展背景下，如何在借鉴国外优秀实践经验的基础上，分行业、分区域对相关企业制定合适的环境信息公开的规范制度，对提升中国上市公司信息公开水平具有重要的现实意义。

第二，关于公司环境信息披露行为的研究，已有文献不仅对自愿性信息披露和强制性信息披露进行了深入探讨，而且近年来对环境报告中选择性信息披露行为的研究也在不断增长，尤其有相关研究对"漂绿"行为、"印象管理"行为展开分析讨论。

但具体来看，首先，已有对自愿性环境信息披露行为的研究，主要从为什么要进行自愿性信息披露、是什么决定了企业环境信息披露、如何度量自愿性信息披露、自愿性信息披露结果如何这四方面展开。在对自愿性披露的动机讨论中，可以将其概括为资本市场交易、控制权争夺、股票薪酬、法律成本等四个假说；在影响自愿性信息披露的要素方面，主要将其归纳为法律规制、公司治理及公司特征等几类；研究围绕自愿性信息披露结果展开的论述中，学界普遍认为自愿性信息披露能够减少信息不对称现象，提升外部投资者对企业的信任感，认可企业的价值，从而改善公司业绩。但整体来看，我们发现对如何度量自愿性信息披露的研究尚欠缺，即使有构建的自愿信息披露指数，也存在不够客观等问题，影响了指数的科学公正性。

其次，强制性信息披露与自愿性信息披露是上市公司信息披露行为的两个方面，但又相辅相成。有些学者通过研究发现，与自愿性信息披露相比，强制性信息披露更有利于提高公司环境信息的披露质量、提升公司信息透明度，从而更有效地降低资本成本，促进公司长期稳定经营。而且对强制性信息披露，国外的研究集中在对强制性社会责任报告的讨论上，认为强制社会责任报告能够有效满足外部投资者及相关利益主体对公司环境信息的需求，使得合法性披露更为广泛，有助于改善公司业绩，提升公司声誉。也有截然相反的观点，认为强制信息披露可能导致信息披露质量的下降，造成公司投资效率更低，从而降低了市场估值。但强制性信息披露结果分化差异的根源，现有研究却少有涉及。而厘清强制性信息披露结果造成差异的这一问题，对于改善上市公司环境信息披露质量极为重要，因而这会成为此后重点研究的内容。

最后，在选择性信息披露的问题上，最初是在20世纪80年代，有学者强调公司的环境信息披露可能只是披露必要或者有用的信息，于是对环境信息披露的质疑在学术界日益盛行，相关研究认为公司环境信息披露行为仅仅是一种有策略的、象征性的、维护声誉的行为。此后，对选择性披露行为的研究进一步深入推进，对"漂绿"行为、"印象管理"行为的研究迅速增加，相关研究主要是从内涵、形式、动机、影响及后果等方面进行探讨。但对漂绿程度和印象管理的度量，鲜有文献进行研究，即使有文献通过构建指标体系进行打分评价，但其指标构建仍然具有较强的主观性。因此，对选择性信息公开的科学度量可成为今后需要重点研究的方向。

第三，关于绿色规制的研究进展，已有文献从绿色规制与环境信息披露、绿色规制与公司环境治理等维度展开。

首先，通过归纳分析发现，对绿色规制的研究热点主要集中在波特假说、技术创新、产业绩效、公司研发、门槛效应等方面，且自波特假说1995年面世以来，对绿色规制的研究便在此基础上展开了丰富讨论。在被引频次较高的论文中，Lanoie等（2013）在回顾波特假说20年相关研究综述的基础上，将排放税、绩效标准等归纳为政府绿色规制的市场性工具。为进一步挖掘绿色规制研究热点间的深层关系，通过上述梳理我们发现，诸多文献认为绿色规制有利于推动产业绩效提升，但在分析政府环境监管规制和研发创新时，出现了两种鲜明的观点：一些文献认为政府环境监管规制对企业技术研发创新有积极影响，但越来越多的研究发现，两者存在"U"形关系。已有研究尚未对绿色规制中的环境政策深度、环境政策执行力和效力进行讨论，也未分析这些政策如何影响产业绩效或者技术创新等。而且对政府环境监管规制的研究视角单一，不同类型的政府环境监管规制工具对产业绩效或技术研发创新会存在不同的影响，但现有相关文献尚未涉及。政府环境监管规制等政策工具间的交互作用，在今后可以成为重点研究的方向。

其次，在绿色规制与企业环境信息披露的文献研究中，已有研究认为在现行规制压力下，相关法律法规等政府规制工具的实施，能够有力地改善上市公司披露的内容的质量。大多数文献都是通过实证检验，来探讨绿色规制是否能提升企业环境信息披露水平，但对于不同国家、不同区域的政府规制和企业环境信息披露之间的关系的对比研究相对较少，因而不利于从全球化的视野来探讨该问题，也无法全面客观评述中国和外国的政府规制对企业环境信息披露影响方面存在的差异。接着，从绿色规制与公司环境治理的视角分析，近十五年来的文献普遍认为政府绿色规制会显著影响公司的环境治理水平，但具体的文献数量较少。结合国际发展趋势，并考虑中国国情，未来政府绿色规制必然会在环境信息披露中发挥关键作用。因此，今后可以将政府环境监管规制在上市公司环境信息披露中的作用路径及原理作为研究的主要方向。

综上所述，本书将立足已有研究成果，从全球化视域出发，对绿色规制和上市公司环境信息披露行为展开系统性、创新性研究，探讨识别上市公司环境信息披露行为存在不足的深层根源，并从环境信息规制视角切入，尝试破解市场失灵带来的现实问题，以期为提升上市公司环境信息披露水平做出贡献。

第五节 研究思路与方法

一、研究思路

本书从六个主要方面出发，深入分析与探讨绿色规制与企业环境信息披露的关系，构建上市公司环境信息披露行为画像，通过理论与实践相结合的研究方法，挖掘出我国现阶段企业环境信息披露行为的特征与可适用的制度，进而为提升企业环境信息披露水平提供崭新的研究视角。具体包括以下六个方面的内容：

第一，上市公司环境信息披露行为与绿色规制。一方面，回顾国内外有关上市公司环境信息披露行为的大量研究文献，从环境信息披露的内容和方式、影响因素、行为动因三个方面对其相关内容进行了全面探讨。考察我国上市公司环境信息披露的案例，对环境信息披露行为按性质进行分类，并对披露行为不同的现状展开详细分析，重点分析公司环境信息披露中的"漂绿"和"印象管理"这两种行为。并由此进一步分析公司治理特征与消费者绿色评价，对上市公司环境信息披露的影响。另一方面，绿色规制作为推动生态文明建设的重要抓手，在完善中国环境治理水平中发挥重要作用。本书从中央与地方环境规制关系、中央环境规制政策和地方环境规制政策三个方面来详细讨论中国绿色规制制度体系现状，着重比较中央环境政策目标对地方环境政策执行的影响，并分析地区间绿色规制的策略互动对上市公司环境信息披露行为产生的影响。在了解中央和地方政府环境规制体系的基础上，从正式绿色规制和非正式绿色规制两个维度构建中国各省份绿色规制强度的综合指标，分析比较地区间规制程度的差异，为进一步探讨地区绿色规制对上市公司环境信息披露行为的影响提供理论支持。

第二，上市公司环境信息披露的国际比较。针对国际环境信息披露情况，搜集大量的文献资料，进行了环境信息披露政策演变背景及原则、主要法律法规、披露形式与环境会计相关内容的国际比较。通过这些详细的比较，能够明确现阶段我国环境信息披露制度的优缺点，方便政府决策者进一步优化与改进。

第三，上市公司环境信息披露行为画像计算方法。首先对环境信息披露行为画像所依托的软硬件平台进行详细介绍，其次说明了本书中环境信息披露行为画像使用到的多种技术，如文本分析技术和画像应用层的机器学习技术等。进一步研究上市公司环境信息披露行为画像的过程与标签类型。最后，结合以上先进技术与理论，研究构建完整的上市公司环境信息披露行为画像框架，以此作为后续分析的基础。

第四，结合行为画像的上市公司环境信息披露特征。研究首先梳理了国内外环境信息公开指标的演变历程，该指标是研究环境信息公开特征的关键。结合行为画像技术构建合适的披露指标模型，使用该模型能够有效为企业的各类环境信息披露行为打分，为后续分析做铺垫。最后基于 Python 从网上获取的公司社会责任报告数据，使用以上模型与技术，分析并得出其环境信息披露的特征。

第五，绿色规制影响上市公司环境信息披露行为的画像。基于第四部分构建的企业环境信息披露行为画像系统，得出企业环境信息披露特征，进一步从绿色规制角度分析其对企业环境信息披露行为的影响。本部分内容首先探讨了绿色规制影响环境信息披露行为的内在逻辑，然后根据相关算法，从行业和公司两个维度实现绿色规制影响环境信息披露行为的画像，最后以案例分析的形式来说明绿色规制影响环境信息披露行为画像系统的现实途径，以此为政府监管、投资者决策提供可靠的信息保障。

第六，提升上市公司环境信息披露质量策略。研究结合中国现实背景，在分析绿色规制对上市公司环境信息披露行为的治理效用基础上，阐明提升企业环境信息披露水平需依赖完善的绿色规制标准体系。最后为全面提升上市公司环境信息披露质量，建议从政府、社会和企业三个层面共同发力，以协同推进资本市场绿色高质量发展。

```
                          目标
                   提升上市公司环境信息披露水平

 研究      上市公司环境信息披     上市公司环境信息      绿色规制与上市公
 内容  ⇨   露背景及行为研究   →  披露及绿色规制   ←   司环境信息披露关系

 研究      主要国家的政策演变背    上市公司环境       上市公司披露要求
 内容  ⇨   景、法律法规、披露形  →  信息的国际比较  ←    及绿色会计准则
           式

 研究      对文本分析、机器学习    上市公司环境行为     构建上市公司
 内容  ⇨   模型等技术手段的分析 →  画像计算方法研究  ←  环境行为画像

 研究      阐述环境信息披露发展历   结合行为画像的上市公司   基于CSR的环境
 内容  ⇨   程与生成环境信息披露指 → 环境信息披露特征研究 ←  信息披露特征分析
           标

                    上市公司环境信息披露行为画像

 研究      绿色规制影响环境     绿色规制影响环境信    上市公司环境信息
 内容  ⇨   信息披露行为的逻辑    息披露行为的画像     披露行为的典型案例

 研究              逻辑终点
 内容  ⇨    提升中国上市公司环境信息披露水平的路径选择
```

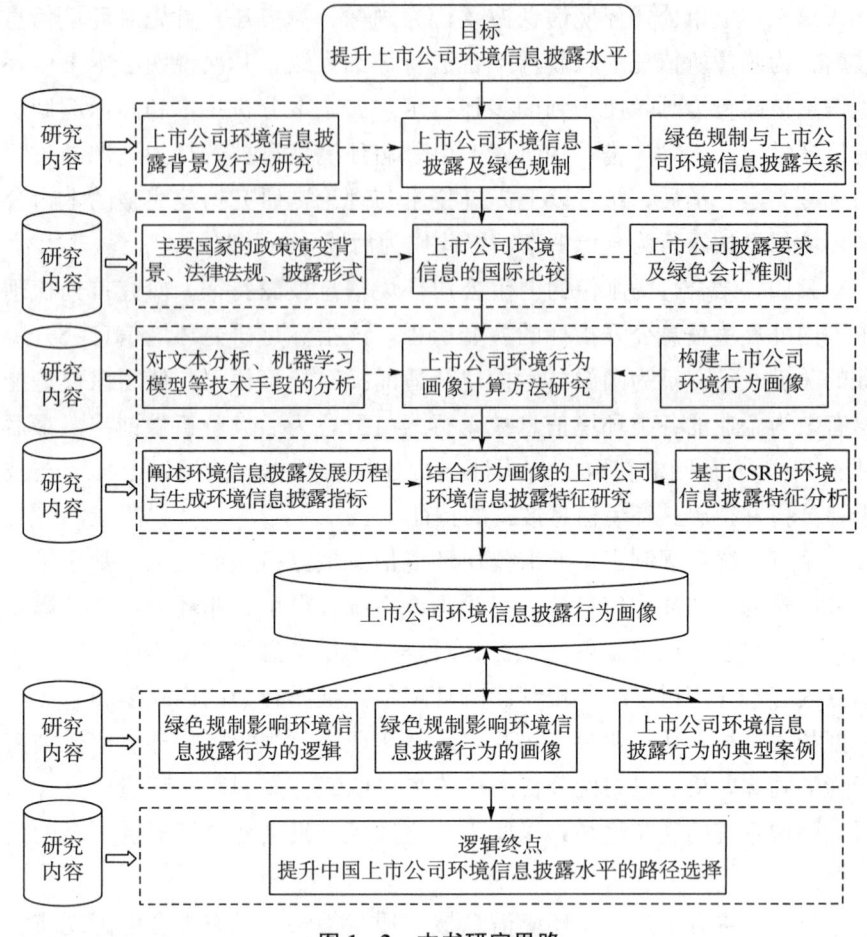

图1-2 本书研究思路

二、研究方法

根据研究问题需要，本书通过定量分析与定性分析相结合、分析与归纳比较相结合、演化博弈和逻辑推理相结合、文本分析与机器学习相结合的研究方法和手段展开研究，具体包括如下四个方面：

1. 定量分析与定性分析相结合

通过梳理国内外文献资料，全面梳理绿色规制和企业环境信息披露领域研究现状，并基于制度与微观金融视角，从规制的时序演变和区域异质性两个维度探讨绿色规制对企业环境信息披露行为的影响。

2. 文本分析与机器学习相结合

运用网络文本分析方法，从各地政府环境规制政策文件和企业披

露的年报、社会责任报告、可持续发展报告中，获取构建环境规制强度和企业环境信息披露程度指标所需要的数据信息。利用主题分类等机器学习的技术手段，对企业发布的相关报告进行分类，同时结合上市公司环境行为画像等技术，进一步对上市公司环境信息披露特征进行分析，最后获得环境信息披露得分，为本书计量分析提供可靠的指标及依据。

3. 国内借鉴与全球比较相结合

本书对中国环境信息披露政策与美国、欧盟的相关政策进行了梳理分析，从政策演变背景、主要法律法规内容、披露形式及要求等方面进行了系统深入的探讨，试图厘清各经济体在环境信息披露标准上的差异，为继续研究分析主要国家上市公司环境信息披露规制提供有益参考。

4. 演化博弈和逻辑推理相结合

运用动态演化博弈的方法，探讨了地方政府间的绿色规制政策互动。研究假设在有限理性条件下，地方政府绿色规制博弈策略行为的演化路径及求解稳定策略，进而推理论述地方政府绿色规制博弈策略的演化规律，为分析地方政府绿色规制行为的现状特征、提升地方环境治理水平提供理论支撑。

三、技术路线

本书完全遵循"研究现状梳理—核心问题识别—提升路径探讨"的研究思路（见图1-2）。首先，从研究现状梳理出发，根据已有文献资料对公司环境信息披露现状、公司环境信息披露行为和绿色规制等内容进行探讨，以期明晰研究主题和已有研究进展；其次，在核心问题识别环节，研究了上市公司环境信息披露的国际比较、构建上市公司环境信息披露行为过程、绿色规制对上市公司环境信息披露行为的影响及画像应用等方面的内容；最后，对提升路径进行总结和梳理。主要分析了提升上市公司环境信息披露水平的路径，并指出绿色规制在提升上市公司环境信息披露水平中的作用，进一步提出完善中国绿色规制体系的政策建议，以期提升中国上市公司环境信息披露水平。

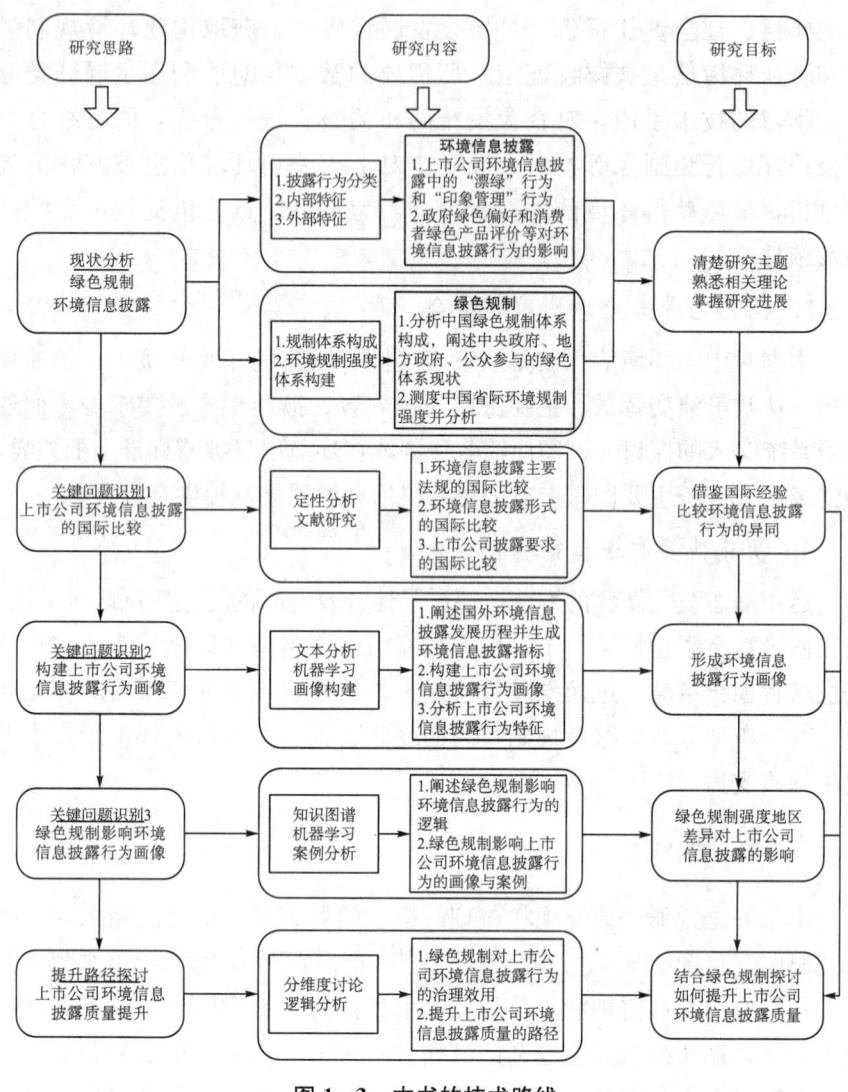

图 1-3　本书的技术路线

第六节　创新之处

一、上市公司环境信息披露规则的国际比较

相较于西方发达国家，中国上市公司环境信息披露制度起步较晚。为了更好地促进中国上市公司环境信息披露水平整体提高，有必要梳理和借鉴国外相关经验。本书搜集了世界主要国家及地区的公司环境信息

披露相关政策法规,进一步比较分析了针对上市公司的披露要求和绿色会计准则,详细列出了欧盟内部主要国家的 ESG 报告规则,直观了解各国在 ESG 方面的差异及优点,通过详细对比,发掘现阶段中国上市公司环境信息披露制度有待完善提升的方面,为相关决策者提供参考。

二、上市公司环境信息披露行为画像的构建

运用网络文本的数据挖掘技术和"主题分类"的机器学习方法,对公司环境信息公开行为画像过程与标签类型进行阐述分析,构建了完整的上市公司用户行为画像总体框架。基于文本挖掘等多种先进技术与理论,利用从巨潮资讯网获取的所有上市公司披露的社会责任报告,结合行为画像对上市公司环境信息披露特征进行分析。借助画像等技术,研究发现自 2013 年以来,我国上市公司环境信息披露的内容逐步增加,上市公司更愿意主动地披露更多的环境信息主题,且信息披露质量存在稳固提升态势。部分主题甚至被上市公司连续多年讨论,反映出上市公司对政府及市场绿色偏好的关注。

三、绿色规制影响行业环境信息披露行为的画像分析

为识别重污染行业环境信息披露行为受绿色规制政策的影响,本书以 2008—2020 年沪深 A 股上市公司年报为样本,借助文本分析法提取出报告中的结构化数据和非结构化数据,将行业中的上市公司基本特征信息、披露污染物类型、防治污染设施的建设和运行情况、受到环境行政处罚情况等重要特征,提炼成上市公司的环境信息披露标签,并结合各行业适用的污染物排放标准,构建重污染行业受绿色规制时的环境信息披露行为画像。根据画像结果可知,绿色规制对不同行业环境信息披露行为的影响存在明显差异,尤其是各行业在绿色规制政策影响下的环境信息披露水平差异较大。本书将通过构建我国上市公司环境信息披露行为的图数据库,实时动态地挖掘绿色规制与行业环境信息披露行为之间的联系,从而更好地为政府部门政策制定和投资者决策提供有益参考。

四、地区规制差异对企业环境信息披露行为的影响

企业行为决策受地区制度环境影响,因而不同地区绿色规制会使企业环境信息披露行为产生差异。本书进一步分析地区绿色规制差异对企业环境信息披露行为的影响。一方面,从绿色规制强度层面分析,由于绿色规制强度存在差异,企业为了自身经济利益最大化,会在披露相关

环境信息时发生企业"漂绿"、供应链"漂绿"及"印象管理"行为，因此通过构建的画像系统发现企业可能存在的上述现象，能够及时为政府、投资者提供预警及信息决策支持。另一方面，从企业区位选择视角，可以侧面印证地区绿色规制差异对企业环境治理及信息披露行为的影响。因此，本书基于我国目前环境分权治理现状，探讨地区间绿色规制水平差异是否使得企业之间存在绿色规制搭便车的行为，以及企业在进行区位选择时是否存在跨地区选址行为。通过上述典型披露行为的分析，为验证理论判断提供可靠论据。

第二章　上市公司环境信息披露行为与绿色规制

第一节　上市公司环境信息披露的意义

改革开放四十多年来，我国经济取得辉煌成就的同时，环境污染问题日趋严峻。生态环境的有效治理已成为近些年来事关全球社会经济发展和人类命运共同体构建的重要议题。在此过程中，我国积极践行大国承诺，坚持走绿色低碳发展道路，将环境保护放在社会发展的突出位置。2012年，中国共产党第十八次全国代表大会明确将生态文明建设纳入"五位一体"总体布局；2015年，党的十八届五中全会提出"绿色"的发展理念，成为引领中国经济可持续发展的重要风向标；2017年，党的十九大再次强调要"加快生态文明体制建设"。

上市公司在为社会创造巨大财富的同时，也对生态环境产生了影响，因此只有主动引导公司将节能减排和其生产经营活动联系起来，才能实现社会经济长期稳定的发展。但要实现良好的环境治理，首先要求企业对环境信息有充分的披露，因此加强企业环境信息披露在国家生态环境治理中发挥着重要作用。但实践中，我国上市公司环境信息公开披露制度起步较晚，从2008年才开始进行真正意义的社会责任报告披露，并且还不要求对其发布的社会责任报告进行审计，因而造成上市公司环境信息公开不足，披露质量偏低等问题的出现。《2018年中国上市公司环境责任信息披露评级报告》指出，2018年沪深A股市场发布社会责任报告的企业数量占比不到总数的30%，这意味着有超过70%的上市公司尚未进行环境信息的披露。而且重污染企业作为强制披露的对象，在2018年也有超过50%的公司未进行披露。除披露数量较少以外，上市公司环境信息公开披露还存在披露指标体系不健全、选择性披露等问题。因此，在国家重视环保而环境信息公开制度又有待完善的背景下，逐步开展实施上市公司环境信息公开披露显得极其必要。

目前情势下，我国许多上市公司会选择利于创造企业良好形象的内容进行披露，虽有利于维护上市公司良好的声誉，但并非积极主动地履行相关社会责任。在国家顶层设计对环境问题如此重视的背景下，要实现中国经济的高质量发展和行稳致远，必须牢固树立绿色发展理念。上市公司是中国经济发展的主力军和标杆，对其加强环境信息披露的管理不仅具有紧迫性，而且具有重要的现实意义。因此，本书通过构建独特的上市公司环境信息披露的行为画像，有助于从技术层面实现对中国上市公司环境信息的有效监管，为提升公司环境信息披露水平提供新的环境信息公开治理机制，不仅能够促进上市公司改善其绿色治理水平，而且对便于政府监管和顺利推进国家绿色发展战略具有重大意义。

第二节　上市公司环境信息披露行为分析

一、上市公司环境信息披露行为分类

1. 强制性披露与自愿性披露

近年来，我国经济在长期保持高速增长的同时，严重的环境污染也带来巨大的负外部性，环境经济损失凸显，环境污染治理总额呈现增加的趋势。根据2015年《南方周末》的相关报道，我国在2004—2012年，由于生态环境污染造成的相关经济金融损失，最高可占到GDP的3.05%（汪韬，2015）。同时，《2018年国家环境经济政策进展评估报告》的数据显示，我国2017年环境污染治理投资总和高达9539亿元人民币，相较于2016年增长了3.5%（董战峰等，2019），进一步加剧国家财政压力。如何有效治理环境污染，成为当前中国最重要的社会议题之一。在环境污染治理政策方面，西方发达国家经历了单独采用法律管制和引入交易排污许可、排污费等市场工具两个阶段后，现已普遍进入以环境信息公开披露政策为主的第三阶段。所谓环境信息公开披露政策，是指通过提高公众对环境污染信息的获得性，让公众参与环境治理行动的政策措施。基于西方国家的经验，中国政府为有效治理环境污染问题，

顺利推进生态文明建设，综合运用法律法规等主要规制体系来实施环境规制。因此，根据国家对企业公开环境信息的要求，我们将企业环境信息公开披露分为强制性信息披露和自愿性信息披露。

强制性信息披露是指国家政策法令要求上市公司必须公开的环境信息，相关上市公司有义务按照法定的时间、方式、内容等公开相关信息。自 2008 年起，我国开始强制要求重点排污单位进行企业环境信息披露，并鼓励其他企业展开自愿性信息披露。从强制披露的载体来看，企业以发布社会责任报告为主，且根据证监会 2018 年发布的《上市公司治理准则》规定，只要求对"上证公司治理板块"、"深证 100 指数"公司、金融类公司和境内外同时上市的公司进行强制性披露；从具体披露方式来看，尚未明确要求上市公司采取定量形式进行披露，因而即使是强制性披露，也可能掩盖了大量的环境违法行为。因此，政府为了规范公司环境信息公开行为，提升行业上市公司治理水平，将环境信息披露法规从部门规章上升为国家法律，其公开主体从有排污严重超标的公司扩展到了重点排污单位，可见环境信息披露已成为政府监管和公司治理中的重要环节。

自愿性信息披露，恰恰与上述强制性信息披露相反，强调企业主动对外披露相关信息。企业通常会出于维护自身社会形象和投资者关系等目的，自愿披露企业内部信息。尤其当企业受到投资者或社会质疑时，为了消除利益相关者对企业的疑虑，企业管理层会更倾向于频繁发布公司环境及收益信息，以期借助公开这些额外的信息减少外界对其的担忧，从而维持企业在资本市场的稳定。此外，在激烈的行业竞争中，企业为了将自己与同行业其他竞争者区别开来，也会通过主动披露公司环境及前瞻性的额外信息，增强外部投资者对公司的认同，获得额外资金支持等。

总的来看，强制披露比自愿披露更具影响力，强制披露具有相对完善的规范披露框架，促使市场以现有最佳环境信息披露实践为标杆，有效提升市场效率。为了更直观地厘清国家对上市公司环境信息公开的要求，以更好区分强制性环境信息公开和自愿性环境信息公开，笔者按照时间顺序梳理相关政策（见表 2-1）以供读者借鉴参考。

表2—1 上市公司环境信息披露相关政策梳理

发布时间	发布机构	文件、报告名称	主要内容
2001.09	国家环境保护总局	《关于做好上市公司环保情况核查工作的通知》	对上市公司环境违法行为、环境污染治理效果等环保情况进行核查
2003.06	国家环境保护总局	《关于对申请上市的企业和申请再融资的上市企业进行环境保护核查的通知》	对冶金、化工、石化等重污染行业上市公司企业进行环保核查
2003.09	国家环境保护总局	《关于企业环境信息公开的公告》	要求列入名单的企业，必须按照公告规定披露四类20项环境信息。没有列入名单的企业，可以进行自愿环境信息披露
2005.12	国务院	《关于落实科学发展观加强环境保护的决定》	建立健全社会监督机制，实行环境质量公告制度，要求企业对涉及公众环境权益的建设项目公开环境信息
2006.09	深圳证券交易所	《深圳证券交易所上市公司社会责任指引》	鼓励公司积极履行社会责任，自愿披露环境责任报告
2007.04	国家环境保护总局	《环境信息公开办法（试行）》	着力从政府和公司两个层面推动相关环境信息的公开，并要求排污严重超标的企业披露相关环境信息
2008.02	国家环境保护总局	《关于加强上市公司环保监管工作的指导意见》	将上市公司环境信息披露分为强制公开和自愿公开两类
2008.05	上海证券交易所	《上海证券交易所上市公司环境信息披露指引》	要求上交所内的上市公司必须在年报或独立的CSR报告中披露环保相关信息
2010.09	环境保护部	《上市公司环境信息披露指南（征求意见稿）》	要求火电、石化、钢铁等16类重污染行业的上市公司定期披露公开环境信息情况
2012.10	环境保护部	《关于进一步加强环境保护信息公开工作的通知》	要求加强环境审核与审批、监测信息公开、重大突发环境事件信息公开
2014.12	环境保护部	《企业事业单位环境信息公开办法》	对重点排污单位应公开的环境信息进行细化

续表2-1

发布时间	发布机构	文件、报告名称	主要内容
2015.01	全国人大	《中华人民共和国环境保护法》	重点排污单位要依法如实对外公开其主要污染物的种类、浓度等信息
2015.09	中共中央、国务院	《生态文明体制改革总体方案》	健全环境治理体系，完善环境标准体系和生态监管体制
2016.12	第十二届全国人大常委会	《环境保护税法》	作为我国第一部专门体现"绿色税制"的单行税法，将直接向环境排放应税污染物的企业作为纳税人
2017.06	环保部联合证监会	《关于共同开展上市公司环境信息披露工作的合作协议》	强调共同建立和完善上市公司强制性环境信息披露制度，督促上市公司履行相关社会责任
2017.10	党的十九大	党的十九大报告（全文版）	强调建立环境信息强制性披露制度，以着力解决突出环境问题
2017.12	中国证监会	《公开发行证券的公司信息披露内容与格式准则第2号—年度报告的内容与格式》	重点排污单位需主动依法披露环保管理相关信息，鼓励其他企业展开自愿披露
2020.03	国务院办公厅	《关于构建现代环境治理体系的指导意见》	强调健全环境治理企业责任体系，公开环境治理信息
2021.02	国务院办公厅	《关于加快建立健全绿色低碳循环发展经济体系的指导意见》	推动完善严格污染治理、环境信息公开、应对气候变化等方面法律法规制度
2021.12	生态环境部	《企业环境信息依法披露管理办法》	要求环境影响大、公众关注度高的企业，依法披露污染物产生、治理与排放等八类信息
2022.03	上海证券交易所	《上海证券交易所"十四五"期间碳达峰碳中和行动方案》	强调在行动期末达成"上市公司环境责任意识得到提高，环境信息披露形成规范体系"的目标

2. 实质性披露与选择性披露

环境信息披露政策是解决当前我国污染问题最关键的方法之一，在督促上市公司对其环境信息进行合理披露的基础上，更强调企业要对其环境表现进行如实报告。因此，根据上市公司对其相关环境表现所进行的信息披露，可将上市公司环境信息披露分为实质性披露与选择性披露两种。

实质性披露是企业对其绿色收益表现的真实陈述，即如实公开与上市公司所有环境绩效相关的环境信息。一般说来，具有良好环境绩效的企业会发布更多高标准的独立报告（如 ESG 报告、CSR 报告等），披露实质性较强的、与环境表现相关的定量信息。以中国石油天然气集团有限公司为例，该公司在 2018 年不仅发布了 CSR 报告，还公布了 ESG 报告，且其报告中对环境信息的定量披露内容也相当丰富，体现了大公司对社会环境的负责任的态度。长期来看，企业进行实质性信息披露，是主动加强同社会外界进行有效沟通的方式，不仅有助于企业提升自身的社会责任形象，便于投资者对公司进行 ESG 评估，而且有助于企业建立和健全内部管理体系，完善绿色生产水平，以提升环境绩效。

选择性披露是指企业在进行环境信息披露时，存在一定的隐瞒，只对部分环境表现进行披露，刻意有选择性地披露有助于企业自身发展的环境信息，掩饰隐瞒对企业造成负面影响的环境信息，即"报喜不报忧"。例如，2012 年 L 集团的苯胺泄漏事件，企业在对环境突发事件的处理上存在迟报现象，在数量和时间上均选择性地披露部分信息，因此对居民用水造成极大危害，社会影响极恶劣。但这起事件可能只是选择性信息披露中的"冰山一角"，其他企业可能也会有各种程度上的瞒报或迟报等选择性环境信息披露问题。

3. 硬披露与软披露

环境绩效表现好的企业，为了将自身与其他企业区别开来，会积极披露特殊的、难以模仿的且能够被核实的相关信息，以便提高企业信息的辨识度和精准度，这种质量较高的披露，我们称为硬披露；相反，环境绩效较差的企业，会采取模糊处理的方式，使用一些定性的、空泛的文字描述，无法轻易验证，我们称为软披露。

环境表现良好的公司会强调难以模仿的硬信息披露。因为如果一家公司被发现在社会责任报告或与网络相关的披露中说谎，它将面临诉讼风险。在社会责任报告中对环境绩效进行客观、硬性的衡量，可以使环保绩效差的公司无法通过"软承诺"来模仿环保绩效好的公司。事实上，优秀的环境绩效评估者和环境利益相关者已经联合起来，为那些准备社会责任报告的公司制定标准，这些标准强调了客观、硬性的衡量准则。

目前已有的项目环境信息的硬披露和软披露的具体指标是基于全球

报告倡议组织（GRI）提出的原则和主要架构，依据 2002 年公开的 GRI 可持续发展报告指南制定。硬披露项目和软披露项目的环境政策、表现和投入的质量的评估指数详见表 2-2。评估框架（二级指标）包括与绿色相关的治理结构和管理系统、可信度、环境绩效指标等七大维度，每一维度又分为若干小项，共计 45 个小项，涵盖了治理、可信度、排放、倡议等方面的内容，既有定性的指标又包括定量的指标。

表 2-2 环境政策、表现和投入的质量的评估指数

一级指标	二级指标（7 个）	三级指标（45 个）
硬披露项目	治理结构和管理系统（满分 6 分）	是否设有环境污染管制或管理部门（0-1）
		董事会是否设有环境或公众事务委员会（0-1）
		是否存在适用于供应商或客户的有关环保措施的条款和条件
		利益相关方是否参与制定公司环境政策（0-1）
		在工厂或公司层面是否实施 ISO 14001 标准（0-1）
		高管薪酬是否与环境绩效挂钩（0-1）
	可信度（满分 10 分）	采用 GRI 可持续发展报告指引或提供 CERES 报告（0-1）
		环保工作报告/网上所披露的环境资料的独立核实/保证（0-1）
		环境表现或系统的定期独立审核（0-1）
		由独立机构对环境项目进行认证（0-1）
		关于环境影响的产品认证（0-1）
		外部环境表现奖励或纳入可持续发展指数（0-1）
		利益相关者参与环境披露过程（0-1）
		参与环保署或能源部认可的自愿环保措施（0-1）
		参与特定行业协会/改善环境的措施（0-1）
		参与其他环保组织/协会以改善环保的措施（如不符合上述 8 项或 9 项）（0-1）

续表2-2

一级指标	二级指标（7个）	三级指标（45个）
硬披露项目	环境绩效指标（EPI）（满分60分）	能源使用或能源效益（0-6）
		环保督察用水或用水效率（0-6）
		温室气体排放（0-6）
		其他气体排放（0-6）
		有毒物质排放目录（TRI）（水、土、气）（0-6）toxics release inventory
		其他排放、释放或溢出（不是TRI）（0-6）
		废物产生或管理（再循环、再利用、减量化、处理及处置）（0-6）
		土地及资源使用、生物多样性及保育（0-6）
		产品和服务的环境影响（0-6）
		遵从性表现（例如超越数、须报告的事件）（0-6）
	环保支出（满分3分）	公司因环保措施而节省的开支（0-1）
		为改善环境绩效或环境效率而用于技术、研发和创新的支出（0-1）
		与环境相关的罚款支出（0-1）
软披露项目	远景及战略声明（满分6分）	CEO致股东或持股人的环保工作报告（0-1）
		企业环境政策、价值观和原则的环境声明，环境行准则（0-1）
		是否发布关于环境风险与绩效的正式管理体系相关声明（0-1）
		公司对其环境绩效进行定期审查和评价的声明（0-1）
		关于未来环境绩效可衡量目标的声明（0-1）
		关于具体环境创新或新技术的声明（0-1）
	环保概况（满分4分）	关于公司遵守（或不遵守）特定环境标准的声明（0-1）
		行业环境影响概述（0-1）
		经营活动或产品和服务如何影响环境的概述（0-1）
		与同行业的企业比较环保绩效概述（0-1）

续表2-2

一级指标	二级指标（7个）	三级指标（45个）
软披露项目	环境倡议（满分6分）	环境管理和运营方面对员工培训的实质性描述（0—1）
		是否存在环境突发事件应急预案（0—1）
		内部环境奖励（0—1）
		内部环境审计（0—1）
		环境项目内部认证（0—1）
		与环境相关的社会参与或捐款（0—1）

资料来源：CLARKSON P, LI Y, RICHARDSONG, et al., 2007. Revisiting the Relation between Environmental Performance and Environmental Disclosure: An Empirical Analysis [J]. *Accounting, Organizations and Society* (33), pp. 303—327.

4. 货币信息披露与非货币信息披露

按照信息内容的特征分类，可将环境信息披露分为货币信息披露和非货币信息披露，以华电国际电力股份有限公司为例，我们总结了两类披露的详细项目内容，如表2-3所示。

货币信息披露是指公司为控制或减少污染的资本支出和预计的未来资本支出、用于控制或减少污染的运营成本及预计的未来运营成本等，主要包括环保投资、环保罚款和赔偿、环境污染造成的经济损失。如绿色投资，企业一般会在绿色税费、绿色投资项目、环保支出等方面反映货币信息披露。尤其是政府给予补贴的绿色环保项目，企业会在年报的环保专项治理等内容部分进行披露，用以反映企业的货币环境信息和绿色投资规模等。

非货币信息披露主要是指对公司环境政策、污染控制设施或过程、遵守环境法规的声明等内容的讨论，具体包括公司的环境污染事件、排放的污染物质和数量、环境污染治理措施、环保获得的认证、污染物排放情况、完成节能减排情况和环境应急预案处理等。以华电国际电力股份有限公司为例，其2018年的社会责任报告中便对企业的节能减排、污水废弃物处理等环境关键绩效进行了相关数据说明，用以反映企业的非财务信息。

表2-3 货币信息披露与非货币信息披露内容分析

货币信息披露	非货币信息披露
对公司用于控制或减少环境污染的资本支出的信息披露	对公司环境政策的披露

续表2-3

货币信息披露	非货币信息披露
对公司用于控制或减少环境污染而产生预估资本支出的信息披露	对公司污染控制设施及其运行过程的相关陈述
对公司用于控制或减少环境污染的运营成本的信息披露	对公司遵守相关环境法规的披露声明
对公司用于控制或减少环境污染而产生预计未来运营成本的信息披露	对公司遵守特定环境法规及其要求的讨论

资料来源：华电国际电力股份有限公司2018年的社会责任报告。

二、上市公司环境信息披露行为现状及特点

1. 中国上市公司环境信息披露现状及特点

（1）整体环境信息来源概况。

重污染行业是强制环境信息披露的主要对象，政府监管部门对其有着相对严苛的行为规范，因而能够较好地反映我国上市公司环境信息披露现状。为彻底厘清上市公司环境信息披露实际情况，本书以《上市公司环境信息披露指南》（以下简称《指南》）为依据，主要借鉴刘运国和刘梦宁（2015）、潘爱玲等（2019）的做法，按照中国证券监督委员会2012年修订的《上市公司行业指引》，将煤炭开采和洗选业、石油和天然气开采业等15个行业定义为重污染行业。根据以上对重污染行业的界定，本书从巨潮资讯网、东方财富网等网站筛选出标的公司，按照企业分类从2019年A股上市公司中筛选出670家重污染上市公司（见表2—4），时间跨度是2008—2018年。其中，化学原料和化学制品制造业公司数量高达196家。

表2-4 重污染行业上市公司的数量分布

行业	公司数量	行业	公司数量
煤炭开采和洗选业	33	石油和天然气开采业	5
黑色金属矿采选业	6	有色金属矿采选业	23
纺织业	71	皮革、毛皮、羽毛及其制品和制鞋业	8
造纸和纸制品业	29	石油加工、炼焦和核燃料加工业	7
化学原料和化学制品制造业	196	化学纤维制造业	23
橡胶和塑料制品业	44	非金属矿物制品业	37
黑色金属冶炼和压延工业	30	有色金属冶炼和压延加工业	65

续表2-4

行业	公司数量	行业	公司数量
电力、热力生产和供应业	93	合计	670

(2) 中国上市公司环境信息披露内容的分析。

第一，披露自身环境责任信息的上市公司数量方面。在2018年，本书筛选出的670家重污染行业上市公司中，只有305家上市公司发布了年度社会责任报告，占比不到一半。重污染行业作为国家强制规定需要进行环境信息披露的行业，理应定期进行独立环境信息披露，但直到2018年，仍有一半以上的上市公司没有发布社会责任报告，可见上市公司环境信息披露数量之少。资本市场广泛存在因环境问题受到相关生态环保部门的行政处罚，却没有发布相应社会责任报告来反映其年度环境绩效的上市公司，进一步反映出我国环境信息披露现状亟待改善。而且根据《指南》的规定，只要求对煤炭、冶金、钢铁、石化等16个污染严重行业进行强制性环境信息披露，而其他公司自愿披露即可。自愿性披露原则在一定程度上增加了企业披露环境信息的灵活性，企业可以有选择地披露或者不披露环境信息，或是披露正面的环境信息，隐瞒负面的环境信息。但在2018年召开的"中国500强企业高峰论坛"上，有学者强调目前我国大部分上市公司都没有进行环境责任信息披露，零信息公开的企业数量存在不降反升的现象。

第二，上市公司环境信息披露质量方面。我国环境信息披露质量整体偏低，一方面，部分上市公司对环境信息的披露只停留在定性层面，象征性地按照要求简述本年度的环境信息，缺乏定量的数据说明，不能给投资者和其他信息使用者带来实质性的帮助，使其无法对公司进行全面客观的评判。以Y公司为例，其2016年社会责任报告缺乏定量披露信息，甚至连公司排污总量都没有涉及，只是一个对环境信息的概括性说明，因而无法衡量该企业当年的环境绩效，也无法将其与同行业的其他公司进行横向比较。另一方面，部分上市公司会采取"趋利避害"的方式披露其环境信息，如选择性发布其在改善和保护当地环境中所做的贡献、开展项目获得的环境资格认证、采取改善环境绩效的治理措施等内容，而对于在过程中存在的突发环境污染事件和影响企业市值等内容，只要社会媒体没曝光，公司会选择性地不进行披露，以维持其在社会公众面前的负责任形象。此外，公司环境信息还存在披露不连续的现象。一般企业在准备上市初期，会在相关文件中较为全面真实地反映企业为改善环境绩效所做的努力，以提升企业形象，增加企业市值。但由于我国的环境信息披露相关法律中，并未要求全部上市公司进行信息披露，因而有些公司在上市后，便逐渐疏于环境治理，对环境信息选择少披露甚至不披露。

第三，上市公司环境信息披露渠道与方式层面。上市公司环境信息披露渠道包括补充报告、独立环境报告和媒体披露三种主要形式，具体内容可见图2-1。在补充报告渠道上，主要是通过董事会报告、财务报表附注等进行相关环境信息披露。但这种披露方式导致环境信息披露缺乏规范的格式，不仅同一公司在不同时间的披露形式会存在差异，而且同行业间不同企业的披露方式也有较大差别，这种情况给外部信息使用者获取相关消息造成了较大困扰。具体来看，本书所选取的社会责任报告中环境信息披露的情况，如企业的环保理念、环境影响评价、排污信息等内容都是定性披露为主，定量信息披露的内容较少，但有一些企业会对企业环保投资额进行相应披露。从披露形式层面来看，某些重污染行业上市公司会采用大量图表数据来解释相关环境关键指标内容，来分析其环境信息披露相关情形。此种形式能够让投资方等信息使用者迅速有效地获取较为详尽的企业环境信息。但总的来说，在不同的上市公司环境信息披露渠道中，对环境信息披露的侧重点存在差别，从而导致环境信息披露的方式存在各种各样的形式差异。

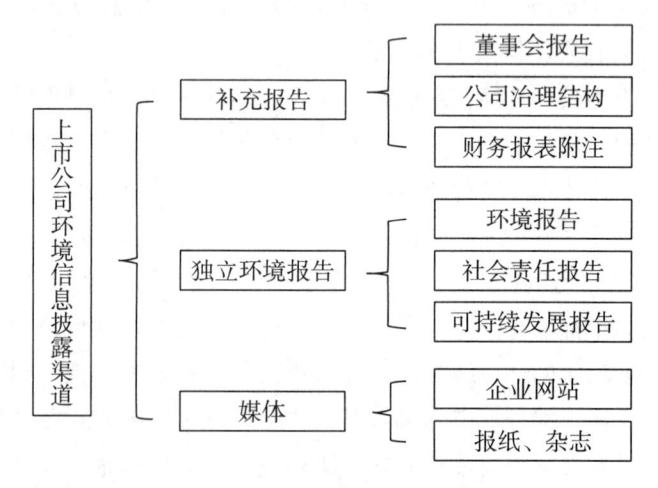

图2-1 上市公司环境信息披露渠道

上市公司环境信息披露渠道：
- 补充报告
  - 董事会报告
  - 公司治理结构
  - 财务报表附注
- 独立环境报告
  - 环境报告
  - 社会责任报告
  - 可持续发展报告
- 媒体
  - 企业网站
  - 报纸、杂志

2. 西方发达国家环境信息披露现状及特点

（1）美国上市公司环境信息披露的基本情况。

美国是最早针对上市公司公开环境信息出台相关法律的国家之一，

其环境信息披露水平整体较高。1934年,美国国会通过了《证券交易法》,在具体的S-K监管规制中,要求上市公司公开包括环境保护、财务等内容的重要信息。自此以后,美国从不同方面对环境信息披露做出了细致且严苛的规范,形成了相对完善的环境信息披露法律体系,违反相关法律的上市公司将会受到刑事和民事的严重惩罚。美国上市公司环境信息披露的相关法规主要由两个维度构成:第一,由美国国会通过立法进行规定、美国环境保护局负责监管执行的相关环境法律;第二,由美国证券交易委员会(SEC)、注册会计师协会(AICPA)、财务会计准则委员会(FASB)制定发布的要求美国上市公司公开披露其环境会计相关信息的准则。良好的环境信息披露体制,使美国上市公司环境信息公开的数量和质量,均处在世界前列。其具体相关环境信息披露法律法规如表2-5所示:

表2-5 美国环境信息披露的法律法规

主管部门	时间	文件名称	主要内容
由国会立法、环境保护局负责监管执行的环境保护法律	1934年	《证券交易法》	S-K监管规制强调上市公司要披露重要的会计和非会计信息,其中包括环境负债、遵循其他环境法规导致的成本等内容
	1948年	《联邦水污染控制法》	必须部分披露公司附近水资源的质量信息等内容
	1965年	《固体废弃物处理法》	首个联邦层面的垃圾处理法律,确立信息公开、报告等规则
	1976年	《有害物质控制法》	要求化学物质数量超标的公司定期公开环境等相关信息
	1980年	《全面环境响应、补偿和负债法案》	银行必须对客户造成的相关环境污染负连带责任,并支付相应的补偿费用
	1984年	《资源保护与回收法》	明确"废物最少化"的概念,强制公司进行环境信息公开
	1986年	《应急计划和社区知情权法案》	建立有毒物质排放清单(TRI)制度,要求拥有特定设施的公司定期向环保局提交环境污染化学品排放数量的报告,并对社会公开数据
	1990年	《清洁空气法案》	美国环保署对环境信息拥有索取和搜集权,并对排污权交易制度做出了规定,针对有害气体实施总量控制和配额交易
	1990年	《污染防治法》	以源头控制、节能及再循环为重点,将可持续发展和环境治理联系起来,明确规定必须对污染源做出事先预防或减少污染量

续表2-5

主管部门	时间	文件名称	主要内容
由SEC、AICPA、FASB制定发布的相关环境会计准则	1978年	《S-X4-10》	要求油气行业的上市公司就其退出成本做出相关信息公示
	1989年	《第36号财务报告条例》	被认定为"潜在责任方"的公司，要详细公开公司的相关责任信息等
	1993年	《92号财务告示》	要求上市公司及时准确披露相关环境责任，对虚假披露、不按要求披露的上市公司给予行政处罚并曝光其环境违法行为
	1995年	《环境会计导论》	指导上市公司环境信息公开的工具书，具体包括环境成本分配等环境会计内容
	1996年	《环境修复负债》	对场地污染环境修复负债，给出合理估计的评判标准，要求潜在责任方发布相关环境负债信息
	2010年	《10-K报告》	SEC要求美国上市公司必须采用10-K表格公开与气候环境变化相关的业务信息

（2）英国上市公司环境信息披露的基本情况。

英国开展上市公司环境信息披露较早，也是全球首个将实现净零排放目标写入法律的国家。英国政府要求，上市公司环境报告作为社会责任报告的重要组成部分，必须对外进行信息披露，以保障公民的环境知情权。经过梳理发现，英国在1963年就颁布了《水资源法》，随后又陆续出台了多项环境信息披露的法律法规，具体内容见表2-6。

表2-6 英国环境信息披露的法律法规

时间	文件名称	主要内容
1963年	《水资源法》	任何公司对河流排放造成的污染，必须要向国家河流局申请，并且将该申请予以公报
1968年	《清洁大气法》	要求地方政府对公司对锅炉颗粒物和烟尘排放进行限值
1974年	《污染控制法》	进一步限制规定了油品中的含硫量，相关公司必须严格执行标准
1985年	《公司法》	要求在董事会报告中公开与污染物排放的有关信息
1990年	《环境保护法案》	要求对社会环境造成污染的公司，在其报告中披露公司在环保和节能减排方面所做的努力
2013年	《主要市场和目标公司的企业治理》	要求上市公司披露环境事宜，并从2013年10月1日起，指定公司还需披露温室气体排放等相关信息

续表2-6

时间	文件名称	主要内容
2018年	《绿色未来：英国改善环境25年规划》	强调清洁空气、充足水源、降低环境危害风险、减缓和适应气候变化等内容，并采取相应措施减轻环境压力
2019年	《环境报告指引》	要求上市公司公开温室气体排放消息及其生产活动对环境的影响；简化能源和碳报告的指导，为英国上市公司遵守环境规则提供指导
2019年	《可持续发展报告指引》	概述上市公司在编制年报和决算中关于可持续性报告的资料时，所适用的最低要求、最佳做法范例和基本原则

综上所述，我们发现英国在环境信息披露方面有一套相对完善的法律体系，具体涵盖了大气、水等各个维度的环境污染情形，并出台改善英国环境的未来计划等，反映出英国政府对环境污染的重视和对环境信息披露监管的严格。此外，其在披露内容上也有相关规范的格式标准。英国环境信息披露的经验对我国而言具有比较重要的借鉴意义。

（3）欧盟上市公司环境信息披露的基本情况。

欧盟的环境信息披露多以强制性为主、自愿为辅，环境信息公开制度也比较完善。欧盟发布的《生态环境管理审核规则（EMAS）》和《环境管理体系（ISO 14001）》仍然是当前全球最科学全面的环境管理标准之一。欧盟上市公司环境信息披露法律法规如表2-7所示。

表2-7 欧盟上市公司环境信息披露法律法规

时间	文件名称	主要内容
1993年	《生态环境管理审核规则（EMAS）》	要求公司改进环境行为并将其在环境方面所定的目标及所做努力向社会进行披露
1996年	《环境管理体系（ISO 14001）》	制定国际环境管理标准体系，包含为公司、事业单位、社会团体等组织的资源环境管理活动提供规范
1998年	《奥胡斯公约》	要求做到三公开：产品、企业和政府的环境信息公开
2003年	《污染物排放和转移等级制度议定书》	确立了各类污染源的排放物及作为废弃物进行转移的各种污染物质进行登记并每年报告一次的制度
2013年	《欧盟现代化指令》	要求申请上市公司披露与资产相关的风险；成员国家需要对大公司的排放数据予以记载，同时向欧委会报告

续表2-7

时间	文件名称	主要内容
2014年	《审计指导原则》	员工超过500人的公司要在审计报告中公开其ESG信息

3. 中外上市公司环境、社会与公司治理指数分析

ESG作为一种开放包容的理论体系和政策框架，能将公司个体活动置于一套相互联系和相互依赖的社会复杂网络之中，它将"五大"发展理念有效地融合到公司价值体系中，实现公司经济效益和社会价值的共同提升。ESG主要反映环境（E）、社会（S）、公司治理（G）三方面的内容：E重点强调公司应当提升其生产经营中的环境绩效和公司的绿色增长，包括绿色研发、绿色投入等内容，由此来降低公司生产的环境成本；S是指公司要重视与社会之间的联系，使用严格而合理的社会伦理和法律标准，在注重对公司股东和内部员工的权益保护之外，还要对社会公众和利益相关群体负责；G是指公司应该建立完善的现代企业制度，形成一套完善、科学的制度管理体系，明确股东、董事会、管理层及其他利益相关者的权责关系。

彭博数据库的ESG数据结合基本面，从公司获取信息或挖掘新闻媒体报道及政府报告等相关公开信息，指标内容涵盖碳排放、用水、人权、性别平等、股东权利等各种因素，并以联合国可持续发展目标作为评价的重点，其评价体系的质量和透明度相对较好，能够有效解决市场一些评价体系中存在的含糊不清和不够透明等问题。本书以彭博数据库的ESG数据的披露得分为基础，综合比较中国上市公司ESG发展的时序演变趋势和中外上市公司ESG信息披露质量的差异性，分析中国上市公司在环境信息公开方面存在的不足，在借鉴国外经验的基础上，推动公司高质量发展。

（1）中国上市公司ESG发展的时序演变趋势。

本书选取了近五年来代表性行业的代表性上市公司的ESG得分（见表2-8）。我们发现，从2014年起，上市公司的ESG得分都基本呈现上升的趋势，说明上市公司愈发重视在绿色环保和履行社会责任等方面的表现，以此保证公司的可持续发展。但分项讨论来看，各企业在环境信息公开的质量上有明显的差异。以Y公司为例，其属于重污染行业，虽然环境信息披露质量存在不断上升的趋势，但其得分较其他行业是相对偏低的，在2018年的得分仅为15.5，而X公司环境信息披露质量在

2014年就达到了20.93，由此可知，中国各产业相关环境信息公开的质量存在较大差别。在社会责任和公司治理信息公开方面，中国上市公司的得分相对较高，且公司治理信息公开披露质量最高，反映出长期以来，迫于资本市场的压力，上市公司对于公司治理能力的提升比较重视，因而其得分最高。但总的来看，大部分行业的上市公司的ESG各项得分数据都偏低，很多上市公司甚至尚未达到"及格"水平，因而中国上市公司在履行公司社会环境责任和促进经济高质量发展领域还有一段漫长的路要走。

表2-8 重污染与非重污染行业的部分上市公司ESG表现

	项目	2014年	2015年	2016年	2017年	2018年
X公司	环境信息披露质量（E）	20.93	21.71	31.01	31.01	34.88
X公司	社会责任信息披露质量（S）	36.84	36.84	47.37	47.37	36.84
X公司	公司治理信息披露质量（G）	42.86	57.14	62.5	62.5	62.5
Y公司	环境信息披露质量（E）	9.3	9.3	11.63	14.73	15.5
Y公司	社会责任信息披露质量（S）	22.81	22.81	22.81	22.81	22.81
Y公司	公司治理信息披露质量（G）	39.29	42.86	42.86	46.43	46.43
Z公司	环境信息披露质量（E）	6.98	6.98	7.75	6.98	9.3
Z公司	社会责任信息披露质量（S）	17.54	22.81	22.81	22.81	22.81
Z公司	公司治理信息披露质量（G）	39.29	48.21	48.21	51.79	51.79

资料来源：彭博数据库。

(2) 中外上市公司ESG表现的分析。

为了全面考虑上市公司环境信息公开的绩效表现，本书在纵向分析中国上市公司ESG表现的基础上，再横向比较中外上市公司的ESG表现（见表2-9）。需要说明的是，本书得到的中、美、英三国ESG得分，是通过对沪深300、标普500、富时100这三个主要指数成分的个股取平均数得来的，因为这三个指数能够较好地反映中、美、英三国的上市公司相关情况。

总的来看，无论是中国，还是美国和英国，在环境信息披露质量和社会责任信息披露方面的得分都相对较低，反映出各国在评价其公司时偏向考虑其经济利益，而离联合国发布的可持续发展目标还存在一定的差距。具体来看，英国上市公司在环境、社会和公司治理方面的得分都最高，说明其 ESG 信息披露情况相对较好。美国在公司治理方面与英国基本无较大差异，但在环境信息和社会责任信息披露质量方面，其分数与英国还存在一定差距，尤其是社会责任信息披露质量的分数仍存在 12.34 分的差距。由于中国绿色环保意识起步较晚，ESG 信息披露近年才兴起，因而上市公司在环境、社会和公司治理方面的得分都相对偏低，尤其在环境信息披露质量方面。因此，在全球生态环境恶化的趋势下，要实现中国经济的高质量发展，必须提高中国上市公司 ESG 表现。

表 2-9　2018 年中国、美国和英国上市公司的 ESG 表现

国别	环境信息披露质量（E）	社会责任信息披露质量（S）	公司治理信息披露质量（G）
中国	17.30	30.22	50.01
美国	29.43	33.37	60.19
英国	34.94	45.71	61.30

数据来源：彭博数据库。

4. 中外上市公司自愿性环境信息披露的探讨

（1）中外上市公司环境信息披露情况对比分析。

通过以上分析发现，相较于中国，英美等发达国家的环境信息披露体系较为完善，在提高公众知情权、改善资本市场决策过程、增强行业竞争等方面发挥重要作用，因而其环境信息公开质量相对较高，具体可从以下三方面进行分析：

第一，英美等西方发达国家上市公司环境信息披露法律体系更加健全完善。西方国家工业起步早，因而基本建立了一套完善的、适合其国情的环境信息披露制度。不论是美国还是英国，都有出台专门针对水污染、大气污染等方面的法律，从各个维度对上市公司环境信息披露进行合理规范，维护了民众对公司环境责任信息的相关知情权。尤其是美国，建立了双重环境信息披露体系，美国上市公司不仅要向美国环境保护局递交公司污染排放清单和数量，然后通过联邦数据库进行公示，还须按照美国 SEC 制定的相关环境信息要求进行披露。双重管制下的美国上市公司，其环境信息披露内容更加全面具体，经过注册会计师审计的环境

信息质量水平也较为可靠。

第二，英美等西方国家监管部门间协同合作、执法严苛，上市公司环境违法成本代价大。基于完善的法律保障，西方国家监管部门能够较好地实现通力合作，共同治理上市公司环境污染问题。以美国为例，美国环境保护局与 SEC 进行密切合作，SEC 制定相关信息披露准则，美国上市公司必须严格遵守，接着 SEC 将企业递交的信息公开报告呈交给美国环境保护局，以核实上市公司是否遵守了相关环境法规，由此形成一个闭合的协同监管体系。存在环境违法、不按照要求披露或存在虚假披露行为的公司，会面临巨额罚金且相关违法行为会受到新闻媒体曝光，然后影响公司股价，造成上市公司市值缩水等后果。

第三，英美等西方发达国家创立上市公司强制环境信息公开制度。根据相关法律，西方国家上市公司必须对其环境信息进行强制披露，严格遵守"不披露就解释"的原则。目前我国环境信息公开仍是以自愿发布为主，强制性的环境信息公开政策尚未出台。而且由于我国国情的特殊性，国际性的强制信息披露框架所制定的指标体系在中国无法直接套用，进一步阻滞了中国强制信息披露的进程。此外，由于缺乏强制披露的要求，中国整体的环境信息披露形式欠缺规范，多以选择性的描述性信息公示为主，因而报告质量不高。在披露的信息中，涉及公司环境投入的信息较多，多会在公司年报中报告环保设施建设及运行情况、环保投资情况等信息，但对污染排放物数量、浓度及年度资源消耗总量等重要环境信息则往往会刻意模糊处理，造成环境信息无论是数量还是质量水平都相对偏低。

（2）中外上市公司进行自愿性环境信息披露的动机分析。

近些年来，媒体越来越关注作为社会生产活动重要主体的上市公司的社会治理责任和环境表现。更多的中外上市公司花费大量的精力、资本以对其社会和环境表现进行自愿披露，上市公司自愿性环境信息披露数量有所提升。

国外学者 Basu 和 Palazzo（2008）认为上市公司主动进行环境信息披露，主要源于对企业的自我认知、陈述和社交活动，而外部压力的影响相对较小。首先，在认知阶段，公司必须在关注市场宏观环境的基础上，合理维护与利益相关者的利益联系，以向社会公众表达影响公司核心利益的行为；其次，在陈述阶段，上市公司有必要向社会公众表达其进行某些活动的原因，以获得社会信任；最后，在社会交流阶段，公司可以在社会公众能够看到的相关生产活动中，表现出公司负责任的态度，对环境保护行为做出相应的承诺,并使公司的行为与其态度和承诺相一致。从经济学角度看,上市公司之所以进行自愿性环境信息披露,很大程度上是出于对降低成本或提高收益的考虑。上市公司的社会属性决定了公司必须同其利益相关者打交道,而利益相关者所掌握的权利使得公司可能面临不同程度的政治和社会成本。

第一,降低成本动机。从信息不对称理论出发,上市公司主动披露环境信息能够降低外部投资者和内部高层之间的信息不对称问题,让公司信息更加透明,从而有助于缓解公司融资问题,引导公司长久稳定发展。2012年,根据银监会发布的《绿色信贷指引》,商业银行发放贷款要以促进减少污染与节能减排为前提。在公司有融资需求时,应主动披露其环境社会责任信息,不仅能向社会展示公司负责任的良好形象,还能降低融资成本。以CSR报告为例,上市公司主动在其发布的CSR报告中披露详细的环境信息,可以让投资者更全面地了解公司的非财务信息,公司的社会责任意识和环保理念,增强相关利益投资者的信心,从而间接提升公司股价,增加公司整体的市场价值。从政治成本角度考虑,上市公司主动公开其在解决当地就业、保护当地环境所做贡献的信息,反映出公司对其环境表现的自信,向政府展示其环境友好的形象,以有效规避监管,甚至能够获得政府支持,这对公司的稳定发展也有较大的帮助。

第二,提高收益动机。实现利润最大化是公司发展的主要目标,上市公司为提升企业形象和价值最大化来吸引投资者,会选择自愿披露其相关环境信息。对于公司来说,培养消费者的忠诚度和用户黏性,积极吸引潜在消费者,才能创造足够的消费需求和市场。上市公司自愿披露额外信息,可以增强社会公众对其的信任感,有助于改善、提升公司社会形象,增加公司产品辨识度,增强社会公众对公司文化的认同感,从而营造良好的市场口碑。在拥有良好公司声誉的基础上,不仅能有效留住现有消费者群体,还能吸引潜在的消费者,实现公司市场份额的扩展,提高公司收益水平。此外,企业主动自愿向市场披露环境信息内容,让利益相关者获得更多有助于做出投资决策和价值判断的信息,在满足社会投资者知情权的基础上,亦可以获取政府一定程度上的支持和相关补贴。

(3)影响自愿性环境信息披露的因素。

通过对已有文献资料的梳理,我们可以将影响上市公司自愿性环境信息披露的因素归纳为公司知名度、股东结构、与利益相关者的关系三种。因此，为更好地呈现影响上市公司自愿性环境信息披露的因素，我们根据上述分类，将其关系用图2-2表示：

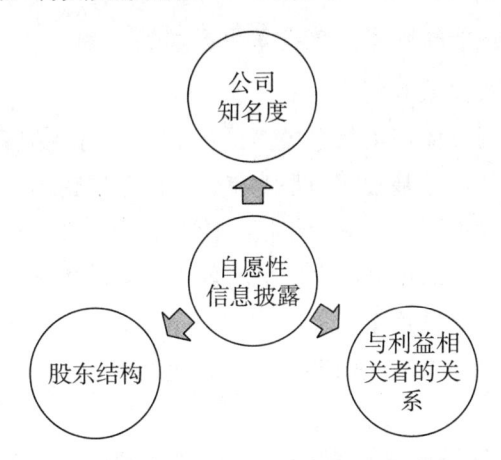

图2-2 影响上市公司自愿性环境信息披露的因素

第一，公司知名度。一些规模较大的上市公司更容易受到社会公众的关注，公司社会知名度与其新闻报道数量成正相关。经常被媒体曝光的公司容易受到政治行动的影响，是由于它们比不那么受到关注的公司更能引起利益相关者的兴趣和注意，进而相关利益者群体会通过其手中的资本或权利，试图影响这些上市公司。而一些比较知名的公司会承受更多的社会约束和社会压力，由此可能面临更高的政治和社会成本。因此，知名度高的公司为了减少潜在的政治成本，以保障公司的正常经营，会选择自愿性披露相关环境信息，增强社会媒体对公司的信任。

第二，股东结构。由于委托代理问题的存在，股东结构便成为影响上市公司自愿性信息披露的重要因素。在公司所有权分散时，股东几乎没有直接的权利对经理人形成威慑，为了维护股东的合法权益，必须要监督公司管理层的活动。因此，为了股东能够有效监管公司管理层，以保障股东权益，而管理层也可以向股东发出信号，证明他们的行为符合股东们的利益需求，公司主动披露信息的可能性会增大。

第三，与利益相关者的关系。上市公司倾向于提供更多的企业社会责任信息，因为这为它们提供了将自己与竞争对手区分开来的机会。这种明确的公司社会责任披露是公司经过深思熟虑、自愿和战略性决策的结果，因而利益相关者对信息披露要求的差异可能影响公司的自愿性信息披露。而且当社会公众的环保意识普遍提升后，公众会特别关注上市公司的环境表现，如若公司被曝光存在环境污染行为，这种不良行为传导到资本市场，容易引起市场投资者恐慌和不信任，造成公司股价暴跌。

因此，出于维护投资者关系的目的，上市公司会倾向主动公开信息，这不但满足了投资者的信息需要，还能向社会展示负责任的公司形象。

5. 中国上市公司环境信息披露中存在的问题

（1）披露形式欠缺规范。

中国上市公司整体环境信息披露的内容质量有待提升，相关信息使用者的体验感不佳，但基础问题是上市公司信息披露形式尚待规范。

第一，通过对重污染行业的年报、社会责任报告进行认真比对发现，上市公司发布的环境信息分散在年报的各个部分，缺乏固定统一的标准。一些公司会将环境信息置于董事会报告章节中，有的则放在经营情况分析、重要事项、财务报表等内容中，难以进行统一度量，造成实用性不强的问题。

第二，上市公司环境信息公开存在"趋利避害"现象，其特点是"报喜不报忧"。以A钢铁股份公司为例，2017年其因环保问题被行政处罚过7次，罚款金额合计超420万元，但A公司在其当年的年报中却未提及这些环境信息。之后，2018年2月，A公司涉嫌违反扬尘管理制度被当地监管部门处罚。2019年1月，A公司又因涉嫌违法排放污染物被罚款10万元（刘向红、朱翔，2019）。但这些信息，A公司并没有主动进行披露。以上现象的出现，大部分原因是我国强制性信息公开体制尚未健全。因此，上市公司出于提升企业效益的经济目的，会对在节能减排中取得的效果、为构建绿色生态所做出的成就等方面的有力信息进行积极的披露，而对有关环境处罚、环境诉讼等不利信息则采取隐瞒或选择性披露的方式，其环境表现无法得到客观全面的评估。

（2）环境违法成本较低。

我国上市公司环境违法成本较低，在很多情况下，政府部门和A股市场投资者都未对上市公司造成的环境污染做出显著的警示性惩罚，生态环境遭到破坏问题依然严峻。以S集团为例，S集团由于固废和废水污染问题对当地生态造成了严重破坏，在2014—2017年间受到了7次相关行政处罚，但直到2018年4月，央视曝光了S集团的环境污染行为，引起社会舆论重视后，相关部门才对S集团的环境污染行为采取严厉惩罚措施。这种环境污染违法行为存在屡治不绝的现象，最关键的问题在于环境违法成本较低。此外，2011年6月，某国际著名能源公司在蓬莱油田发生重大海洋溢油事故，造成的相关经济损失超过10亿元，而仅收到20万元的"罚单"，进一步反映出我国上市公司环境违法成本较低。

西方国家制定的环境污染治理相关法律较为严苛。一旦公司违反了这些法律，造成了相关环境污染，不仅相关政府会给予严厉的行政处罚，公司股价也会受到重挫，导致公司市值缩水。2010年，英国某石油公司在美国墨西哥湾作业时，发生严重的原油泄漏事故，作为重大过失方，支付了187亿美元的巨额罚金，与此次事故有关的支出累计高达420亿美元。而我国A股上市公司造成的环境污染，不仅相关环保部门的罚款较少，而且污染的受害者也很少能够获得有效的赔偿。甚至有些企业发生环境违法行为，相关环保部门只责令整改，并没有进行罚款等更为严重的处罚。

（3）上市公司绿色治理指数偏低。

上市公司绿色治理与其环境绩效息息相关，Clarkson等（2008）构建了多维度的环境信息公开指标，成为对相关企业环境表现评价的代表。绿色治理主要是指在当地环境可承载能力范围内，在多方治理参与的基础上，以绿色创新的技术或方式提升公司可持续发展能力。上市公司通过绿色创新，不仅能够促进公司降低生产成本，还能有效提高资源的利用率，为上市公司带来良好的经济绩效。有鉴于此，我们认为绿色治理指数可有效反映中国上市公司环境信息披露水平。如表2-10所示，我们根据南开大学课题组公开的绿色治理评价体系，发现我国上市公司绿色治理水平整体偏低。2018年，上市公司的绿色治理指数平均值为55.27，中位数为54.87，标准差为5.41，反映出我国大部分上市公司的绿色治理尚未达到平均水平，还有较大的改善提升空间。

表2-10 上市公司绿色治理指数各指标描述性统计

项目	平均值	中位数	标准差	极差	最小值	最大值
绿色治理指数	55.27	54.87	5.41	33.63	39.16	72.79
绿色治理架构	54.10	53.40	3.87	22.03	50.00	72.03
绿色治理机制	54.83	53.22	5.00	25.25	50.00	75.25
绿色治理效能	55.09	54.03	6.12	34.82	40.08	74.89
绿色治理责任	56.74	56.32	3.34	20.63	50.28	70.91

资料来源：南开大学课题组公开的上市公司绿色治理数据库。

（4）上市公司环境信息披露制度透明度低。

环境信息披露制度主要包括约束上市公司环境行为的法律法规和相关政策等。随着绿色生态文明的逐步推进，投资者等相关利益主体和政府对上市公司的社会责任越来越重视，要求上市公司披露更为详尽的环境信息。但就目前情况来看,我国尚未建立健全的信息披露制度,信息披露的形式、规范和标准也未统一,稳定的信息披露制度的基本框架仍未搭建成形,造成披露信息透明度偏低的问题。此外,上市公司的信息披露报告多以定性描述为主,较少涉及定量披露。而且,相关环境信息披露散布于年报的各个章节中,缺乏统一的标准,进一步导致环境信息的披露质量较低,对使用该信息的投资者而言,参考价值不高。

(5) 上市公司内部自查机制缺失。

公司一般会将自己搜集的环境信息进行整理后对外发布,但由于自查机制缺失,往往不能验证搜集的消息是否真实有效。虽然有些政策文件要求公司对信息披露进行内部审核,但针对环境信息披露的内部自查机制相关法律法规尚待完善。除了一些重污染行业的公司,我国绝大部分上市公司都未建立信息披露自查机制。公司内部的信息审核作为对外信息披露的首道防线,应通过审核信息完整性与正确性等,来保证公司环境信息公开质量,树立良好的企业社会责任形象。此外,我国的《证券法》虽然强调高管人员应该对其签署的定期报告负责,但这并没有真正反映报告信息公开的状况,市场选择性信息披露现象依旧存在。因此,上市公司内部自查机制的建设成为我国环境信息披露制度完善的重要议题。

6. 中国上市公司环境信息披露机制不健全的原因分析

(1) 环境信息披露机制不健全的制度成因。

我国企业环境违法成本较低,在制度层面存在环境立法和执法两方面因素(方颖等,2018)。

第一,从环境立法层面考虑。严苛的环境立法有助于规范公司环境违法行为,促使公司对环境信息进行有效披露。由于我国还是发展中国家,环境保护必须同经济建设保持协调发展,在进行环境立法时要充分考虑到地方经济发展的现实情况和需要,因而难以对上市公司的环境违法行为进行实质性的严苛处罚,甚至出现环境法律对公司环境污染行为的处罚力度远远小于公司收益的现象,政府在惩戒环境违法和环境保护中出现两难抉择。以《大气污染防治法》为例,对于排放污染超标的情况,要求其在限期内改正的基础上,只处以 1 万元以上、10 万元以下的罚款。但实际情况是,上市公司购置符合国家标准的环保设施及设备运行、维护的费用要大大高于法律规定的最高罚款金额,这导致很多上市公司漠视相关环境法规，依旧实施环境违法行为。因为公司的环境违法成本低，即使造成了较为严重的环境污染，公司依旧能够获得极为可观的利润收益，环境处罚无法对公司产生实质性的惩罚效应。此外，我国虽然已经颁布了《环境保护法》等法律法规来规制公司的环境信息公开行为，但由于强制性的环境信息公开制度尚未健全，存在无法有效惩戒或监督相关公司的环境违法行为的情况。

第二，基于环境执法层面的考虑。我国相关政府环保部门监管不严、执法不到位的现象也是导致我国环境信息披露水平得不到提升的主要原因。虽然在2015年，我国正式实施了《中华人民共和国环境保护法》，加强了对上市公司污染行为的惩戒力度，并新增了"责令停业""关闭工厂"等更为严苛的惩处方式，但看似更为严格的惩戒力度，却有执行不严的情形出现。部分地方政府出于对政绩的考虑，为增加地方GDP、增加税收等，会与环保部门提前"沟通"，对环境执法存在一定程度的干涉。一方面，当生态环境与经济发展存在矛盾时，为了促进地方发展，当地政府会减少对环境的管制。沈洪涛、马正彪（2014）通过研究，认为当地政府经济发展面临较大压力时，企业的环境绩效在获取银行信贷中的重要地位会有显著下降趋势。另一方面，当地政府会对地方经济有较大贡献的上市公司提供一定的"庇护"，以保证当地经济增长。这些上市公司存在环境污染时，当地政府会给予一定的隐性保护，以减少甚至免除其应受到的相关责罚。如此低的环境违法成本，进一步加剧了上市公司环境违法行为，环境信息披露水平在很长一段时间内都得不到提升。

（2）环境信息披露机制不健全的非制度原因。

1）个人层面：投资者环保意识。在经济高速增长的同时，人类生存的环境面临日益严峻的挑战，环境污染、资源消耗都在威胁人类生存，因而更多社会民众意识到环保的重要性，并逐渐将环保付诸实践。社会关注环境问题会对上市公司环境信息公开形成有效的倒逼机制，具体来看，当上市公司存在信息公开披露的作假行为，即便在当地政府执法不到位的情况下，相关投资者也会在资本市场"用脚投票"，来表达对公司环境污染的抵制，以更好地维护自身及社会权益。但就目前来说，我国环境信息披露机制的不健全，其中一个重要原因就在于资本市场中相关投资者的环保意识不强。

第一，投资者环保意识层面。2008年中国社会科学院调查显示，虽然我国民众的绿色环保意识不断提高，对自然生态的环境保护有着必要的紧迫感，但只有10.2%的被调查者认为环境污染问题应置于社会发展的突出位置。可见中国社会大众的环保意识水平总体仍然偏低，不仅社会民众自发主动的环保行为较少，而且在地区尚未出现重大环境事件时，当地环保意识显得更加淡薄。此外，在将环保行为落实到具体行动中时，社会公众会更加重视切身利益，而忽视环保问题。2017年，商道融绿在中国责任投资论坛（China SIF）发布《中国责任投资十年报告》，数据显示6.7%的个人投资者在对上市公司进行投资时，不会考虑公司的社会、环境等方面的表现，有近60.0%的个人投资者愿意在提高或者不影响其收益的基础上，来考虑公司的环境表现等问题。可以看出，社会个人投资者主要是为了降低自身投资风险而对上市公司的社会责任进行考察，而很少真正主动地做出环境保护行为。鉴于我国环境违法成本较低，个人投资者环保意识有待提升，缺乏对上市公司社会环境责任的自发监管，客观上都放纵了上市公司的环境违法行为。

第二，投资者环保意识对市场反应的影响。为了检验投资者环保意识对市场反应的影响，本书以J公司为例进行分析。自J公司2010年7月对环境污染事故进行公告后，至2010年9月30日，有7家机构发布了9份关于J公司的研究报告，却均未发表卖出或减持的评级，这反映出市场投资者对其环境责任并没有特别关注。在提及此次环境污染问题的报告中，绝大部分机构都认为此次事故对企业绩效的影响不大，也说明了市场投资者环保意识不强。与之对照下的H股市场，在同时间段有8家投行机构针对该次污染事件对J公司进行评级，有4家机构建议卖出，这也进一步反映出H股市场的相关投资者的环保意识更为浓厚，更注重公司环境污染问题，会主动将社会环境责任纳入投资考虑范畴。

2）社会层面：环境污染的媒体关注度。大数据下的互联网时代，媒体对引导社会公众舆论和行为产生重要影响，甚至可以引导公众及利益相关者的投资行为，从而影响公司市场价值。以上市公司的违规事件为例，首先，一旦媒体曝光公司的违规行为，其引导的社会舆论压力会让上市公司的社会形象受到打击，从而影响公司的正常运行；其次，受到媒体曝光的企业，更易于吸引政府部门的关注，受到相应的行政处罚；最后，媒体监管在一定程度上也可制约公司高管、决策者的行为，因为一旦公司违规行为被曝光，公司高管也会受到相应处罚或直接影响其薪酬和职业前途。因此，媒体关注度能够从外部视角，促进公司改善环境绩效，提升环境信息公开的质量。

在当前情势下，媒体关注度普遍偏低，也是造成我国环境信息公开机制不健全的重要社会原因。虽然我们能通过东方财富网等网站查询到公司环境信息披露的瞒报、迟报等公告，甚至是"漂绿"等新闻，但同环保部门查处的环境违规数量相比，存在极为明显的差距，被媒体曝光的环境污染事件只是整个 A 股市场环境违法行为的冰山一角。因此，应该加强媒体对企业环境信息公开的关注度，通过社会舆论，将信息反馈到资本市场，从而对上市公司起到重要的外部治理作用。随着 5G 建设的发展，互联网将会进一步深入普及，我国网络用户规模将进一步增大，网络搜索热度也能体现社会关注度，从而更好地完善环境信息公开的外部监督机制。

三、上市公司环境信息披露中的"漂绿"现象

面对我国日益增强的环境监管力度，上市公司会选择性披露积极的、正面的、难以验证的描述性信息，而对产生负面影响的能源消耗等关键信息，则选择不披露或模糊处理，以此向社会树立良好形象或规避监管。这种以"忽悠"为主的"漂绿"行为，成为上市公司环境信息公开的一种常见现象。

1. "漂绿"的实质

"漂绿"自 1991 年被提及以来，迅速在全球得到传播，成为企业环境信息披露中存在的典型现象。"漂绿"是指企业通过宣传虚假的环境信息，将公司资源投入环保宣传，以提升企业的社会责任形象，但并没有采取切实的措施来实现企业绿色生产的行为。"漂绿"企业会采取选择性披露及"报喜不报忧"等方式来粉饰其行为，以向社会公众树立企业积极正面的绿色形象，其实质是一种形式上顺应绿色要求而实际上却反其道而行的现象。

"漂绿"是企业对其社会责任的"亵渎"，对增进社会福利、构建良好有序的市场经济会造成不可估量的负面影响。尤其是企业在其环境表现差的情况下，为了冒充负责任的社会公众形象，而进行虚假宣传或选择性披露信息，一旦这种"漂绿"行为被曝光，将会使企业的社会形象遭受严重质疑，影响企业的可持续发展。

2. "漂绿"的形式

随着经济的绿色发展，"漂绿"行为也衍生出多种类别的表现形式。比较具有代表性的研究是美国 TC 环境公司在 2007 年总结的"漂绿六宗

罪",后又添加了一种新的形式,由此构成人们熟知的"漂绿七宗罪",具体内容如表2-11所示。

表2-11 国外企业的"漂绿"形式及表现

形式	表现
含糊不清	企业宣称其产品是通过环保验证的,但实际使用的产品材料可能是有害的,因而会在产品生产方面模糊说辞来糊弄消费者
名不副实	企业生产的产品只能在特定领域内符合国际环保标准,但将其置于其他行业领域内就会成为污染产品,甚至成为污染源,环保杀虫剂就是例证
无关痛痒	企业可能利用消费者绿色产品相关知识匮乏等特点,虚假宣传已过时或已淘汰的环保理念等,来对消费者行为进行误导
流于表面	企业只强调产品本身的环保属性,而对其生产产品的环境污染问题选择刻意忽略
无凭无据	没有相关资料来证明企业发布的社会责任报告、年报中关于绿色生产、环境保护等行为的数据
说谎欺骗	为了树立企业社会责任形象,对外虚假宣称其产品是经过国际或国家权威环境机构认证的
崇拜认证	根据消费者的需求标准,企业会自行制作同环保认证标准相似的标志等

资料来源:Terra Choice Environmental Marketing,2007. The "Six Sins of Greenwashing":A Study of Environmental Claims in North American Consumer Markets [R]. London:Terra Choice Environmental Marketing. http://sinsofgreenwashing. org/findings/greenwashing-report-2007/.

近年来,国内的"漂绿"现象也受到了消费者和媒体的极大关注。《南方周末》作为国内最早对公司"漂绿"行为进行曝光的报刊,从2009年起,便陆续推出年度"中国漂绿榜"。在其发布的"漂绿"榜中,2009年有6家企业上榜,2010年有5家企业上榜,到2011年增加到32家企业,2012年也有25家企业上榜。但该刊公开的"中国漂绿榜"只更新到2016年,当年共有16家企业上榜,其中不仅有N和W等国际公司,也包括一些知名央企。《南方周末》在不断的积累观察中,在整理相关资料的基础上,通过访谈专家、公众投票等形式,总结出了符合我国实际的十大"漂绿"形式及表现,具体内容如表2-12所示。

表 2-12　国内企业的"漂绿"形式及表现

形式	表现
故意隐瞒	企业积极开展各种绿色活动、发表环保宣言,但拒绝承认其产品存在非环境友好的问题,甚至故意隐瞒
公然欺骗	企业虚假宣传其产品具有绿色环保的特点,但其实际却在进行环境污染行为,违背其宣称的可持续发展原则
政策干扰	企业凭借其在行业内的强大垄断能力,干扰甚至阻碍有关环境保护法律法规的制定和执行
本末倒置	企业在主营业务或产品生产上产生了环境污染问题或违背了环境保护承诺,却在次要业务问题上进行大量环境宣传
双重标准	企业在本国或当地采用符合标准的生产方式,但在其他地区却没有遵循相同准则
前紧后松	企业极力对外宣称其环保理念,塑造自身环境友好形象,但由于缺乏有效的管理,无法长期履行此前的环境承诺,造成环境污染
声东击西	企业片面强调其在某一领域的环保行为,甚至宣称达到世界环保先进水平,但在其他方面不断进行环境违法行为,甚至违背可持续发展承诺
适得其反	企业宣传其产品符合国际可持续发展原则,但其实造成了环境破坏等负面影响
模糊视线	企业擅长文字游戏,模糊相关概念、标准等,以误导消费者相信其产品属于环境友好型
空头支票	企业对其环境污染行为进行公开道歉、承诺整改,以树立企业良好形象,但其实并没有采取具体实际行动,是典型的"只说不做"

3. "漂绿"的动机

部分企业为了树立其良好的社会形象或有效规避监管,不断围绕粉饰业绩这一主题,探索出各种各样的"漂绿"形式,模糊视线、双重标准等方式变成这些企业"漂绿"的主要手段。在对"漂绿"动因的探究中,可以从根本原因、制度原因和社会原因三个维度进行剖析。

(1) 根本原因:追求利润最大化。

企业以盈利为目的,"漂绿"则变成其追逐利润最大化的选择。第一,企业进行绿色生产往往需要投入巨大的资金,不仅要研发新的节能环保技术,而且重污染企业为减少污染还需要购买一系列排污设备,也要耗费大量资金,这些行为对企业来说具有投入大、收益慢的特点,导致企业为追求利润而进行"漂绿"。第二,随着国家生态文明建设的推进,绿色可持续发展理念成为发展趋势,社会对绿色环保的产品会有着更大的需求，政府相关补贴也会向绿色环保企业倾斜，为了获得政府的资源支持和出于迎合消费者需求的目的，企业也会主动进行"漂绿"。第三，国内的"漂绿"成本相对较低，即使企业"漂绿"被曝光后，受到的处罚力度也不大，企业依旧能够获取高额利润，进一步加剧了企业"漂绿"行为的发生。

(2) 制度原因：监管机制乏力。

合理的制度安排能够通过有效的权责界定，规范上市公司的行为，而不合理的制度安排是"漂绿"的制度动因。Ackerstein 等（1999）提出在政府监管不到位的情况下，企业会利用法律对"漂绿"界定不明确的漏洞，大胆实施"漂绿"行为。逐利是企业的天性，因而在相关环保监管机制乏力的情形下，企业便会积极实施"漂绿"行为。但目前尚未有完善的治理体系来制约企业"漂绿"行为。因此，需要在相关法律支撑下，通过有效监管，加强执法力度。如果"漂绿"行为会导致企业被处以巨额罚款，那么在利润小于成本时，企业便不会有进行"漂绿"的动机，"漂绿"行为也能够得到有效抑制。

(3) 社会原因：市场信息不对称和利益关联方影响。

1) 市场信息不对称。企业处于信息优势方，而消费者处于信息劣势方，"漂绿"行为容易导致市场出现逆向选择问题，使市场上真正的绿色产品退出竞争。由于消费者对绿色知识的匮乏，他们即使在消费该产品后，也无法判别出该产品是否环保，因此信息不完全对称也是驱动企业"漂绿"的重要因素之一。虽然近年来的绿色标志与绿色认证不断得到普及，但消费者信息不对称问题依旧没有得到有效解决。第一，消费者的环保知识水平有限，对市面上出现的绿色认证标志还不能清楚辨别其优劣，因而无法有效判断企业是否在进行"漂绿"；第二，相关绿色认证标志只能增加企业的"漂绿"成本，但无法完全杜绝"漂绿"行为的发生。有些企业甚至使用虚假的绿色认证标志，公然误导、欺骗消费者。企业和消费者是开展信息博弈的双方，而企业处于信息优势方，能够选择性地披露相关环境信息，这成为"漂绿"行为盛行的重要原因。

2) 利益关联方影响。利益关联方影响也是刺激企业"漂绿"的重要社会动因，具体包括外部动因和内部动因两个层面。

"漂绿"的外部动因可以归纳为以法律规制、非政府组织等为代表的非市场因素和以消费者需求、同行业竞争等为代表的市场因素。第一，在非市场因素方面，我国的环境监管机制尚未健全，容易出现执法不到位的情况，使得企业违法成本相对较低，助长了"漂绿"行为的出现；

同时，由于我国国情的特殊性，一些环境规制领域和国际标准存在差异，也使一部分"漂绿"企业钻了漏洞。第二，在市场因素层面，企业不仅要经受来自投资方和消费者的双重压力，还要通过树立良好的社会形象获取更多利润，因此会着重宣传企业的环保理念及其环境绩效表现。此外，在激烈的行业竞争中，企业为了从众多竞争者中脱颖而出，更会对外大力宣传企业的环保行为，这也是发生"漂绿"行为的驱动因素。

在"漂绿"的内部动因方面，企业组织管理层面和决策者个体是两个重要的影响因素。在企业组织管理层面，企业内部的道德风气和沟通效率等直接影响企业是否要采取"漂绿"行为。一个完善管理体制的企业，其合理的制度安排具有良好的激励功能，能够提升企业内部沟通效率，促使企业内部形成良好的道德风气，进而形成具有强烈道德责任感的公司氛围。这样的企业更倾向于脚踏实地地做好环境保护工作。此外，若企业决策者具有急功近利的心理，为了获得相关投资的信赖和社会公众信任，以增加企业利益，短期内也会做出"漂绿"的决定。

4. "漂绿"的经济后果

"漂绿"是一种伪社会责任的行为，短期内能够给企业带来可观利润，但如果此种行为被媒体公开，受到社会公众的指责与质疑，将会对企业造成打击。而且，企业为了掩饰其"漂绿"行为，会耗费大量成本进行遮掩，以防"漂绿"行为被曝光，造成企业自身负担。总的来看，"漂绿"行为主要会在企业内部和外部形成相应的经济后果。

（1）内部层面："漂绿"行为对企业自身的影响。

从企业层面来分析，"漂绿"的内部后果主要体现在品牌声誉、资本市场中的表现以及内部员工的工作积极性三个方面。

首先，"漂绿"行为深刻影响企业的品牌声誉。品牌声誉对企业发展至关重要，是在经年累月的社会活动中企业向社会呈现的整体形象。如果"漂绿"行为遭到媒体曝光，消费者便会意识到企业没有良好的社会责任感，降低甚至失去对企业品牌的信任感，降低其对品牌的满意度，从而使企业品牌声誉遭受重创，不利于企业的可持续经营发展。

其次，"漂绿"行为容易影响企业在资本市场中的表现。相关投资者会通过评估企业披露的信息来决定其投资。当企业的"漂绿"行为被曝光后，相关机构或个人会在股票市场做出回应，减持甚至大量抛售企业股票，从而引起公司股价下跌、市值缩水等，严重损害企业自身价值。

最后，"漂绿"行为影响企业内部员工的工作积极性。一方面，良好的社会责任感会增强员工自身集体荣誉感，他们会更积极地工作。而一旦企业"漂绿"行为遭到曝光，员工便会意识到企业对外承诺的不可靠，从而失去对企业的认同感和信心，降低工作效率；另一方面，企业的"漂绿"行为会让企业内部员工习惯于"双标"工作，助涨不良工作氛围，从而影响企业运行效率。

（2）外部层面："漂绿"行为对社会经济发展的作用。

第一，"漂绿"行为容易导致企业社会责任感的丧失。"漂绿"会在行业间形成涟漪效应，比较典型的就是新能源汽车行业的"集体骗补"事件。新能源汽车作为国家战略性新兴产业，本应成为绿色环保的代表，却深陷多家企业集体骗取国家财政补贴的丑闻之中，最后这种"漂绿"的骗补行为被媒体曝光后，让社会对整个行业产生了质疑，对该行业的长远发展造成了不利影响。

第二，"漂绿"行为会导致社会福利水平下降。"漂绿"是一种形式上顺从、实质上对抗的企业行为，并不能从本质上提升企业的绿色相关技术，也无助于改善生态环境，甚至会对我们赖以生存的资源环境造成不利影响。由"漂绿"带来的外部不经济，会增加社会经济活动中的交易费用，阻碍市场效率的提升，从而导致整个社会福利水平的降低。

四、政府绿色发展目标与上市公司"印象管理"行为

在我国积极转变发展方式背景下，习近平总书记在会议上多次强调要实现绿色发展，绿色发展的国家战略地位得到进一步突显，政府绿色偏好得到显著强化。在政府存在明显的绿色偏好倾向的背景下，上市公司为有效规避监管，树立良好的社会责任形象，在其环境信息披露中会存在"印象管理"行为。

1. 上市公司"印象管理"的实质

"印象管理"最初源于社会心理学概念，后被引入经济学领域，用于研究企业行为和管理者心理等，是指人们或企业为了影响甚至控制他人对自身形象的认知，而进行一系列选择性披露、粉饰信息的行为过程。上市公司为维护自身利益、减少社会舆论压力和实现企业组织战略目标等，会采取积极主动的"印象管理"策略。良好的公司责任形象能够增加上市公司实现发展目标的可能性，因而上市公司越有动机进行"印象管理"。

"印象管理"是一种通过否认、推诿、道歉等手段，以维护或树立自

身形象的非市场性策略。根据 Leary 和 Kowalski（1990）的研究，印象动机可用三种层次来表述：第一，形成理想的社会公众形象；第二，影响他人的反应及认知，引导他人向自身理想反应靠拢；第三，实现收益最大化。"印象管理"可分为印象动机和印象构建两个步骤，是指企业在为实现理想的社会公众形象等印象动机的基础上，进行印象构建，主要包括印象管理种类和策略方式，具体模型如图 2-3 所示。

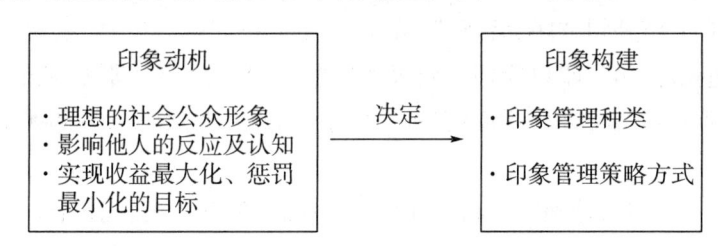

图 2-3　印象管理的二元模型

2. 上市公司"印象管理"的策略方式及效果

（1）上市公司"印象管理"的策略方式。

信息披露是投资者了解上市公司情况的主要途径，相关信息通过公司的发布的年报、社会责任报告、环境报告、董事会报告等形式呈现。我国上市公司环境信息披露存在定性披露的特点，且为相对独立的非财务信息，因而为上市公司进行"印象管理"提供了方便。总的来说，可以将"印象管理"的策略方式归为以下三种类型：

第一，自利性归因。自利性归因强调将公司经营成功完全归结于自身因素，而将公司的负面影响及失败归结于客观环境等因素。具体可分成选择性与表述性两种倾向：选择性倾向是指公司管理者选择性公开可能影响公司经营业绩的相关信息；表述性倾向则是指通过把外部与经营业绩无关的因素引入进来，以推卸公司自身责任。上市公司在经营业绩优秀时，会将公司成功归因于高层管理者自身努力，而在公司经营业绩差时，将责任归于外部环境的不利影响，这种外部不可控因素便能给上市公司"印象管理"带来一定的操作空间。

第二，操纵信息可读性。可读性是指公司报告的阅读难度。上市公司环境绩效相对较好时，管理层会倾向于对外披露更多公司额外信息，以获得更多的投资。因而公司会尽可能在其公布的报告中，使用便于阅读的简单语言，提升公司报告的可读性。与之相反的是，每当公司业绩不理想甚至较差时，公司发布的报告往往会使用模糊不清、晦涩难懂的复杂句式和专业术语，从而影响相关信息使用者对公司印象的直接判断。

第三，其他方式。在以上两种"印象管理"的手段之外，上市公司会通过着重修改其发布的相关报告中的图表、文本颜色、封面等内容，从表面影响投资者对企业的印象。这些内容都只是企业用来维护其自身形象的工具，只要能够影响到相关投资者和社会公众对公司的印象，上述手段内容都会尽可能地被利用。

（2）上市公司"印象管理"效果。

对上市公司"印象管理"效果的分析，可以分为"印象管理"对社会信息质量的影响和"印象管理"对利益相关者感知决策的影响两个部分。

第一，"印象管理"不利于社会信息质量的提升。公司进行"印象管理"存在趋利避害的特性，尤其在信息公开中存在的两种倾向，具有操纵社会公众对公司印象的动机，影响机构或个人对公司的决策。这种"印象管理"行为不能客观完整地反映公司情况，造成信息的不可靠，不利于市场的有序发展。

第二，"印象管理"影响利益相关者的感知决策。"印象管理"存在对真实信息进行扭曲的特点，公司报告倾向于发布对自身有利的消息，而相关的负面消息则会选择少披露甚至不披露，通过顾左右而言他的手段来转移投资者的视线，由此改变投资者对企业形象的认识进而影响其决策行为。短期来看，"印象管理"的确能够促进公司业绩提升，但如果公司因为"印象管理"被媒体曝光了公司存在的问题，那么社会公众将会对公司失去信任，投资者将会减少甚至取消投资，进而影响到企业长期的可持续发展。

3. 政府绿色发展目标对上市公司"印象管理"的影响效果

随着美丽中国建设的深入推进，政府的绿色偏好得到强化。政府绿色偏好落实到具体行动中，出台了一系列环境保护法律法规和政策，从而提高了对公司的环保要求，强调上市公司要进行更为透明的信息披露。因此，政府绿色偏好会对上市公司环境信息公开施加外部压力，产生威慑作用，公司出于有效规避监管的动机，向政府和社会展现其负责任的公司形象，会更有动力进行"印象管理"。政府绿色发展目标对上市公司"印象管理"行为的影响路径如图2—4所示。

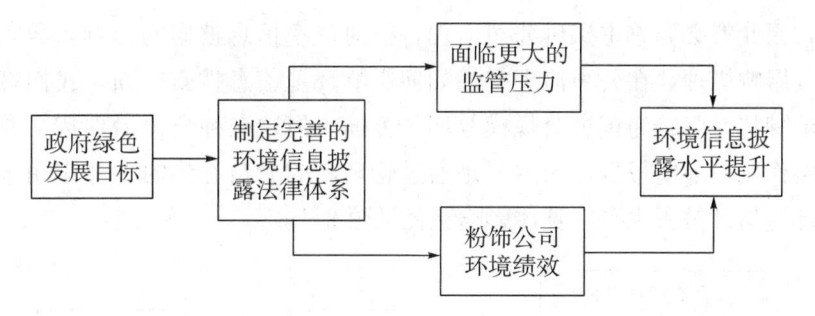

图 2-4　政府绿色发展目标对上市公司"印象管理"行为的影响路径

自 2008 年起，国家便陆续出台相关政策，要求企业披露相关环境信息，增强企业信息披露的透明度。2015 年，修订后正式实施的《中华人民共和国环境保护法》要求重点排污单位要如实向社会披露其环境污染的关键具体信息。2017 年，党的十九大再次强调要建立环境信息强制性公开制度。相关政策法规的出台，体现了我国政府对绿色的偏好，同时也明确了监管上市公司信息披露的责任。沈洪涛等（2012）的研究发现，随着国家对环境问题的重视，地方政府在一系列政策法规的背书下，能够加强对环境信息公开的监管，改善相关上市公司的环境治理水平。

一方面，由于政府的绿色偏好，会偏向于制定更为完善的环境信息披露政策，对公司发布虚假环境信息的行为会进行严厉的惩罚，企业面临的政府监管压力不断增强。另一方面，上市公司尤其是重污染行业的上市公司，为了保障公司实现利益最大化的目标（如外部融资需求、规避监管等），会主动采取"印象管理"策略，以粉饰公司环境绩效，向社会传递积极信号，展示其"亲绿"的环保形象，由此获得融资便利或者政府财政补贴。但通过"印象管理"披露的环境信息，缺乏客观真实性，长期来看会损害公司的整体利益，还会对社会的环境保护工作带来严重的负面影响。

五、公司治理特征与上市公司环境信息披露行为

环境信息公开是未来社会发展的大趋势，我国相关信息公开的数量和质量都在逐步提升。这种向好的态势可能是来自公司外部和内部双重压力的结果，如制度压力、公司治理压力等。近年来，虽然中国上市公司在制度压力下大幅增加了环境报告数量和内容，但与国际相关实践相比，我们仍处于起步发展阶段。同时，公司环境信息公开存在主动公开和选择公开现象，容易造成不同公司环境信息报告水平的差异性。究其原因，信息公开质量和环境报告水平有很大部分是由公司治理方式决定

的，因此有必要着重探讨公司治理特征对环境信息披露的影响，深入挖掘其影响机理。在公司治理特性如何影响环境信息披露方面，我们将公司治理特征归结为董事会规模等四个方面。但这三种公司治理特征并非直接作用于环境报告，而主要是通过管理者的战略态势的中介作用来影响环境信息披露水平，具体影响路径见图2-5。

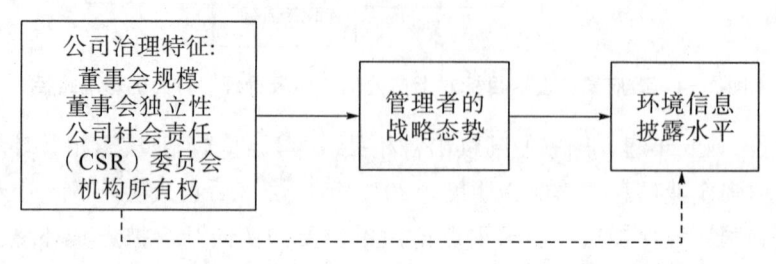

图2-5 公司治理特征对上市公司环境信息披露水平的影响路径

第一，从董事会规模层面考虑，董事会能够在一定程度上顾及股东和其他利益相关者的最大利益，因而董事会在公司治理中发挥着关键作用。具体来看，董事会规模大小与公司成员的数量有关，其能够在监管和评估管理层能力方面发挥重要作用。而且随着董事会范围的扩大，其人数的增多可以有效减少公司治理的不确定性，丰富董事会的相关治理经验。同时，董事会规模的扩大意味着更多的董事会成员了解环境信息披露对当前激烈的市场竞争的重要性，因而管理人员在编制环境报告时，会更加慎重对待即将要被披露的公司环境信息，以减轻如若环境污染行为遭到曝光时带来的相关压力。因此，公司出于树立良好社会责任形象的目的，也会主动提升自己的环境信息披露水平，以有效降低公司治理的信息不对称问题。

第二，从董事会独立性层面考虑，一方面，在公司中担任非官方职位的外部董事能够更好地监督管理者的活动。董事们希望通过确保对管理层的监督到位，以保护自己作为利益相关者的声誉和权益。具有独立董事会的公司，会倾向于主动公开额外的信息，以提高对外信息公开的透明度。另一方面，外部独立董事作为股东代表有强烈动机去监督管理层，以发现和预防公司治理中存在的任何问题，以更高水平的环境信息披露来维护作为专家监督者的声誉。此外，从法律的角度来看，董事在履行监督职责时不采取应有的谨慎措施可能会承担责任，并受到严厉的制裁。因此，公司董事会中设立更多的独立董事将有助于确保公司承担普遍的社会环境责任，他们倾向于通过要求管理人员支持相关环境活动，以改善企业的环境绩效表现，提升上市公司环境信息公开水平。

第三，从公司存在社会责任（CSR）委员会的视角分析，委员会会制定有关公司社会形象的相关政策，并对公司相关承诺进行审查核实。设立公司社会责任委员会表明公司对社会环境问题采取负责任的立场，并进一步反映出公司管理者为改善公司环境绩效而采取积极的战略姿态，这不但能够满足投资者的信息需求，也有助于提升公司环境信息披露水平。该委员会的存在让投资者群体的利益被纳入公司决策范畴，可以在组织和管理公司社会责任实践中产生作用，使得公司社会责任在公司核心决策中得以合理化、制度化，从而进一步提升公司环境信息披露水平。

第四，从机构所有权因素考虑，机构所有权因素是指大股东或机构股东持有的股份比例。市场通常将机构投资者视为特殊的股东群体，其拥有较多的股份和相对更大的投票权。相较于个人投资者，多数机构投资者更关心公司的长期且稳定的经营能力，而公司社会责任实践有助于提高公司持续发展的能力。同时，机构投资者有权监督公司的决策活动，因而会利用自身投票权向公司施加压力，要求它们披露更多有关环保表现的信息。近年来，公众对环保活动的认识和需求逐渐增加，考虑到公众对环境问题的认识及其对公司活动施加的压力，大的机构投资者通常对环境报告持积极态度。因此，机构投资者对管理人员施加压力，要求他们对环境报告采取更为积极的战略姿态，有助于改善公司环境信息披露水平。

六、消费者绿色产品评价与上市公司环境信息披露行为

在环境信息披露中，上市公司不仅要受到政府监管的直接压力，还要经受来自消费者层面的舆论监管，其中，消费者绿色产品评价在此披露过程中起着重要作用。

1. 消费者绿色产品评价的实质

绿色产品主要是强调在研发、消费的过程中，不会产生环境污染且能够被回收利用的产品。相较于普通产品，绿色产品使用更为科学的技术，能够节约产品原材料的投入，减少生产过程中产生的污染排放，实现促进可持续发展的目的。随着生态环境破坏、资源损耗等环境问题日益严峻，全球都在积极开展环境保护行动，社会公众的环境保护意识也在逐步提升，消费者的绿色偏好明显增强，因此绿色产品评价在信息披露中具有重要作用。

市场消费者对绿色产品日益增强的偏好，成为市场导向型公司生产经营中的重要参与力量，消费者的绿色产品评价甚至能影响到公司的生产决策。消费者根据其获得的相关信息，发现上市公司存在明显的环境污染行为，就会对公司产品产生不认同感，进而通过抵制公司产品等手段，给公司生产经营造成严重影响。上市公司面对如此强大的社会舆论压力，为了公司长远发展，会更好地履行环保责任，提升环境信息披露水平，向社会公众展示良好的公司形象。消费者绿色产品评价的实质是借助市场购买力对上市公司环保行为进行监督，倒逼上市公司的生产方式向绿色生产转型，从而提升环境信息披露质量等。

2. 消费者绿色产品评价的特点

不少消费者是专业环保知识匮乏、相关公司信息获取渠道较窄的劣势群体，而且还是环境污染的最大受害者，因而消费者群体对公司环境污染行为有强烈的监察愿望。但目前来看，普通消费者对政府环保法规和相关污染排放标准等专业知识了解不足，而上市公司又有选择性披露信息的动机，因而消费者监督较为乏力。而消费者绿色产品评价通过舆论压力，能倒逼上市公司使用清洁能源和节能减排技术，促使其改善环境表现，从而有助于提升上市公司信息披露水平。

第一，消费者绿色产品评价能够督促公司进行绿色生产经营活动，实现环境效益与经济效益的平衡发展。2013年年初，北京$PM_{2.5}$指数"爆表"，百度搜索指数中关于环境保护类的搜索量激增，显现出社会公众环保意识增强，消费者对上市公司环境表现的监督意识也有所提高。消费者绿色产品评价作为非正式的制度能够在很大程度上对上市公司产生监督压力，促使企业在追求经济效率的同时，加大对环保设备投资、环境污染物排放等信息的披露力度，保障经济和环境的协同发展。而随着互联网大数据的深度应用，消费者对绿色产品的评价在监督企业行为中的作用可以得到进一步提升。消费者通过网络手段，将对上市公司产品的评价在社会舆论中发酵，上市公司为了应对来自消费者的公共压力，也会倾向于进行绿色披露。由此可见，上市公司面临消费者绿色产品评价的压力越重，其信息公开程度就可能越高。

第二，消费者绿色产品评价是上市公司传递其保护环境、履行社会责任信号的重要手段，也是推进地区绿色发展的重要路径。如果市场消费者对公司生产的绿色产品感到满意，公司业绩大幅提升，进而刺激公司进行更为深入的绿色转型。出于对消费者绿色产品评价的考虑，上市公司为谋求可持续发展会选择改善环境绩效，主动提升相关报告中的环境信息披露水平。而且环境绩效好、消费者绿色产品评价高的上市公司，为了维护公司社会声誉，减少或避免社会公众对公司的不信任，会有更强烈的环境信息披露意愿，以使投资者将自身同其他公司进行区别。

3. 消费者绿色产品评价对上市公司环境信息披露行为的影响

消费者绿色产品评价作为舆情监管的重要环节，在改善上市公司环境信息披露质量上发挥重要作用。其主要通过提升公司内部治理水平和改善公司外部形象两个方面产生影响，具体影响路径见图2-6。

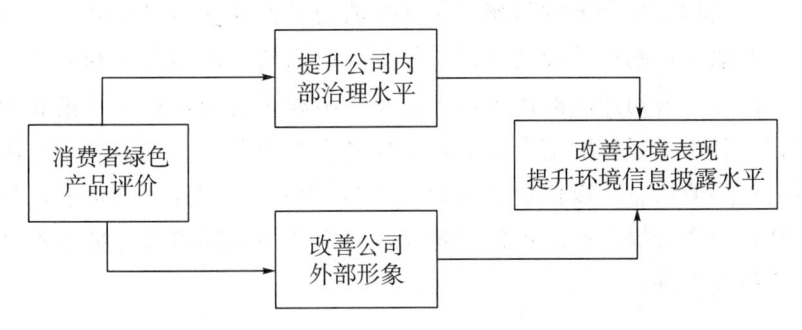

图2-6 消费者绿色产品评价对上市公司环境信息披露的影响路径

（1）消费者绿色产品评价对提升公司内部治理水平的影响。

在环境污染问题上，消费者绿色产品评价借助社会舆论压力，督促公司提升内部治理水平，从而改善公司整体环境绩效。消费者绿色产品评价对提升公司内部治理水平的影响，首先体现在影响上市公司环保投入规模上。消费者绿色产品评价相当于一剂催化剂，通过社会公众舆论监督，上市公司环境污染的成本加大，公司自身会意识到"粗放式"的发展模式的弊端，为长久经营发展下去，而更强调进行环境保护。相关上市公司会增大环保投入，使用更为节能环保的生产设备，运用新的绿色技术，减少污染排放，由此带来上市公司的环境绩效表现提升。此时，上市公司会愿意主动公开披露更为透明详细的额外信息。其次，以市场需求为导向的上市公司，通过消费者绿色产品评价倒逼公司管理层进行内部改革，提升公司内部治理水平。在公司发生环境污染行为或环境事故时，消费者对公司绿色产品的评价下降，通过金融市场上的公司股价对其做出惩罚性反应。在严重的舆论压力下，公司管理层为摆脱现有困境，会重新立足于可持续发展视角，对公司未来发展做出审慎考虑，不断推进实质的环保改革，从而有助于提升整体环境信息披露质量。

(2) 消费者绿色产品评价对改善公司外部形象的作用。

在改善公司外部形象方面，上市公司的社会声誉是公司的重要无形资产，管理层为提升投资者对企业发展前景的评价会有意识地采取真实披露、印象管理等方式，以改善外部投资者对公司的印象，从而获得更多的资金支持。社会声誉是建立消费者和公司相互依赖信任关系的桥梁，而企业社会声誉或责任形象主要通过获得相关绿色认证、主动发布责任报告、聘用国内外知名会计师事务所对公司进行审计等方式体现。这些方式是公司主动向市场释放的信号，以表明公司治理体系良好，从而赢得消费者及相关投资者的信赖。尤其是消费者群体在市场中处于信息劣势方，获取信息的渠道较为匮乏，如果获取的信息内容数量和质量相对较低，就会对公司产品的评价趋于谨慎，不利于公司进行市场拓展和长久经营。公司为了获取消费者信任、提升企业形象，会选择主动向市场披露公司环境信息，以传递公司绿色发展的理念。因此，消费者对公司越信任，消费者绿色产品评价就越高，上市公司的环境信息披露水平也就相应得到提升。

第三节　中国绿色规制体系

一、中国绿色规制体系构成

1. 中央政府—地方政府—社会公众绿色规制的关系

自党的十八大以来，"生态文明建设"上升为国家战略目标，"绿色发展"成为国家"五大发展理念"的重要组成部分，环境保护在国家战略发展中的重要地位得到进一步凸显。中央政府生态文明理念的变化以柔性方式转化成国家政策目标，从而引起地方政府官员生态环境意识及行动的改变，这成为地方政府执行环境政策的基本出发点。与此同时，社会公众参与环境治理也深刻影响着地方环境政策执行。中央政府—地方政府—社会公众绿色规制关系如图 2-7 所示。

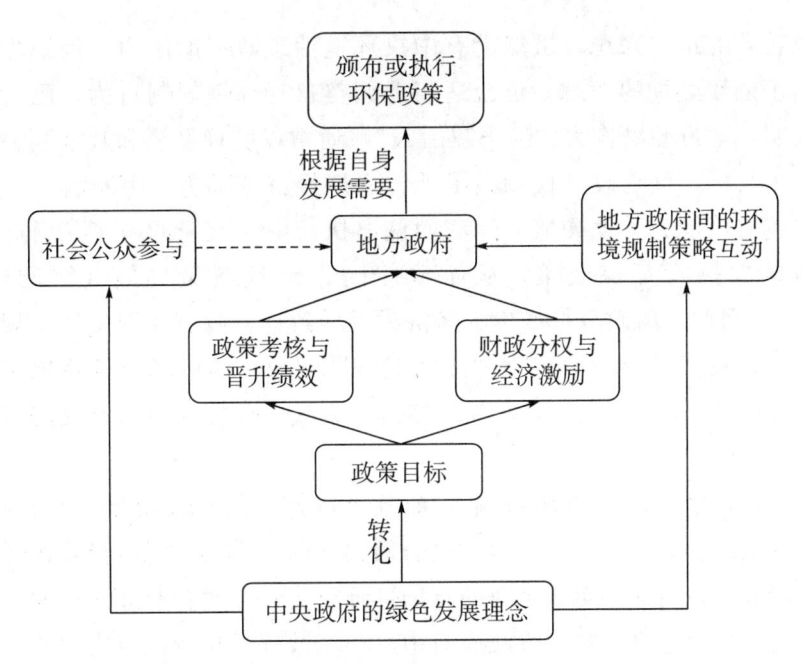

图 2-7 中央政府-地方政府-社会公众绿色规制关系

中央政府以绿色发展为导向，将生态文明建设融入经济建设目标之中，在此政策目标的引导下，官员晋升激励和财政激励成为地方政府执行中央环境政策时的关键考量因素。政治考核要求和官员晋升激励通过制度化形式促使地方政府执行中央环境政策；而财政激励主要是考虑财政分权的体制背景，地方政府为了获得更多税收也会对中央发布的环境政策进行权衡执行。具体来看，中央政府的绿色发展理念转化成地方政府行动的路径表现如下：

首先，中央政府绿色发展理念会以政策目标的形式来要求地方政府执行。地方政府政绩考核不再"唯GDP论英雄"，地区生态文明建设水平也被纳入官员晋升评价体系。2016年国务院发布的《生态文明建设目标评价考核办法》就是有力的佐证。中央出台地方污染治理成效与官员政治绩效挂钩的晋升考核机制成为推动地方政府进行环境治理的重要动力之一（邵帅等，2016）。政府在完善环境治理体系中发挥的作用日益凸显，环境规制成为推动社会绿色可持续发展的重要手段。尤其是近年来，中央对于地方的环保督查日趋严苛，逐步构建起了统一的环境监测体系，环境数据不再具备可"策略性"操作空间，地方政府开展环境治理的动机进一步被激活（张琦等，2019）。

其次，在财政分权的背景下，企业产值规模和效益成为地方政府财政收入的重要来源，虽然上有中央环境治理政策的压力，但地方政府出于财政激励的考虑，也会适当地调整自身环境规制行为。已有研究表明，地方政府作为"经济政治人"，通常以实现经济和政治利益最大化为目标，而财政分权刺激了地方发展经济的动力。财政自主权越大，越有可能为了发展地方经济而偏离执行中央政府的政策，由此会阻碍地方执行环保政策，从而致使国家环境政策失效（邹璇等，2019）。因此，财政分权产生的经济激励导致地方政府在制定环境规则和执行中央环境政策时产生"逐底竞争"现象，通过降低环境规制强度以减少企业"合法成本"，最终使得地方政府环境政策执行程度普遍偏低。

最后，地方政府间环境规制策略互动行为，成为影响地方政府执行环境政策的重要因素之一。地方政府根据不同竞争动机制定异质性的环境规制政策，可能会影响企业的布局选址行为，同时企业进一步的生产经营行为又反过来影响地方政府对中央环境政策的执行。金刚和沈坤荣（2018）研究发现，中国地方政府环境规制执行程度总体呈现加强且地区分化的趋势，这显然无法完全用地方政府环境规制的"逐底竞争"理论来解释，而各地方政府之间还可能存在竞相向上的环境规制互动策略，由此进一步影响企业的跨区域选址行为。

从社会公众参与环境规制层面分析，社会公众近年来环保意识和环境治理参与水平增强，会通过网络、信访等多种渠道反映其环保诉求。地方政府无论是迫于舆论压力或上级监管压力，都会对公众的环境需求予以回应，因此社会公众的环境参与也影响着地方政府对绿色规制政策的执行。

2. 中央政府绿色规制政策

近年来，我国经济长期保持高速增长的同时，严重的环境污染也带来巨大的负外部性，环境经济损失凸显，环境污染治理总额呈现增加的趋势。自2007年起，国家开始强制要求重点排污单位进行企业环境信息公开，并鼓励其他企业展开自愿性信息公开，由此推进了中国绿色规制体系的发展进程。同年，党的十七大报告首次提出"生态文明建设"，标志着中国特色社会主义生态文明观的正式形成。具体来看，我国近年来出台的主要环境规制政策如表2-13所示。

改革开放以来，虽然我国经济取得了举世瞩目的成就，但经济社会发展与生态环境恶化的矛盾也日益凸显，中央愈发意识到生态环境保护的重要性，在不断探索中树立了生态文明的发展理念。国家政府多次强调要贯彻落实绿色发展理念，协同推动经济高质量发展和高水平生态环境保护，并提出"绿水青山就是金山银山"的科学论断。

在生态环境保护理念得到不断强化的基础上，我国也逐步建立起以命令控制型、市场激励型和公众参与型为主体的国家环境规制工具体系。政府在环境治理方面越来越注重市场调控的作用，环保税、排污权等市场型环境规制手段成为重要治理模式之一。根据市场的价格竞争机制对污染排放进行合理定价，将企业环境污染产生的负外部性内部化，对企业实现降污减排和提质增效发挥着重要作用。而随着市场化进程的不断深化，市场型环境规制工具变得日趋丰富多元化，对完善我国环境规制体系发挥了良好的探索作用。从环境规制整体发展趋势分析，环境规制体系将在不断发展中完善，命令控制型和市场激励型规制工具仍是今后发展的主流。且随着公众环境意识的提升，公众参与型环境规制也会变得愈发重要，成为环境规制体系的重要补充。

表 2-13　我国近年来出台的主要环境规制政策

发布时间	发布机构	文件、报告名称	主要内容
2007.04	国家环境保护总局	《环境信息公开办法（试行）》	着力从政府和公司两个层面推动相关环境信息的公开，并要求排污严重超标的企业披露相关环境信息
2012.10	党的十八大	中国共产党的十八大报告	将生态文明置于"五位一体"的总体布局，战略地位进一步突出
2014.04	第十二届全国人大常委会	《中华人民共和国环境保护法》（2014 修订）	要求重点排污单位要依法如实向社会披露其主要污染物的种类、浓度等信息
2015.04	中共中央国务院	《关于加快推进生态文明建设的意见》	加强污染治理，完善标准体系和生态监管体制
2015.09	中共中央国务院	《生态文明体制改革总体方案》	要求健全环境治理体系，完善环境责任信息披露和环保管理制度
2016.12	第十二届全国人大常委会	《中华人民共和国环境保护税法》	实现费改税，要求直接向生态环境排放污染的企业等组织征税
2017.10	党的十九大	中国共产党的十九大报告	强调建立完善环境信息披露制度，明确不同领域、不同主体的披露重点

续表2-13

发布时间	发布机构	文件、报告名称	主要内容
2017.12	国务院	《中华人民共和国环境保护税法实施条例》	为进一步细化落实环境保护税法，对计税依据展开了详细阐述
2018.03	第十三届全国人民代表大会	《中华人民共和国宪法修正案》	生态文明被正式写入宪法，强调要推动实现"五个文明"的协调发展
2019.06	中共中央办公厅等	《中央生态环境保护督查工作规定》	以解决突出生态环境问题、改善生态环境质量等为重点，强调在环境保护方面的党政同责
2020.03	中共中央办公厅等	《关于构建现代环境治理体系的指导意见》	强调健全环境治理企业责任体系，企业主动依法公开在污染治理方面的信息情况
2021.02	国务院	《关于加快建立健全绿色低碳循环发展经济体系的指导意见》	推动完善严格污染治理、实行环境信息公开、应对气候变化等方面法律法规制度

3. 地方政府绿色规制政策

我国地方政府拥有一定财政自主权，因而具备环境规制执行的较大弹性空间。部分地方政府在环境政策制定和实施中出于对自身政绩的考量，对不利于地方经济增长的规制政策存在象征性执行现象，这深刻影响了中国绿色规制的发展进程。

地方政府为追求自身利益最大化，通常会采取一系列利己发展的竞争方式，而环境规制作为地方政府的政策工具，便自然成为争夺资源的有效手段。由于不同区域具有不同地域特征和资源禀赋，因而需要分区域考察地方政府环境规制政策的差异，比较分析不同地区的政府部门在制定和执行环境规制政策时的特点。因此，本书主要从文件数量和政策效果两个层面展开分析。

(1) 地方政府绿色规制政策的文件数量层面。

首先从地方环保部门发布的环保文件数量来看地方政府对环境目标的重视程度。我们对2012—2021年各省发布公文中的环保文件进行分析，因为地方出台环保文件的数量能够较好地刻画地方政府对中央环境规制政策的落实程度，反映地方政府环境目标（余泳泽等，2019）。如表2-14所示，整体来看，中国大部分省份能够基于地方经济发展实际，发布适应地方发展的环保文件，以改善地方环境治理。2012年以来，中国各省份环保厅出台的环保文件存在较大差别：山东近年来累计出台的环保文件高达2039份，数量位居全国第一，在一定程度上也反映出地方政府对环境保护的重视。文件数量排名第二的陕西，发布的环保文件达到1629份，凸显了陕西提升生态环境质量的决心。2020年4月，习近平总书记到陕西考察时指出，生态环境保护不仅事关陕西自身绿色发展，而且关系全国生态建设大局（陕西省生态环境局，2021）。纵观全国，也只有山东和陕西两个省份的环保文件数突破了1000件。发布数量第三的省份是安徽，其2012年以来累计发布的环保文件数量是696份。值得注意的是，北京、上海、江苏、广东等经济较为发达的地区，其环境监管部门出台的环保文件相对较少，但并不意味着上述地区不重视生态环境质量。可能的解释是，这些地区的环境法律法规和执法体系相对完善，企业能够较好地遵守相关环境披露规则，因而无须经常出台规范性环保文件。

表2-14 2012—2021年我国31省份环保文件发布数量

省份	数量	省份	数量	省份	数量
北京	186	安徽	696	四川	193
天津	34	福建	227	贵州	282
河北	437	江西	16	云南	498
山西	19	山东	2039	西藏	2
内蒙古	20	河南	301	陕西	1629
辽宁	76	湖北	642	甘肃	173
吉林	141	湖南	212	青海	45
黑龙江	303	广东	134	宁夏	30
上海	280	广西	14	新疆	137
江苏	34	海南	23		
浙江	656	重庆	171		

数据来源：北大法宝法律数据库。

下面从地方政府出台的生态环境标准数量层面来分析。中国的生态环境污染大致可分为大气污染、水污染、土壤污染、环境噪声污染五大类，但与企业排放最息息相关的主要是大气污染和水污染两类。因此，本书进一步搜集整理了中国各省份发布的污染物排放标准。

第一，大气污染的排放标准。随着人类生产经营活动的快速发展，作为污染主体的企业，在消耗大量化石能源的同时，也将废气、颗粒物等污染物排放到大气中，造成环境质量恶化。地方政府为了改善环境质量，加强环境规制，以中央政府颁布的大气排放标准为基准，出台了一系列基于地方发展的大气污染物排放标准。2010—2021年，中国各省份发布的大气污染物排放标准数量如表2-15所示。据统计，共有24个省份出台了地方大气污染物排放综合标准，而且大部分省份根据国家要求和地方发展需求，发布了相关行业排放标准，更具针对性地明确了企业排放要求，以减少企业寻租行为。北京现行有效的大气污染物排放标准共计21条，数量位列全国之首。紧随其后的是河北，有18条标准。上海发布的大气污染物排放标准数量排在第三，共有17条。依据已发布的大气污染物排放标准情况，东部省份的排放标准数量明显多于中西部地区，说明经济发达程度较高的地区，对大气污染物排放的要求更加细致严苛。

表2-15 2010—2021年中国31省份已发布的大气污染物排放标准

省份	数量	省份	数量	省份	数量
北京	21	安徽	1	四川	1
天津	8	福建	6	贵州	3
河北	18	江西	6	云南	N/A
山西	5	山东	14	西藏	N/A
内蒙古	N/A	河南	12	陕西	5
辽宁	4	湖北	2	甘肃	N/A
吉林	1	湖南	N/A	青海	N/A
黑龙江	1	广东	9	宁夏	N/A
上海	17	广西	1	新疆	1
江苏	8	海南	1		
浙江	6	重庆	11		

注：数据搜集截止日期为2021年4月17日，大气污染物排放具体标准参见附录。数据来源：各省份生态环境厅（局）网站。

第二，水污染物排放标准。为了满足水环境标准的相关要求，有必要在发展经济的同时，对水污染物排污数量和浓度进行综合考虑。根据搜集到的资料，2008—2021年，共有16个省份发布了水污染物排放的地方标准（见表2-16），其他没有发布的省份均参考国家标准。相较于各地大气污染物排放标准，水污染物排放的地方标准数就少了许多。具体来看，广东省发布的水污染物排放标准为4条，数量位居全国第一；紧接着的是河北、浙江和河南三省并列第二，都有3条地方标准。其余大部分省份均出台1—2条地区水污染物的排放标准。根据《中华人民共和国水污染防治法（2017）》的规定，各省人民政府可以根据地方情况制定高于国家水污染排放标准的地方标准。因此，发布水污染物地方排放标准的省份体现出了提升生态环境质量、防治水污染的决心，同时也从侧面反映出地方绿色规制程度的差异。

表2-16 2008—2021年我国31省份已发布的水污染物排放标准

省份	数量	省份	数量	省份	数量
北京	2	安徽	1	四川	N/A
天津	1	福建	2	贵州	N/A
河北	3	江西	N/A	云南	N/A
山西	1	山东	1	西藏	N/A
内蒙古	N/A	河南	3	陕西	N/A
辽宁	1	湖北	1	甘肃	N/A
吉林	N/A	湖南	N/A	青海	N/A
黑龙江	N/A	广东	4	宁夏	N/A
上海	1	广西	1	新疆	1
江苏	N/A	海南	N/A		
浙江	3	重庆	2		

注：数据搜集截止日期为2021年4月17日，水污染物排放具体标准参见附录。
数据来源：各省份生态环境厅（局）网站。

（2）地方政府绿色规制的政策效果层面。

地方政府在执行中央的环境立法过程中，普遍存在"非完全执行"的现象，对中央颁布的环境政策的执行，完全取决于地方的经济发展需要、环境质量和执法力度等，因此，政策执行低效成为中国改善环境治理问题的重要难题之一。而自2014年起，国家环保约谈对象从企业转为政府，强化了地方政府在污染防治和改善生态质量方面的主体责任。环保约谈主要是指通过与地方政府官员谈话的方式，借助行政和舆论压力对官员进行警示和诫勉，以督促其加强环境规制的执行力度。而被约谈的地方政府官员为了维护政府声誉及考虑自身晋升，会主动加强对绿色规制政策的执行。尤其是2020年，生态环境部修订了《环境保护部约谈暂行办法》，形成了《生态环境部约谈办法》，成为环境政策得到切实执行的关键点，进一步加强了各地区政府对环境政策执行的力度。因此，中央环保约谈政策能够在一定程度上提高地方政府对环境规制的政策效果，提升地方政府在环境治理中的作用。

如表 2—17 所示，根据生态环境部的相关资料，2014 年共有 6 个省份被环保约谈过，其中，2014 年 9 月环保部部长就环境污染减排任务严重滞后问题对衡阳市市长进行约谈，揭开了中央环保约谈的序幕。2015 年共计 11 个省份的 17 个城市被约谈，其中河北有 4 地因环境问题而被环保部约谈，居所有约谈省份之首。2015 年 12 月开始，中央生态环境保护督察组开展了多轮专项督查与"回头看"整改行动，约谈问责力度持续加大，给地方官员执行环境政策带来了巨大压力。从环保约谈的角度来看地方政府环境规制政策效果差异，可以发现中国各省环境规制水平存在一定的差距，在生态环境治理方面还存有较大的改善空间。整体来看，已有文献表明中央环保执法监督对提升地方政府环境治理效率发挥重要作用（沈洪涛等，2017），一些被约谈的城市甚至以硬性约束来保障地方环境整改任务的完成，使得当地政府执行环境政策的效果得到显著改善。因此，为了有效提升地方政府环境规制政策执行效果，有必要继续深化环保约谈制度，进一步开展环境管理体制改革。

表 2—17 被环保部约谈的地方政府列表

年份	被环保部约谈的地方政府
2014 年	湖南、贵州、河南、黑龙江、辽宁、云南
2015 年	吉林、河北（4）、山东（2）、河南（3）、山西、四川、江苏、安徽、广西、甘肃、青海
2016 年	山西（3）、安徽、山东、河南、陕西（2）
2017 年	山西（3）、天津（2）、河北（8）、吉林（2）、江西、山东、河南（2）、黑龙江（4）
2018 年	山西（4）、河北（3）、广东（3）、江苏（3）、内蒙古、浙江、北京、河南、重庆（3）、广西、江西、辽宁、吉林、安徽、云南（2）

注：括号内表示该省份被环保约谈的城市数量。资料来源：生态环境部网站。

4. 社会公众参与的绿色规制

除自上而下的政府环境规制给企业施加压力以外，随着社会公众环保意识的提升，公众开始通过多种渠道方式参与环境治理，进而从非正式治理角度形成对企业环境行为的约束。与此同时，《中华人民共和国环境保护法》(以下简称新《环保法》)的修订和《环境保护公众参与办法》(以下简称《办法》)的颁布,又从制度层面为社会公众参与环境规制提供了法律保障。因此,构建完整的中国绿色环境规制体系离不开对社会公众参与的讨论。

不同于以政府为主导的正式环境规制,公众环境规制是一种自下而上的规制方式,它是由社会公众、团体参与环境治理的行为,已成为中国环境治理体系中的重要组成部分(赵玉民等,2009)。现阶段,社会公众参与型环境规制主要通过以下两条途径发挥作用:其一,社会公众通过信访、电话和网络投诉或者媒体曝光等渠道直接向地方政府反映其改善地方环境质量的诉求,地方政府迫于外部舆论压力而响应社会公众环保需求,会采取更多的环保措施,如颁布新的环保法规、增加污染治理投资额、对重污染企业进行处罚等,以提升环境治理水平;其二是以信访、投诉、举报等形式向更高一级政府表达其对地方政府在执行环境政策和保护生态环境问题上的不满,进而上级政府通过督促或激励等模式要求下级地方政府加大环境治理力度,如将地方环境绩效与官员晋升激励机制挂钩等。

为了进一步说明社会公众的环境诉求,我们借鉴施炳展等(2019)的做法,以"环境污染"为关键词,在百度指数中对关键词的搜索频数进行统计,得到如图2-8的结果。百度是中国用户量最大的搜索引擎,百度网页搜索统计的关键词搜索量,能够较为精准地反映网民对某一事物的关注程度,因而能够反映公众的环境关注度。通过图2-8可以看出,虽然公众对环境污染的关注程度整体存在较大起伏,但从2015年新《环保法》实施以来,公众对环境污染关注度的日均值达到819(截至2022年底),说明公众对环境污染问题的关注度保持在相对较高的水平。

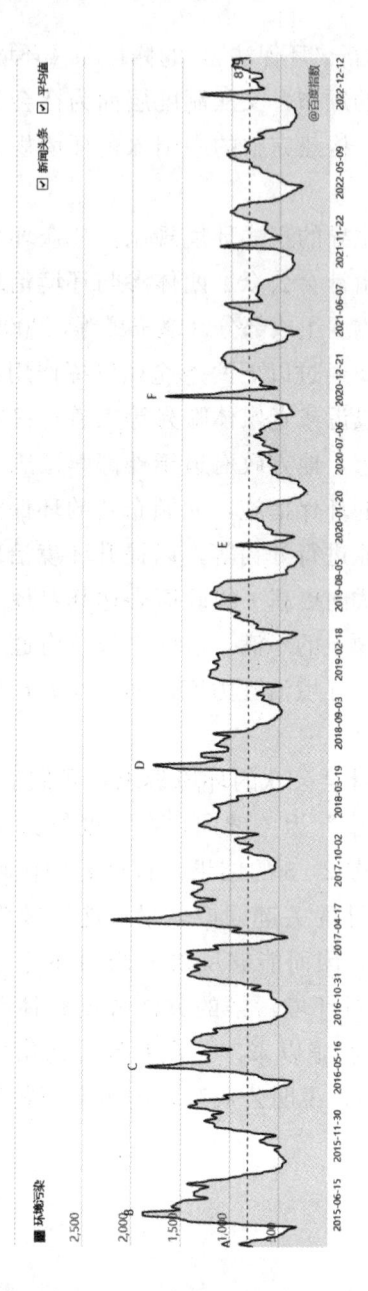

图2-8　2015—2022年公众对"环境关注"的百度搜索指数

数据来源：百度指数。

总的来看，在中国社会公众参与型环境规制水平得到较大提升的同时，地方政府也进行了积极回应。我们以公众的电话和网络投诉数为例，数据显示，环保部（生态环境部）收到的环境举报电话举报、微信举报和网络投诉数量从2017年的61.9万件增加到2018年的71.01万件。同时环境举报办结案率也超过 90%（孙秀艳，2019），进一步反映出社会民众环境诉求得到了当地监管部门的积极回应。由此可见，公众参与型环境规制作为中国绿色规制体系中的重要组成要素，在影响中国环境规制效率方面起着重要作用。

二、我国 31 省份绿色规制强度分析

绿色规制强度是指由环境立法、环境执法和社会监督三部分共同构成的指标体系，在推进我国环境规制发展进程中，三者既相互联系又各有侧重，绿色规制强度能够较为全面地反映中国各地区环境规制强度水平。本书立足于我国国情，以 2015 年开始实施的新《环保法》和《办法》为构建本指标体系的法律依据。新《环保法》是一部以政府为主导，以企业为核心主体且由社会公众共同参与的法律，而《办法》也从法治层面保障了人民获取环境知识、监督参与生态保护的权利。因此，本书构建的绿色规制强度体系主要由环境规制的立法、执法和监督三个方面来体现。

1. 绿色规制体系的指标选取与构建

有效的法治体系在依赖文本立法的基础上，也需要执法实践的有力配合。国家绿色规制的节能降污效果不仅需要通过文本立法来实现，也有赖于政府环保机构的实际执法力度，因而完善健全的环境规制体系需要同时满足有法可依和执法必严的条件（包群等，2013）。

与此同时，随着公众对高质量生活需求的日益增长，环境污染和生态保护问题也成为公众最关注的话题之一。除由政府主导的正式环境规制外，由社会公众或网络媒体主导的非正式环境规制的影响力也在逐步上升（黄永源等，2020）。郑思齐等（2013）也认为社会公众的环境诉求，在一定程度上能影响政府的环境治理行为。因而以公众参与和媒体监督为代表的环境监督也能较好地衡量地方环境规制强度。尤其在以移动互联为主导的网络信息技术高速发展背景下，社会公众环境治理的参与度得到提升，公众参与和媒体监督作为一种非正式环境规制，能够发挥环境治理的监督作用，因而已成为中国环境规制的另一种重要类型（徐圆，2014）。

鉴于此，本书以环境规制的立法、执法和监督作为主要组成部分，共同构建衡量中国绿色规制强度的重要指标体系，如表 2-18 所示。

表 2—18　中国绿色规制强度指标体系

一级指标	二级指标	三级指标	指标方向	单位	参考文献
立法（L）	环保法规（地方法规）	1. 地方性法规数	+	件	盛丹等（2018）
	环保规章（地方政府规章）	2. 地方性规章数	+	件	盛丹等（2018）
	环保文件（环保文件）	3. 地方规范性和工作文件数	+	件	余泳泽等（2020）
执法（E）	执法力度	4. 环境行政处罚案件数	+	件	任胜钢等（2019）
		5. 排污费收入与工业总产值之比	+	—	包群等（2013）
	执法效果	6. 每单位GDP工业污染物排放数量	−	吨/万元	李颖等（2019）
监督（M）	媒体报道	7. 百度新闻检索数量	+	条	李春涛等（2020）
	公众环境参与	8. 电话和网络投诉数	+	个	黄永源等（2020）
		9. 人大建议和政协提案数	+	件	刘满凤等（2020）

（1）数据来源。

本书采用我国 31 个省份 2012—2018 年相关数据，测算了我国地区绿色规制强度水平。本书所使用的环保法规、环保规章、人大建议和政权提案数、环境行政处罚案件数、排污费收入均来自《中国环境年鉴》，环保文件来源于北大法宝网，媒体报道是通过爬虫技术，根据百度新闻高级检索相关关键词的结果数量整理得到的，电话和网络投诉数来自各省发布的年度环境公告。

（2）指标处理。

由于研究选取的各个指标在单位上存在较大差异，因而需要对原始样本数据进行无量纲化处理，正向指标（指标方向）按照公式（2.1）的方式进行处理，负向指标（指标方向）则按照公式（2.2）进行处理。

$$Z'_{i,j} = \frac{Z_{i,j} - X_{\min}}{X_{\max} - X_{\min}} \quad (2.1)$$

$$Z'_{i,j} = \frac{X_{\max} - Z_{i,j}}{X_{\max} - X_{\min}} \quad (2.2)$$

其中，i 表示各项指标，j 反映的是各个省市自治区，$Z_{i,j}$ 表示原始数据，$Z'_{i,j}$ 代表标准化后的数据，$X_{\max}$ 表示指标第 i 项中的最大数值，$X_{\min}$ 反映指标第 i 项中的最小数值。

2. 我国 31 省份绿色规制强度的测算与结果分析

本书基于上述指标体系框架，采用熵值法确定指标权重。之所以选取熵值法，原因在于熵值法可以通过实际数据得到指标的最优权重，能够较为深刻地反映指标信息熵的效用价值，其较菲尔普斯法和层次分析法具有更高的客观性，较变异系数法也更为合理。具体来看，运用熵值法计算我国 31 省份绿色规制强度的过程如下：

第一步，构建初始指标矩阵 $M = (Z'_{i,j})_{m \times n}$，其中 $m = 3 \times 31$，$n = 9$；

第二步，计算第 j 各省份第 i 项指标在样本期间内的贡献度 $C_{i,j} = \dfrac{Z'_{i,j}}{\sum\limits_{j=1}^{m} Z'_{i,j}}$；

第三步，计算第 i 项指标的熵值 $E_i = -k \sum\limits_{j}^{m} p_{i,j} \ln p_{i,j}$，其中，$k = 1/\ln m$ 表示常数，进一步得到信息熵 $d_i = 1 - E_i$；

第四步，进一步得到第 i 项指标的权重 $w_i = \dfrac{d_i}{\sum\limits_{i=1}^{n} d_i}$；

第五步，采用线性加权法对中国 31 个省份绿色规制力度进行测度，具体公式为：$ER = \sum\limits_{i=1}^{n} w_i \times Z'_{i,j}$，其中 ER 表示环境规制强度。

基于上述步骤，我们可以得到绿色规制强度得分，表 2-19 详细展示了我国 31 个省份的绿色规制强度。以 2012 年的各省规制强度排名为基准，2012 年我国省际绿色规制强度排名第 1 的广东得分为 46.10，到 2019 年，排名第 1 的地区仍是广东，得分为 65.25。2012 年中国省际绿色规制强度排名第 2 的江苏得分为 40.81，到 2019 年，得分上升到 64.81。2012 年，绿色规制强度排名最后的西藏，其得分也从 4.05 上升到 2019 年的 25.97。以上数据说明党的十八大以来，国家将生态文明建设放在发展突出位置，在推动绿色发展方面取得了一定成效，法律颁布频率之密、监督执法尺度之严、治污减排力度之大，不仅能有效提高国家整体绿色规制强度，也为推动经济绿色低碳发展奠定了坚实基础。

但需要引起关注的是，我国绿色规制强度总体水平仍较低，2019 年排名第一的广东，其绿色规制强度得分也才 65.25，其他省份的绿色规制强度得分就相对更低，这说明我国的绿色规制力度仍有待提高。此外，我国各省绿色规制强度具有明显的波动特征，进一步证实了我国推动落实生态文明建设的迫切性。自改革开放以来，我国经济高速发展的同时，也累积了许多环境污染和生态破坏问题。虽然环境治理已经取得了一些成果，但要实现"双碳"目标仍任重道远。因此，我国需要继续加强生态文明建设，加大环境规制力度，推动经济绿色低碳发展。

在推进绿色高质量发展的现代化进程中，绿色规制对经济建设发展的影响如何？如何有效体现"绿水青山就是金山银山"，关键在于协调好生态环境保护与经济发展的关系，即理顺绿色规制与企业行为间的逻辑联系。在行业方面，环保督察对高污染行业总资产和主营业务收入产生了显著负向影响，但并没有显著减少高污染行业的利润总额，反而提高了高污染行业的经营集中度，倒逼高污染行业向高质量方向转型（吴舜泽，2019）。但由于地区资源、产业结构和经济发展水平存在差异，绿色规制在不同行业不同规模企业类型中的影响是不一样的。这正是本书接下来要重点探讨的问题：地区绿色规制是否影响当地企业在进行环境信息披露时存在的"漂绿"或"印象管理"行为。

本节通过构建合理的指标模型体系，测算了中国省际绿色规制强度得分，发现未来加强生态环境保护以提升环境规制水平是大势所趋。因此，本书以绿色规制为切入点，为探讨绿色规制与企业环境责任信息披露行为的关系提供实证依据。此外，本书还尝试通过厘清中央与地方、地方政府间的绿色规制政策体系，在构建企业环境信息披露行为画像的基础上，判断企业环境责任信息披露中的各类行为，以期为监管当局提供借鉴参考。

表 2-19　2012—2019 年中国 31 省份绿色规制强度

排名	2012年 省份	得分	2013年 省份	得分	2014年 省份	得分	2015年 省份	得分	2016年 省份	得分	2017年 省份	得分	2018年 省份	得分	2019年 省份	得分
1	广东	46.10	浙江	51.62	浙江	56.08	山东	54.51	江苏	55.02	江苏	63.81	江苏	63.26	广东	65.25
2	江苏	40.81	山东	49.70	山东	53.62	浙江	50.75	浙江	54.86	山东	53.97	河北	45.73	江苏	64.81
3	浙江	40.31	广东	47.70	广东	52.51	江苏	49.87	山东	52.44	河北	44.57	山东	44.69	上海	59.63
4	云南	35.73	江苏	47.57	江苏	49.49	广东	49.65	河北	45.89	湖北	37.28	浙江	41.16	山西	58.19
5	四川	33.20	河北	42.68	河北	41.26	湖南	42.64	广东	43.17	浙江	36.51	上海	40.13	河南	58.04
6	河北	32.03	云南	38.40	贵州	37.05	湖北	33.54	湖北	38.53	上海	35.59	山西	38.16	山东	56.68
7	山东	31.32	湖北	37.66	湖北	31.47	河北	33.39	四川	35.95	辽宁	34.79	河南	36.33	河北	55.02
8	山西	31.23	辽宁	35.54	辽宁	29.45	贵州	32.67	河南	33.11	山西	33.40	北京	36.18	北京	51.82
9	黑龙江	29.32	山西	35.49	云南	29.00	上海	32.53	上海	32.89	广东	32.64	广东	35.50	浙江	49.68
10	湖北	28.97	黑龙江	31.89	福建	28.23	福建	32.04	云南	32.51	河南	32.32	陕西	32.01	辽宁	46.84
11	辽宁	27.13	河南	31.70	安徽	28.02	辽宁	31.04	辽宁	31.28	陕西	30.53	四川	30.07	湖北	45.58
12	河南	27.09	四川	30.32	江西	27.63	安徽	28.33	北京	30.95	四川	28.06	湖北	29.42	广西	45.08
13	广西	25.39	福建	27.73	上海	27.45	江西	28.23	湖南	30.66	北京	26.00	辽宁	28.52	安徽	44.23
14	内蒙古	24.78	上海	26.87	湖南	26.02	云南	28.02	山西	29.64	湖南	25.52	内蒙古	25.67	陕西	44.01
15	重庆	23.49	陕西	25.01	内蒙古	25.88	河南	27.48	陕西	29.34	安徽	25.11	湖南	25.23	四川	43.79
16	上海	21.34	北京	24.47	安徽	24.74	山西	26.89	安徽	29.07	内蒙古	24.51	江西	24.21	福建	43.00

续表2-19

排名	2012年 省份	2012年 得分	2013年 省份	2013年 得分	2014年 省份	2014年 得分	2015年 省份	2015年 得分	2016年 省份	2016年 得分	2017年 省份	2017年 得分	2018年 省份	2018年 得分	2019年 省份	2019年 得分
17	贵州	20.16	湖南	24.20	四川	24.54	北京	26.63	内蒙古	25.61	贵州	24.37	安徽	23.48	贵州	42.17
18	陕西	19.97	甘肃	24.01	甘肃	23.64	四川	26.22	江西	25.49	江西	22.57	重庆	23.13	天津	41.77
19	新疆	19.54	内蒙古	23.94	陕西	23.37	内蒙古	25.15	福建	25.31	重庆	21.50	宁夏	22.83	内蒙古	40.26
20	安徽	19.41	重庆	22.33	新疆	22.07	天津	25.15	重庆	24.39	福建	21.47	贵州	22.16	云南	40.18
21	甘肃	19.06	安徽	22.01	江西	20.76	陕西	23.83	贵州	23.26	甘肃	19.59	福建	20.77	重庆	38.09
22	湖南	18.69	新疆	21.64	宁夏	20.12	甘肃	23.37	海南	23.15	新疆	18.28	甘肃	19.88	湖南	37.53
23	福建	18.05	宁夏	20.99	重庆	18.75	广西	22.27	甘肃	23.01	云南	17.50	云南	18.46	黑龙江	34.19
24	宁夏	15.60	贵州	19.74	福建	18.57	黑龙江	20.94	宁夏	22.75	宁夏	16.69	天津	16.92	江西	33.03
25	江西	15.46	广西	19.32	黑龙江	16.32	新疆	20.40	黑龙江	21.73	黑龙江	15.12	新疆	15.71	海南	30.51
26	青海	13.56	江西	18.94	天津	14.91	宁夏	19.18	新疆	20.19	天津	14.63	黑龙江	15.66	青海	30.34
27	北京	13.42	海南	15.82	广西	11.82	重庆	17.49	天津	18.06	广西	12.05	广西	14.61	吉林	29.39
28	海南	13.36	吉林	13.91	海南	10.75	吉林	11.35	吉林	14.02	吉林	11.40	吉林	13.65	宁夏	27.87
29	吉林	11.31	青海	13.23	吉林	10.22	青海	10.24	广西	13.11	海南	11.06	海南	11.79	甘肃	27.47
30	天津	9.70	天津	13.19	青海	8.79	海南	9.20	青海	12.59	青海	10.19	青海	10.70	新疆	27.07
31	西藏	4.05	西藏	6.07	西藏	3.86	西藏	7.79	西藏	4.17	西藏	2.29	西藏	8.70	西藏	25.97

数据来源：EXCEL计算得到。

3. 我国绿色规制强度的地域差异

考虑到我国区域绿色规制强度存在的差异性，我们需要对我国各地区绿色规制强度的空间特征进行分析。本书基于上述数据采用 ArcGIS 10.2 软件对 2012—2019 年我国省际绿色规制强度的空间格局进行可视化分析。由于缺乏对绿色规制程度的标准划分，因而通过自然断裂法将我国省际绿色规制强度从低到高依次分为较弱、中等、较强三个等级，以此探讨样本期内各地区绿色规制强度的空间变化情况。

整体而言，京津冀地区、长三角地区、长江中游经济带、成渝经济圈、珠三角地区的绿色规制强度相对较高，这与地区经济发展水平密不可分。近年来，在国家强调要推进经济高质量发展的背景下，经济发展模式逐步由粗放向集约转变，经济相对发达地区对提升发展质量和效益的需求日益迫切，因而会对环境规制提出更高要求。同时，经济发达地区公民的环境意识较强，公众的环境关注能够通过自下而上的监督方式来推动地方政府加强环境规制，提升地区环境治理效果。因此，区域经济水平越发达，越有助于当地绿色规制力度的提升。

具体来看，我们发现 2016 年环境规制力度较强的省份，在样本考察年度中是最多的，这在很大程度上可以由 2015 年开始修订、实施的新《环保法》来解释。作为"史上最严"的环保法，该法明确了政府对生态保护的主要监管职责，强化了企业减排治污主体责任，并史无前例地加大了对环境违规行为的处罚力度。因而，新《环保法》对地方环境规制产生了显著且重要的影响，使得整体环境规制水平有明显的增长，且全国各地区绿色规制力度较强的省份数量比往年多。

总的来看，由于我国疆域辽阔，地区在经济水平、产业结构、环保技术、要素资源等方面具有显著差异，因此环境规制强度存在地区差别是正常且合理的现象。通过对地区环境规制强度空间分布图的观察，我们能直观了解到不同地区的环境规制强度差异。本书进一步探讨我国各省份的绿色规制强度的离散程度，即以 31 省份每年绿色规制得分的中位数为基准，比较各省得分与中位数的差距，以更加全面地反映地区绿色规制强度差异。

为得到我国各省 2012—2019 年绿色规制得分的离散程度，我们先计算得出每年绿色规制强度的中位数并以此为基准线，然后考虑各省绿色规制实际得分与其的实际距离，具体结果如图 2-9 至图 2-16 所示。

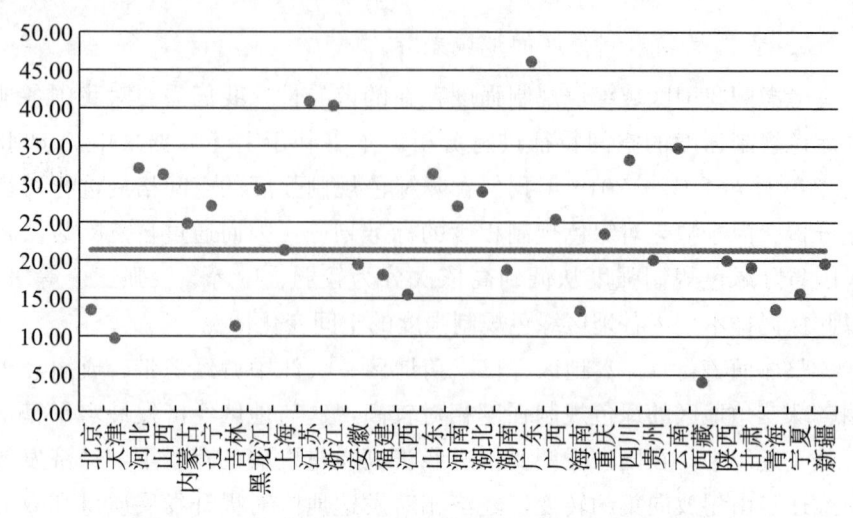

图 2—9　2012 年我国 31 省份绿色规制得分的离散程度图

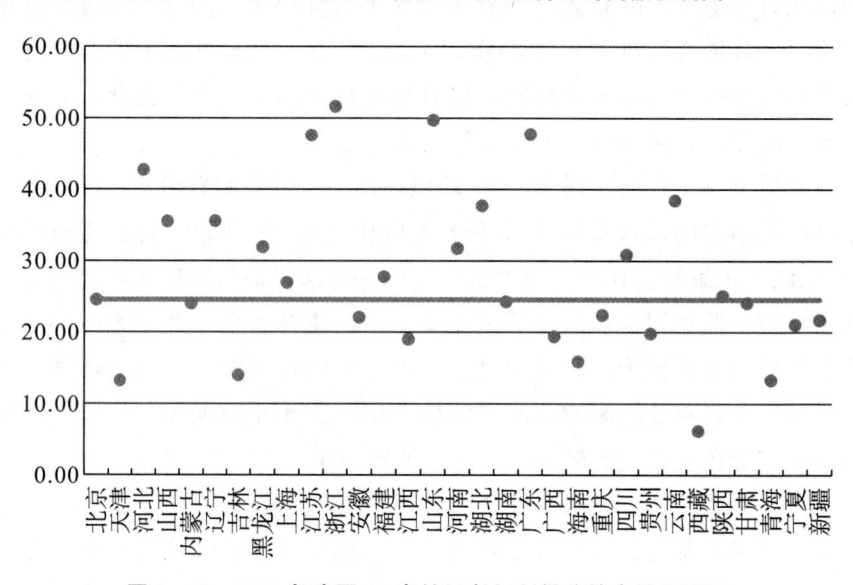

图 2—10　2013 年我国 31 省份绿色规制得分的离散程度图

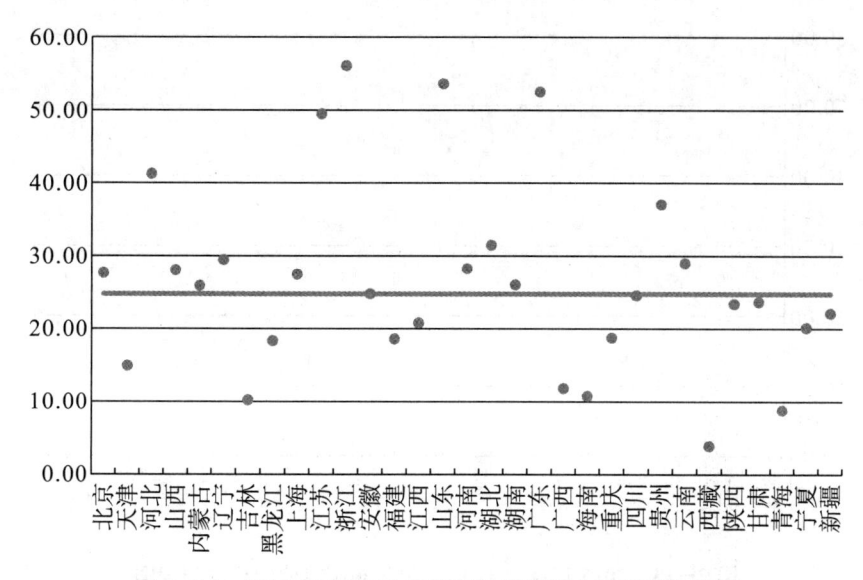

图 2—11 2014 年我国 31 省份绿色规制得分的离散程度图

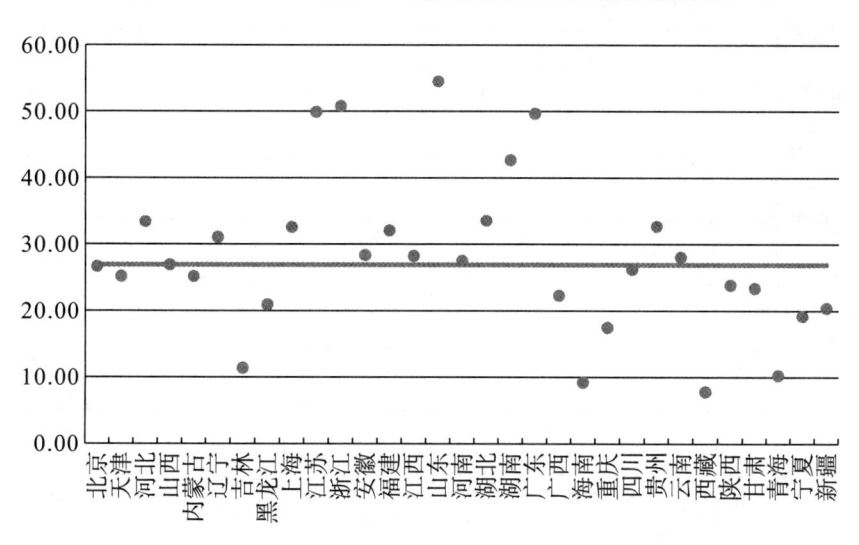

图 2—12 2015 年我国 31 省份绿色规制得分的离散程度图

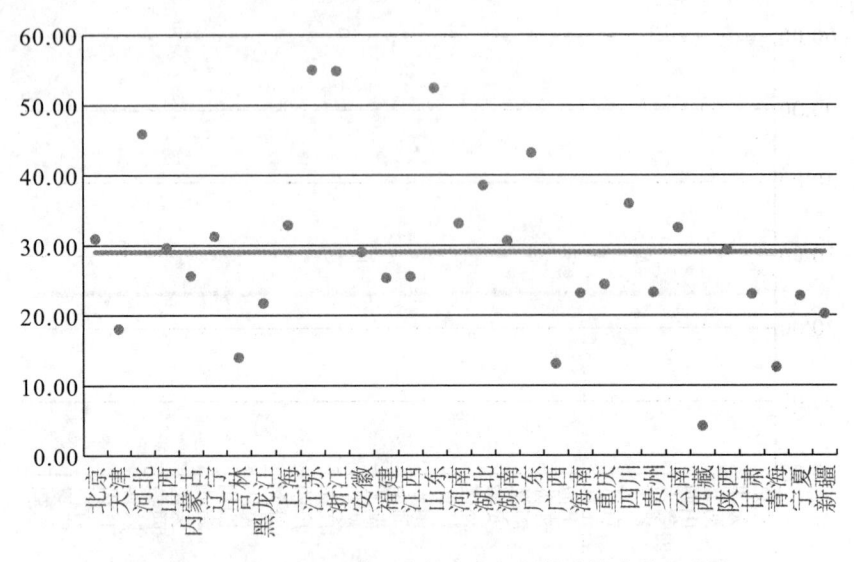

图 2—13　2016 年我国 31 省份绿色规制得分的离散程度图

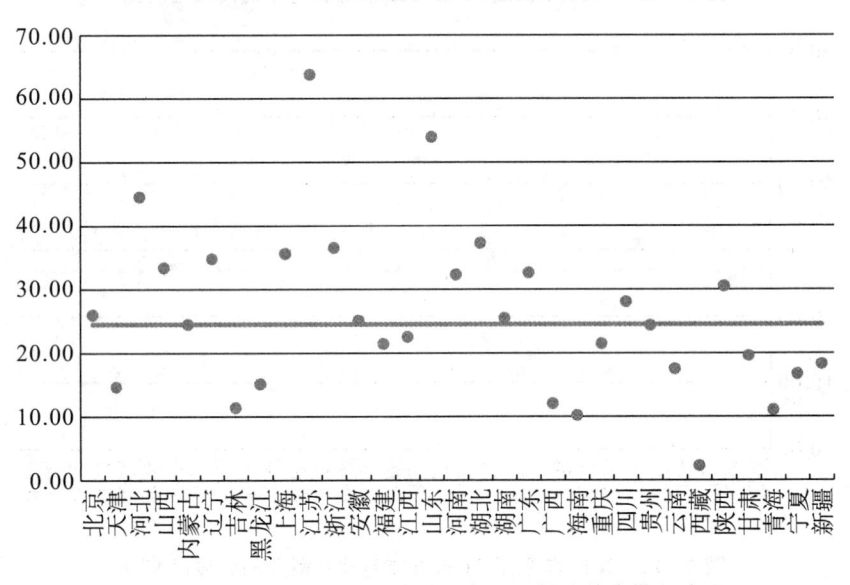

图 2—14　2017 年我国 31 省份绿色规制得分的离散程度图

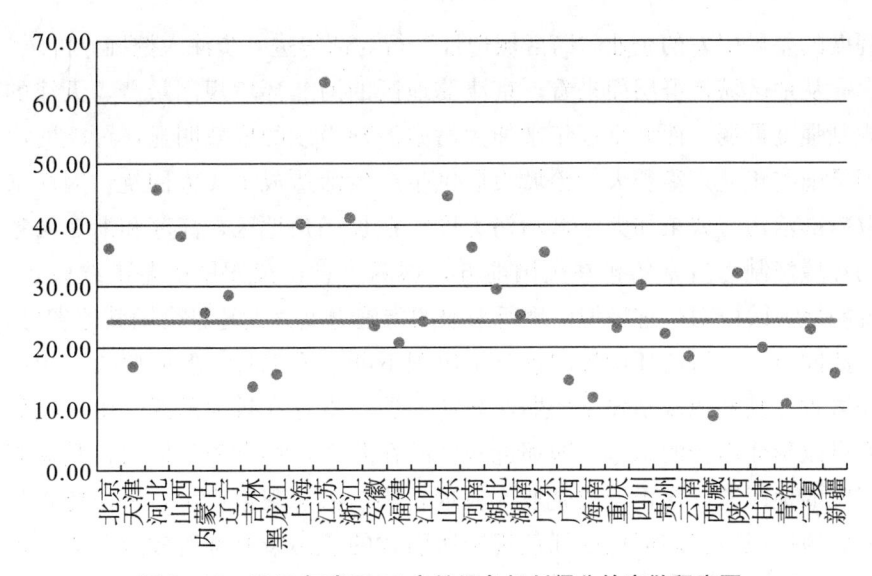

图 2-15　2018 年我国 31 省份绿色规制得分的离散程度图

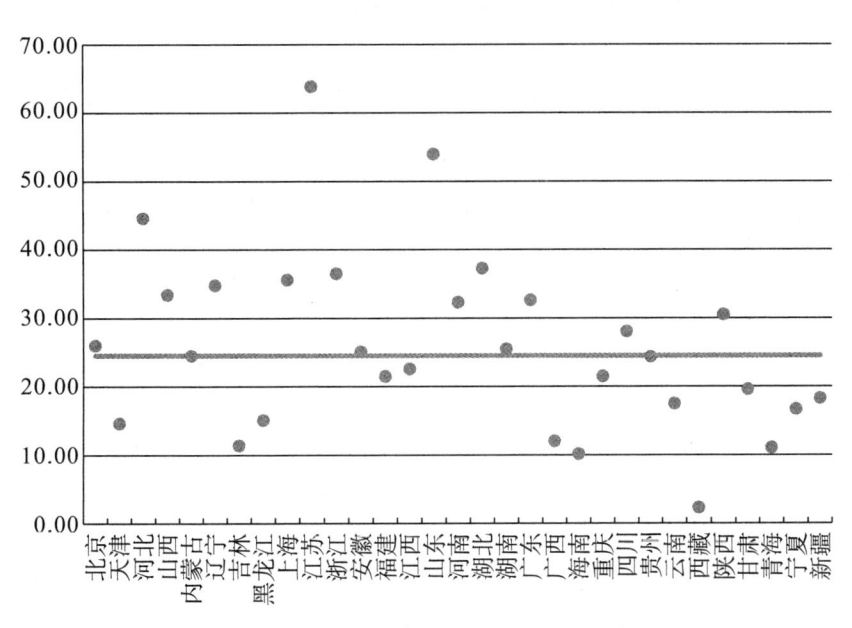

图 2-16　2019 年我国 31 省份绿色规制得分的离散程度图

总的来看，2012—2019 年，我国绿色规制强度的区域波动差异较为明显且数据分布比较分散，排名第 1 的广东与排名最后的西藏，其环境规制极差在 2017 年达到 61.52，可见我国绿色规制强度的地区差异之大。而企业作为污染物排放的主体，自然成为环境治理的首要规制对象，同时企业作为追求利润最大化的组织，为了减少环境污染成本，有强烈动机选择到国家绿色规制水平较弱的地区选址设厂。因而，地区绿色规制程度的差异引发的企业"跨区域选址"行为值得进一步深入挖掘分析。

从地区城市群层面来看,京津冀地区的河北环境规制最严,天津的规制强度最弱,而北京近年来加大污染治理力度的成效明显,可能的原因是前些年北京雾霾天气给城市居民生产生活造成了较大困扰,因而采取精准治污方式来加大区域治污力度。在长三角地区,江苏和浙江两省的环境规制力度常年排在全国前五,这两个省份离图中的基准线较远,说明地方政府对生态环境治理所采取的措施力度大大超过全国其他省份。与此同时,上海的环境规制得分也出现不断上升趋势,但同属长三角的安徽省,其环境规制强度较弱,与江浙沪三省存在较大差距。由这项研究可以延伸出新的思考,即邻近地区间在共享市场资源的同时,其规制程度的地区差异会否造成企业"就近转移"污染现象产生,进而能否从相邻地区视域来印证地区绿色规制所引致的"污染避难所效应"成为值得深入研究的新议题。

第三章　上市公司环境信息披露的国际比较

第一节　环境信息披露政策演变背景及原则的国际比较

一、美国

美国的环境法规框架基于一套三方体系：立法、行政、司法。国会负责立法工作，以最高法院为代表的法院则有法律法规的解释权，环保局以及其他很多环境相关的部门共同组成了美国的环保能力。美国的环保系统是非常分散的，立法方面，美国两院各有十个环境相关的委员会，来处理环境相关的议题。这些委员会负责的职能部分可能有重叠，比如，众议院的能源和商业委员会负责的范围包括饮用水、噪音，而运输和基础设施委员会，以及参议院的环境与公共工程委员会也负责水和噪音问题。行政方面，环保局是美国的主要机构，它的主要职责之一是制定、执行环境法规。制定的法规需要得到国会的批准方可生效，而在执行过程中，环保局有发起制裁和罚款的权力。

现在美国的环境立法基本上是建立在1969年的《国家环境保护法案》（National Environmental Policy Act，简称NEPA）基础之上的。美国国会认识到，几乎所有联邦活动都会以某种方式影响环境，因此要求联邦机构做出决定之前，必须考虑其行动对人类环境质量的影响。《国家环境保护法案》最重要的作用是为所有联邦政府机构制定了程序要求，这些程序要求被用于建立"环境评估"（Environment Assessments，简称EAs）和环境影响声明（Environmental Impact Statements，简称EISs），这样就确保了决策过程将环境影响纳入考虑范围。同时，《国家环境保护法案》设立了总统环境质量理事会。理事会每年通过一份年度报告向总统提交建议，报告的内容包括：联邦机构实施该法案的进展，国家政策的培育，促进环境质量改善的措施，以及环境现状。法案要求，资金来源中包括联邦机构的项目必须符合《国家环境保护法案》的要求。这就意味着完全没有政府的影响或资金支持的纯私人行为不适用于该法案。同时，法案中包括赦免条款。赦免对象包括立法中详述的特定联邦项目、环保局豁免、功能等效豁免。其中功能等效豁免是指一个项目同时需要适用其他环境法律的要求时，若与《国家环境保护法案》分析有相似的部分，则可以获得豁免。

二、欧盟

欧盟的环境保护法律体系有其独特性。欧盟层面制定的环保法令主要包括指令（Directive）和规章（Regulation）。指令提出立法目标，立法权力属于各成员国，而且优先级高于成员国的国内法。而规章比指令更为强硬，一经欧洲委员会官方日志公布，立即对成员国生效，它和法令一样，具有强制执行力（《里斯本条约》第263条）。欧洲的环保政策最初始于20世纪70年代，1957年在确认建立欧洲经济共同体的《罗马条约》中，没有关于环保的叙述，此时环保还不是重要的政治议题。20世纪60年代，对于环境状况的担心开始出现在一些发达国家，但此时欧洲范围内也仅有《有关危险制品的分类、包装和标签的指令》（67/548/EEC）等少量指令。直到1972年，联合国人类环境会议召开后，公众和学界对增长极限的问题变得日益关注。同年在巴黎召开的国家元首会议提出了一项重要声明："经济发展本身并不是目的，而是应有助于改善生活质量"。欧洲理事会则根据1972年关于建立共同体环境政策的承诺，于1973年宣布了第一个环境行动计划（1st EAP），确立了"经济发展与环境保护彼此依存"观点。该行动规划有助于在其规定的领域内进行相关立法。在20世纪80年代，环境问题在欧共体内引起了很多关注，欧洲理事会在1983年的斯图加特会议上强调环境保护是欧洲共同体的一个独立且重要的目标。1985年，欧洲理事会在布鲁塞尔会议上，着重强调将环保政策作为工业、农业等经济政策的重要领域。1987年，《单一欧洲法令》的第130（1）条宣布了成员国采取的环境措施应设立以下目标：1）养护、保护、改善环境质量；2）有助于保护人类健康；3）确保对自然资源审慎、理性地使用。

20世纪90年代，欧盟的各项条约逐渐明确了以下观点和目标：在实现内部市场化，加强凝聚力和环境保护的框架内促进经济和社会发展，在考虑可持续发展原则的前提下，促进本国的经济和社会进步，在国际层面推进措施，以应对地区和世界性环境问题，特别是气候变化。

欧盟的环境法除了保护生物多样性、防止污染等传统意义上的环境事务，还包括更多间接的保护性措施。例如：对环境造成损害的赔偿责任、对违反环境规则的刑事制裁，规定环境信息的获取途径，以及参与可能影响环境的主要工业活动和其他活动的决策权。除此之外，欧盟的环境规则还覆盖部分文化环境，比如涵盖对物质资源和文化遗产项目的直接和间接影响的环境评估。现在欧盟的环保政策主要基于《欧盟运行条约》第 11 条以及第 191、192、193 条制定。其中第 191 条规定应对气候变化是欧盟环境政策的一个明确目标，而可持续发展是欧盟的长期目标。

虽然 1973 年的第一个环境行动计划就已经设立了共同体层面的环保原则，但直到 1987 年《单一欧洲法令》发布，其中的一些原则才被写入《欧洲经济共同体条约》，包括：

（1）应该采取预防措施。

（2）应优先从源头上纠正环境损害。

（3）污染者需要支付治理成本。

（4）共同体其他政策也需要将环境纳入考虑范畴。

《马斯特里赫特条约》在此基础上增加了"预警原则"，而《阿姆斯特丹条约》引入"可持续发展原则"作为一项基本原则。

下面介绍一些欧盟法律及政策中的基本原则：

可持续发展原则（Sustainable development）。自从可持续发展的概念首先在 1992 年联合国环境与发展会议上获得广泛认可，欧盟就开始在各种政策中广泛使用可持续发展的概念。可持续发展是第五个欧洲环境行动计划的核心，也在第六、第七个环境行动计划和其他政策和法律文件中大量体现。可持续发展有很多种定义，这些定义的共同点是从长期的角度考虑发展，从而整合经济、社会、环境政策，使它们达到平衡。欧洲理事会在 2001 年制定了《可持续发展战略》，并在 2006 年进行了修订，战略中明确了一些关键目标以及主要挑战。对于每个挑战，都有相应的行动目标和拟议措施。欧洲委员会每两年会根据战略的实现情况提交评估报告，而欧洲理事会则两年一次根据这些报告提供总体政策指导、战略发展工具。

辅助性原则（Subsidiary）。辅助性原则最早在 1987 年颁布的《单一欧洲法令》中被引入，主要是为了解决欧盟和各成员国之间的权限分配问题。具体到环境领域，辅助性原则授予想要采取行动的成员国在欧盟未对某问题进行规范时采取行动的权利。辅助性原则进一步规定了欧盟可以在其具有非排他性权限的地区采取措施的两种情况：

（1）在任何层级下，成员国都无法制定实现目标的措施；

（2）可能因为目标规模等，在欧盟层面执行更有效。

其中第二个条件需要定性及定量指标的支持。但在实际情况中，由于各成员国之间的能力和意愿不同，通常需要欧盟层面的政策来保证特定环境问题在欧盟范围内得到解决。同时，环境问题通常有跨边境的特点，因此欧盟层面的协调措施是更好的解决方法，欧盟的环境法规通常也都遵循辅助性原则。

适当性原则（Proportionality）。《欧洲联盟条约》的第 5（4）条规定：在适当性原则的指导下，欧盟除了达成条约目标的必要行动，不应采取额外的行动。欧盟的框架类指令就遵循了这一原则，成员国在达成欧盟法律目标的具体措施上有很大的自由度。这保证了欧盟不会在成员国规范自身问题上施加不必要的限制。而其他立法草案必须解释本草案在适当性原则方面是如何考量的。

高水平保护原则（A high level of protection）。《欧洲联盟条约》的第 3 条规定：欧盟应致力于高水平质量的环境保护和改善。高水平保护原则被写入很多具体的条款中，比如现行《欧盟运行条约》的第 114（3）条以及 191（2）条。法院则会检查相关法案是否真正属于高水平保护。但这一原则也存在问题，即没有清晰明确的标准判定何种保护属于高水平保护。现在一般通过相对评估来解决这个问题。

预警原则（Precaution）。传统的环境保护措施，包括排放标准或某类物质的处理方法等，都意在预防、减少和控制已被证明的危害，而预警原则主要用于应对尚未充分证明的风险。但需要注意，缺乏科学依据的纯假设风险不属于预警原则的应用范围。只要科学信息不完整、不精确和无定论，风险被认为过高而无法使民众承受，这些措施就可以生效。预警原则作为欧洲共同体环境政策之一被写入《马斯特里赫特条约》第 174（2）条。

预防原则（Preventive action）。预防原则要求欧盟在环境破坏发生之前进行阻止，这是因为环境破坏常常难以恢复。那些能够恢复的，也常常耗资巨大，而在环境破坏发生前介入则能大幅减少治理费用。因此，预防原则通过第三个环境行动计划逐渐被欧共体成员重视，并作为欧盟环境政策的基本原则被写入《欧盟运行条约》第 119（2）条。预防原则应用最集中的场景是废物处理。与废物有关的欧盟规则要求必须防止废物产生和管理的负面影响（2008/98/EC），而 2010/75/EU 指令要求通过适当预防措施避免污染。

就近原则（Proximity）。就近原则是《欧盟运行条约》第 191（2）条规定的环境政策基本原则，它要求环境污染优先从源头被纠正。目的是在环境问题扩散或造成长期的环境损害之前快速解决问题。该原则已纳入欧盟关于废物的法律法案，如根据就近原则，有关成员国应如何限制废物转移［Regulation (EC) No 1013/2006］。

污染者支付原则（Polluter-pays principle）。这是在第一个环境行动规划中就被提出，而且在之后每个环境行动规划中被反复提到的原则。它要求污染或其他环境破坏的成本，包括破坏后恢复环境的成本，由造成污染者承担，而不由纳税人承担。该原则不仅有助于实现欧盟的环保目标，还能一定程度上预防欧盟内部各行为主体之间的扭曲竞争。这是因为污染有跨边界的特性，而该原则规范了责任的认定。通常是通过收费、税收等经济手段，将污染或恢复环境破坏的成本归于污染者。

整合原则（Integration）。整合原则首先在第三个环境行动计划中（1982—1986）被提出。该原则要求欧盟在制定其他政策时需要有环境方面的考虑。在现行《欧盟运行条约》第 11 条中，该原则被表述为：必须将环境保护要求归入欧盟政策与相关活动的定义和实施中，尤其关注长期可持续发展。根据此原则，欧洲理事会于 1999 年 6 月确立了一项原则，即所有重要的委员会提案都必须包含对该措施对环境的潜在影响的评估。第六个环境行动计划（2002—2012）期间，考量整合环境成为中心主题，并在农业、渔业、发展援助、贸易政策和金融部门等领域进行了讨论。欧洲委员会认为立法措施的影响评估是有效整合的关键。

真诚合作原则（Sincere cooperation）。根据《欧盟条约》的第 4（3）条，成员国应按照真诚合作和充分相互尊重的原则，相互协助执行条约规定的任务。成员国应该采取一切必要政策措施，确保履行其根据条约和欧盟相关法律所承担的相应义务。同时，真诚合作原则是对等的，即委员会也有义务与成员国合作，避免采取阻止其履行欧盟法律规定的义务的措施，而欧盟机构之间也必须相互真诚合作。

第二节　环境保护法律法规的国际比较

一、美国

《清洁空气法案》（Clean Air Act，简称 CAA）。该法案最初在 1963 年被引入，主要目的是制订解决空气污染相关环境问题的国家计划。1970 年修正案将改善国家空气质量和保护臭氧层定为环保局的责任之一。《清洁空气法案》将全国分为不同的空气质量区域，针对多种污染物设置了目标浓度，并针对特定行业类别建立了基于技术的排放标准。这些标准规定了排放至大气中的污染物阈值、浓度及相关处理技术。1990 年的修正案将汞、多氯联苯等空气中的有毒物质也加入了监管范围。法案要求环保局列出 187 种有毒空气污染物的工业来源类别，并要求污染源安装控制装置或更改生产工艺以减少污染，但是没有针对有毒物质设置目标。法案还制订了一项计划，逐步淘汰甚至消灭耗损臭氧层的化学药品。

《清洁水法案》（Clean Water Act，简称 CWA）。该法案源于 1948 年的《水污染控制法案》，经过重新讨论修订后在 1972 年更名。法案为规范向水域中排放污染物的行为和地表水的质量标准建立基本框架。法案规定工业、市政设施无照向通航水域中排放污染物是违法行为。《清洁水法案》为特定工业类别建立了基于技术的污水标准，规定了处理污水的技术和排放标准。同时，该法案还根据区域设置了氧气需求量、病原体、悬浮固体、有毒金属、有毒有机物和 pH 值等目标。

《安全饮用水法案》（Safe Drinking Water Act，简称 SDWA）。美国国会在 1974 年通过《安全饮用水法案》，并分别于 1986 年、1996 年进行了修订，规范了国家公共饮用水的质量。该法案将水质标准分为四个种类：物理、化学、微生物、放射性。物理标准是旨在提高供水适口性的非强制性标准，包括总固体、悬浮固体、浊度、颜色、味道及温度等。化学标准是强制性的，为各种化学污染物设置了最大污染物水平。该化学标准还包括更严格的最大污染物水平目标，但这些目标不是强制性的。同样，在微生物标准和放射性标准下，也设置了各自的一系列最大污染物水平。

《资源保护和恢复法案》（Resource Conservation and Recovery Act，

简称 RCRA)。《资源保护和恢复法案》是管理固体与危险废物处置的主要法律之一。该法案涉及固体废弃物的部分敦促各州采用自己的计划处理无害工业废料和城市固体废弃物,从而为美国各州固体废弃物掩埋场设定了标准。对于危险废物,建立了从产生到最后处置的整个过程系统,体现了"从摇篮到坟墓"的处理理念。

《联邦杀虫、杀菌和灭鼠法案》(Federal Insecticide, Fungicide and Rodenticide Act,简称 FIFRA)。该法案最早在1947年被引入,主要用于对农药物品的分配、销售及使用进行规范控制。使用农药者必须参加农药施药者考试以取得认证。所有农药必须在环保局进行注册,以确保农药的标签正确,符合规格,并且不会对环境造成不合理的损害。

《超级基金修正案和重新授权法案》(Superfund Amendments and the Reauthorization Act,简称 SARA)。该法案目的是清理被有害物质污染的场所。法案授权环保局查明场地污染的当事方,并强迫当事方清理场地。对于找不到责任方的情况,则使用特殊的信托基金自行清理,基金的资金来源是化学和石油行业税收。该法案还制订了国家应急计划,详细说明了化学品泄漏的应急信息。法案规定了有毒物质释放清单,要求行业每两年报告一次管制化学品的排放和管理情况。

《温室气体报告程序》(Greenhouse Gas Reporting Program,简称 GHGRP)。《温室气体报告程序》要求报告大型温室气体排放源,燃料和工业气体供应商以及美国的二氧化碳注入点的温室气体数据和其他相关信息。每年大约有8000个设施报告温室气体的排放,所报告的数据将于每年10月向公众公开。需要报告的场所包括:1)每年排放超过25000吨二氧化碳等价物的场所;2)供应的产品被释放、燃烧或氧化,将导致超过25000吨的温室气体排放的场所;3)接收25000吨以上二氧化碳用于地下注入的场所。

二、欧盟

经过几十年的发展,现在欧盟的一些环境标准已经成为世界最高的环境标准。总体上,欧盟通过政策和立法来保护自然栖息地,保持空气和水的清洁,保证能正确处理垃圾,提升对有毒化学品的知识水平,帮助企业走上可持续发展的道路。

《工业排放指令》(Industrial Emission Directive,简称 IED)(2010/75/EU)。该指令于2010年生效,它制定了综合预防和控制由工业活动引起的环境污染的标准,以及用于防止或减少向大气、水和土地排放并防止废物出现的规则。该指令适用于研究和开发活动以及新产品和新工艺的测试之外的绝大部分工业活动造成的污染。《工业排放指令》第一章规定了成员国未经该指令的许可,不得运行任何设施或燃烧设备,包括废物焚化和联合焚化厂。但是,对于使用有机溶剂的活动,成员国可以选择注册程序。《工业排放指令》的特点包括:使用综合方法,使用最佳可用技术,灵活性,环境检查机制,公众参与。综合方法意味着许可证必须考虑到工厂的整体环境绩效,包括:向空气、水和土地的排放,废物的产生,原材料的使用,能源效率,噪音,事故的预防以及场地关闭后的恢复。例如大型燃烧厂,废物焚化和联合焚化厂,溶剂使用活动和二氧化钛生产。《工业排放指令》还为选定的污染物设定了欧盟范围的排放限值。灵活性主要体现在,基于地理位置、当地环境条件或制造商的技术特征,在使用最佳可用技术可能导致与环境效益不成比例的高成本时,可以使用略微宽松的排放限制。但是主管当局应始终记录其批准此类例外的理由。《工业排放指令》中规定了强制性的环境检查。成员国应建立环境检查制度,至少每1~3年使用基于风险的标准进行一次实地考察。该指令还规定,公众有权参与许可发放的决策过程并被告知最终结果。

《水框架指令》(Water Framework Directive,简称WFD)(2000/60/EC)。水环境受到相当广泛的欧盟法规的约束已有一段时间,但直到2000年,欧盟才通过了《水框架指令》,从而对内陆和沿海水域的管理和保护采取了一种定性和定量结合的综合方法。这是一项全面的法案,代表了现代的环境保护方法。它不仅对排放源进行了规范,而且制定了雄心勃勃的环境质量标准。根据《欧盟运行条例》的第192(1)条,该指令建立了保护内陆地表水、过渡水域、沿海水域和地下水的框架。该框架有多个目的:防止水环境进一步恶化,通过逐步减少、停止或逐步淘汰优先物质(即一些危险的物质)的排放加强对水生环境的保护和改善;逐步减少地下水污染并防止情况恶化;减轻水土流失和干旱的影响。此外,该指令还帮助欧盟和成员国履行一些国际协定中的义务。其中,最主要的目标是在整个欧盟保证良好的水质量,并保持其目前的状态。为实现这一目标而建立的水管理系统是基于对水体环境质量的评估和环境目标的设定。《水框架指令》的一个明确前提是,水资源管理应基于地理和水文条件,而不是根据现有的行政结构来组织。在这种背景下,成员国必须确定其本国领土内的所有单个流域,将其分配给各个流域区,并确保有适当的行政安排。《水框架指令》要求每个成员国就每个流域地区分析其特征，审查人类活动对地表水状况的影响，并每 6 年进行一次更新。

《废弃物框架指令》（Waste Framework Directive，简称 WFD）（2008/98/EC）。该指令是欧盟废物管理法的核心，最早在 1975 年通过（75/442/EEC），经过多次修订和补充，才形成该版本。该框架确定了与废物管理相关的基本概念和定义，例如废物的定义，再利用、再循环的概念等，并鼓励加强废物预防，鼓励考虑产品或材料的整个生命周期。它解释了何时废物不再是废物而成为次要原料（所谓的废物终结标准），以及如何区分废物和副产品。该指令规定了一些基本的废物管理原则：它要求在不危害人类健康和破坏环境的情况下，尤其强调在不对大气、水、土壤或动植物等造成威胁的情况下，对废物进行处置管理，而且不得因为噪声或异味而对周边造成滋扰。各成员国在制定和实施废物法律和政策时，必须遵循优先顺序。在关注废物处理问题时，应将预防放在首位，然后依次是准再利用、再循环，最后才是回收。它引入了有关危险废物和废油的规定来替代相关旧指令，以及到 2020 年要实现两个新的再利用和再循环目标：再利用或再循环 50% 的家庭和与家庭类似的其他来源的废料，再利用或再循环 70% 的建筑和拆迁废料。该指令还要求成员国通过废弃物管理计划。

《栖息地指令》（Habitats Directive，简称 HD）（92/43/EEC）。该指令在 1992 年生效，是欧盟自然环境保护政策的基石。它明确了对各种稀有、濒危或地方性动植物物种的保护。共有 1000 多种动植物物种、200 多种栖息地被纳入《栖息地指令》的保护。其中，附录 2 中的物种（约 900 种）的栖息地的核心区域被指定为"具有共同体重要性的地点"（SCIs），包括在 Natura 2000 自然保护区网络中。这些地点必须根据物种的生态需求来管理。对于附录四的物种（超过 400 种，包括很多附录二物种）则必须在欧盟范围内的整个自然区域内采用严格的保护制度。对于附录五的物种（超过 90 种），成员国必须确保其开采和野外采集与保持其良好的保护状态相适应。《栖息地指令》中的第 6、12、16、17 条要求成员国报告栖息地和物种的保护状况，包括对 Natura 2000 自然保护区网络产生负面影响的项目所采取的补偿措施等。

《鸟类指令》（Birds Directive，简称 BD）（2009/147/EC）。该指令最初在 1979 年被采用，经过 2009 年的修订形成了现在的版本。《鸟类指令》保护自然栖息在欧盟地区的所有鸟类物种（超过 500 种）。其中，附录 1 列出了 194 个特别受威胁的物种和亚种。成员国必须制定特别保护区（SPAs）来保证它们的生存、迁徙。附录 2 列出了 82 个能被狩猎的鸟类物种，只有狩猎季能狩猎它们；在鸟类最容易死亡的时候，即鸟类迁徙回筑巢区域的时候，禁止狩猎。附录 3 中有 26 个物种。威胁这些物种的活动，如有意捕杀、捕捉后交易、毁坏鸟巢等是被禁止的；在限制条件下，成员国可以准许以上部分活动。《鸟类指令》规定了可持续的狩猎管理规则，但是成员国必须禁止一切形式的非选择性和大规模杀灭鸟类的行为。附录 4 列出了被特别禁止的杀灭行为。附录 5 列出了《鸟类指令》所覆盖的被研究、保护和控制的所有鸟类。

《非财务报告指令》（Non-Financial Reporting Directive，简称NFRD）（2014/95/EU）。欧盟法律要求大公司披露有关其运营和管理社会与环境挑战方式的某些信息。《非财务报告指令》修订了《会计指令》（2013/34/EU），规定从 2018 年开始，员工超过 500 人的大型公众利益公司必须在其年报中包含非财务报告。这些公司包括上市公司、银行、保险公司和其他被国家当局指定为公众利益实体的公司。整个欧盟大约有 6000 家大型公司和集团属于此范围。其中包含一个"遵守或解释"的基本原则，意思是不愿意或无法披露以上信息的公司必须提供拒绝的正当理由。

国家能源和气候计划（National Energy and Climate Plans，简称NECPs）。国家能源和气候计划由《能源联盟和气候行动治理条例》（2018/1999/EU）引入，该协定是 2019 年通过的《全欧洲清洁能源一揽子计划》的一部分。该计划概述了欧盟国家打算如何应对能源效率、可再生能源、温室气体、减排等挑战。2018 年底各成员国提交计划初稿，经过整体评估，在 2019 年底提交最终计划。此后每 2 年，各成员国提交进度报告，并由欧盟委员会对进度进行监控。

可持续发展融资行动计划（Action Plan: Financing Sustainable Development）。可持续性以及向低碳、资源效率更高的循环经济过渡对于确保欧盟经济的长期竞争力至关重要。长期以来，可持续发展一直是欧盟项目的核心，欧盟条约也承认其社会和环境方面的内容。欧盟致力于在满足当代和子孙后代需求的同时发展新的就业和投资机会，并确保经济增长。欧盟委员会 2014—2020 年的许多优先事项都体现了国际电联的能源和气候目标，并致力于实施《联合国 2030 年可持续发展议程》。欧盟委员会正在编写《到 2030 年实现欧洲可持续发展》反思文件，并启动了一个多方利益相关者平台，以交流有关 SDG 实施的最佳实践。2016 年底，委员会任命了可持续金融问题高级别专家组。该专家组于 2018 年

1月31日发布了最终报告，就如何制定欧盟可持续金融战略提供了全面的看法。报告认为，可持续金融包含两个紧迫的任务：1) 通过为社会的长期需求提供资金以改善金融对可持续和包容性增长的贡献；2) 投资决策时考虑 ESG 因素以增强金融稳定性。该报告针对金融体系的特定部门提出了八项关键建议、一些跨领域建议和行动。可持续发展融资行动计划以该小组的建议为基础，制定了欧盟可持续金融战略。该计划的三个目标分别为：

(1) 使资本流向可持续投资，以实现可持续的包容性增长。

(2) 管理由气候变化、环境恶化和社会问题引起的金融风险。

(3) 促进经济和金融的长远发展目标，并保持信息交流通畅。

环境行动与环境规划。欧盟从1973年发布第一个环境行动计划起至今，先后共制定了7个环境行动计划。第一个环境行动计划确定了"在源头防止污染"等欧盟环境政策的基本原则：决策过程需评估环境影响；自然资源需理性使用；保护或修复环境的成本需包含在价格中；环境信息需要对外公布。成员国的环境政策不能以牺牲发展中国家为前提，应提供环境保护方面的教育。在接下来的几年中，这些原则通过欧共体法律行为的影响逐渐具体化。以上原则如今化作"环境影响评估"、"谁污染谁买单（治理）"原则、知情权等概念。详细措施分为三类：防止或减少污染的行动、改善环境质量的行动、国际组织的协作。规划的主要部分集中在第一类措施：为最重要的空气和水污染物设置科学的限制标准，描述质量目标的参数，将有关排放标准的决定集中在水污染方面，为落实"谁污染谁买单"形成一套统一的治理成本评估标准。相比于第一个环境行动计划，第二个环境行动计划对污染物问题愈发重视，限制污染成为其主要任务。第一个行动计划的原则在第二个行动计划中被阐释得更加详细，但现在更受重视的是"自然资源保护"方面。第三个环境行动计划的早期正是欧共体愈发重视环境问题、欧洲议会参与环境相关讨论愈发积极的时期。计划在欧共体环境政策中新增了一些元素，其中最重要的是"环境政策需和其他政策相结合"的认识。计划列出了欧共体内环境保护的优先事项，包括但不限于：保护地中海海洋环境、有害垃圾跨边界移动、运输产生的噪声、开发清洁科技等。规划还建议成员国与发展中国家贸易往来时考虑它们的环境利益。第四个环境行动计划因为急需更严格的环境措施，包含了一些之前不可能加入的新想法。在20世纪80年代中期，执行和控制与环境有关的指令已成为一个主要问题，第四个环境行动计划对此给予了极大关注。严格的规定需要与有效的教育和大众间全面的信息传播相结合。该规划采取跨部门的方法，因为预防措施并不局限于环境部门内的一个主题。有效的预防措施集中于协调与污染的斗争，以防止来自一个环境部门（例如空气）的污染转移到另一个环境部门（例如水）；同时也包括生物科技、保护沿海区域特别是敏感海洋区域等新领域。第五个环境行动计划在《欧洲联盟条约》签署后一年开始生效，条约显示了欧共体在广义上对环保的重视和参与。第五个环境行动计划的标题是"面向可持续性"。可持续性的含义是指最大限度回收利用，以削减垃圾产生量并防止资源耗尽。与之前计划的不同之处包括：直接处理耗尽资源和破坏环境的活动而不是等到问题出现再处理，寻求改进现有的可能影响环境活动的方法，渴望通过"共担责任"的精神吸引社会所有行业的参与以达成行为改变，多次提到"共担责任"（公共行政之间、国有和私营企业之间、公众之间）的概念和"辅助原则"；并且前四个计划仅仅依赖立法措施，第五个计划则包括立法文书、市场工具（外部成本内部化）、支持工具（培训、信息、发展更清洁的科技）、财政支持机制（对某个成员国的财政协助）。第六个环境行动计划与之前计划的不同之处：可持续发展的全面战略中提出了环境方面的内容，解耦环境压力和经济发展。达成目标的方法包括：促进欧盟环境法律的有效执行；促进更好的许可、检查、监督、成员国执行标准；更系统地核查成员国执行情况等。《欧盟运行条约》第11条提出，其他政策需考虑环保，这也是该规划的重要组成部分。和第五个计划一样，第六个环境行动计划在第四年任命了一个委员会来评估进展和进行展望。但2007年的评估结果并不理想，委员会强调：气候变化对经济有重大影响；生物多样性持续减少的速度需引起警惕；欧盟的生产消费模式是不可持续的；欧盟离实现使经济发展与资源利用所造成的消极影响脱钩的目标还有很远的距离。第七个环境行动计划的标题为"在地球（可承受）的范围内生活得很好"。第七个环境行动计划和之前规划的主要区别是虽然正式的有效期只有7年，但是设置了如下3个长期的目标：

（1）到2050年在地球的生态系统内生活得很好。

（2）繁荣和健康的环境源于创新的循环经济，在这种经济中，没有任何浪费，自然资源得到可持续的管理，生物多样性得到保护、重视和恢复，从而增强我们社会的适应能力。

（3）低碳增长早已与资源使用脱钩，为建立一个安全、可持续的全球社会奠定基础。

第七个环境行动计划和第六个计划相同，分为9个主题的优先事项，在第七个计划中这些优先事项更全面了。第七个环境行动计划的重要目标是为欧盟转型成资源效率型低碳经济体创造条件。目标包括：到2050年需要达成的气候和能源目标，减轻消费对环境的影响。重点在于将垃圾转化为能源，并呼吁制订资源效率目标和指标。在本计划中被重视的另一目标是：城市规划和欧盟城市的可持续性。据估计，到2020年大约80%的欧盟居民居住在城市或靠近城市的地方，会遇到空气质量差、噪声污染、温室气体排放、水资源匮乏、垃圾处理等生活问题。到2020年，欧盟内绝大多数城市都制订了可持续城市规划。第八个环境行动计划仍未最终确定。但是欧洲议会在2021—2030年气候变化政策和欧盟环境的政策指导中，要求委员会到2020年初，提交雄心勃勃、目标明确的第八个环境行动计划提案。议会强调气候变化、污染、生物多样性减少、对自然资源的需求加速膨胀正在威胁民众及其后代的福祉。议会敦促委员会要毫不拖延地提出一项关于无毒环境的战略，充分解决干扰物、化学品的结合效应和纳米材料等问题。委员会还被邀请制订一个新的循环经济行动计划和一个长期的战略框架，包括共同的愿景和循环经济。

表3-1　美国和欧盟的主要环境法规对比

美国	欧盟
《清洁空气法案》 《清洁水法案》 《安全饮用水法案》 《资源保护和恢复法案》 《联邦杀虫、杀菌和灭鼠法案》	《工业排放指令》 《水框架指令》 《废弃物框架指令》 《栖息地指令》 《鸟类指令》 《非财务报告指令》

欧盟的环境法规的基本原则来源于国际环境法的基本原则。法律结构是提出立法目标的指令法和规定具体执行方法的各成员国国内法相结合，指令法中也分为框架法和具体细分领域的法律。美国参与制定和实施法规的联邦机构和政府级别多种多样，导致美国环境法有着不同的决策标准以及不同级别的资金标准，并由各种不同的机构进行管理。美国环保局修订一些主要的核心法规，但其他政府部门也会制定自己的标准。总之相较于美国，欧盟的法律在物种保护上有较为详细的规定，而美国则更侧重环境破坏之后的恢复和赔偿。

第三节 环境信息披露形式的国际比较

一、政府披露制度

（一）美国

S-K 规则是在 1933 年《美国证券法》和 1934 年《证券交易法》基础上制定发布的，其中规定了上市公司使用各种证券委员会文件的报告要求。S-K 规则中与环境相关的包括以下几项：

（1）S-K 规则第 101 项：披露注册人当前会计年度剩余时间，及其后一个会计年度，以及注册人可能认为重要的其他期间内，环境控制设施的任何重大预期资本支出。

（2）S-K 规则第 103 项：披露注册人或其任何子公司为当事人或其财产为标的的任何重要的未决法律程序，特别是"环境行动"以及政府当局正在考虑的任何（其他）法律程序。

（3）S-K 规则第 303 项要求注册人评估任何已颁布的气候变化立法或法规，是否会对注册人的财务状况或经营结果产生重大影响。

（4）根据公司具体情况，S-K 规则第 503（c）项要求披露与气候变化有关的法律、法规的风险因素。公司应考虑由于气候变化立法或法规而面临的风险，并避免可能适用于任何公司的一般风险因素披露。

2001 年，美国能源巨头安然公司突然破产以及世界通信公司的会计舞弊丑闻推动了《萨班斯－奥克斯利法案》（Sarbanes-Oxley Act）的产生。法案在 2002 年正式通过并生效，对金融惯例和公司治理的规定进行了重大修改，目的是"通过证券法和其他目标来提高公司披露的准确率和真实性以维护投资者的权益"。该法案具有强制性，即所有组织，无论大小，都必须遵守。法案的第 302 节规定了一套内部程序，旨在确保准确的财务披露，环境财务披露自然也包括在其中。美国证券委员会在公司治理最终规则中对第 302 节的意图进行了更详细的解释。法案的第 401 节要求披露所有重大资产负债表外项目，以防止表外工具的欺诈性使用。

（二）欧盟

欧盟方面通过各种环境指令对环境行为进行监督管理。为了确保欧盟的环境法规能够落实，每个成员国需要根据国内监测的数据向欧洲委员会提交报告。委员会通过分析这些报告，为每个成员国提供指标。报告的内容包括：环境现状、排放、压力（根据《海洋战略框架指令》）、个别措施（根据《硝酸盐指令》）、规划或计划、市场监督等。报告的链条一般是从利益相关者到主管部门，到欧洲环境局，再到欧洲委员会。委员会则可能将报告呈交到欧洲议会和欧洲理事会。最早关于披露要求的规定是1992年生效的《标准化报告指令》（91/692/EEC）。该指令统一了有关空气、水和废物部门中27条指令的执行情况的部门报告，并规定成员国每三年提交一次报告。具体到公司层面，《非财务报告指令》（2014/95/EU）要求员工人数超过500人的大型公共利益公司披露有关它们应对社会和环境挑战方式的某些信息。公司在选择公开信息的方式时有很大的灵活性，它们可以选择国际、欧洲或国家准则。针对环境信息，欧洲委员会在2017年发布了《帮助公司披露环境和社会信息的指导原则》，并在2019年针对气候变化部分发布了《报告与气候有关的信息的指导》。这些准则是非强制性的，并整合了TCFD工作组的建议以及其他信息披露相关的框架。

《卡德伯利报告》（Cadbury Report）于1992年首次引入了"遵守或解释"方法。这最初是一种公司治理方法。这种方法的主要前提是，不能仅通过结构和规则来提高公司治理的标准，因此不宜对所有人实行严格的规定，但公司应选择最适合它们的方式。"遵守或解释"方法的特征是自愿遵从建议的规定，并进行强制性披露：公司必须在年度报告中声明是否遵守规定，找出任何不遵守规定的地方，并根据自己的特殊情况说明原因。该原则在1998年被纳入《证券交易所上市规则》，如今的披露政策和框架大多采用此原则。

《欧盟现代化指令》（2003/51/EC）是关于公司年度报告和合并年度报告中非财务披露的指令，旨在促进对公司的财务、社会和环境方面进行的"公平审查"。这一审查是理解任何公司发展、业绩或地位所必需的。在环境责任信息披露方面，《欧盟现代化指令》第1条规定：与特定业务相关的财务和非财务关键绩效指标，包括与环境和员工事务有关的信息，都必须包含在合并年度报告中，以便有效地对企业发展与绩效展开均衡而全面的分析。

《报告与气候有关的信息的指导》是2017年发布的《非财务报告指令》的补充，只包括气候相关部分，从2020年开始使用，覆盖2019财年。该指导共有5个推荐披露的方面：商业模型、政策和尽职调查流程、成果、主要风险及其管理、关键绩效指标（KPI）。《报告与气候有关的信息的指导》也有关于披露内容的建议。披露内容被分为两个优先级：推荐披露和额外披露。商业模型方面的推荐披露包括：气候变化、财务计划造成的影响；公司的商业模型将对气候造成怎样的积极和消极影响；公司商业模式和战略的弹性（需包括不同时间范围下的气候相关情境，以及升温 2℃ 以上和以下的情境）。政策和尽职调查流程方面的推荐披露包括：公司与气候相关的方针政策，包括缓解和适应变化的方法；公司政策中气候相关的目标，特别是温室气体排放目标，以及公司目标和国家、国际和《巴黎协定》目标的关系；公司董事会在监督公司应对气候变化相关风险时的作用；管理层在评估和管理气候相关风险和机遇中扮演的角色，并解释这么做的原理。关于成果的推荐披露有：公司气候变化政策的成果，包括指标的完成率；公司温室气体排放目标的完成率，以及随时间推移的相关风险。主要风险及其管理方面的推荐披露有：识别短期、中期和长期气候风险和机遇的流程，以及公司对短期、中期、长期的定义；在价值链内识别出的短期、中期和长期的气候相关风险，以及识别这些风险时做的假设；应该包括由易受气候变化威胁的自然资本依赖导致的主要风险；识别、评估和管理气候变化相关风险的流程，并将其整合进公司危机管理体系。关键绩效指标的推荐披露是公司评估气候相关风险与机遇所使用的指标、战略和风险控制流程。其中，关键绩效指标可分为：温室气体排放指标、能源指标、物理指标、产品和服务指标、绿色金融指标。温室气体排放指标的具体内容见表 3-2、表 3-3、表 3-4。

表 3-2　温室气体排放指标Ⅰ：直接排放

关键绩效指标（KPI）	测量单位	例子	原理	与其他框架兼容	欧盟政策引用
公司拥有或控制的直接温室气体排放来源（范围1）	吨二氧化碳当量（Metric tons CO_2e）	270900t CO_2e	这个指标保证公司准确测量了来自直接排放的碳足迹	气候相关财务信息披露工作组（TCFD）指标和目标，碳披露项目（CDP）气候变化问卷，全球报告倡议（GRI）305环境主题，气候公开标准委员会（CDSB）框架，可持续发展会计标准委员会（SASB），生态管理审核计划（EMAS）	欧盟碳排放交易系统（ETS），2030气候和能源框架

更多指引：
● 公司需要披露100%的范围1温室气体排放。这会帮助改善其他公司温室气体排放报告的质量。如果有一部分范围1温室气体排放的可靠数据无法获得，应该合理估计这部分数据。这种情况下，公司应该披露：(1) 收集和估计的排放百分比重；(2) 无法收集一部分排放的可靠数据的原因；(3) 用来估计无法收集的可靠数据的方法。
● 公司应酌情考虑披露按国家或地区（包括欧盟）、按商业活动、按子公司分类统计的范围1温室气体排放。比如，国家/地区X的温室气体排放为42260t CO_2e，国家/地区Y的温室气体排放为54180t CO_2e。

资料来源：《报告与气候有关的信息的指导》

表 3-3　温室气体排放指标Ⅱ：间接排放

关键绩效指标（KPI）	测量单位	例子	原理	与其他框架兼容	欧盟政策引用
获取和消耗的电力、蒸汽、热量或冷却（统称为"电力"）产生的间接温室气体排放（范围2）	吨二氧化碳当量（Metric tons CO_2e）	632400t CO_2e	这个指标保证公司测量来自购买或获得的电力、蒸汽、火力、冷却所产生的排放	气候相关财务信息披露工作组（TCFD）指标和目标，碳披露项目（CDP）气候变化问卷，全球报告倡议（GRI）305环境主题，气候公开标准委员会（CDSB）框架，生态管理审核计划（EMAS）	2030气候和能源框架

续表3-3

更多指引：
● 必要时，公司应该说明在所选的报告范围内是否有任何范围2排放源（设施、特定温室气体、活动、地理位置）的排放无法收集或估计，并说明原因。
● 公司应酌情考虑披露按国家或地区（包括欧盟）、按商业活动、按子公司分类统计的范围2温室气体排放。比如，国家/地区X的温室气体排放为98654t CO_2e，国家/地区Y的温室气体排放为126480t CO_2e。

资料来源：《报告与气候有关的信息的指导》

表3-4 温室气体排放指标Ⅲ：没被包括在范围2内的排放

关键绩效指标（KPI）	测量单位	例子	原理	与其他框架兼容	欧盟政策引用
公司价值链中发生的所有间接温室气体排放（不包括在范围2内），包括上游和下游排放（范围3）	吨二氧化碳当量（Metric tons CO_2e）	4383000t CO_2e	大多数公司的主要排放都是由价值链活动间接产生的。这个指标有助于评估公司会计流程的完整性，并了解公司如何分析碳足迹	气候相关财务信息披露工作组（TCFD）指标和目标，碳披露项目（CDP）气候变化问卷，全球报告倡议（GRI）305，气候公开标准委员会（CDSB）框架，生态管理审核计划（EMAS）	2030气候和能源框架

更多指引：
● 范围3应该考虑到公司运营上下游的活动所产生的排放。
● 公司不应排除任何会影响范围3温室气体排放清单的相关性的活动。温室气体排放协议企业价值链（范围3）会计和报告标准和ISO 14064-1：2018的附录H提供了决定相关性的标准。公司应该解释被排除在范围3温室气体排放披露外的任何种类。当价值链包括中小型企业时，鼓励公司支持中小企业提供所需信息。

资料来源：《报告与气候有关的信息的指导》

能源指标包括可再生和非可再生资源的能源消耗或产出、能源效率目标、可再生能源消耗或产出目标等3类（见表3-5、表3-6、表3-7）。此处的可再生能源的定义取自碳披露计划发布的《气候变化报告指南2018》。而指南中的定义则源自温室气体排放协议：从可再生资源中获得的能量，如太阳能、风能、水能和生物燃料等。

表3-5 能源指标Ⅰ：可再生和非可再生资源的能源消耗或产出

关键绩效指标（KPI）	测量单位	例子	原理	与其他框架兼容	欧盟政策引用
可再生和非可再生资源的能源消耗或产出	兆瓦时（MWh）	可再生资源消耗292211 MWh；非可再生资源消耗1623453 MWh	能源消耗或生产在温室气体排放中占重要份额	气候相关财务信息披露工作组（TCFD）指标和目标，碳披露项目（CDP）气候变化问卷，GRI（302），气候公开标准委员会（CDSB）框架，可持续发展会计标准委员会（SASB），生态管理审核计划（EMAS）	2030气候和能源框架，能源效率指令

更多指引：
● 作为原料消耗的燃料不是以能源为目的燃烧的，不应该计入本指标。
● 包括不同可再生能源的分类。可再生能源指能在人类的时间范围内自然补充的能源。
● 披露非可再生能源时，区分低碳能源和其他能源。

资料来源：《报告与气候有关的信息的指导》

表3-6 能源指标Ⅱ：能源效率目标

关键绩效指标（KPI）	测量单位	例子	原理	与其他框架兼容	欧盟政策引用
能源效率目标	百分比	从2018到2025年，产品、产出或活动提升效率6.5%	本指标帮助数据使用者了解公司提高能源效率的雄心，强调节能减排。它为公司如何实现减排目标提供了更深一步的背景	气候相关财务信息披露工作组（TCFD）指标和目标，碳披露项目（CDP）气候变化问卷，GRI 103-2，GRI 302，可持续发展会计标准委员会（SASB），生态管理审核计划（EMAS）	2030气候和能源框架，能源效率指令

更多指引：
● 公司应该描述目标的完成情况。

资料来源：《报告与气候有关的信息的指导》

表3-7 能源指标Ⅲ：可再生能源消耗或产出目标

关键绩效指标（KPI）	测量单位	例子	原理	与其他框架兼容	欧盟政策引用
可再生能源消耗或产出目标	（与基准年相比，可再生能源消耗/产出占比增加的）百分比	从2018到2025年，可再生能源消耗/产出占比增加了13%	本指标帮助数据使用者了解公司在产出或使用能源时排放更少温室气体的雄心	气候相关财务信息披露工作组（TCFD）指标和目标，碳披露项目（CDP）气候变化问卷，GRI 302，生态管理审核计划（EMAS）	2030气候和能源框架，可再生能源指令
更多指引：●公司应该描述目标的完成情况。					

资料来源：《报告与气候有关的信息的指导》

物理指标是指在可能变得更易遭受急性或慢性物理气候风险的地区承诺的物资，相关原理和示例见表3-8。

表3-8 物理指标

关键绩效指标（KPI）	测量单位	例子	原理	与其他框架兼容	欧盟政策引用
在可能变得更易遭受急性或慢性物理气候风险的地区承诺的物资	百分比	暴露在风险下的实物资产账面价值的15%	极端气候事件能导致产能中断或受限，或者提前关闭运营设施。受天气影响地区的资产价值反映了对资产估值的潜在影响。重要的是，结合公司的适应战略和政策来看待本指标	气候相关财务信息披露工作组（TCFD）指标和目标，可持续发展会计标准委员会（SASB）在所选行业的所有450a.1条款	欧盟气候变化适应战略
更多指引：●建议公司披露在更大区域内识别物理气候风险的来源或方法。					

资料来源：《报告与气候有关的信息的指导》

产品和服务指标具体指与活动相关的产品或服务满足《促进可持续投资框架建立条例》（欧盟分类）中规定的对减缓或适应气候变化做出重

大贡献的标准在报告年度内的营业额百分比。报告年度内符合《促进可持续投资框架建立条例》（欧盟分类）中规定的对减缓或适应气候变化做出重大贡献的活动的资产或流程的投资（CapEx）百分比和/或支出（OpEx）百分比，相关内容见表3-9。

表3-9 产品和服务指标

关键绩效指标（KPI）	测量单位	例子	原理	与其他框架兼容	欧盟政策引用
与活动相关的产品或服务满足《促进可持续投资框架建立条例》（欧盟分类）中规定的对减缓或适应气候变化做出重大贡献的标准在报告年度内的营业额百分比。报告年度内符合《促进可持续投资框架建立条例》（欧盟分类）中规定的对减缓或适应气候变化做出重大贡献的活动的资产或流程的投资百分比和/或支出百分比	百分比	与为减缓或适应气候变化做出重大贡献的活动相关的产品或服务的12.5%（营业额）与对减缓或适应气候变化有重大贡献的活动相关的产品中的8%（CapEx）	这些KPI为对其产品或服务为减缓或适应气候变化做出重大贡献，但没有显著损害欧盟其他环境目标的公司感兴趣的投资者们提供了有用的信息	《促进可持续投资框架建立条例》提案，可持续增长融资计划	欧盟气候变化适应战略
更多指引： ●公司应该在《促进可持续投资框架建立条例》（欧盟分类法）通过后报告这项指标。评估一项活动是否极大地有助于欧盟减缓或适应气候变化这两个目标，并且不显著损害欧盟其他负面目标时，公司应该考虑条例中的所有相关标准和情况。					

资料来源：《报告与气候有关的信息的指导》

绿色金融指标包括气候相关绿色债券比率和绿色债务比率（见表3-10）。绿色债券比率即未偿绿色债券（年末）的总数除以（5年滚动平均值）未偿债券总数。绿色债务比率则是未偿绿色债务工具总额（年末）除以（5年滚动平均值）未偿债务总额。

表 3-10　绿色金融指标

关键绩效指标（KPI）	测量单位	例子	原理	与其他框架兼容	欧盟政策引用
气候相关绿色债券比率：未偿绿色债券（年末）的总数除以（5年滚动平均值）未偿债券总数 气候相关绿色债务比率：未偿绿色债务工具总额（年末）除以（5年滚动平均值）未偿债务总额	百分比	20%的债券	这些KPI帮助企业掌握它们的低碳转型计划是如何通过债务融资活动得到支持的，以及如何为有气候效益的现有项目和新项目筹集资金	ISO 14030-1	欧盟委员会的可持续增长融资计划
更多指引： ●绿色债券或绿色债务的总数只包括根据通过后的《欧盟绿色债券标准》发行的，或根据其他被广泛认可的绿色债券框架（比如绿色债券原则和绿色贷款原则）发行的债券和债务工具。公司应标明所用的绿色债券框架。 ●对已发行非上市工具债券（如私募）的债券发行人，应披露上市和非上市债券详细情况。 ●公司还应考虑提供与这些KPI相关的未来目标。					

资料来源：《报告与气候有关的信息的指导》

　　生态管理审核计划（Eco Management and Audit Scheme，简称EMAS）最初在1993年被采用，是由欧洲委员会开发的一种高级管理工具，用于公司和其他组织评估，报告和改善其环境绩效。这项计划允许所有造成环境影响的组织自愿参加。相比于大型公司，该计划更注重小型组织的需求。生态管理审核计划的目标是通过建立和实施环境管理体系来促进环境绩效的持续改善，并能够对这种体系的表现进行系统、客观和定期的评估，从而提供有关环境绩效的信息。注册时需要对组织的所有环境方面的情况进行环境审查，然后根据审查结果，建立环境管理系统并落实；此外，还必须进行内部审核并准备环境声明。注册后的组织必须至少每三年通过一次完整的环境管理体系和审核计划及其实施方案接受验收。作为回报，注册的组织可以在所有发布的环境信息中使用EMAS标志，以表明符合该计划的要求。但是标志不能用在产品或包装上，因为这可能会造成该产品和环保产品的混淆。

　　为了落实《联合国欧洲经济委员会关于污染物的议定书》，欧洲委员会的 No 166/2006 条例提出要建立欧洲污染物排放与转移登记制度（Pollutant Release and Transfer Register，简称 PRTR）。PRTR 是一项环境信息公开制度，旨在促进公众参与环境议题，并有助于防止和减少环境污染。该制度可以便捷地提供成员国工业设施的关键环境数据，涵盖欧盟内约 30000 个工业设施报告的关键数据，涉及欧洲 65 个经济活动。每个设施都提供了有关空气、水和土地中污染物释放量以及废物和废水中污染物的异地转移的信息。该制度规定从 2007 年开始，需要报告包括重金属、农药、温室气体和二噁英在内的 91 种主要污染物。工业设施还需要酌情提供一些有关分散源释放物的信息。该法规要求符合某些标准的运营商每年向其国家主管部门报告污染物的释放和转移。成员国应将收到的所有数据提供给委员会，并可以使用如污染物类型/地理位置和来源设施之类的标准来搜索信息。但是该法规和指南自从 2006 年发布以来从未修订过，法规中的技术和科学认知很可能已经过时。因此，欧洲委员会正在评估该法规及其相关指南的某些技术组成部分。

欧盟的环境政策中普遍采取"遵守或解释"原则，特点是自愿遵守建议的规定，并进行强制性披露：公司必须在年度报告中声明是否遵守规定，找出任何不遵守规定的地方，并根据自己的特殊情况说明原因。其主要的优点有：1）执行时具有灵活性；2）对于公司披露有激励作用。其局限主要在应用范围方面。而美国则主要是类似《萨班斯－奥克斯利法案》的强制性规定，存在不够灵活和效率低下等问题。相比于美国，欧盟的披露制度和方式显然更为先进。

二、投资指数

道琼斯可持续发展指数（The Dow Jones Sustainability Indexes，简称 DJSI）（见图 3-1）最早在 1999 年投入使用，是首个全球可持续性基准，基于可持续性总分编成，包括经济、政治、环境等指标。可持续性总分由苏黎世永续资产管理公司（RobecoSAM）通过可持续性评估得到。可持续性评估中的一个关键步骤是媒体和利益相关者分析（Media & Stakeholder Analysis，简称 MSA）。这一步骤用于持续监控纸质媒体、网络媒体、政府、监管机构、智库和其他来源的公开信息，来判断公司对于可能对声誉、财务状况、核心业务有破坏性影响的环境、经济和社会事件的参与和反应。分析结果将会对企业可持续性评估（Corporate Sustainability Assessment，简称 CSA）中的分数计算产生影响。具体来说，苏黎世永续资产管理公司会对出现以下情形的公司进行追踪，持续监控信息流直到事件解决并对公司的反应进行评估：

（1）公司在负面事件中有责任。

（2）事件显示公司的行动和政策或目标不一致。

（3）公司系统或流程管理失败。

（4）符合重要性原则：很可能由于客户流失、承担责任、诉讼和罚款或业务运营中断而受到声誉和财务损失。

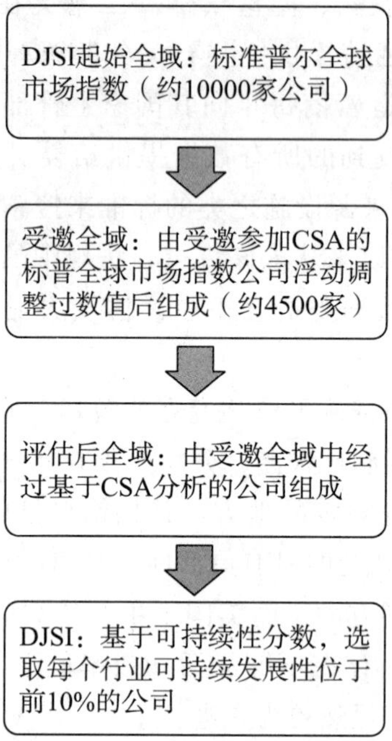

```
┌─────────────────────────┐
│ DJSI起始全域：标准普尔全球 │
│ 市场指数（约10000家公司） │
└─────────────────────────┘
            ↓
┌─────────────────────────┐
│ 受邀全域：由受邀参加CSA的 │
│ 标普全球市场指数公司浮动调 │
│ 整过数值后组成（约4500家）│
└─────────────────────────┘
            ↓
┌─────────────────────────┐
│ 评估后全域：由受邀全域中经 │
│ 过基于CSA分析的公司组成   │
└─────────────────────────┘
            ↓
┌─────────────────────────┐
│ DJSI：基于可持续性分数，选 │
│ 取每个行业可持续发展性位于 │
│ 前10%的公司              │
└─────────────────────────┘
```

图 3-1　DJSI 指数编制流程

资料来源：https://www.spglobal.com/esg/performance/indices/djsi-index-family

媒体和利益相关者分析的流程主要分为识别 MSA 案件、影响评估、识别受影响的标准、联系公司、评估公司的回应、用 MSA 分数计算对 CSA 准则的影响共 6 个步骤。

第四节 上市公司 ESG 披露要求的国际比较

一、环境、社会和公司治理

ESG 意味着广泛的环境、社会和公司治理方面的考虑因素，这些因素可能会影响公司执行其业务战略并长期创造价值的能力。尽管有时将 ESG 因素称为非财务因素，但公司如何管理这些因素却会对财务产生可观的影响。对这些方面的描述从模糊、哲学和理想的语言（"可持续性"）逐步变成更具体、具有可操作性和战术性的术语"ESG"。披露 ESG 信息的方式之一是：企业公开披露其供应商的代码信息，并按年度支出列出其前 100 名供应商以保证其供应链上的信息透明度。关于 ESG 是否包括传统上未报告的所有内容，不同的国家或公司有着不同的理解。在美国，这些内容包括 SEC 的文件，例如 10Q 和 10K、年度报告和委托书。有些公司认为 ESG 应该包括传统上未报告的所有内容，因此更喜欢使用"非财务信息"这一术语。时至今日，ESG 相关信息披露已被世界各大公司广泛接受。2015 年，联合国可持续证券交易所倡议发布了《向投资者报告 ESG 信息的示范指南》。截至 2016 年，以 GDP 排名的全球 80%以上的主要经济体要求以某种形式进行 ESG 报告。欧洲部分国家关键 ESG 报告法规见表 3-11。

表 3-11 欧洲部分国家关键 ESG 报告法律法规

国家	机构	年份	名称	种类	描述
意大利	市场参与者协会和意大利证券交易所	2015	意大利公司治理守则	非政府建议的公司治理披露/自愿	意大利公司治理委员会在 2015 年 7 月发布的准则审查中纳入了 ESG 风险和治理注意事项
	意大利政府	2007	第 32/2007 号法令，关于转换指令 2003/51/CE 和意大利民法典第 2428 条	政府实施的企业环境披露/强制	董事报告的声明应包括与公司特定业务相关的财务和非财务关键绩效指标，包括与环境事项有关的信息

续表3-11

国家	机构	年份	名称	种类	描述
英国	财务报告委员会	1992/2016	英国公司治理守则	行业团体领导的公司信息披露，主要遵循"不遵守就解释"原则	对于在主要市场上市的优质公司，该准则以遵守或解释的方式规定了有关董事会领导和效力、薪酬、问责制以及与股东关系的良好做法标准
	英国政府	2015	现代反奴隶制法	政府实施的企业环境披露/强制	2015年《现代反奴隶制法》第54条要求某些组织每年制定关于反奴隶制和人口贩运的声明
	英国政府	2006/2013	公司法（战略报告和董事报告）	政府实施的企业环境披露/强制	董事报告中所有上市公司都要求提供碳排放量、人权和多样性报告
欧盟成员国	国家政府	2016	转换自欧盟《非财务报告指令》的国内法	政府实施的企业环境披露/强制	自2017年1月起，适用于拥有500名以上员工的所有上市公司，并要求披露环境、社会（包括多样性和人权信息）和反腐败问题

资料来源：伦敦证券交易所《ESG报告指南》

ESG报告包含以下5方面作用。

1. 资本方面

展示透明度和有效管理，增强公司吸引长期资本和有利融资条件的能力；增强公司吸引外部投资者的能力；通过节省成本、创收和减轻风险，为公司创造财务价值；通过建立问责制促进与利益相关者的协作来推动持续改进；深入了解利益相关者的需求，这可以推动创新并增强市场差异化；增强管理层和董事会对ESG机会和风险的审查，并促进整个公司实现目标。

2. 风险和合规方面

解决对财务实质性因素的强制性报告要求，并减轻与财务报告法规相关的合规风险；建立ESG信息的度量和报告流程；帮助公司领先于新兴的ESG和报告法规。

3. 公司品牌方面

表现出公司对负责任地管理环境、社会和经济影响的承诺；尤其在联合国可持续发展目标的基础上，使公司遵守行业道德标准以及有关公司可持续性和可持续发展的国家和国际框架；提高员工对公司的认同，帮助吸引、保留、激励、调整新员工和现有员工。

4. 信息流方面

确保关键的利益相关者拥有必要的相关信息，以便就公司在短期、中期和长期内创造价值的能力做出明智的决策；衡量战略的实现和 ESG 影响的程度；通过报告 ESG，可以衡量关键企业战略的成功或进展以及企业实践的影响。ESG 对于投资者也具有重要性，像 PAX、Parnassus、Aviva 和 Boston Common Asset Management 这样的 ESG 专家公司长期专注于 ESG 绩效，甚至更大的公司也纷纷效仿。自 2018 年以来，道富集团、黑石集团和先锋集团都推出了新的、更具进取心的 ESG 战略。指数编纂者和创新者也在 ESG 方面做出了努力。数十年前，在南非和巴西，股票交易所开始进入 ESG 报告领域。曾经非同寻常的东西现在变得司空见惯。由于联合国可持续股票交易所（SSE）和世界证券交易所联合会可持续性工作组（SWG）的工作，地球上几乎一半的股票交易所都向发行人提供了（或承诺提供）ESG 报告指导。纳斯达克赫尔辛基证券交易所最近被 *Corporate Knights*（《企业骑士》）评为世界上最可持续的证券交易所。超过一半的大型上市公司披露了重要的环境指标，其中供应商和供应链也属于 ESG 信息报告范围。小型供应商往往是大型公司供应链的一部分，而越来越多的大型公司被要求扩大其 ESG 监督和控制范围。现在，竞争合同通常需要披露 ESG 绩效，尤其是在与政府机构开展业务时。因此，像 EcoVadis、Enablon 和可持续采购领导委员会（SPLC）这样的供应链咨询公司和标准制定者不断崛起。这些公司倾向于评估供应商的可持续性，从而使企业购买者可以确保与符合 ESG 标准的供应商合作。各个行业协会都将重点放在 ESG 上，最著名的是负责任的商业联盟（以前称为电子行业公民联盟），该联盟自 2004 年以来一直在推动成员公司（苹果、IBM、三星、索尼）的供应链责任。

5. 重要性原则

国际综合报告理事会建议，一个问题如果具有相关性（可能对价值创造产生影响），并且就其已知或潜在的对价值创造的影响，以及该问题的影响程度和发生的可能性而言具有足够的重要性，那么该问题就是重要的。可持续发展会计标准委员会（SASB）使用美国最高法院对重要性的定义：如果"理性投资者认为对遗漏事实的披露将大大改变可获得信息的总体构成，则该信息很可能是重要的"。专门研究非财务风险管理的公司 Datamaran 发布了《重要性的定义：终极指南》，其中包括对重要性的各种解释及其对公开披露影响的概述。《公司披露对话》是国际综合报告理事会（International Integrated Reporting Council）召集的一个平台，旨在促进企业报告框架、标准和相关要求之间的连贯性、一致性和可比性，其在《公司报告对话的共同性重要原则声明》（2016 年）中不仅总结了上述（和其他）组织所使用的重要性的不同定义，而且还提出了主体和主体之间的统一"共同核心"。

二、证券交易所

证券交易所参与 ESG 信息披露主要有以下两点原因：

一是证券交易所对于上市公司的影响力大。根据世界交易所联合会的数据，全球共有约 45000 家公司在证券交易所上市，总市值超过 80 万亿美元，所以报告方式中的细微、反复的变化会对宏观经济产生深远影响。

二是深入了解公司绩效信号的需求很强。"不惜一切代价获取回报"的心态带来的风险大于回报，资本需要了解这些风险以支持决策。根据联合国可持续证券交易所倡议（UN SSE）的数据，截至 2019 年，加入这个倡议的 80 家证券交易所中有 77 家已承诺"支持可持续和透明的市场"，而且有 38 家发布了 ESG 信息披露具体指导。其中纳斯达克证券交易所领导着两个最突出的项目：世界交易所联合会的可持续发展工作组和联合国的可持续证券交易所倡议。

美国证券交易委员会（SEC）负责美国的证券监督和管理工作。为了投资者能做出合理的投资决策，美国证券交易委员会要求上市公司向公众披露有意义的财务和其他信息，其中也包括环境信息。2010年，美国证券交易委员会通过《委员会有关气候相关披露的指导》（简称《2010 指导》）阐释了气候相关披露要求。此外，SEC 还会对特定公司的气候相关披露发评论信。《2010 指导》明确指出披露需遵循"重要性原则"，要求在每年或其他周期性备案中，披露可能对公司财务经营状况造成实质性影响的事件或不确定性的信息。重要性的标准是：一个理性的投资者很可能认为它在投资决策中很重要，即具备重要性。《2010 指导》列出了 S-K 规则中最有可能要求气候相关披露的 4 处内容，分别是业务说明、法律程序、风险因素和管理层的讨论与分析。此外，《2010 指导》还列出了 4 种可能触发披露要求的情形：法律法规、国际协定、监管或商业趋势的间接后果、物理影响。法律法规指各级政府关于气候变化的未决或现有法规。例如，前文提及的 S-K 规则第 101 项、第 303 项和第 503（c）项。此外，也包括未决的立法或法规，管理层讨论和分析是否需要披露包括两个步骤：1）管理层必须评估待定的法律或法规是否有可能颁行，除非管理层确定该法规不是很可能颁行，否则必须以立法或法规的颁布为前提；2）管理层必须确定立法或法规（如果已制定）是否很可能会对注册者的财务经营状况产生重大影响。国际协定是与气候变化有关的条约或国际协定。业务很可能受到此类协议影响的注册人，应监视任何潜在协议的进度，并根据先前概述的管理层讨论和分析，考虑在履行其披露义务时可能发生的影响。监管或商业趋势的间接后果指与气候变化相关的法律、技术或科学发展带来的新机遇或潜在风险，包括但不限于：对产生大量温室气体排放的商品需求减少、对产生更少排放的替代产品需求增加、研发创新性产品的竞争愈发激烈、从替代能源来源产生或传输能源的需求增加、与碳基能源相关的服务（例如钻井服务或设备维护服务）的需求减少等。对于公司披露信息真实性的审查常常会遇到以下问题：使用宽泛的语言，而不是针对公司的情况；没有定量标准；各公司的披露具体形式和详细程度不同；等等。美国证券委员会有一套自己的审核方法，包括内部监控测试、双层审查、法规和指导手册、内部和外部数据比对、员工培训、员工经验等。

ESG 是一个新兴领域，至今仍不受传统财务报告纪律的约束，因此不同的上市公司对于 ESG 可能有不同的态度和方法。纳斯达克在不同市场拥有 4000 多家上市公司，对这些公司的披露要求不可能完全一致，所以评估重要性是披露 ESG 信息的重要组成部分。为了帮助公司更好地披露 ESG 信息，纳斯达克于 2017 年 3 月发布了其第一份《ESG 报告指南》，并于 2019 年 5 月发布了第二版。该指导只是用来鼓励其上市公司在评估成本和收益时考虑 ESG 信息，而不具有强制约束力。但是纳斯达克可能会跟踪上市公司参与该计划的情况，以便更好地提供支持。该指导认为关键绩效指标（KPI）可以为大多数公司的可持续发展绩效提供最深刻的见解。因此，纳斯达克与世界交易所联合会合作创建了 33 个 ESG 指标，在 2019 年的版本中精简到 30 个（见表 3-12），其中环境、社会、公司治理方面的指标各有 10 个。对这些指标的评估基于 5 个关键因素：先例、普遍性、潜力、远见和实用性。

表 3-12 纳斯达克 ESG 指标

环境（E）	社会（S）	公司治理（G）
E1. 温室气体排放	S1. CEO 薪酬比率	G1. 董事会多样性
E2. 排放强度	S2. 性别薪酬比例	G2. 董事会独立性
E3. 能源使用	S3. 员工流失	G3. 激励性薪酬
E4. 能源强度	S4. 性别多样性	G4. 集体谈判
E5. 能源结构	S5. 临时工比率	G5. 供应商行为准则
E6. 水使用	S6. 不歧视	G6. 道德与反腐败
E7. 环境行动	S7. 受伤率	G7. 资料私隐
E8. 气候监督（董事会）	S8. 全球健康与安全	G8. 环境、社会、公司治理报告
E9. 气候监督（管理层）	S9. 童工与强迫劳动	G9. 披露惯例
E10. 减轻气候变化	S10. 人权	G10. 外部保证

资料来源：纳斯达克《ESG 报告指南 2.0》

纳斯达克认为，以重要性为基础的基于原则的披露可以使报告公司具有为投资者提供适当数量和信息组合所需的灵活性。在重要性评估方面，纳斯达克通过直接干预、专家咨询、案例研究等方式帮助公司评估。纳斯达克还鼓励公司考虑对外部利益相关者和生态系统的影响。该过程（及其后续报告）使投资者可以更好地评估由于这些影响而不可避免地产生的系统性和长期风险。对 ESG 绩效数据的直接报告仅占整个公司概况的一部分，而了解外部影响可以阐明公司的整体价值主张和长期风险状况。纳斯达克认为评估重要性是一个连续的过程，会产生高度个性化的结果，所以鼓励公司专注于自己的业务需求，而不是盲目遵守标准定义。不同的证券交易所对于 ESG 信息有着不同的要求。纳斯达克《ESG 报告指南 2.0》将 87 家交易所对于 ESG 信息的要求分为高、中、低三档（见表 3-13）。纳斯达克已经有了一些非财务上市要求，但是主要与公司治理相关。纳斯达克的上市要求中规定了重大新闻需及时公开披露，因为重大新闻可以合理影响其证券价值或影响投资者决策。但到目前为止，这仅限于重大交易，例如收购、新产品、高管变更、违约、与证券有关的其他发展，以及重要的法律或法规。但是可以预见与环境有关的事件也可能加入披露的范围。迄今为止，纳斯达克尚未对未完全披露与可持续性相关的事项采取任何监管措施。交易所对此的解释是："作为上市场所，我们必须始终满足公司的需求。过度监管可能对企业家精神不利，使公司不愿或无法利用机会。大量文件、披露、声明、申请和调查往往使人们将关注重点从长期目标上转移，而对昂贵诉讼的恐惧却使增长陷于瘫痪。"但同时，纳斯达克也承认"缺乏监管控制可能会加剧不当行为"。

表 3—13 交易所 ESG 措施

低（35 所）	中（40 所）	高（12 所）
● 无行动 ● 推广 ESG "最佳实践"* ● 参与交易所/投资者对话* ● 参加工作组* ● 公开支持 ESG 框架* ● 提供奖励	● 创建利益相关者和公司的对话* ● 创建指数、金融产品（绿色债券）* ● 创建自愿性 ESG 指导* ● 分级的披露推荐 ● "报告或解释"原则	● ESG 相关的上市规则 ● 根据 ESG 分级的上市费用 ● ESG 违规退市 ● ESG 报告数据公开 ● 审计执行 ● 要求更多更复杂的报告标准（IIRC）

* 为纳斯达克证券交易所采取的措施

资料来源：纳斯达克《ESG 报告指南 2.0》

2018 年伦敦证券交易所集团发布的《ESG 报告指南》推荐了 ESG 报告的良好做法。该指南回应了投资者对 ESG 报告采用更一致方法的需求。ESG 要素现在已成为投资决策流程的核心部分之一，该指南可供全球发行人和投资者在线使用，并且已经被发送给在 LSEG 的英国和意大利市场上市证券的 2700 多家公司，这些公司的总市值超过 5 万亿英镑。该指南的目的是帮助公司清楚地了解投资者希望公司提供 ESG 信息，使公司意识到提供高质量 ESG 信息的重要性和让投资者参与可持续发展相关问题的重要性。在提及向投资者自愿报告方面的良好做法时，该指南与联合国支持的"可持续证券交易所"倡议保持一致。该指南列出了 ESG 报告的 8 个优先事项：战略相关性、投资者重要性、投资级数据、报告形式、监管、和投资者交流、绿色收入报告、债务融资。战略相关性指的是 ESG 问题与业务战略和业务模型有何种关联，公司应该解释 ESG 因素与业务模型和策略的相关性；应该明确说明公司如何定位自身，以便从这些因素中受益或管理和减轻与之相关的风险；还应说明它们打算如何利用绿色和对社会有益的产品所带来的新机会、收入来源和服务。投资者重要性的概念来源于投资者为了了解公司的长期前景，而专注于他们认为与任何特定业务最相关或"重要"的问题。但是，不同的投资者不可避免地对他们认为重要的东西有不同的看法。公司应说明它们认为与业务最相关或重要的 ESG 问题；应说明 ESG 问题如何影响其业务，例如声誉受损、员工流失、法律诉讼等；应该解释这些影响如何作用于业务战略以及财务和运营绩效。重要性评估没有标准模板，公司需要找到适合其组织的方法。有许多考虑因素可以帮助公司确定与其业务相关的内容以及需要解决的关键问题：1）与国际标准的建议和同行公司的报告保持一致，这增强了报告的可比性；2）ESG 研究和指数提供者具有针对不同公司和行业的特定标准和确定的重要性主题；3）明确地将 ESG 绩效、业务战略以及财务和运营绩效联系在一起。

富时罗素（FTSE Russell）的 ESG 评分模型如表 3-14 所示。富时罗素在开发其 ESG 模型时借鉴了全球标准和框架。其运营的 ESG 评级服务确定了分布在三个 ESG 支柱上的 14 个主题，其中大部分包括几个相关的量化指标。它的方法包括"曝光率"，即将某一特定公司的 14 个主题的重要性分类为高、中、低或不适用。此分类考虑了不同国家和地区的企业参与，利用各种稳健的、全球认可的框架，帮助公司识别它们所涉及的 ESG 主题以及如何开始对其进行报告。如何提供投资级数据也是重要的方面，当使用 ESG 数据为资本配置和投资决策提供信息时，投资者希望 ESG 信息完整、一致、可靠、可比且清晰。公司应确保提供的数据准确、及时，与公司的会计年度和企业所有权模型一致（即边界一致），并基于一致的全球标准来提高可比性。公司应该提供原始数据和归一化数据，并且应该提供一个平衡的、突出其业绩中的积极和消极两个方面的视图，用于收集和计算数据的方法应保持同比一致。如果数据编译方法或基本假设发生变化，则公司需要解释已进行的更改。如果这些变化对结果有重大影响，则应使用新的方法或假设重新计算以前年度的数据，以便进行比较。

表 3-14 富时罗素 ESG 评分模型

衡量公司管理 ESG 问题的整体质量			1 个评分
环境	社会	公司治理	
分数：衡量公司对环境问题管理的质量 风险：衡量环境问题与公司的相关性	分数：衡量公司对社会问题管理的质量 风险：衡量社会问题与公司的相关性	分数：衡量公司对公司治理问题管理的质量 风险：衡量公司治理问题与公司的相关性	3 个支柱
生物多样性 气候变化 污染和资源 水资源使用 环境供应链	劳工标准 人权和社区 健康和安全 消费者责任 社会供应链	反腐败 公司治理 风险管理 税收透明度	14 个主题
每个主题包括 10~35 个指标，总共超过 300 个指标 平均每个公司应用 125 个指标			300+个指标

资料来源：富时罗素 ESG 评级和数据模型产品概述

ESG 报告中最重要的标准需要有一个全球框架来规定，但是目前并没有一个统一的全球框架。目前投资者引用最多的包括全球报告倡议组织、国际综合报告委员会、可持续发展会计标准委员会、联合国全球契约、碳披露项目、气候披露标准委员会，以及金融稳定委员会（FSB）的气候相关账务信息披露工作组的标准。同时，富时罗素通过整合来自全球不同标准的指标开发了一个曝光框架，根据行业和地理区域确定了不同类型公司的指标适用性。这些框架定义了它们从 ESG 数据中需要什么，如何使用这些数据，如何保证其质量。根据毕马威（KPMG）2015 年企业责任报告的调查数据，有 61% 的欧洲企业责任报告者使用了 GRI 框架。此外，93% 的富时 100 公司、64% 的富时 350 公司，以及意大利证券交易所中排名前 100 的公司中的 45 家向碳批露项目（Carbon Disclosure Project，简称 CDP）报告了气候变化相关信息。除此之外，还有可持续发展目标（SDGs），这是在联合国"2030 可持续发展议程"中确定的一系列目标。共有 17 个可持续发展目标可以提供有用的国际公认的框架，以制订业务计划和相关报告并确定其优先级。它们与许多领先的全球 ESG 报告框架保持一致，并反映在包括富时罗素的 ESG 评分模型等在内的越来越多的 ESG 评估框架中。

报告形式关系到 ESG 信息应该如何被报告的问题。公司可以在其年报、独立的可持续性报告中描述其 ESG 信息，报告格式的选择可能需要在广度和深度之间进行权衡，既要关注实质性问题，又要涵盖 ESG 与业务战略之间的关系。公司可以采取实际步骤来确保其 ESG 披露与其投资者相关，比如确保报告的数据具有投资级的质量、陈述对重要性的看法、解释这些 ESG 问题与战略利益的相关性等。实际上，由于担心长度和复杂性，公司倾向于在年度报告中讨论相对较少的 ESG 问题。此外，与 ESG 相关的内容可能不符合年度报告的流程和结构。可以通过在线发布方法，结合政策和历史数据来解决这些问题，而在年度报告中仅保留与上一年以及未来战略、计划和目标有关的关键信息。引入可持续发展或企业社会责任报告是许多公司所青睐的方法。2015 年，英国发布了 726 份非财务报告，意大利发布了 309 份非财务报告，它们不一定与年度报告的风格保持一致。公司可以采用最适合 ESG 信息的原始数据、表格和图表的表示方式。这种分离可能意味着可持续发展信息被认为与公司的核心业务分开，但这可以通过调整年度报告和可持续性报告的关键项目来解决。例如，如果在年度报告中强调了绩效趋势或外部驱动因素，则也应在独立的可持续发展报告中加以解决。另一种形式是集成报告，即 ESG 信息和数据以集成的方式呈现在年度报告中。此模型已由国际综合报告委员会（IIRC）推广，旨在为投资者提供对短期、中期和长期的业务绩效和影响等更全面、简明的见解。

三、富时的绿色收入

绿色收入报告是 ESG 信息报告中的重要环节之一。关于公司如何通过提供环境解决方案来获得收入和发展的信息很少，因此，公司需要确定业务部门中可提供环境解决方案的商品、产品和服务的部分，量化相关收入，并讨论其在创新和研发方面的投资将如何推动业务的未来发展。投资者需要了解其投资组合中的公司如何改变其对绿色收入子行业的敞口，因此需要发行人在绿色细分子市场上提供更具体的收入细分，以进行衡量。具体的措施包括：识别生产或提供商品、产品和服务的业务，从而为业务带来价值并交付环境解决方案；提供有关"绿色"商品、产品和服务的收入的详细信息；确保将绿色收入报告与更广泛的财务报告以及碳排放数据和绩效报告整合在一起。

富时绿色收入数据模型衡量了全球 60 个子行业中超过 13000 家上市公司的绿色收入，其定义涵盖能源产生、能源设备等 8 个大类，共 58 个子类，相关描述见表 3-15 至表 3-22。

表3-15 富时绿色收入定义Ⅰ：能源产生

大类	子类	描述
能源产生	生物燃料	通过使用农作物、植物和其他有机材料作为燃料来发电的公司，无论是从生命周期分析还是在发电时，减少温室气体排放是发电过程的重要目标
	清洁化石燃料	使用化石燃料（例如煤、石油或天然气）发电的公司，无论是在生命周期分析的基础上还是在通过使用外部技术进行发电时，减少温室气体排放均是发电过程的重要目标
	地热能	通过利用地表上方或地下的行星吸积或放射性衰变产生的自然地热热源来发电的公司，在生命周期分析的基础上，减少温室气体排放是发电过程的重要目标
	水能	通过在受控环境中管理存储或重定向的水来发电的公司，在生命周期分析的基础上或在发电时，减少温室气体排放是发电过程的重要目标
	综合能源发电	公司的活动包括一个以上的子类
	核能	在受控的环境中，通过持续的核裂变或聚变过程发电的公司，无论是从生命周期分析的角度还是从发电的角度出发，减少温室气体排放都是发电过程的重要目标
	海洋和潮汐能	通过从海水或近岸和离岸潮流中的运动和水流中提取动能来发电的公司，在生命周期或能源产生时间点分析的基础上，减少温室气体排放是发电过程的重要目标
	太阳能	可以通过热、光伏，集中阵列或薄膜工艺捕获利用太阳产生的辐射光和热量来发电的公司，从生命周期分析或能源产生的时间点的角度来看，减少温室气体排放是发电过程的重要目标
	垃圾能源	通过使用生活、农业和商业垃圾作为热能和非热能创造的燃料来发电的公司，在生命周期分析中，减少温室气体排放均是发电过程的重要目标
	风能	利用空气动能发电的公司，这些动能由涡轮机和其他设备捕获，在生命周期分析的基础上或在发电时，减少温室气体排放是发电过程的重要目标

资料来源：伦敦证券交易所《ESG报告指南》

表 3—16 富时绿色收入定义Ⅱ：能源设备

大类	子类	描述
能源设备	生物燃料	提供商品、产品和服务，包括组件、专业材料、定制制造和维护流程以及设计和运营支持能力，从而可以通过使用农作物、植物和其他有机材料作为燃料来发电的公司，无论在生命周期分析的基础上或在发电时，减少温室气体排放都是发电过程的重要目标
	清洁化石燃料	提供商品、产品和服务，包括组件、专业材料、定制制造和维护流程以及设计和运营支持能力，从而可以通过使用化石燃料（例如煤、石油或天然气）发电的公司，无论在生命周期分析的基础上或在发电时，减少温室气体排放都是发电过程的重要目标
	地热能	提供商品、产品和服务，包括组件、专业材料、定制制造和维护流程以及设计和运营支持能力，从而可以通过利用地表或地下的行星吸积或放射性衰变产生的自然地热能来发电的公司，无论在生命周期分析的基础上或在发电时，减少温室气体排放都是发电过程的重要目标
	水能	提供商品、产品和服务，包括组件、专业材料、定制制造和维护流程以及设计和运营支持能力，从而可以通过在受控环境中管理存储或重定向的水来发电的公司，无论在生命周期分析的基础上或在发电时，减少温室气体排放是发电过程的重要目标
	综合能源发电	公司的活动包括一个以上的子类
	核能	提供商品、产品和服务，包括组件、专业材料、定制制造和维护流程以及设计和运营支持能力，从而可以通过受控环境中持续的核裂变或聚变过程来发电的公司，无论在生命周期分析的基础上或在发电时，减少温室气体排放都是发电过程的重要目标
	海洋和潮汐能	提供商品、产品和服务，包括组件、专业材料、定制制造和维护流程以及设计和运营支持能力，从而可以通过从海水或近岸和近海的运动和海流中提取动能来发电的公司，无论在生命周期分析的基础上或在发电时，减少温室气体排放都是发电过程的重要目标
	太阳能	提供商品、产品和服务，包括组件、专业材料、定制制造和维护流程以及设计和运营支持能力，从而可以通过热、光伏、集中阵列或薄膜工艺捕获利用太阳产生的辐射光和热量来发电的公司，无论在生命周期分析的基础上或在发电时，减少温室气体排放都是发电过程的重要目标
	垃圾能源	提供商品、产品和服务，包括组件、专业材料、定制制造和维护流程以及设计和运营支持能力，从而可以通过使用生活、农业和商业垃圾作为热能和非热能的燃料来发电的公司，无论在生命周期分析的基础上或在发电时，减少温室气体排放都是发电过程的重要目标

续表3-16

大类	子类	描述
能源设备	风能	提供商品、产品和服务,包括组件、专业材料、定制制造和维护流程以及设计和运营支持能力,从而可以通过利用涡轮和其他设备捕获的运动中的空气动能来发电的公司,无论在生命周期分析的基础上或在发电时,减少温室气体排放都是发电过程的重要目标

资料来源:伦敦证券交易所《ESG报告指南》

表3-17 富时绿色收入定义Ⅲ:能源管理

大类	子类	描述
能源管理	热电联产	提供商品、产品和服务,包括组件、专业材料、定制制造和维护流程以及设计和运营支持能力的公司,使发电周期内的能量控制、方向和操纵得以确保最大限度地发挥其特性,从而使其他能源过程和/或能源设备受益
	控制	提供商品、产品和服务,包括组件、专业材料、定制制造和维护流程,设计和运营支持能力的公司,实现对能源控制流程和/或设备的控制、指导和操纵
	燃料电池	提供商品、产品和服务,包括组件、专业材料、定制制造和维护流程,设计和运营支持能力的公司,通过电化学装置相关的设计和操作支持能力,将化学能从燃料转换为可用电能
	综合能源管理	公司的活动包括一个以上的子类
	后勤和支持	提供商品、产品和服务,包括组件、专业材料、定制制造和维护流程,设计和运营支持能力的公司,实现对能源控制、导向和管理的辅助
	能源储存	提供商品、产品和服务,包括组件、专业材料、定制制造和维护流程,设计和运营支持能力的公司,实现能源的有效存储和交付
	智能电网	提供商品、产品和服务,包括组件、专业材料、定制制造和维护流程,设计和运营支持能力的公司,使用新的和现有的输电网络,通过增加传输能力,更有效地利用能源;或通过监视和管理消耗和供应,以智能方式集成用户功能

资料来源:伦敦证券交易所《ESG报告指南》

表 3-18　富时绿色收入定义Ⅳ：能源效率

大类	子类	描述
能源效率	先进材料	提供商品、产品和服务，包括组件、专业材料、定制制造和维护流程，设计和运营支持能力的公司，创造新的更轻、更坚固、更持久、资源消耗更少或对环境造成破坏更小的合成或天然衍生材料和产品
	建筑与地产	提供商品、产品和服务，包括组件、专业材料、定制制造和维护流程，设计和运营支持能力的公司，使新地产和翻新地产的建造、翻新或运营在不占用大量资源，并且根据适用的国际公认标准减少了运营的各个级别对环境产生的影响和资源消耗
	工业流程	提供商品、产品和服务，包括组件、专业材料、定制制造和维护流程，设计和运营支持能力的公司，使运营的工业流程在其所有运营级别上都变得更加高效，资源占用更少
	综合能源效率	公司的活动包括一个以上的子类
	信息技术流程	提供商品、产品和服务，包括组件、专业材料、定制制造和维护流程，设计和运营支持能力的公司，计算机和与信息技术相关的系统在其所有运营级别上的效率大大提高
	照明	提供商品、产品和服务，包括组件、专业材料、定制制造和维护流程，设计和运营支持能力的公司，使照明设备和产品在其各个运营级别上都变得更加高效和节能

资料来源：伦敦证券交易所《ESG 报告指南》

表 3-19　富时绿色收入定义Ⅴ：运营转变

大类	子类	描述
运营转变	财务/投资	通过零售或批发方式向私人和企业客户提供金融商品、产品和服务的公司，这些公司的商业模式与现有的商业模式有所不同，因为它们特别能够帮助适应、减轻或补救气候变化、资源枯竭或环境侵蚀的影响
	综合运营转变	公司的活动包括一个以上的子类
	零售/批发	通过零售或批发方式向私人和企业客户提供非金融商品、产品和服务的公司，这些公司的商业模式与现有的商业模式有所不同，因为它们特别能够帮助适应、减轻或补救气候变化、资源枯竭或环境侵蚀的影响
	地产	提供全新和翻新的商业、住宅、休闲或公共建筑的公司，可以根据国际公认的标准（ED 或 BREEAM），在较少资源消耗的情况下进行运营、出售或租赁，并在其所有运营级别上减少对环境的影响

资料来源：伦敦证券交易所《ESG 报告指南》

表 3—20　富时绿色收入定义Ⅵ：运输方式转变

大类	子类	描述
运输方式转变	航空	提供商品、产品和服务，包括组件、专业材料、定制制造和维护流程，设计和运营支持能力的公司，帮助适应、减轻或补救航空运输所产生的影响，并通过运营减轻它在气候变化、资源枯竭或环境侵蚀方面的影响
	综合运输方式转换	公司的活动包括一个以上的子类
	铁路	提供商品、产品和服务，包括组件、专业材料、定制制造和维护流程，设计和运营支持能力的公司，帮助适应、减轻或补救铁路运输所产生的影响，并通过运营减轻它在气候变化、资源枯竭或环境侵蚀方面的影响
	公路车辆	提供商品、产品和服务，包括组件、专业材料、定制制造和维护流程，设计和运营支持能力的公司，帮助适应、减轻或补救公路运输所产生的影响，并通过运营减轻它在气候变化、资源枯竭或环境侵蚀方面的影响
	航运	提供商品、产品和服务，包括组件、专业材料、定制制造和维护流程，设计和运营支持能力的公司，帮助适应、减轻或补救海洋或内河水运所产生的影响，并通过运营减轻它在气候变化、资源枯竭或环境侵蚀方面的影响

资料来源：伦敦证券交易所《ESG报告指南》。

表 3—21　富时绿色收入定义Ⅶ：环境基础设施

大类	子类	描述
环境基础设施	碳捕集与封存	提供商品、产品和服务，包括组件、专业材料、定制制造和维护流程，设计和运营支持能力的公司，使二氧化碳（CO_2）的隔离、捕获、清洁、运输和存储能够作为工业副产品或直接从现有的生态系统中获取
	海水淡化	提供商品、产品和服务，包括组件、专业材料、定制制造和维护流程，设计和运营支持能力的公司，使盐水能够转换为淡水，将其用于农业或工业
	防洪与水土流失	提供商品、产品和服务，包括组件、专业材料、定制制造和维护流程，设计和运营支持能力的公司，以减少或控制内陆或沿海洪灾的影响以及水位的上升以及由土地退化带来的影响
	综合环境基础设施	公司的活动包括一个以上的子类
	后勤和支持	提供商品、产品和服务，包括组件、专业材料、定制制造和维护流程，设计和运营支持能力的公司，具有人类对环境的影响，环境对人类以及人类的影响的控制、指导和管理的辅助功能

续表3-21

大类	子类	描述
环境基础设施	污染管理	提供商品、产品和服务,包括组件、专业材料、定制制造和维护流程,设计和运营支持能力的公司,根据适用的国际公认标准,管理自然环境中会对生态系统造成不稳定、混乱、伤害的污染物
	可回收产品	提供商品、产品和服务,包括组件、专业材料、定制制造和维护流程,设计和运营支持能力的公司,通过将回收材料用作另一种产品的主要组件,或者通过使组件易于回收和/或吸收,从而根据适用的国际公认标准,减少它们对环境的生命周期影响
	回收服务	提供商品、产品和服务,包括组件、专业材料、定制制造和维护流程,设计和运营支持能力的公司,回收人类活动产生的废物中的自然资源和合成材料,从而替代原材料
	垃圾管理	提供商品、产品和服务,包括组件、专业材料、定制制造和维护流程,设计和运营支持能力的公司,使人们能够有效管理人类活动产生的废弃材料,从而减少其对健康和环境的影响

资料来源:伦敦证券交易所《ESG报告指南》

表3-22 富时绿色收入定义Ⅷ:环境资源

大类	子类	描述
环境资源	农业	提供商品、产品和服务的公司可以根据适用的国内或国际公认标准专门提高农业产量的生存能力、产量、范围和可持续性
	水产养殖	提供适用于国内或国际公认标准的,能够专门提高水产养殖的生存能力、产量、范围和可持续性的商品、产品和服务的公司
	综合环境资源	公司的活动包括一个以上的子类
	矿业	提供从矿物和矿石开采权的所有权中获得的商品、产品和服务的公司,从这些矿物和矿石中获取的原材料是实现工业向绿色经济过渡的其他过程所需的关键资源
	矿物和金属	提供源于矿物质和矿石原料的加工和管理的商品、产品和服务的公司,这些资源是实现工业向绿色经济过渡的其他过程所需的关键资源
	水源水	提供从水提取权的所有权或控制权衍生而来的商品、产品和服务的公司,这些权利特别适用于根据国内或国际公认标准进行的生态系统保护和可持续储备维持的控制
	可持续林业	提供源自木材采伐权的所有权或控制权的商品、产品和服务的公司,这些权利特别适用根据国内或国际公认标准进行的生态系统保护和可持续储备维持的控制

资料来源:伦敦证券交易所《ESG报告指南》

四、绿色债券

"绿色债券"是旨在资助环保项目的固定收益工具。全球主要机构、行业团体和政策制定者包括G20，都支持该债券的发展。2015年6月，伦敦证券交易所成为全球首家发行全面的专用绿色债券的交易所。相关的组织有G20的绿色金融研究小组。该小组由中国和英国担任主席，召集包括联合国环境规划署在内的一些国家和机构，探讨绿色金融为可持续发展做出贡献，克服障碍并创造有利的变革环境的潜力。通过绿色债券融资需要满足许多标准，比如发行人需要确保收益完全用于绿色项目、有明确的项目选择和评估标准、收益仅用于绿色项目、有关收益使用的信息必须在法规中公布等。要在细分市场中被接纳，公司必须提交外部审查文件，以验证债券的"绿色"性质。持续的披露和影响报告则使投资者能够对这些工具进行自我投资评估（英国已经拥有一些要求较高的披露和监管标准）。这不仅使公司在质量上享有很高的声誉，也使投资者受益，从而确保了更高的透明度。北欧投资银行（Nordic Investment Bank）于2012年在伦敦发行了第一只绿色债券，截至2017年1月，伦敦证交所的主要市场和专业证券市场（PSM）共有40只绿色债券上市发行。它们由15个不同的机构发行，包括超国家机构、地方政府、市政当局以及企业，它们通过一系列交易以7种货币筹集了超过105亿美元的资金，其中许多交易在货币、地域或结构方面均居世界首位。根据气候债券倡议组织发布的《2016年气候债券市场状况报告》，2015年全球有超过420亿美元的绿色债券上市。此外，82%的绿色债券市场属于投资级（BBB级或更高），其中超过半数为AAA级。2014年发布的《绿色债券原则》（Green bond principles，简称GBP）是明确项目"绿色"标准的一大步。GBP将绿色债券定义为"将得到的收益部分或全部用于资助新的或现有的绿色项目，或者为类似项目进行融资或再融资的任意类型的债券工具"。这与《绿色债券原则》的四个核心部分相符：1）收益应完全用于"绿色项目"；2）发行人应该透明地确定项目的资格，概述其如何实现关键的环境可持续性目标，即为项目将实现的环境效益制定明确的目标；3）发行人应透明地跟踪净收益，将其分配到单独的子账户、子投资组合或其他方式中，建议将审核作为附加级别的工具；4）有关收益用途的信息，包括在项目一级分配的数额以及已实现和预期产生的影响，应每年公布一次，直到全额分配和处理为止。

除了美国和欧盟各成员国政府的努力，各个国际组织也在积极参与

ESG标准的制定和推广。全球报告倡议组织（Global Reporting Initiative，简称GRI）自1997年以来就陆续发布可持续发展报告，它提供了世界上最广泛、研究最深入的可持续发展报告框架，2017年发布的G4版本是其最新的报告框架。可持续发展会计标准委员会（Sustainability Accounting Standards Board，简称SASB）诞生于哈佛大学负责的投资研究项目，但它是一家独立的501（c）3非营利组织。SASB本身并不是一个框架，而是专注于开发和分发少量针对特定行业的可持续性指标。SASB认为，这种可持续性报告不是可有可无的，而是基本且具有重要性的［由美国证券交易委员会（SEC）定义的重要性］，因此是公司现有监管负担的一部分。气候披露标准委员会（Climate Disclosure Standards Board，简称CDSB）着眼于推进和调整全球主流公司报告模式，使其对自然资本的重视与对待金融资本相等。CDSB会为公司提供与财务信息一样严格的环境信息报告框架，帮助它们通过主流公司报告为投资者提供对决策有用的环境信息，从而提高资本的有效配置，监管机构可以从符合法规要求的材料中受益。目前，有32个国家或地区的374家公司正在使用CDSB框架，这些公司横跨10个行业，并且该框架还被全球各大洲的7个证券交易所引用。国际综合报告委员会（International Integrated Reports Committee，简称IIRC）是由监管机构、投资者、公司、会计界、学术界等组成的全球联盟，其创建的框架旨在将可持续发展绩效指标和传统财务指标整合到单个公司披露报告中。综合报告指定了统一的公司叙述，而没有将"非财务"指标（如ESG）单独列出。碳披露项目（CDP）几乎完全专注于全球气候治理，包括低碳战略和碳减排核算、管理等内容。该项目有超过6000家公司参与，通过调查问卷代表机构投资者直接向公司收集信息。该组织拥有最大的温室气体数据库，每年有按不同国家、行业、公司规模分类的报告。

20世纪年90年代末，世界资源研究所认识到需要制定国际标准以进行公司温室气体核算和报告，于是开启了"温室气体议定书"（GHG Protocol）项目。温室气体议定书建立了一套全面的全球标准化框架，用以衡量和管理私营和公共部门业务、价值链和缓解行动造成的温室气体排放，也是与各国政府、行业协会、非政府组织、企业和其他组织等合作发展的成果。向CDP报告的10家《财富》世界500强公司中，有超过9家使用"温室气体议定书"。2016年，92%的世界500强公司直接或间接使用了"温室气体议定书"。"温室气体议定书"还开发了一套计算工具，以协助公司计算其温室气体排放并衡量减缓气候变化项目的收益。"温室气体议定书"最为突出的贡献是规定了排放的三个范围，具体内容见图3-2。欧盟的《气候相关信息报告指南》、碳披露项目等都采用了该分级标准。

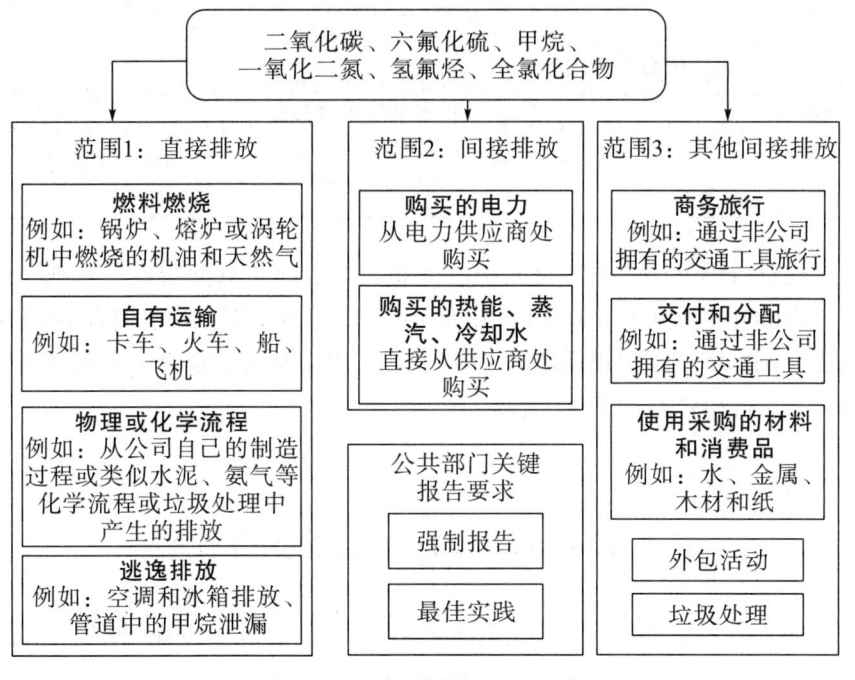

```
            二氧化碳、六氟化硫、甲烷、
            一氧化二氮、氢氟烃、全氯化合物
    ┌──────────────┬──────────────┬──────────────┐
    ↓              ↓              ↓
范围1：直接排放  范围2：间接排放  范围3：其他间接排放

 燃料燃烧         购买的电力       商务旅行
 例如：锅炉、     从电力供应商处   例如：通过非公司
 熔炉或涡轮       购买             拥有的交通工具旅行
 机中燃烧的
 机油和天然气     购买的热能、蒸   交付和分配
                  汽、冷却水       例如：通过非公司
 自有运输         直接从供应商处   拥有的交通工具
 例如：卡车、     购买
 火车、船、                        使用采购的材料
 飞机             公共部门关键     和消费品
                  报告要求         例如：水、金属、
 物理或化学流程                    木材和纸
 例如：从公司      强制报告
 自己的制造                        外包活动
 过程或类似水泥、  最佳实践
 氨气等化学流程                    垃圾处理
 或垃圾处理中
 产生的排放

 逃逸排放
 例如：空调和
 冰箱排放、
 管道中的甲烷泄漏
```

图3-2 温室气体排放的三个范围

金融稳定委员会气候相关财务信息披露工作组（Task Force on Climate-related Financial Disclosure，简称TCFD）是应G20的要求而设立的，以避免气候相关因素对资本市场稳定性造成潜在的不利影响。2016年12月，TCFD发布了其建议（见表3-23），以期支持金融和非金融公司对气候相关信息进行一致、可比、可靠、清晰和有效的披露。

表3-23 TCFD关于气候相关信息披露的建议

治理	策略	风险管理	指标和目标
董事会监督	识别不同时期（短、中、长）气候变化引致的关联风险和相关机遇	识别和评估气候相关风险的流程	公开企业根据其战略环境风险管理流程评估与气候变化关联风险和机遇时采用的指标

续表3—23

治理	策略	风险管理	指标和目标
管理层评估	气候变化带来的关联风险和相关机遇对公司战略、业务和财务经营活动的影响	应对气候相关风险的流程	披露范围1、2、3的温室气体排放情况和气候相关风险
披露建议	描述公司商业模式和战略的弹性，需要包括不同时间范围内的气候相关情境，以及升温2℃以上和以下的情境	将评估管理气候变化带来的关联风险流程有效融入公司整体风险控制体系	识别管理气候变化带来的关联风险和相关机遇的目标完成情况

投资者倡导团体也参与其中。例如，联合国"负责任投资原则"组织（Principles for Responsible Investment，简称PRI）现已拥有1400个签署方，其资产管理规模超过59亿美元。PRI签署方致力于实现其投资目标，以改善广泛的ESG问题。

第五节 环境会计信息的国际比较

随着世界工业的兴起，环境保护相关活动的成本也在增加。因此，自20世纪70年代起，许多工业化国家开始将环境绩效指标纳入企业的核算。20世纪90年代之前，大型企业就已经受到不少环境方面的监管，随着时间推移，这些监管逐步完善，对企业环境信息的要求从一开始的收集，逐步加入了记录和披露等内容。而传统的经济分析工具由于没有纳入环境成本，无法分析公司环境措施的有效性。环境成本是指必须在与传统会计参考周期相对应的水平上对自然资源进行维护的补偿成本。主要转折点出现在1992年的联合国环境会议上，各国接受了环境核算的概念，认为这是研究和制定一贯可持续政策的主要工具。环境核算需要对自然资源以及生态系统的产品和服务的变化进行估值，以货币价值对报告进行物理补充，从而具有代表性、可比性和可靠性。

"社会成本"是绿色会计中的重要概念。Ronald Coase 教授在《社会成本问题》中首次从环境意义上对社会成本问题进行了理论上的定义和讨论。社会成本也称为"外部成本"或"外部非储蓄""债务经济"。例如，公司或其他组织的业务对第三者造成的健康损害或由于对环境的影响而对森林或农业造成的损害，由于没有因果关系的决定性证据，不会导致该公司或企业的直接经济负担。但是，社会可能会认为自己已经蒙受了损失，因为它为这些损失付出了代价，而公司却将其转移给了社会，只为自己获取利润。环境会计是社会会计的一部分，它说明了造成伤害或损害的人是谁，并且要求其赔偿，而不是将赔偿转移回社会，造成损害的主体却可以分配利益。环境会计的重要性在于，能将公司的环境绩效作为衡量企业成功与否的重要指标。

环境绩效的重要性有5点：

（1）通过基于生产过程中对"绿色"技术的投资以及对过程和产品的调整或修改，为环境友好型生产提供业务解决方案，可以大大减少或消除与环境相关的成本。例如，可以用制造中使用的无毒取代基代替有毒材料来节约成本，从而消除处理危险废物的高额且不断增加的成本以及与有毒材料使用相关的成本。

（2）有些管理中的成本是可以节省的，但是往往受到忽视，这一部分成本主要是环境相关支出。例如，能源和水的公用事业成本包含在常规会计的间接费用中。

（3）存在通过出售废物副产品等为公司创造收入的机会。

（4）通过环境核算和报告，可以对制成品进行绿色设计来实现竞争优势，而对绿色工艺、绿色产品和绿色服务则可进行绿色宣传，因而这种方式越来越受到客户的青睐。公司可以通过认证体系，证明它们提供了更加绿色环保的产品和服务。

（5）对与公司的环境和自然生产线性能相关的成本进行会计核算，可以支持公司的发展并建立全面的环境管理系统功能。例如ISO14001、EMAs等，这有益于人类健康发展。因此，环境会计是社会会计的一部分。

一、环境会计

《作为商业管理工具的环境会计导论：概念和术语》由EPA编写，为美国上市公司环境责任信息披露提供指导，侧重于将环境会计作为内部业务决策的管理会计工具。该手册介绍了被称为"环境核算"的关键概念，并解释了当前如何使用指代环境核算的术语。例如，"环境成本"主要有两方面含义：它可以仅仅指直接影响公司盈利的成本（这里称作"私人成本"），还可以包括不在公司责任内的个人、社会和环境造成的成本（这里称为"社会成本"）。该入门手册着重于将环境会计作为多种目的的管理工具，例如改善环境绩效，控制成本，投资"更清洁"的技术，开发"更绿色"的流程和产品，以及告知与产品组合、产品保留相关的决策和产品定价。

环境会计在三种不同的背景下，可以有三种不同的用途：国民收入核算、财务核算、内部业务管理核算。具体的侧重和受众见表3-24。

表3-24 环境会计用途

环境会计用途	侧重	受众
国民收入核算	国家	外部
财务核算	公司	外部
内部业务管理核算	公司、部门、设施、产品线或系统	内部

资料来源：《作为商业管理工具的环境会计导论：概念和术语》

环境核算可以使用实物或货币单位来表示整个国家对自然资源的消耗，包括可再生和不可再生两种。在这种情况下，环境核算也被称作"自然资源核算"。财务核算使公司能够准备供投资者、贷方和其他人使用的财务报告。管理会计主要用于内部目的的识别、收集和分析信息。管理会计可能涉及有关成本、生产水平、库存和积压以及企业其他重要方面的数据。在企业的管理会计系统下收集的信息可用于以各种方式计划、评估和控制。例如规划和指导管理的方向、告知资本投资、产品成本和定价、风险管理、流程/产品设计以及合规性策略等决策，通过控制和激励行为改善业务成果等。此外，管理核算不受公认会计准则的约束，核算方法可以根据其服务业务的需求而有所不同。环境会计在此背景下是指在业务决策和运营中使用有关环境成本和绩效的数据。环境成本是企业在向客户提供商品和服务时产生的众多不同类型的成本之一，环境绩效是衡量企业成功的重要指标之一。通过正确的商业决策，环境成本能被显著降低，环境绩效则能提升。公司如何定义环境成本取决于其打算如何使用内部信息（例如产品设计、资本预算、成本分配）以及经营活动规模和范围。此外，在成本的分类中可能并不总是很清楚该成本是否是"环境"成本；一些成本属于灰色区域，或者可能部分归类为环境，部分则不归该类。环境核算是一种灵活的工具，可以应用于不同的规模和不同的范围。关于环境会计的适当规模和范围，手册中也有描述。根据公司的需求、兴趣、目标和资源，可以不同规模地应用环境会计，包括：1) 单个流程或一组流程（例如流水线）；2) 系统（例如照明、废水处理、包装）；3) 产品或产品线;4)设施、部门或单一位置的设施;5)部门/设施的区域/地理分组;6)公司部门、分支机构或整个公司;7)具体的环境核算问题或挑战可能因其应用规模而异。

无论规模如何,环境核算都存在范围问题。最初的范围问题是环境核算是否超出了常规成本,包括潜在成本、或有成本、未来成本等。另一个范围问题是公司是否打算仅考虑直接影响其底线财务损益的那些成本,或者公司是否还希望确认由其他成本产生的环境成本。因此,环境核算的范围是指所包括成本的类型,随着环境核算范围的扩大,企业可能会发现更难以评估和衡量的某些环境成本。

欧洲的环境核算工作在《布伦特兰报告》发表和里约会议(1992年)之后正式开始。早期工作的关注重点是森林、次土壤资产(石油、天然气、煤炭、矿产等)。但是,每种资产仅引起少数几个国家的兴趣,因此在2003年左右,欧盟环境核算的工作被终止,只有个别国家仍在继续。早期的工作包括整合与经济和环境相关的流量账户,具体方法包括与经济合作与发展组织(以下简称经合组织)合作进行环境保护支出的统计、环境税收的记录以及对工业和家庭排放气体进行统计。这些工作产生了许多手册,并为《综合环境与经济核算手册2003》(SEEA 2003)和《综合环境与经济核算手册2012》(SEEA 2012)做出了贡献。

当前的欧盟统计局环境核算活动包括自愿在以下领域定期收集数据:1)按经济活动细分的空气污染物排放;2)经济范围内的物料流账户;3)环境税——按经济活动细分的收入和已缴税款(每年);4)与经合组织/欧洲统计局联合问卷调查(两年一次)的环境支出;5)区域细分中的环境支出;6)环境商品和服务部门(两年一次);7)环境补贴和类似转让;8)能源账户;9)资源管理支出。

二、碳会计

碳会计的产生是为了从科学和政治层面回应"将温室气体排放从不是温室气体排放产生者的欠发达国家公民转移到对排放负有真正责任的公司"这种需求。公司应在其财务报告中考虑碳配额。但是现在碳会计标准还没有被全球普遍接受,这促使一些以国家为重点的碳会计倡议的出现。

公认会计准则(GAAP)试图确保企业提供的有关碳配额的信息包含相关的碳会计信息。世界可持续发展工商理事会据此提出了碳会计的6个原则。其中，相关性原则认为，碳配额的量化和报告应仅包括用户决策所需的信息，具有误导性或不符合项目协议要求的数据、方法、标准和不相关假设不应包括在内。完整性原则认为所有可能影响碳配额核算和量化的相关信息均符合要求，这意味着应考虑所有评估项目的碳配额影响，应将所有相关技术或实践视为标准候选项目，并且应完成相关章节中的所有要求以量化和报告碳配额。一致性原则要求方法和程序始终以相同的方式应用于碳配额及其组成部分，并且使用相同的标准和假设来评估重要性和相关性，所收集和报告的任何数据都应具有足够的兼容性，以便随时间进行有意义的比较。透明性原则对量化碳配额而言至关重要，应该对信息进行清晰、连贯的汇编、分析和记录，以使审阅者可以评估其信誉。透明的报告可以让审阅者对所评估的信息有清晰的了解，从而核算并量化温室气体排放的减少量。与此同时，辅之以相应的文本证据，以确认和证实所使用的数据、方法、标准和假设的透明性。准确性原则是为了确保碳配额的可信度，并尽可能降低不确定性。更高的精确性通常可以确保任何温室气体减排主张的信誉。保守性原则是指在不确定性很高的情况下，使用保守的假设和方法来计算碳排放量，主要用于对那些可能被低估而不是高估温室气体排放量的假设。

财务会计准则委员会（FASB）是一个独立的非营利组织，负责按照GAAP准则为美国公司和其他非营利性组织建立财务报告标准。财务会计准则委员会认为，大多数公司应该以类似于美国联邦监管能源委员会（FERC）法规的方式来计算碳配额。美国联邦监管能源委员会要求企业以历史成本为基础确认碳配额。但是，不同公司对于碳配额属于资产还是支出有不同的理解，有些公司遵循无形资产模型来计算碳配额。财务会计准则委员会察觉到了实践中的多样性，于是提出了三种碳配额的核算方法：1）划定碳配额的特征和资产的性质，其优点在于能消除实践中的多样性；2）核算范围更广，包括资产确认、计量和减值，收入核算，成本分配，负债确认等不同方面，其优点是处理了碳配额交易，并以此为基础消除碳配额核算的多样性；3）暂时不发布有关碳配额的任何准则，这是出于对财务会计准则委员会颁布的指南可能造成趋同性问题的担忧而设定的。

欧盟将国民核算扩大到环境和社会问题，这是一种综合考虑环境和经济的会计方法。欧洲委员会于1994年提出了第一个"绿色会计"战略。之后，欧盟统计局和成员国与联合国和经合组织合作，开发测试了第一套环境报表，并允许几个成员国使用。最常见的报表是关于气体排放（包括温室气体）和物质消耗的流量账户，以及与环境有关的成本和费用的货币账户。欧洲委员会将从成员国收集这些领域的数据，并编制能源消耗、废物产生和废物处理以及环境成本的实物和货币账户。为了确保这些账户的运行，委员会还为绿色会计提出了法律框架。还有一种环境报告涉及自然资本，此类报告特别强调自然资本存量的变化，其中最重要的是有关森林和鱼类资源的账目。

碳会计方面，各组织的标准有相通之处，例如国际会计标准委员会和财务会计准则委员会都暂时决定将购买和分配的津贴确认为资产。关于碳排放交易体系（ETS）中碳配额的衡量，在国际会计准则理事会没有权威指导的情况下，普华永道（PwC）和国际排放交易协会（IETA）在 2007 年的调查中确定了 3 种主要方法（见表 3-25）。其中，欧洲最大的排放者主要采取第 3 种方法。

表 3-25 实践中碳会计的三种方法

	方法 1	方法 2	方法 3
初始确认—分配的配额	在发行日以市场价值确认和计量；相应地进入政府补助	在发行日以市场价值确认和计量；相应地进入政府补助	确认并按成本计量，对于已授予的抵消而言，成本等于零
初始确认—购买的配额	以成本确认和计量	以成本确认和计量	以成本确认和计量
配额的后续处理	配额随后按成本或市场价值计量备抵，并进行计提减值准备	配额随后按成本或市场价值计量备抵，并进行计提减值准备	备抵按成本进行后续计量，并进行计提减值准备
政府津贴的后续处理	政府补助在履约期内按系统合理方法摊销	政府补助在履约期内按系统合理方法摊销	不适用
负债确认	产生时确认负债（即产生排放时）	产生时确认负债（即产生排放时）	产生时确认负债（即产生排放时）。但是，负债的计量方式意味着，在产生的排放量超过分配给参与者的抵消额之前，财务状况表通常不会显示负债

续表3—25

	方法1	方法2	方法3
负债计量	负债是根据每个期末覆盖实际排放所需的补贴的市场价值来衡量的，无论这些补贴是现成的还是从市场上购买的	负债的计量基于：在先进先出或加权平均的基础上，每个期末用于支付实际排放量的现有抵消账面价值（即，如果使用成本模型，则为确认之日的市场价值；如果使用重估模型，则是重估之日的市场价值）；加上每个期末为弥补任何超额排放所需的抵消的市场价值（即实际排放量超过现有抵消量）	负债的计量基于：在先进先出或加权平均的基础上，每个期末用于支付实际排放量（零或成本）的现有抵消账面金额；加上每个期末为弥补任何超额排放所需的抵消的市场价值（即实际排放量超过现有抵消量）

资料来源：*Carbon Accounting: A Review of the Existing Models, Principles and Practical Applications*

三、碳排放交易系统

碳信用交易是全球很多国家所采用的一种市场化举措，该举措为国家或公司设定了可产生的温室气体排放总量。如果超过限额，则必须从他人那里购买碳信用额。拥有多余碳信用额的人可能会将其出售给需要更多碳信用额的排放者。因此，碳交易为大型排放密集型公司减少排放量提供了动力。随着市场的增长，公司可能会最大化其碳信用额度。

美国区域温室气体减排行动（Regional Greenhouse Gas Initiative，简称RGGI）是2009年正式实施的排放交易系统，其目标是以2005年为基准，到2020年实现减排45%的目标，到2030年，在此基础上再减30%。美国区域温室气体减排行动对配额的主要分配方式是拍卖，其中也有稳定价格的机制，价格抑制储备（Cost Containment Reserve）仅在配额价格过高时启用。该行动拍卖所得主要投资到其他绿色项目上，并创造区域内的绿色就业机会。相比美国联邦监管能源委员会推荐的按历史排放分配的方法，该减排行动更容易避免配额过剩。但该行动在实际运行过程中仍然存在配额过剩的问题，其主要原因是天然气发电方式取代煤电，大大降低了碳排放量。在执行该行动时，美国区域温室气体减排行动所管控的发电厂根据《清洁空气法》的要求，会对相关排放数据进行连续跟踪监测。

欧盟碳排放交易系统（European Union Emissions Trading System，简称 EU ETS）作为目前全球最大的碳排放交易市场，交易总量占国际碳排放交易的四分之三，该系统囊括了欧盟内 45% 的温室气体排放。它涵盖了发电、高耗能制造、航空等行业，包括 20 兆瓦以上的发电站、石油精炼厂、焦炉设备、钢铁厂、造纸厂，和生产水泥熟料、玻璃、石灰、陶瓷、氨、硝酸等的工厂，以及欧盟境内的航班。它通过控制配额造成稀缺，从而抬高配额价格，增加企业排放成本，推动企业采用低排放生产方式。欧盟碳排放交易系统每年会更新设置排放总量上限，其上限标准逐年减少约 1.74%。该系统规定企业每排放 1 吨二氧化碳就需要在年末上交相应的配额，如果超过配额则会被处以重金罚款。配额不够可以通过拍卖购买，配额有盈余可以出售或供下一年使用。该系统还规定某些行业只有一定规模的工厂才强制使用配额，小规模的工厂如果在财政或其他措施下能达到等量的排放削减则不需要被纳入配额系统。由于经济危机和大量国际信贷涌入，欧盟碳排放交易系统在运行过程中，曾在 2009 年之后的一段时间出现配额过剩的情况。为了解决这个问题，欧盟延后了部分配额的拍卖，并在 2019 年将市场稳定储备投入使用以稳定配额价格。在最新的第四阶段修正计划中，欧盟碳排放交易系统提出了针对碳泄露（carbon leakage）问题的解决方案。按照计划，最有可能迁到欧洲以外的行业公司，其配额都是完全免费的。不可能搬迁的公司的免费配额从 2026 年开始到 2030 年第四阶段结束，逐渐从 30% 降到 0。上个阶段没有分配完的免费配额等会被用来分配给新增设备。每年根据产量调整法令规定的可免费享受份额的设备名单，每 5 年进行一次更新。销售配额的收入被用于为低碳创新融资并帮助能源行业的现代化，其主要通过两个基金实现：创新基金用于鼓励突破和创新；现代化基金用于支持对相关能源体系进行现代化投资，保障能源效率提升，并帮助 10 个低收入成员国实现绿色转型。

四、碳排放会计欺诈

气候变化在给企业带来诸多风险的同时，也会带来机遇，例如开发更高效的能源，以及提高替代能源的供应，减少对石油的依赖以及在能源市场中的碳信用交易。但是，这样的机会也可能造成欺诈的风险。例如，欧盟排放交易系统以及碳减排项目（抵消项目）的碳信用额的生产和销售曾被曝存在广泛的欺诈行为。与传统商品相反，碳信用额并不是可以交付给消费者的有形产品，许多买卖方都对它不甚了解。因此，碳交易通常容易受到欺诈和其他非法活动的影响，而且与其他金融市场一样，碳交易市场有着资金量大、法规不完善以及缺乏透明监管等特点，所以碳交易市场也时常暴露在犯罪风险中。

国际刑警组织的环境犯罪计划列出了碳交易市场中的五种非法活动：1）欺诈性地测量以要求从项目中获得的碳信用额数量比实际获得的更多；2）出售不存在或不属于他人的碳信用额；3）关于碳市场投资交易的环境或财务利益的虚假或误导性主张；4）利用碳市场上的薄弱法规实施金融犯罪，例如洗钱、证券欺诈或税收欺诈；5）通过计算机黑客或网络钓鱼窃取碳信用额度和盗窃个人信息的行为。

媒体经常报道与碳信用额交易相关的欺诈新闻。其中，增值税骗局是欧盟市场上的典型骗局。当一家公司向另一家公司出售碳信用额时，根据规定，两家公司均应缴纳增值税。但是，在此骗局中，买方支付增值税后，卖方宣告破产，避免支付税款，然后买方可以向税务机关索回增值税。之后，买家可以将碳信用额转售给不需缴纳增值税的海外买家。随着碳市场规模和价值的增长，欺诈的数量也逐渐增加。例如，欧盟正在调查的一种特殊类型的欺诈行为，涉及购买者在一个欧盟国家（不缴纳增值税）进口碳许可证，然后在另一个国家出售碳许可证，在售价上加税，并把差额收入囊中。公司对排放的虚假陈述和虚假报告是碳交易市场中存在的重大风险之一。虽然监管部门仅能使用少量案例来支持虚假排放报告的存在，但该领域最容易受到欺诈的影响。在自愿性碳排放报告的情况下，由于缺乏公司的统一报告标准，即使欧盟公司发布的强制性排放数据也不完整且分散，因此数据错误报告和相关欺诈的风险甚至更高。在实践中，企业的排放量报告是必要的，因为如果在特定时期内未对公司进行监控，则其报告是有关其排放量的唯一可用信息，可用于确定多少排放量在当前合规，以及将多少排放量放到下一周期。公司应自愿提供排放量的全面披露和会计政策，以确保了解使用排放权和相关合同的财务影响。但是，由于财务压力，一些公司不诚实地误导性报告了实际排放量。通过低估排放量，它们可以低估用于夸大收入和资产价值的实际碳信用额。或者，它们可以通过提高碳排放量的基准，获得更多的碳信用额，并且在预先设定的基准量之上产生更少的排放量。这样，它们可以节省一些未使用的信用额度并存入银行或稍后出售以获利。这将导致排放量被低估。监管机构对碳会计欺诈机会的限制，大大降低了发生一般性碳排放欺诈的风险。但是当前缺乏在组织内或组织外控制碳会计欺诈的法律和规定。为数不多的正面例子是2009年澳大利亚根据

《国家温室气体和能源报告法》（NGER），赋予了监管机构进入和审核有责任的公司的相关场所，并强制执行该法案的权利。还有一种应对措施是对违背碳交易规定的行为进行惩戒处置。例如 2009 年，全球最大的清洁能源审核员 SGS UK 因为没有对碳交易市场中的项目进行适当的审核，被联合国暂停了认证资格。

第四章 上市公司环境信息披露行为画像计算方法

第一节 软硬件平台搭建

本部分包含项目所需的硬件和软件环境，以及分布式机器学习框架。相关平台结构见图4-1。图4-1中列示了机器学习框架中各部分包含的基本功能及其构成。在搭建好机器学习框架的平台之后，我们据此分析用户画像的总体框架设计。

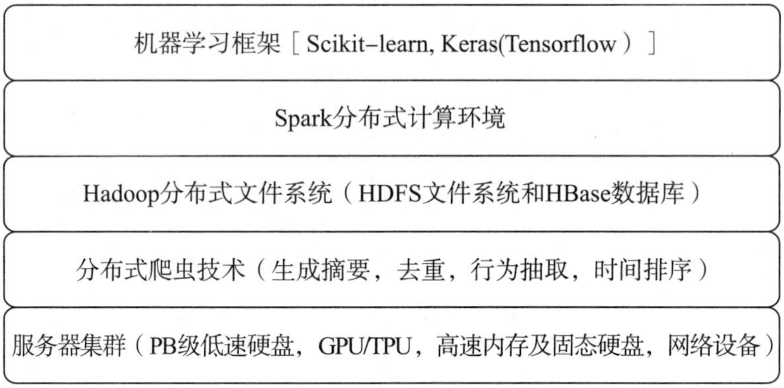

机器学习框架［Scikit-learn, Keras(Tensorflow)］
Spark分布式计算环境
Hadoop分布式文件系统（HDFS文件系统和HBase数据库）
分布式爬虫技术（生成摘要，去重，行为抽取，时间排序）
服务器集群（PB级低速硬盘，GPU/TPU，高速内存及固态硬盘，网络设备）

图4-1 软硬件平台

第二节 项目总体框架设计

用户画像的总体目标是通过融合不同模型，自动分析和评估上市公司环境表现，最大限度地减少人工干预和主观上存在的偏差，增强系统评估的实时性、客观性和精确性。采集不同网站文本数据和数据库信息生成公司画像，通过模型训练，实现反"漂绿"、污染物排放量预警、环境意识程度预测和环境信息披露报告质量评价等功能，为监管部门确定不同的公司群体类型、制定有效的治理措施和鼓励机制提供有力支持。

项目的总体框架包含六个层次：1）数据采集层；2）预处理层；3）画像实施层；4）画像模型层；5）画像决策层；6）政策评估层。总体框架见图4-2。

数据采集层用于实时收集大量非结构文本数据和结构化数据，这些数据来源于公司年报、CSR报告、公司官媒、政府信息、媒体报道和相关数据库等，有的可以在固定时间段获取，有的带有随机性。

预处理层将采集的数据进行初步清洗，生成纯文本信息，通过预训练语言模型生成文本摘要，滤出噪声文本，去除重复页面。再通过预训练语言模型抽取公司行为事件，包括时间和相关数量信息，按照时间排序保存到HDFS文件系统中。

画像实施层用于构建公司画像的基本属性标签和行为事件标签，行为事件标签可能是分级的，高级别的标签包含多个低级别的标签。标签构建过程可以从最低级开始，先获取标签值，再运用熵值法、层次分析法和最优分箱法等确定标签权重，得到高一级的标签值，直至获取所有最高级的标签值。最后，根据该标签值对公司绿色表现进行评级。

画像模型层用于预测公司的类型和偏好，如漂绿预测、环保意识程度预测和环境信息披露质量预测等。将实施层标签特征值和预测目标值组成数据集，划分成两个集合：一个是训练集，另一个是测试集。在训练集上对模型进行训练和参数调优，在测试集上进行性能的评估，最终实现对未知样本所属类别或对应的函数值的精准预测。

画像决策层将多个标签进行组合，通过聚类和相关分析发现某类公司群体，如待环保设施升级公司群体、待大力发展公司群体、待严格限制公司群体。如果某公司有该类标签，模型会通过报警的方式引起相关管理部门关注并促使相关管理部门及时采取有效的治理措施。

政策评估层用于评估政策效应，通过对比政策前后变动对政策试点公司（实验组）与非试点公司的影响之差，剔除掉不随时间变化且不可观察到的混淆因素，把政策的处置效应从混淆因素中剥离出来，从而评估政策的因果效应。在本书中，首先搜集相关报告，利用文本挖掘技术，确定正式开始要求上市公司环境信息披露的政策发布时间。

其次，对政策试点的上市公司与非试点公司进行双重差分，得出有效的实证结果并进行分析。最后，在得出实证结果的基础上，对上述模型的异质性和平稳性进行评估和分析，进一步保证预测结果的稳健性和准确性。

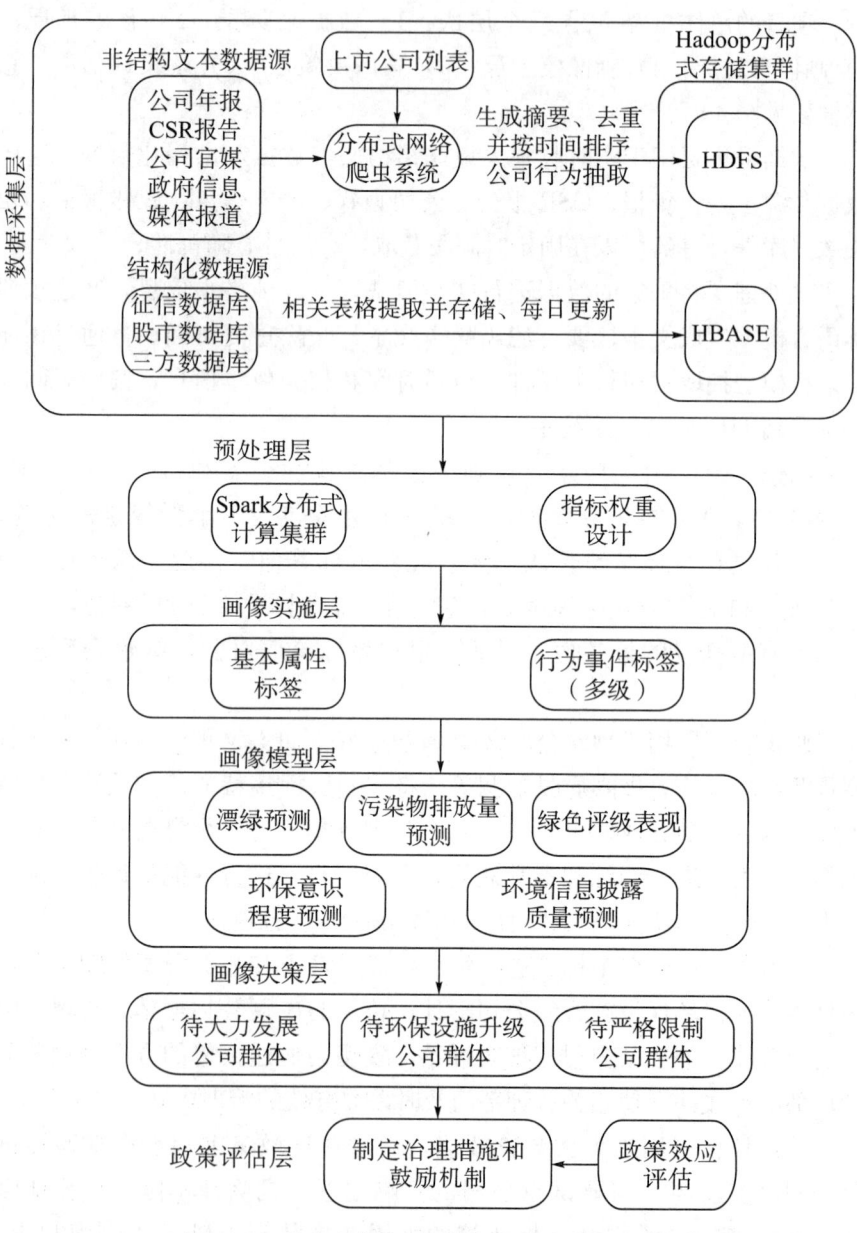

图 4-2 构建上市公司环境行为画像的框架图

第三节　分布式网络爬虫技术

一、网络爬虫技术

本项目用到的数据包含三种类型：结构化数据、半结构化数据、非结构化数据。结构化数据来源有两类：免费数据库、付费数据库。这些数据库中存储了海量的企业信息。半结构化数据和非结构化数据的来源也包含两种：一种是网站中的页面文本；另一种是文件，它们需要利用网络爬虫技术进行抓取。网络爬虫技术是互联网搜索引擎中的一项核心技术，开发人员预先创建 URL 列表，并依次按照某些规则自动地从网页中抓取有用的文本信息和文件，并对其进行分类存储和建立索引，实现后续高效的信息检索和分析。本项目搜索引擎由于不对外部用户开放，只提供内部程序调用接口，因此有别于一般意义上的搜索引擎。

1. 网络爬虫技术研究现状

国外开展的爬虫技术研究较早，开始于 1993 年，即用 Perl 语言开发的 3W Wanderer 的网络爬虫软件，但其目标是计算网络的规模大小，没有搜索引擎功能。从 1999 年至 2016 年相关研究有了很大进步：

1999 年，用 Java 语言开发了具有很好的扩展性的名为 Mercator 的分布式爬虫软件，用户可以添加不同的功能模块来增加该软件的可用性。

2002 年，J. Cho 等人提出了具有里程碑意义的分布式网络爬虫体系，为之后的网络爬虫系统的发展奠定了很好的基础。

2008 年，K. C. Milly 等人开发了名为 LiDi Crawl 的分布式网络爬虫系统，该系统具有更好的信息检索覆盖率，提高了检索的效率，降低了冗余性并实现了快速数据抓取，并且利用递归检测方法增强了信息爬取的准确性和完整性。

2014 年，用 Java 语言开发了名为 BUbiNG 的分布式爬虫系统，它没有中央协调功能。该分布式爬虫系统利用基于高速协议的作业调度和广度优先搜索方法，能够处理需要更高吞吐量的任务。

2016 年，ThingSeek 网络爬虫系统具备搜索引擎功能，能够在动态环境中检索和实现异构信息的爬取。

目前，百度、搜搜、搜狗、神马、360 和搜狐等国内许多互联网公司都已采用分布式网络爬虫技术开发出自己的搜索引擎，为互联网用户提供搜索上的便利。此外还提供接口，供需要下载页面内容的用户使用。2005年至2017年，分布式爬虫技术取得了新的发展：

2005年，Igloog分布式爬虫系统发布，该系统基于网格运算并利用哈希算法将多个任务发送到指定节点，最后利用PageRank方法计算页面重要性并排序。

2005年，名为天网系统的爬虫软件发布并启动商业运营。

2016年，名为DGWC的基于Scrapy的分布式通用爬虫软件发布。该系统将程序部署到Docker容器中，具有较好的可扩展性，并提出了基于统计的两阶段方法，可从不同结构的网页中提取目标文本。

2017年，用Python开发的SWORM的分布式Web爬虫框架发布，在廉价的树莓派开发板上具有良好的可扩展性。

2. 网络爬虫体系结构

在设计网络爬虫的过程中，需要利用分布式计算技术将网络爬虫的任务进行分解，再利用集群中的服务器在分布式环境中快速获取资源。在单独的服务器中采用并行计算或者多线程技术要实现大规模数据抓取，运行效率极低。分布式爬虫技术是网络爬虫体系结构发展的必然趋势，依靠分布式存储和计算集群，不仅能够高效、持久地进行数据抓取，还可以动态地扩展集群规模。分布式存储和计算集群保证了系统的高可用性，提高了可靠性，即使单一节点或服务器出现问题，也不会使得整个系统陷入瘫痪。一般在实现架构中，有主从分布式结构爬虫和对等分布式结构爬虫两类，二者各有优势，也各有缺陷。

对于主从分布式结构爬虫，爬虫抓取过程中产生的链接列表的维护是通过一台特定的链接服务器完成的，各个爬虫节点不断地向链接服务器获取链接并向网络发起下载请求，然后将新采集的链接列表页传输给服务器，通过对各个爬虫节点负载情况进行分析，链接服务器还会调整爬虫资源。主从分布式结构爬虫的层次结构清晰，URL分发策略可以灵活地进行资源调度；但是随着爬虫节点的大规模增加，链接服务器作为整个数据抓取系统的管理者，容易成为系统瓶颈，出现单节点故障时甚至有可能导致系统瘫痪。

对等分布式结构爬虫与主从分布式结构爬虫主要区别在于：它移除了具有管理者功能的链接服务器，服务器集群中所有服务器的任务均可进行数据抓取。每个爬虫节点在获得数据之后，提取出的新URL列表，通过一定的规则（如通过 Hash 值取模的方式）将新链接分别发送给对应的爬虫服务器，每台爬虫服务器获取链接的方式都是相同的。例如，集群中有 5 台爬虫服务器，对链接取 Hash 值进行计算，利用相应 Hash 值对 5 求余。根据余数确定服务器编号，以达到爬虫内部相互交换链接的目的。

在对等分布式结构爬虫中，所有的服务器全是单独工作的，并且保持着很好的并行处理能力。但也存在一些缺点：某台服务器可能会出现任务过重的情况，导致整个系统负载极度不均衡，如果其中任何一台服务器出现故障导致宕机，那么该服务器就无法抓取相关链接，会降低数据搜索的准确性。一致性环形 Hash 值是一种用来确定链接对应的爬虫节点的算法，不再通过简单的哈希取模的方式选择服务器，这种算法能确保在服务器宕机后，仍能进行正常的页面数据抓取工作，提高和确保了高可用性。除此之外，对等分布式结构爬虫还具备高可扩展性、容错性，但是由于服务器之间的相互通信，会占用部分带宽资源。

二、Hadoop 分布式存储和计算技术

Hadoop 是 Apache 的一个分布式计算框架开源项目，给分析大数据带来了可靠和可扩展的性能。Hadoop 是目前流行的分布式计算架构之一，虽然其一部分功能被 Spark 代替，但在分布式存储方面仍处于核心地位。它将部分能运算简单算法的电脑连接起来构建集群，处理分布式任务。把单个服务器扩展到成千上万台廉价计算机组成的集群，虽然每台计算机都容易发生错误，但为了保证整个系统的稳定性，它构建了在应用层完成检测和错误处理的机制。现在 Hadoop 版本已经更新到了 3.x。其整个框架由四层组成：1) 数据采集层；2) 大数据存储层；3) 分布式计算层；4) 数据分析层。

数据采集层提供了几个基本的工具：Sqoop、Flume 和 Kafka。1) Sqoop 是 Apache 的顶级项目，主要通过连接外部关系型数据库来采集存储在表格中的结构化信息，通过使用 Sqoop，可以便捷地将查询到的海量数据存入 HDFS 文件系统和 HBase 数据库中，方便模型训练和预测；2) Flume 是 Apache 的另一个项目，用于日志文件的采集，能够高效地采集文件数据；3) Kafka 是 Apache 软件基金会的开源项目，它提供实时消息订阅系统，为供应链中的成员传递轻量级消息提供便利，极大地提高了程序开发效率。

大数据存储层提供了 HBase NoSQL 数据库，后者也是建立在

HDFS 文件系统基础上的非关系型数据库，这种类型的数据库不需要建立表间的关系，只要在程序中声明就可建立连接，修改也较为便捷。

分布式计算层包括：1）离线式计算框架；2）实时流计算框架。离线式计算框架主要有两个：1) MapReduce；2) YARN。MapReduce 为 Hadoop 中最早的计算框架，但由于存在重大缺陷，目前已被取代。YARN 是 MapReduce 的第二个版本，解决了 MapReduce 的可伸缩性问题，可以帮助开发人员创建更为复杂的分布式应用程序。

数据分析层基于数据挖掘和机器学习算法，大大提升了对大数据处理的并行能力，可以方便地在集群上完成分类、回归和聚类等数据分析任务。

1. 分布式文件系统（HDFS）

单一服务器在存储、计算能力和性价比方面出现了发展瓶颈，已经无法满足海量数据存储和分析的要求，为了维持数据高稳定性，Hadoop 使用分布式文件存储技术，将信息保存在不同服务器的磁盘中。这种方式突破了单一服务器的限制，能够快速响应用户不断变化的需求，便捷地增加和减少服务器集群的任意数量的节点（单个服务器），增加了系统的可扩展性。

分布式存储与传统的网络存储有很大区别，以往的网络存储系统将所有信息集中存放在专门用于存储的服务器中，存储服务器有限的吞吐量限制了整个系统性能，其存储容量和计算能力的扩展性上存在限制，使其不能满足海量存储需求的应用场景。通过精心的设计，分布式网络存储系统具备了良好的可扩展性，它利用分布在不同地点的众多存储服务器节点组成的集群来平衡大规模存储负荷，利用专用服务器确定存储信息实际的保存地址，大幅增加了分布式存储性能，可以方便地在集群中增加或减少节点进行快速扩展或缩减。HDFS 是 Hadoop 中可扩展的存储系统，HDFS 集群存在一个主节点和若干个附属节点，为了实现高可用性，引入了 ZooKeeper 集群进行主备切换，它是整个集群的终极仲裁者，当 Master 节点宕机时，ZooKeeper 会在备份的 Slave 节点中选出一个替换 Master 节点，提高了系统的可用性和可扩展性。HDFS 文件系统的优越性在于：1）顺序访问大文件；2）性价比高，采用成本较低的服务器代替昂贵的 HPC 和小型机等。

2. 分布式计算系统（MapReduce）

为了突破单机对海量数据分析的限制，用成千上万台计算机分解计算任务，高效地完成数据处理任务是一种性价比极高的方案，该方案不仅需要解决并行计算、数据分发和错误处理，还要提供简单易用的编程框架。

MapReduce 是一种分布式的计算系统，可满足高效地处理海量计算的需求。为了更好地实现所需功能，它减少了复杂的分布式计算框架细节，强调了 Map 和 Reduce 这两部分。其中 Map 用来迭代处理集合中的每一单元，生成键-值对；Reduce 统计和规约 Map 得到的中间数据中具有相同"Key"的所有"Value"，并将结果返回给主程序。

3. NoSQL 数据库（HBase）

HBase 就是 Hadoop Database，它是 HDFS 之上面向列的针对结构化信息的动态数据库。HBase 采用了 BigTable 技术，即强化的稀疏排序键-值对映射表，键由三部分组成：1）行关键字；2）列关键字；3）时间戳。HBase 实现了对海量信息的随机和实时存取功能，提高了存储效率，HBase 中存储的信息可以使用 MapReduce 的方式进行批量处理，它将数据存储和并行计算完美地结合在一起，ZooKeeper 作为协同和仲裁服务，实现主备 Master 进程和多个 HRegionServer 进程的切换和协调。

三、Spark 分布式计算技术

1. 离线计算框架

YARN 虽然解决了 MapReduce 的可扩展性缺陷，提供了便捷的并行读写信息的接口，但因为 MapReduce 缺少对分布式集群内存的考虑，无法对一些需要缓存中间计算结果的任务提供高效支持。Spark 是一个基于内存的分布式框架，由于在内存中保存中间计算结果，内存的记录速度远远高于磁盘存取速度，所以在性能上比 MapReduce 提高了 10~100 倍。MLib 是 Spark 的四大功能模块之一，用于大数据分析的分布式的机器学习模型的搭建、优化和评估。

Spark 与 MapReduce 在机器学习方面相比较，其优势在于：机器学习算法需要若干轮迭代更新权重才能得到最终结果，将中间计算结果存放在高速内存中比存放在低速磁盘中更高效，大大降低了由于 I/O 存取效率低下导致的 CPU 计算资源的浪费。

Scikit-learn 和基于 Tensorflow 的 Keras 是非常热门的机器学习库，前者用于传统机器学习，后者用于深度学习。由于 Spark 分布式计算框架的优越性，出现了大量将三者联合起来使用的更高层的机器学习库，可以更方便地对模型参数进行优化。

2. 实时流计算框架

MapReduce 是离线计算框架，不能处理实时信息流，为了满足海量信息分析的时间上的要求，Spark 中出现了专门用于流处理的引擎 Spark Streaming，它将流式计算任务进行分解，化整为零，分配到不同计算节点中，实时处理来自不同数据源的数据，特别适合分布式网络爬虫应用。Spark Streaming 中 worker 的 executor 是一种工作线程，一部分 executor 线程负责处理下载的网页内容，如生成摘要、去重和计算向量表示等，另一部分 executor 线程负责将处理过的网页内容和结果存储到 Hadoop 集群中的 FDHS 和 HBase。基于 Spark Streaming 的分布式爬虫系统是主从结构和对等结构的混合体，消除了主从结构中的单个节点的故障问题，同时可以灵活控制 URL 分配，充分发挥了分布式计算环境的优势，有效降低了爬虫系统实现的难度。

第四节　文本预处理

文本预处理流程包含两个步骤：第一步是对字的初步处理，第二步是对词的初步处理。对字的处理有：

（1）去除其他语种；

（2）去除无效符号、特殊符号和网页 HTML 标记等；

（3）将繁体字转化为简体字；

（4）纠正错别字。

通过第一阶段的调整，文本转化为纯净的中文文本。第二阶段针对词一级的文本要素进行处理，主要包括分词、去除停用词和文本去重等。

一、分词

对于中文数据，分词是将被分析的篇章分成单一词汇的过程。中文分词对中文语言分析至关重要。对于海量数据，人工分词会消耗大量人力资源，很多学者提出了不同的自动分词算法，主要有基于统计、词典和语义等几种分词法。

中文自然语言处理的难点在于对多义词和未正式收录词的分割。如果一个句子只考虑局部字和词的含义，出现多种分词结果，则称这种现象为分词歧义。分词歧义有两种歧义类型：1）交集型切分歧义；2）组合型切分歧义。对于分词歧义，有基于词典的最大匹配方法结合最大概率分词方法，和一些采用分词规则和分词算法的消除方法。

未收录词指未被登记的新兴词汇，如地名、专有名词、公司名称和人名等。中文未登录词不但数量众多且形式繁杂，且随着网络的发展，新兴词语的扩展速度日益加快，将所有词语都收入词典不可能实现。因此，基于词典的处理方法不能完全地达到中文分词的需求。未收录词的分析方法根据其原理可以分为基于规则和基于统计的方法。基于规则的方法是根据语言学原理挖掘出关联规则，运用规则来整理未收录词。该方法的特点是准确率高，但是规则的制定非常复杂，通常不同领域的文字对应不同的规则，通用性很差，将所有的规则记录下来几乎是不可能的。基于统计的方法是依据庞大的语言文本，对其进一步整理和归纳，利用统计方法进行建模，最后用训练完的模型来识别未收录词。该方法虽减小了领域对识别的干扰，但精准性很低。因此现在应用最为广泛的方法是将统计和规则相结合，可以充分利用两者的优势，获得较高的准确率。

分词粒度是指一个词语中的汉字个数。例如，"机器学习"这个词的分词粒度是4。分词粒度越大，那么被切分出来的词的长度就越大。"机器学习"可以作为一个词，也可以切分为"机器/学习"。中文分词的粒度选择非常重要，但受个人的知识结构和所处环境的影响而存在较大差异，这就导致多人标注的语料存在大量不一致现象，即表达相同意思的同一字串，在语料中存在相异的分割方式。对于文本分析，分词粒度对文本特征抽取的质量至关重要。分词粒度越小，所能提取到的细节信息就越多；分词粒度越大，所能提取到的宏观信息就越多。一种好的方式是将两者结合起来，从不同的分词粒度对文本进行分析，准确率更高。

二、去除停用词

停用词主要指功能性词语，通常指在各类文档中频繁出现的、附带极少文本信息的助词、介词、连词、语气词等高频词，如汉语中的"的""了""是"等。"是"尽管不是功能词，但由于出现频率很高，对于文本区分没有实质性意义，因此通常也作为停用词被去除。为了减少文本挖掘系统的体积，提高运行效率，常常在文本表示时就自动将这些停用词去除。在具体实现时通常需要设置停用词表，在特征抽取时直接删除该表里的内容。

三、文本去重

由于同一个文本内容会在多个网站发布,通过网络爬虫抓取的网页可能是重复的。相关统计数据表明:互联网的网页中,接近相同的约为29%,完全一致的约为22%。相关统计数据显示,在某些信息收集系统中,大约30%的网页与其他页面完全一致,约2%是近似一致的。

"检验和"方法是一种用于判断文档是否一致的技术。它根据文档内容计算一个数值,最直接的检验和是文件中各字节的和,如果两个文档的检验和相同,则认为它们完全一致。

对于近似重复文档的检测比较困难。为了解决这个问题,学者们提出了一些用于近似重复文档检测的算法,在爬虫阶段进行相似度计算,去除近似度较高的页面,降低 Hadoop 存储系统中的信息冗杂程度。

近似重复文档的去重检测有多种算法,网页去重算法的基本流程主要由三个步骤组成:

(1)文档预处理与特征抽取。对文档进行分词处理。删除标点、HTML 标记和空格等非文字内容信息,对文档进行去停用词处理。

(2)文档指纹计算。在页面分词后进行关键词提取,提取一些具有代表性的词汇,并分析这一部分词汇的"指纹"。

(3)文档相似性计算。当页面提取特征指纹后,就需要通过相似度比较来判断哪些网页是近似重复的。如果新抓取的网页相关词汇的"指纹"和已存储网页词汇的"指纹"相似度很大,那么该新抓取的网页就被视为重复而丢弃。

总结起来,所有的网页去重算法都遵循两个步骤:文档指纹的提取和相似度计算。不同之处在于这两个步骤具体实现细节的不同。Shingling 算法和 SimHash 算法是两个效果较好的算法。

1. Shingling 算法

Shingling 算法可主要分为两个步骤:

(1)从文档中提出可以代表文档的主要特征;

(2)根据这些主要特征判断两个文档的内容是否一致。

Shingles 是指将文本中连续的词语序列作为一个整体,并且对这个单词片段做 Hash 计算得到 Hash 值,每一个片段对应的 Hash 值称为 shingle,文档的特征集合就是由多个 shingle 组成。例如:"页面去重算法",可根据 shingling 算法来分解得到:"页面去""面去重""去重算"

和"重算法"四个序列,通过这四个序列能够将一个文档改变成一个特征集合。如果对所有文档都使用以上的步骤进行转换,然后对比特征集合之间的重复度,重复度较低则表示文档之间相似程度较低。

这样的方法虽然清晰明了,但需要很长时间进行处理,如果处理的内容很多,转换成的特征集合就会很大,对比这些特征集合就会很慢。所以部分研究者对 Shingling 算法进行了优化,即将不同的页面转换成固定大小的特征集合,而且这个特征集合要远小于原来的特征集合大小,这样就减少对比特征集合的时间。改进后的 Shingling 算法还是先将一个文档转换成 shingle 特征集合,但是为了将文档转集合换成固定大小,需要增加 t 个不同的 Hash 函数组成的 Hash 函数簇。对每个 Shingle 都用 Hash 函数计算函数值,然后选取这里面最小的值。这样 t 个哈希函数计算出 t 个 Hash 值,文档集合转换成固定大小 t。这样对比转换后的特征集合运算时间会减少非常多。

2. SimHash 算法

SimHash 算法是另一个重要的去重算法,它的基本方法是将网页文本转换为一个 64 位的 Hash 值,即文档指纹。两个文档的相似度可以用两个文档指纹的欧式距离计算,极大地降低了算法的复杂度。该算法使得两个相似的内容具有接近的 Hash 值。

SimHash 算法主要有五个过程:分词、计算 Hash 值、计算权向量、合并权向量和生成指纹。

(1) 分词之后得到一系列特征词,为每个特征词分配权重,权重越大表明该词在句子中的重要性越高;

(2) 对每一个特征词计算 Hash 值,位数为 m;

(3) 根据 Hash 值和权重计算权向量;

(4) 将所有特征词的权向量相加,得到网页权向量;

(5) 将最后的网页权向量中的大于 0 的分量变为 1,将小于等于 0 的分量变为 0,得到指纹。

第五节 文本分析

企业环境信息披露和互联网中企业相关事件报道的正负面信息中包含大量的文本信息,通过对这些文本的分析和挖掘,构建企业画像,从不同的侧面描述企业静态和动态特征，对企业当前绿色行为和相关行业进行综合评价，不仅可以帮助企业及时发现不足并制定合理改进方案，而且可以帮助监管部门了解不同企业对环境保护的贡献度，分辨企业的"漂绿"行为，制定相关的政策。

文本分析包含语义分析和语法分析两种主要方式。语义分析是指通过对文本内容的分析确定文本的主题和关键信息，语法分析是指通过对文本语言要素的分析确定其组成和逻辑关系。不同的文本分析任务所需的分析方式不同，有的只需要进行语义分析，有的需要两种分析方式相结合。语义分析任务有多种，本项目需要完成的语义分析任务主要有：

（1）文本相似度比较，用于去除重复的新闻报道；

（2）文本摘要，用于生成企业画像的一部分标签或特征，用于文本压缩，提取核心内容，滤除噪声信息，提高文本相似度比较的准确率；

（3）文本情感分析，用于判断企业绿色行为正负面程度。

语法分析需要语言学专家的指导，根据语法规则判断词语的词性、句子的语法结构、不同角色及其关系等，在本项目中主要用于分词。

一、文本的组成

文本的构成要素有字、词、句子、文档。字是文本最小的组成单元，词是最小的语义单元，句子是语法分析的主要对象，文档是语义分析的主要研究对象。

文本挖掘算法按照自底向上的方式进行分析，字和词都可以作为最小的分析单元，目前大多数算法认为词是最小分析单位，所以在语言建模时首先要进行预处理，即分词处理。文本中的词语之间边界模糊，导致分词的不确定性，有些词语单独出现，也可能与其他词语组成不同含义的词组，使那些对分词依赖性较高的算法出现重复统计。不同长度的文档相似度比较是文本分析主要面对的难题之一，对于主题相同但长度不同的两个文档，较短的文档内容较少，但概括和抽象程度较高，长文档的内容较多，但可能对提取抽象信息产生干扰。如何量化文本信息，对其进行抽象表示，达到文档间比较的目的，是当前文本挖掘算法需要解决的主要问题。

要达到较好的文本挖掘效果，需要事先让算法学习大量的文本资料，这些文本资料的集合就是语料库。和人类一样，文本挖掘算法需要"阅读"和"理解"语料库中词语、句子和文档的含义，作为其知识储备，具备了先验知识的文本挖掘算法能够更有效地对文档进行分析。语料库有通用和专用两种,通用语料库中的文本大而全,多数与具体分析的文档场景无关。专用语料库是应用于某些特殊场景的语料库,例如:金融领域语料库、文学领域语料库、教育领域语料库和医药领域语料库等。

目前中文语料库主要有:

(1)国家语委现代汉语语料库。国家语委建立的现代汉语通用平衡语料库,有 1 亿左右字符,1997 年以前约有 7000 万字符;1997 年之后的内容来自手工输入和电子文本,约有 3000 万字符。语料库的普遍使用性和平衡性通过文本信息的收录范围和收录比例实现,包含人文、自然科学和综合类三大类。

(2)北京大学中国语言学研究中心建立了名为 CCL 的现代汉语语料库。该库的字符总数为 581 794 456 个。

(3)Sogou 研究室收集的互联网语料库,超过 5TB、1.3 亿个来自互联网各种类型的原始网页。

(4)中文维基百科和百度百科包含了丰富的、语句结构较好的中文词条,有利于构建性能良好的语言模型。

除了上述网络公开的语料库,还可从各大网站爬取不同类型的语料资源,如新闻、评价和问答等。

二、文本挖掘与建模

文本是非结构化的信息,从文字信息中分离出有用的内容的过程就是文本挖掘,将异构化的文字内容转化为结构化数值的过程被称为文本建模,它是有效进行文本挖掘的关键。

文本建模的方法有基于语言学知识的建模方法和基于应用领域知识的建模方法。第一种方法需要语言学方面的专业知识,主要目标包括词性标注、句法分析和构建语义知识库等,可以为其他方法提供和补充语义和语法方面的特征,优点是解释性强,缺点是分析过程复杂,这是由语言表达的灵活性导致的。第二种方法主要运用应用领域的知识直接建模,优点是不依赖语言学方面的知识,缺点是不能将所学习到的知识进行合理解释。这两种方法都需要用到统计学方法。统计学方法分为两种:一种是人工建立概率模型并对参数进行最优估计的方法;一种是数据驱动建立概率模型并进行超参优化的方法,即深度学习方法,该方法在多项任务测试中取得了最好的成绩,成为当前研究的主要方向。

人工建立概率模型的方法包括静态和动态模型,静态模型包括独热编码模型和 LSA 模型。独热编码模型分为对词语的编码和对文档的编码两种，对于任意词语和文档都可以按照某套规则计算出数值向量，这种映射方式不对语言模型进行估计，所以扩展性和适应性较低。对于文档，整个文档集合向量化后组成矩阵，每一列表示文档，每一行表示词语的不同编码信息。为了降低向量的维度，LSA 模型通过矩阵压缩算法，提取更加抽象和有效的特征，为后续任务提供更好的支持。

动态建模法认为文档是由某个语言模型随机产生的，文档取值为某一数值向量存在一定的概率，模型根据样本特点事先人为设定，其参数是通过文档样本数据进行估计的。主要模型包括 Unigram 模型、潜在主题概率分析模型和隐狄利克雷分布模型。隐狄利克雷分布模型是当前受关注程度较高的动态模型，学者针对各种应用场景提出了很多改进模型。

三、文本表示及语言模型

为了让计算机能够分析非结构化的文本信息，首先要映射为结构化的数值向量，这种数值向量就是文本表示。通过独热编码模型得到的词语和文档向量是高维稀疏模型，容易产生维度灾难，由于独热编码模型假设词语间是独立的，因此会减少词语间的基本信息，产生语义鸿沟。LSA 模型通过 SVD（Singular Value Decomposition）方法将其压缩或降维。动态建模法提供了一种高维文本信息降维的方法，将独热编码模型中得到的高维稀疏向量向低维稠密向量转化，部分地降低了一词多义和一义多词等语义干扰带来的影响。用深度学习模型动态生成词向量，得到文本的低维稠密的分布式表示，不仅可以比较词语、句子、段落和文档的相似度，还可以对其进行语义计算。文本表示是文本建模的核心内容，是研究如何在表示空间中嵌入语义和语法解决自然语言处理相关应用的关键。下文对独热编码表示和词向量的分布式表示进行概括和阐述。

1. 独热编码表示

（1）词语的独热编码表示。

对于某一文本集合，包含 N 个词语，按照某种方式排序编号构成词典，词向量表示为：(0, 0, …, 1, 0, …, 0)，其中 1 所在的位置为词语在词典中的编号。

（2）文档的独热编码表示（向量空间模型或词袋模型）。

向量空间模型是一种早期的文档表示方法，文档中的特征项是向量空间中的最小组成部分，如字、词语和短语等。事先认为文档中的特征项是彼此独立的，每个特征项对应一个坐标轴，不同的特征项对应的坐标轴两两正交，形成一个坐标系，为每一个特征项分配一个权向量，该权向量是特征项的位于坐标系中的坐标。文本向量化流程中必须确定特征项和分配权向量。向量空间模型的特征项一般为词，也称为词袋模型，词袋模型先将语料库中的词构成词典，每个词的权向量维度是词典里单词的数量，确定权向量大小的方法主要有：

1) 布尔权重：如果文档中出现了某一特征项，则对应位置的值为1，否则为0。该方法类似于词语的独热编码。

2) 特征频率：某一词所在的排序位置的分量设置为某一文本中该词出现的频率，不同文档中的词的表示是不同的。

3) 倒文档频率：文档频率为语料库中具有该词的文本的数量，倒文档频率就是将文本总数除以文档频率再取对数，最后将某一词对应的权重分量设置为倒文档频率，它是一种描述重要性的全局统计特征向量，不同文档中词的表示是一样的。

4) 特征频率－倒文档频率：将某一词对应的权重分量设置为特征频率与倒文档频率的乘积，这样使得不同文本下同一词的表示是不同的。同时为降低文本长度产生的影响，权重向量必须归一化，主要方法有：1-范数规范化；2-范数规范化；∞-范数规范化。

向量空间模型假设不同特征项相应的坐标轴是正交的，也就是说不同特征项是不相关的，忽略不同特征项之间的语义关系、词的顺序和句法结构等信息，会使某些应用场景的分析效果不够理想。另外，特征项量化后的向量维度为语料库中特征项的个数，例如中文词语，数量超过5万，向量中除一个分量外，其余分量均为零，高维稀疏的向量引发了维数灾难，当数据维数越来越大时，计算成本将大幅度增加。

为了弥补向量空间模型中丢失的词序、句法和语义信息，出现了很多增加语言学特征的方法，包括 n 元语法、句法和语义知识库特征。n 元语法的基本单元是词组，可以提供相邻词的关系，但是缺乏相距较远的词之间的关系。为了提供远距离词的关联关系，可以分析句子中词与词之间的依赖关系。主要难点是句法结构非常复杂，当找到一项规则后，总存在特殊情况使得这项规则失效。当需要总结的规则总量较大时，人工特征很难面面俱到，但可以作为补充特征，为具有融合功能的模型提供有力支持。语言学中存在一词多义和一义多词的现象，通过建立语义知识库，获取词语的不同语义特征，可进一步提高模型对一词多义导致的歧义性问题的解决能力。

2. 分布式表示

分布语义和分布式表示是词语表示的两种不同措施。分布语义是通过一个词语与其他词语的共同出现或语法结构来表示词语的方法；分布式表示是从一个更大的算法中学到向量激活模式，从而表示词语的方法。

1954年，Harris提出了分布假说，它是分布语义模型的基础。分布假说认为在相同的语境中出现的词语往往在语义上也较为接近。Firth在1957年的名言"你能从一个词旁边的词知道这个词的意思"进一步推广了这个假说。更准确的说法是：一个词语的意思可以由经常出现在该词前后的一系列词语推测出来。此处的分布是统计分布，即上下文的概率分布。

分布式表示与本地表示（local representations）不同。本地表示用离散的符号表示一个实体，实体间的关系被编码为组成图的符号之间的离散关系。而在分布式表示中单独的实体被提取为一个向量（一种激活模式）。实体的意义以及和其他实体的关系能够被向量中的激活值和不同向量间的相似性捕捉。

独热向量和稠密向量有着不同的使用情景。如果特征数量相对较少，并且不同特征之间无相关性，则更推荐使用独热向量。反之，如果不同特征之间有相关性，则更适合让网络找出相似性，并通过共享参数来获得一定的统计强度。

（1）词向量。

词向量也被称作词嵌入（word embedding）或词表示（word representation），是一种分布式表示。词向量中的词语都被一个稠密向量替代。这样，在相同情境中的2个单词的词向量相关度就较高。与独热向量不同的是，词向量的表示方法是将核心特征嵌入一个 d 维空间，将词语表示为一个 d 维向量。通常维度 d 远小于特征数，例如，一个包含40000个词语的字词库可以被表示为100维或200维的向量。从特征到向量的映射关系可以用一张嵌入表来表示。

（2）词向量的静态分布式表示。

词向量的静态分布式表示语言模型有Word2Vec、Glove和FastText等。

1）Word2Vec。2013年Mikolov和K. Chen在"Efficient Estimation of Word Representations in Vector Space"中构建了一种性能超越之前所有复杂架构算法的对数线性模型：Word2Vec。该模型突出的特色是极大地降低了时间复杂度。而且优秀的可扩展性使Word2Vec能处理规模更大的语料。因此，Word2Vec 成为文本处理算法中的坚实基准。

Word2Vec 的主要假设是：有相似上下文的词语有着相似的含义。算法过程如下：

a) 随机初始化一组词向量；

b) 语料被按顺序读入，且以每个被读到的目标词为中心，加上前后各 k 个词语，生成一个大小为 $2k+1$ 的窗口；

c) 计算目标词和上下文词汇间的内积，并用随机梯度下降法最小化该内积；

d) 每当 2 个词语在相似的上下文中一起出现，则强化这两个词语之间的联系。两个词出现在相似上下文中的频率越高，则它们之间的联系越强。

Word2Vec 最早的论文根据不同的损失函数将算法分为 CBoW 和 Skip-gram 两个版本，如图 4-3 所示。CBoW 代表连续词袋模型（Continuous Bag of Words），在学习词向量之后，就能根据给定的文本推测目标词，Skip-gram 与之相反，根据目标词推测上下文。

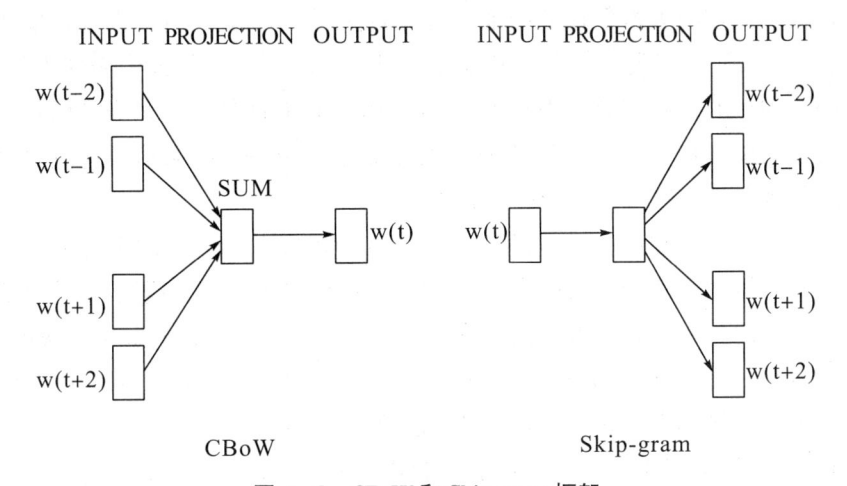

图 4-3　CBoW 和 Skip-gram 框架

由于基础的 Word2Vec 只会正向加强两个词之间的联系，在有无限语料时，梯度下降的最终结果是所有向量位于相同的位置。针对这一问题的改进主要有 2 类：一类是分层 Softmax 调节器（Hierarchical Softmax regulator），另一类是负采样（Negative Sampling）。后者更简单，效果也更好，其主要假设是每次向量间的距离最小化时，采样一些随机的词语，将它们与目标词的距离最大化。这样，不相似的词就会始终相互远离。

优点主要有：

a) 考虑上下文，能描述词和词的相似性；

b) 比使用复杂的神经网络的词嵌入算法所要求的维度更少，计算量更小；

c) 通用性强，适合多种文本处理任务；

d) 类比任务表现好。

缺点主要有：

a) 无法处理一词多义的情况；

b) 可能出现 OOV（Out-of-vocabulary）问题；

c) 属于静态分布式表示方法，通用性强，但无法针对特定任务做优化；

d) 全局词共现统计任务表现不好；

e) 不考虑序列的位置信息，无法处理变长序列。

2) GloVe。2014 年斯坦福大学的 Pennington，Socher 和 C. Manning 发表了"GloVe：Global Vectors for Word Representation"，在其中提出了 World2Vec 之后的又一经典词嵌入算法。和 Word2Vec 相同，GloVe 在绝大多数任务中能计算词与词的相似度，但是训练速度更快。Word2Vec 在类比任务中表现好，但在全局词共现任务中表现不好。GloVe 的目的之一就是在取得和 Word2Vec 相同的向量空间语义结构的同时还能保证在全局词共现任务中表现良好。GloVe 还揭示了通过显示表示共现概率来产生语义向量结构的原因。

GloVe 的原理依然是通过共现概率衡量相似性，可以用下面的例子来说明。假设有两个相关的词："ice"（冰）和"steam"（蒸汽），可以通过计算它们与一组 k 探针词的共现，P_{ik}/P_{jk}，来判断它们的关系。假如 i 和 j 定义了物理状态的语义轴，我们可以观察到当 $k=$"solid"（固体）时，上述比例很大，表示比例位于刻度的极正端。如果 $k=$"gas"（气体），比例就会很小，表示它在语义上处于刻度的另一端。而如果 k 是无关的词，比如"fashion"（时尚），那比例就会接近 1，而"water"（水）这种明显与两个词都高度相关，但是对于表达这两个词的关系而言是多余且不相关的词，比例也接近 1。该例的概率和比例具体内容如表 4-1 所示。

表 4-1 概率和比例表

Probability and Ratio	$k=$solid	$k=$gas	$k=$water	$k=$fashion
P (k | ice)	1.9×10^{-4}	6.6×10^{-5}	3.0×10^{-3}	1.7×10^{-5}

续表4-1

Probability and Ratio	k=solid	k=gas	k=water	k=fashion
P(k|steam)	2.2×10^{-5}	7.8×10^{-4}	2.2×10^{-3}	1.8×10^{-5}
P(k|ice)/P(k|steam)	8.9	8.5×10^{-2}	1.36	0.96

该语言的优点是训练速度快，对大规模语料扩展性好，缺点是无法处理一词多义的情况，可能出现OOV问题。

3) FastText。Bojanowski于2017年发表了"Bag of Tricks for Efficient Text Classification"，在其中构建了FastText，这是一种效率非常高的分类模型。FastText的主要贡献是引入了"模块化嵌入"（modular embeddings）的概念。它不仅在性能上超过了当时最高效的深度学习算法，而且减少了计算量。

模块化嵌入指的是改变词向量的计算方式，从为每个词计算嵌入向量改为先计算每个子词成分的向量，然后通过简单复合函数计算最终的词向量，详细架构如图4-4所示。子词成分通常是n元语法（n-gram）的形式，FastText使用了负采样的skip-gram版本的Word2Vec。算法的过程大体上和Word2Vec相同，但是FastText首先要将词语分为一系列n元语法，并且在每个词语开头和结尾会分别加上"<"和">"用来区分前缀和后缀。

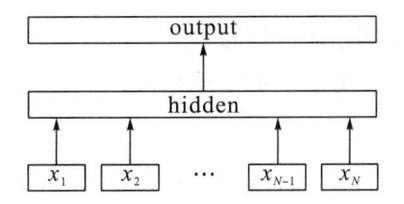

图4-4 模型架构（处理有N个n元语法的句子）

优点主要有：

a) 处理大语料时，字词库更小，从而导致计算量更小；

b) 字词库中的成分在训练中会被重复更多次，所以需要的数据量更少；

c) 可以捕捉词语的形态变化等子词信息，减少噪音；

d) 能避免OOV问题。

缺点：因为要经过组合才能形成词向量，所以嵌入检索速度慢。

(3) 词向量的动态分布式表示。

词向量的动态分布式表示语言模型主要有ELMo、ULMFiT、

GPT1.0、BERT、GPT2.0、Transformer-XL、ERNIE1.0、XLNet、ERNIE2.0、Roberta、ALBERT 和 ELECTRA 等。

1）ELMo。2018 年的 "Deep Contextualized Word Representations" 提出了 ELMo（an Embeddings from Language Models）。这是预训练神经网络模型，是为了在不同的语言环境中有效地表现词语的复杂特征和用法而提出的深度上下文化的词表示方法。ELMo 将整个句子作为函数输入，得到最终的表示词语。这个函数需要用耦合的语言模型训练出的双向长短期记忆网络（bidirectional LSTM network）得到。ELMo 启发了 BERT、OpenAI GPT 等一系列预训练神经网络模型。

ELMo 通过训练来预测单词序列中的下一个单词，从而获得了语言理解能力。这项任务被称为语言模型（Language Modeling）。由于不需要标签，ELMo 可以方便地从大量文本数据中学习。

首先需要用 ELMo 预测序列的上一个词和下一个词。想要预测一列词的下一个词，首先将此单词序列转换为词向量注入模型，经过长短期记忆网络层处理后，输入由前馈神经网络和 softmax 激活函数构成的输出层。输出结果是下一个词的概率分布，其中概率最高的词即为下一个词。因为 ELMo 用的是双向长短期记忆网络，所以也能预测上一个词。

如图 4-5 所示，ELMo 通过组合隐藏层和初始向量，能够得到每个词上下文语境的词嵌入：

a）拼接双向长短期记忆网络的隐藏层；
b）将每个向量与任务决定的权重相乘；
c）将向量相加。

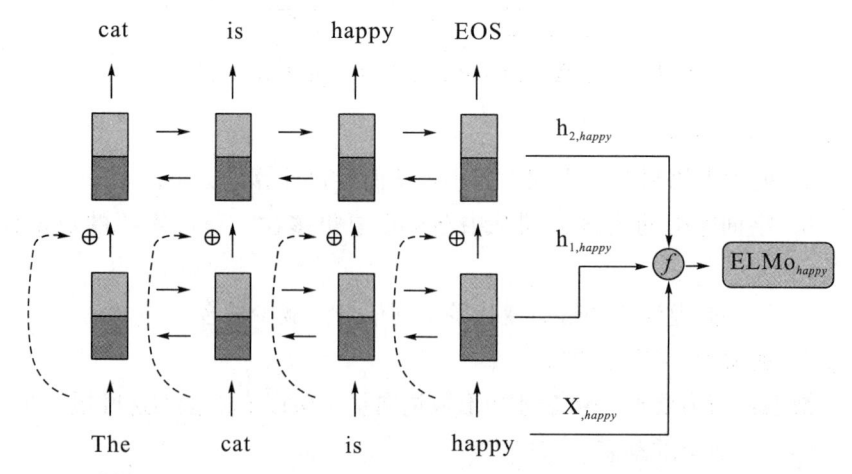

图 4-5 结合"happy"的双向隐藏表示和词表示得到"happy"的 ELMo 表示

该模型的优点主要有：
a）整合句子信息很有效，可以被整合进现有的嵌入模型从而提升性能；
b）能够应对语法语义等词汇用法的复杂性；
c）能够学习一词多义的情况；
d）生成任务上表现优秀。

缺点主要有：
a）长短期记忆网络的串行机制导致较长的训练过程；
b）长短期记忆网络提取特征的能力逊于 Transformer；
c）无法双向获取上下文。

2）ULMFiT。ULMFiT（Universal Language Model Fine-tuning）在 2018 年发表的"Universal Language Model Fine-tuning for Text Classification"一文中提出，是一种能有效应用于任何自然语言处理的迁移学习方法，其引入了精调语言模型的关键技术，使语言模型能处理多种任务。

如图 4-6 所示，ULMFiT 语言模型的训练分为三个阶段：首先在通用语料库训练语言模型，在不同网络层捕捉文本的通用特征；然后用判别精调、倾斜三角学习率（STLR）在具体的文本数据上精调，学习任务特定特征；最后通过逐步解冻（gradual unfreezing）在目标任务上精调分类器。

(a)LM pre-training　　(b)Lm fine-tuning　　(c)Classifiner fine-tuning

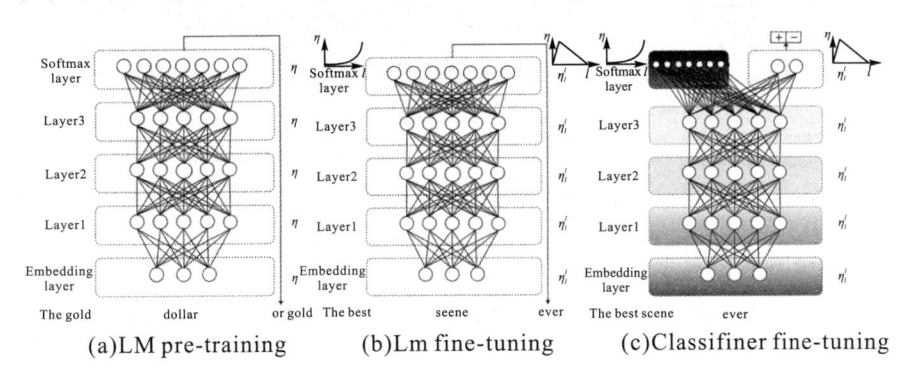

图 4-6　ULMFiT 训练的三个阶段

判别精调在每一层网络都设置独立的学习率，使用较低的学习率学习低层的通用特征，而用较高的学习率学习高层的任务特定特征。倾斜三角学习率指的是使学习率先上升后下降。先用较小的学习率是为了找到正确的优化方向，之后学习率上升是为了加速优化，最后的学习率下降则是精细调整。

该模型的优点主要有：
a）对于非英文、缺少标签数据的文本效果好；

b) 生成任务上表现优秀。

缺点主要有：

a) 性能不突出；

b) 无法双向获取上下文。

3) GPT-1。2018 年 OpenAI 提出了 GPT，即 GPT-1 模型，GPT 结合了 Transformer 和无监督预训练的思想。

GPT-1 采用两阶段学习范式：第一阶段用无监督预训练的方式在非常大的数据上训练一个 Transformer，训练时将语言建模（language modeling）作为训练信号；第二阶段在小数据上进行监督精调，帮助它解决特定任务。最终目标是学习到一个能被迁移到多种下游任务的通用表示。如图 4-7 所示，GPT-1 使用 Transformer 代替长短期记忆网络，扩展了 ULMFiT。图的左侧是 Transformer 架构和使用的任务目标，右侧表示的是针对不同任务精调所需的输入转换。

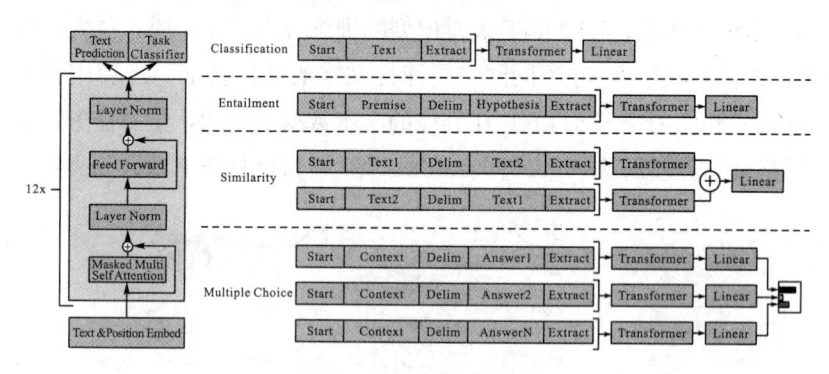

图 4-7 GPT-1 示意图

该模型的优点主要有：

a) 用 Transformer 作为语言模型的架构，能更好地从输入捕捉全局依赖；

b) 使用 Transformer，可以并行化，加速训练；

c) 需要的精调不多；

d) 生成任务上表现优秀。

缺点主要有：

a) 需要对任务输入进行格式转换，导致预训练和下游任务数据分布不一致；

b) 预训练时间很长，但可以通过使用训练好的模型避免；

c) 总共 37 层的 Transformer 模型很大，需要有大内存的 GPU；

d) 预训练的文本如果不能涵盖各种领域，则训练的模型有偏差；

e) 无法双向获取上下文。

4）BERT。2018 年谷歌人工智能部门构建了名为 BERT 的语言表示模型。BERT 是一种预训练方法，它通过在所有层的上文和下文共同进行条件预处理，来预训练深层双向表示，所以预训练的 BERT 模型仅仅需要一层附加的输出层进行精调。而且不用对架构做大量针对特定任务的修改，就能在问答、语言推断等一系列任务中取得最先进模型的效果。BERT 中可以见到对于 ELMo、ULMFit、OpenAI Transformer 以及 Transformer 等模型中思想的应用。BERT 有两个版本。12 层的基本版本和 OpenAI Transformer 的大小相似，以便进行性能比较，24 层的大规模版本模型非常大，能取得最佳的结果。

如图 4-8 所示，BERT 在结构上是由 Transformer 的编码器组成的栈。每一个编码器层（Transformer 块）都有巨大的前馈神经网络和注意力头。处理流程如下：

a) 词序列开头被加上一个 CLS（Classification）令牌后输入模型；

b) 每一层编码器都用自注意进行处理，并把自注意的结果传给前馈神经网络，神经网络的结果再被传给下一层编码器；

c) 每个词经过此模型都会得到一个向量然后输入分类器中，向量的大小为前馈神经网络中的隐藏单元的数量，分类器只需要一层神经网络就能取得极佳的结果。

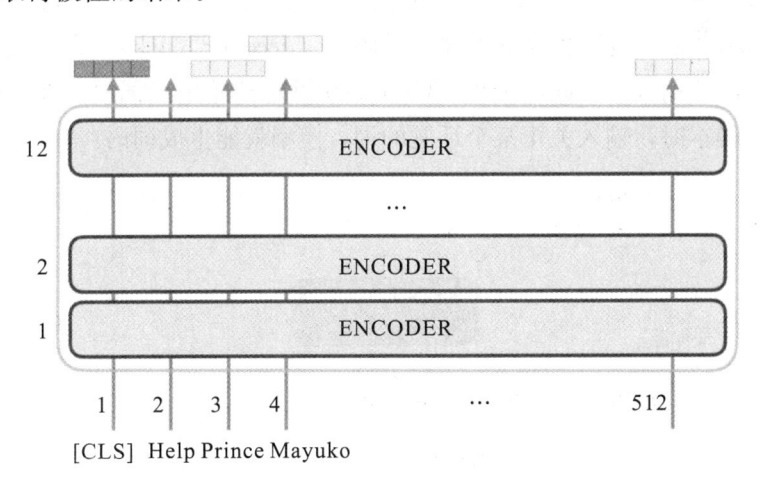

图 4-8 BERT 模型框图

该模型的优点主要有：

a) 能从纯文本中捕捉富语义模式；

b）能够得到较好的上下文相关的双向复杂特征表示。

缺点主要有：

a）需要的计算量大；

b）生成任务表现不佳，生成过程与预训练过程之间存在差异，使得生成任务的效果一般；

c）采取独立性假设，没有考虑预测掩码之间的相关性，是对语言模型联合概率的有偏估计（不是密度估计）；

d）输入掩码噪声，造成预训练和精调两阶段之间的差异；

e）无法进行文档类型的自然语言处理，只适用于句子和段落类型的任务。

5）GPT-2。2019 年 OpenAI 提出了 GPT-2。这是一个能以高性能生成连贯的文本段落，并且不依靠任务特定的训练，就能完成阅读理解、机器翻译、问答、摘要等目标的大规模无监督文本处理模型。将所有前文输入模型，模型就能预测下一个词。通常的用法是在一个尽可能大的领域和上下文尽可能多样化的数据集上训练语言模型。尽管数据集是无标签的，模型却能学习一些普通的监督任务。

GPT-2 与 GPT-1 的区别在于将精调时有监督的任务换成了无监督的。结构上 GPT-2 类似于一个只有解码器的 Transformer 模型。同时 GPT-2 也是一个自回归模型，即每一个输出词例都会被加入下一步的输入序列之中。

如图 4-9 所示，GPT-2 使用了掩码自注意力（masked self-attention）和前馈神经网络组成的解码块（decoder block）。在生成非条件样本时，输入一个起始词例，GPT-2 就可以开始生成词语。在生成交互条件样本时，输入关于某个话题的词，模型就能生成词语。

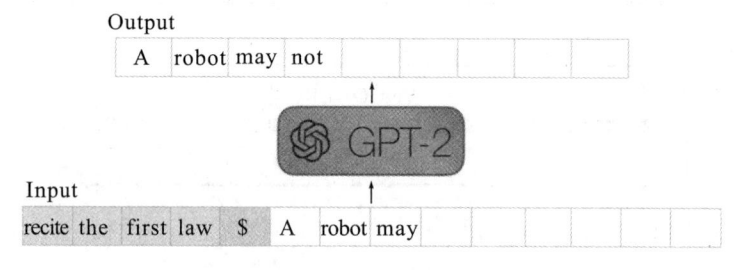

图 4-9 自回归原理

该模型的优点主要有：

a）用更大的模型、更多的数据进行预训练，性能更好；

b）从互联网网页取得大量、多种主题的语料进行无监督训练，泛用性强，适用于各种自然语言处理任务；

　　c）生成任务上表现优秀。

　　缺点主要是：作为单向模型无法使用下文信息进行预测。

　　6）Transformer-XL。Transformer-XL 允许在不中断时间连贯性的条件下学习超过一个固定数值长度的依赖。Transformer-XL 包括片段级的回归机制和新的位置编码方案。这样不仅能捕捉长期依赖，也能解决上下文破碎问题。

　　如图 4-10 所示，针对 Transformer 无法学习超过一个固定数值长度的依赖的问题和上下文破碎的问题，Transformer-XL 使用了片段级回归方法（segment-level recurrence mechanism），用一个记忆状态缓存层的隐藏状态，提供给下一个片段。这样不仅做到了长距离建模，而且使片段之间产生交互，从而解决上下文破碎问题。

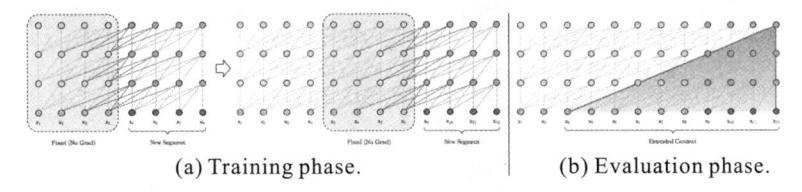

(a) Training phase.　　　　(b) Evaluation phase.

图 4-10　片段长度为 4 时的 Transformer-XL 模型

该模型的优点主要有：

a）能捕捉长期依赖；

b）能解决上下文破碎问题。

缺点主要有：

a）收敛速度慢；

b）仅仅预测排列后序列的最后几个词例。

　　7）ERNIE 1.0。

　　ERNIE 是一个知识增强的语言表示模型，受到 BERT 中掩码策略的影响，学习知识掩码策略增强的语言表示，解决了很多方法中没有考虑文本内先验知识的问题。

　　如图 4-11 所示，掩码分为实体层掩码（entity-level masking）和词组层掩码（phrase-level masking）。实体层掩码通常由多个词组成。实体层掩码则通常是将一个词组整体作为掩码。训练时，一个实体或词组作为一个整体被掩盖，便于学习它们的先验知识。采用知识集成，即通过应用多阶段知识掩码，将实体或词组知识继承到语言表示。基本掩码随机掩盖 15% 的基本语言单元。基本语言单元在英语中是词，在汉语中则是字。之后训练 Transformer

来预测被掩盖的词。应用词组级的掩码时，先使用分词工具将文本分成词组，然后再掩盖某些词组。命名实体级的掩码会掩盖人名、地方名、单位名、产品名等具体名称。这里需要用到命名实体识别或词表工具。

图4-11 不同掩码的比较

如图 4-12 所示，ERNIE 掩码策略与 BERT 掩码策略的不同点在于：BERT 仅仅遮盖一个词，而 ERNIE 是将词语和其常用修饰词一起掩盖。结构上，和 BERT 相同，ERNIE 将 Transformer 的编码器作为基本模块。

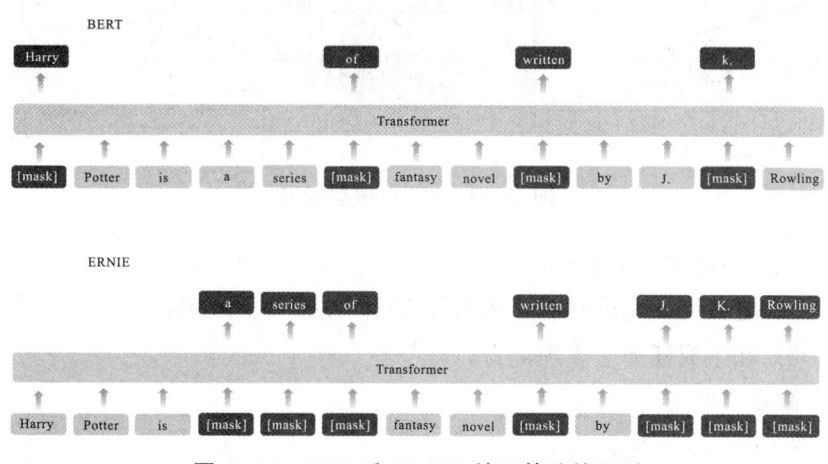

图 4-12　BERT 和 ERNIE 掩码策略的区别

该模型的优点主要有：
a) 将语句中的先验知识纳入模型；
b) 自编码结构可以并行计算，缩短训练时长；
c) 多头自注意机制能更灵活地获取语法语义的关联；
d) 能够获取更好的上下文相关的双向复杂特征表示。

缺点主要是：预训练的噪声不出现在精调过程中，两阶段数据分布不匹配。

8) XLNet。2019 年谷歌引入了 XLNet，这是一种泛用的自回归预训练方法，整合了最先进的自回归模型 Transformer-XL 的思想。以 BERT 为代表，拥有双向上下文建模能力的以去噪自编码预训练方法比自回归语言模型的表现更好。但是 BERT 用掩码遮盖部分输入的做法带来两个缺点：一是忽视了掩码位置间的依赖；二是受到预训练精调的细微差异问题的困扰。XLNet 针对这两点进行了改进，允许通过最大化所有因素分解顺序排列的期望或然率来学习双向上下文，并使用自回归公式解决了 BERT 的不足之处。模型框架如图 4-13 所示。

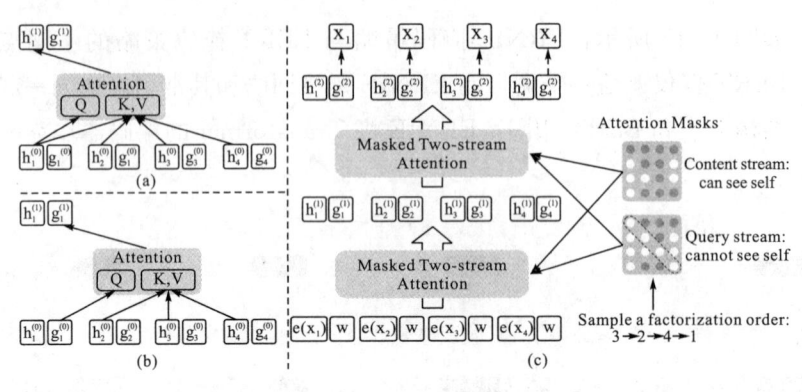

图 4-13 　XLNet 模型框架

该模型的优点主要有：

a）能够更好地获取上下文相关的双向复杂特征表示；

b）在生成任务上表现优秀。

缺点主要有：

a）收敛速度慢；

b）仅仅预测排列后序列的最后几个词例。

9）ERNIE 2.0。2019 年百度提出了 ERNIE 2.0 模型。现在的预训练模型通常专注于用一些简单的任务来获取词或句子之间的共现，从而进行训练。但是命名实体、语义亲密度和话语关系等训练语料库中有价值的词汇、语法和语义信息都没有被利用。

ERNIE 2.0 使用了三级预训练任务：词法类预训练任务、句法类预训练任务、语义类预训练任务。词法类预训练任务包括知识掩码、大小写预测、词例－文档关系预测。句法类预训练任务包括句子重排序、句子距离预测。语义类预训练任务包括篇章关系预测、信息检索相关性。模型框架见图 4-14。

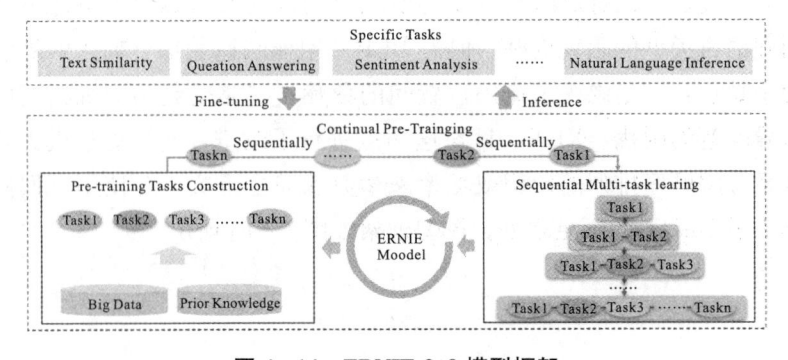

图 4-14 　ERNIE 2.0 模型框架

模型的优点是：能够得到更好的语言情境相关的双向复杂特征表示。

缺点是：输入掩码噪声，造成预训练和精调两阶段之间的差异。

10）RoBERTa。RoBERTa 是强力优化的改进版 BERT。模型的训练通常计算量很大，而且因为在不同大小的私有数据集上训练，导致超参数的选择能很大程度上影响最终结果。RoBERTa 的作者通过实验发现 BERT 模型训练不足，却能拥有超越它之后发布的几乎每个模型的性能。

RoBERTa 对 BERT 做的改动主要包括四点：

a）用更多数据，以更大批次训练模型；

b）删除下一句预测（NSP）；

c）在更长的序列上训练；

d）预训练过程中动态改变掩码位置。

该模型的优点是：能够获取更好的上下文相关的双向复杂特征表示。缺点是：输入掩码噪声，造成预训练和精调两阶段之间的差异。

11）ALBERT。ALBERT 是一种轻量型的变种 BERT。增大模型通常可以改善性能，但是由于 GPU/TPU 的内存大小和模型训练时长的限制，模型大小有一个上限。ALBERT 通过两种参数缩减技术减少了 BERT 的内存消耗并提升了训练速度。

ALBERT 使用专注于句子内连贯性模型的自监督损失函数，使多句输入的下游任务表现更好。ALBERT 缩小参数的两种技术分别是：因式分解化的嵌入参数设定、跨层参数共享。ALBERT 相对于 BERT 有四点改进：

a）词向量维度和注意力的隐藏大小脱钩。

b）跨层参数共享，使多层注意力都使用相同的参数。

c）用句子顺序预测替代下一句预测。下一句预测（NSP）的负样本能够用不同文件的两个片段产生，这导致主题预测和连贯性预测能被合并成一个任务。句子顺序预测（SOP）的正样本可以由两个连续的片段生成，负样本可以通过颠倒同文件中两个连续的片段得到。ALBERT 认为下一句预测缺少难度，而使用句子顺序预测能让模型学到更多信息，于是用句子顺序预测替代下一句预测。

d）删除 dropout。

该模型的主要优点有：

a）相比 BERT 内存消耗更小，运行时间较短；

b）相比 BERT 可扩展性更强；

c）能够得到更好的上下文相关的双向复杂特征表示。

缺点是：输入掩码噪声，造成预训练和精调两阶段之间的差异。

12) ELECTRA。ELECTRA模型是有效学习语言表示，从而高效区分真实输入的词例和合理的虚假词例的文本编码器。以BERT为代表的掩码语言模型（MLM）将一些词例用一个掩码遮盖，然后训练模型来重构原词例。这种方法在迁移到下游任务时效果很好，但是需要的计算量很大。ELECTRA通过被替换词例检测（replaced token detection，如图4-15所示）任务来进行训练。这种任务样本利用效率更高。

与BERT使用掩码不同，被替换词例检测将词例替换成从一个小型生成网络采样的合理的替代词例。BERT使用训练的模型来预测被损坏的输入，而ELECTRA通过训练一个判别模型来预测词例是真实的还是被替换的虚假采样。

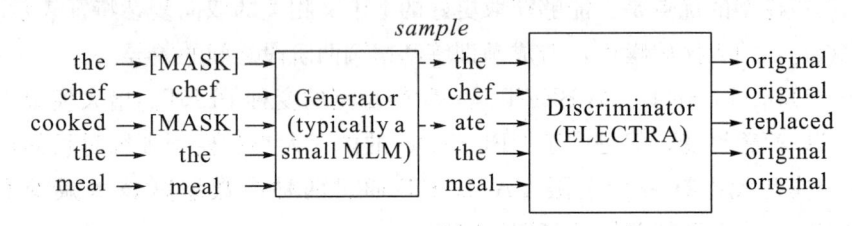

图4-15 被替换词例检测

该模型的优点主要有：

a) 任务被定义在全体输入上，而不是输入中被掩码遮盖的那一小部分，所以样本利用效率高；

b) 能够获取更好的上下文相关的双向复杂特征表示；

c) 主任务只需要二分类，计算量下降；

d) 利用了被预测的词例的自身信息。

缺点是：二分类的判别器不适用于部分任务。

第六节 面向用户画像的机器学习模型

传统浅层机器学习方法和深度学习方法都可用于用户画像应用层的分析和预测。这些模型都属于监督学习，主要有逻辑回归、支持向量机、决策树、各种集成学习模型（包括Bagging、Boosting和结合策略等）、深度学习模型（LSTM）和社区发现方法等。由于反"漂绿"是本书主要研究内容之一，但这方面的研究很少见到，所以下文将对金融领域中的反欺诈方法进行总结，这些方法同样适用于用户画像应用层的分析和预测。

一、逻辑回归

逻辑回归（Logistic Regression）是一类使用在分类计量中的计算模型。常见的二分布问题或二项分布问题一般使用 Sigmoid 公式进行处理，被命名为逻辑回归函数。逻辑回归一般用于处理分类问题，假设要分类的内容存在许多不一样的特征根，并且所有的特征根都对分类方式存在干扰，则需要通过线性累计权重特征根来获得需要的结论。

目前，银行等商业信用贷款行业比较常用 Logistic 回归模型，其主要的特点是解释能力很好，又比较稳定。这个模型不存在常见的概率设定问题，不需要一定符合多项式分布情况，在会计信用贝叶斯算法的背景下，结合 Logistic 函数构建相关的算法，能够得到对方出现违反条约的概率；同时，信贷机构能凭借对方的风险承受能力确定需要的条约，进一步确定审查要求和预备措施，最终实现对债务乙方的全面合理评估。Logistic 回归模型最早由 Berkson 构建，他修正了传统的多项式回归模型。Baccarin 选择 69 家存在一定问题的信贷机构作为数据源，在数据源中挑选出了 6 个参数构建了 Logistic 回归模型，合理地分析了商业信贷业的坏账及损失原因。Ballestero 构建了含有 7 个主要参数的 Logistic 回归模型，使用该模型的判断正确率高达 92%。Bates 结合 Logistic 回归模型，处理确认了能够准确得到失信概率的最重要的多个参数。Baumol 使用该模型同样对债券市场的违约情况开展全面处理，其实验结果非常令人满意。Gregory 的目标是确认判断上市公司违约概率，他把多项式级数展开和 Logistic 回归模型完整地融合，实验结果也非常理想。Markowitz 在大数据帮助之下对上市公司违约情况进行了判断，并且将"Z-score"模型和 Logistic 回归模型的分析精准度做了全面的对比，对比结果表明 Logistic 回归模型拥有较高的精确度。

Logistic 回归模型存在以下几个方面的优势：

一是 Logistic 回归模型拥有很好的计算效率，能够使用偏小的样本分析较大的数据样本；

二是 Logistic 回归模型一般不会因为小白噪音而产生扰动，也不会被多重共线性问题干扰，具有非常高的逻辑稳健性。

Logistic 回归模型也存在一定的缺陷，后期学者提出的多种神经网络或是非监督统计学习方法的精确度都明显优于早期的逻辑模型。

二、支持向量机

支持向量机（Support Vector Machine，SVM）是 Cortes 和 Vapnik 在 1995 年提出的模型，在分析解决高维度、非线性和小样本等方面的模式识别中有很高的精确度，并被改造整合入函数基线等其他机器学习研究里。

SVM 是一种二分类方法，是特征空间上具有最大距离的二元分类器。如果样本存在分类的可能，就可以对样本使用分类的方法。在分类的过程中，可以考虑把样本分割成最大的距离，这样就可以确保样本在整个线性空间中被全部分离出来。可是在一般的条件内，整个数据有可能并不能现行分割，这样只能使用整体函数才能确保样本之间的距离是最大的。一般来说整个样本会被认为存在对照组和实验组。SVM 的关键是对于整体函数的建立形式，也就是如何保证样本空间中所有数据之间的距离达到最大。

Penttinen 等（2019）曾经在企业盈利预测中使用 SVM 模型。我国这几年也开始有研究者用 SVM 模型来分析信贷领域的相关问题。杨帆等（2016）在商业保险赔付评估的论文里首次使用了 SVM 模型，得到了不错的结果。杨毓和蒙肖莲（2006）把 SVM 模型有机地融合应用在银行贷款信用评价中。郭冲（2013）将 SVM 与 RBF 深度学习算法相融合，基于 DS 证据理论，建立了文本有效性分析算法。罗晓光等（2015）在模糊积分 SVM 综合理论的研究中，构建了有着优秀区分准确性的债务违约概率算法，并被广大信贷机构所认可使用。Premachandra 等（2021）对 SVM 的准确性进行了分析探究。Van 等（2016）研究了深度学习理论分析德国各大银行客户的违约概率，通过实验表明 SVM 模型的结果非常精准，但是算法非常复杂，不具有很好的解释空间。

SVM 模型的主要优点是它具有很好的分类准确性，当数据量较小时尤为突出。但 SVM 模型的主要缺陷是构建选择一般参数和选择整体函数等方面的研究需要加强深度，在商业风险预测方面的实际使用目前还有一定的问题。

三、决策树

决策树最早是被研究人员提出使用在分类问题中的，这种研究模型是以实际存在的案例作为标准的分析总结算法，它使用从一类没有排序、缺少规律的样本里整合出的以多叉图表示的分析方法。形成决策树的关键是寻找到性质与其对性特征两者的联系，以便使用决策树分析未来不明样本的特征。它使用从上到下的树状形态体现分类流程，内部节点代表属性，叶子节点表示结果，决策树中的一条路径表示一种分类方法。决策树有着整体简易方便观察、规则方便解释、分类精确性很高等特征。主要的决策树算法有 ID 3、C 4.5、SLIQ 和 SPRINT 等，这些算法在挑选测试属性时采取的方案、构建的决策树形态、剪枝的时机和措施，以及处理大数据集的能力等多方面各具特点。

作为一类有特点的样本分析算法和机器学习模型，决策树模型有着能够被简单地观察、被简单地实现、有效地对白噪音进行合理的筛除等多种优点，更不用说决策树的分类精度非常高，所以被很多金融机构和安全机构广泛使用。

Makowski（1985）、Coffman（1986）是国外最初开始进行决策树实验的学者，他们在信贷分析行业中使用了决策树模型，有着不错的反响。在我国，刘军丽和陈翔（2006）也较早地使用了决策树模型，构建了商业信贷评价算法，结合第三方的商业记录表、会计流水等多种特征数据值，有效地估计了目标用户的违约概率，并且结合逻辑回归模型进一步确定这位用户是否会发生信用违约。徐晓霞和李金林（2006）使用了样本整体结构和特征跨度范围的离差熵来组建决策树模型，构建了错误率极低且能有效评估个人商业保险赔付风险的算法，帮助保险和信贷机构进行保险风险判断。王磊等（2014）结合 LE2 算法建立决策树模型对债券持有用户的风险接受度进行分析，有着不错的精度。张培强（2011）通过挖掘能够应用在上市公司管理层的信贷违约估计的 9 种深度学习模型，得到决策树模型在这种应用问题上非常好的结果，但这个模型有多种复杂问题需要解决。Fu 等（2023）综合分析了借贷违约问题的深度学习模型算法，发现决策树模型在所有这些模型算法里更容易被说明，有着更好的可视性，凸显出分析的高效率和高精确度，是最能够为该行业中的领导提供帮助的算法模型，高效和清晰的方法对他们来说最实用。

决策树模型的优点主要有以下几点：这种方法表现出了决策模型中所有应该展现的情况和所有潜在的结果形式，还有所有潜在判断过程中具有较高区分度的概率值。可以客观地展示出所有分类情况中在不同的分类顺序上、不同条件影响下的判断过程。在解决复杂的多目标条件分类问题时，阶段明显，层次清楚，便于研究人员进一步分析，能够全面地考察所有参数，得到最为合理的结果。

决策树模型的缺点在于，只有较少的应用会使用决策树，不能应用在很多无法用数量来体现的决策上；对各种方案出现概率的确定有时主观性较大，容易出现判断偏差等问题。

综上所述，为了便于分析比较，我们对逻辑回归、支持向量机和决策树的优缺点进行总结，具体内容见表4-2。

表4-2 逻辑回归、支持向量机和决策树的优缺点总结

算法模型	优点	缺点
逻辑回归	计算效率较高； 不容易被白噪声影响	计算精度比较低
支持向量机	预测精度高； 更适用于小样本的情况	选取变量和构建整合函数等研究结论需要更深入的分析探索
决策树	应用在复杂的多阶段决策时，阶段明确，层次清晰	使用范围有限； 有时主观性较大

资料来源：Peter Harrington：《机器学习实战》，北京：人民邮电出版社，2013年版。

四、集成学习

过去常见的分类决策方法一般都是尝试着去构建多种与真实样本和决策结果比较相称的反应函数，集成学习理论则通过构建大量的子分类器去对整体样本完成相应的分类决策，以此来获得最终的结果。这种方法关注每个子分类器的决策分析效率和精度。集成学习最初是由 Hansen 和 Salamon（1990）开始研究的，他们发现通过训练多个神经网络并按一定的规则组合其结果，能显著提高整个模型系统的泛化性能。如 Nanni 等（2009）结合多个国家的信用数据，综合 Random Subspace、Bagging、Class Switching 和 Rotation Forest 构建集成学习模型研究银行信用评价问题；Moral-Gacía 等（2023）基于6个国家的实际信用数据，引入5种集成学习方法（Bagging、Boosting、Random Subspace、DECORATE、Rotation Forest）构建信用风险评估模型，和现实单一的方法相比，集成学习有着更好的预警能力和稳定性。类似的 Boosting 方法还有 Tsai 等（2008）、Bequé 等（2017）、Ala'raj 等（2016）和 Florez-Lopez 等（2010）的研究。

1. Bagging 方法

Bagging 方法又叫自助聚集方法，是一种基于均匀概率分布从数据中多次抽样（有放回）的方法。在多次抽取产生的自动数据集中，培养出多种基分类器；对整合过的分类器进行表决，将实验数据分配到被投

票最多的分类器里进行实验。每个处理数据集都和原容量一样大。有放回抽样，部分样本可能在相同的训练集中被抽出很多次，而另一部分会遭到忽视。21世纪10年代以后，随机森林模型（Random Forest）是Bagging方法中使用比较广泛的算法之一。

随机森林模型是由美国科学家Leo Breiman在2001年构建的一种机器学习算法，是一种综合分析模型，基本处理模块由大量简单的多叉树组成，这些多叉树是通过Bagging集成学习后获得的，对一个多叉树的实验分析进行表决最终确定随机森林模型的分类输出。RF算法能够有效地排除白噪音干扰和特殊数据的影响，可以避免出现模型的过拟合情况，特别是在大样本的决策实验中，展示了比较优秀的并行性和可扩展性。RF模型以整体样本特征为基础，能够结合部分数据特征进行分类和实验，获得主要分析标准，不需要其他类型的分析标准，是一种非参数分类模型。

Whalen等（1988）构建以RF算法为基本构架的分析方法对银行间的违规操作问题进行探讨，证明该方法在识别违规操作问题上优于LPCO行为评分模型和NC行为等级估计模型。向晖（2015）采用Bagging方法结合C 4.5决策树算法对消费者信用进行评估，并证明了该方法的有效性。

随机森林模型的优点主要有：

（1）可以用来解决分类和回归问题，可以同时处理分类和数值特征；

（2）抗过拟合能力，通过平均决策树，降低过拟合的风险性；

（3）只有在半数以上的基分类器出现差错时才会做出错误的预测。

缺点主要有：

（1）比决策树算法更复杂，计算成本更高；

（2）由于其本身的复杂性，比其他类似的算法需要更多的时间来训练。

2. Boosting方法

Boosting方法又叫提升方法，是一类常见的统计分析方法，应用广泛且有效。当进行决策分析时，它能够变更整体数据特征的权重，构建多种分类工具，并把完备的分类工具进行线性相加，提高决策的精度，其中AdaBoost算法是较为典型的Boosting方法。

AdaBoost算法是由Freund等（1996）提出的一种组合算法。它结合多个自适应的有放回抽样方法，对被错误整合的数据减小抽样权重再次抽取，通过再次对错误整合的数据进行回顾来增加整体决策的精确程度。能够有效增加分类效率的 AdaBoost 算法已经非常成熟，在分析不平衡决策情况时一般都是最优选择方案。但是该算法的缺陷是对大量的错误整合数据只能使用相同的回顾措施，这对部分现实情况来说是非常不合理的，比如信贷评价问题。杨辉针对该算法在处理大数据决策上的部分缺陷，做了深层次的优化。

AdaBoost 算法的优点主要有：

（1）分类精度很高；

（2）可以使用各种方法构建子分类器。

缺点主要有：

（1）容易受到噪声干扰；

（2）计算复杂度较高，训练时间过长；

（3）执行效果依赖弱分类器的选择。

3. 集成学习结合策略

集成学习的结合策略就是合并大部分"假设"，最后能够获得比较精确合理的"假设"。也就是说通过构建大量较差的学习器（weak learners），最后获得相对较好的学习器（strong learner）。集成学习中结合的算法可以是相同形式的算法，也可以是形式不完全一致的算法。集成学习模型构件过程完成以后能够作为全新的独立"假设"，但是这个"假设"并不需要完全符合原来的样本性质。因此，集成学习结合策略具有更大的灵活性。

集成学习的结合策略主要有平均法、投票法和学习法等，也存在这几种方法的其他形态。

（1）平均法。

对于数值类的回归预测问题，通常使用的结合策略是平均法，也就是说，该方法是将多个模型的预测结果取平均值作为最终的预测输出。

（2）投票法。

最简单的投票法是相对多数投票法，就是一般而言的多数决定少数，即 n 种混合的学习器对总体数据的决策结果中，表决同意最多的情况为最终的决策结果。如果不止一个决策获得最高票，则再次投票直到能够挑选出一个做最终类别。

（3）学习法（Stacking 法）。

常见的集成算法是通过一些形式整合大量一致的学习器，而 Stacking 集成学习策略可通过中心函数融合大量有区分度的学习器（丁世飞等，2011）。Stacking法相比平均法和投票法在处理大样本数据时更为合理，它不是对所有学习器进行统一的分类统计，而是再增加一种完备的学习器，即以较差学习器的决策分类数据作为训练集，将这种类型的训练集改造成新的训练集，重新构建一个完备的学习器来得到精度较高的结论。对于测试集，首先用较差学习器得到一类结果，然后通过新学习器来输入刚得到的结果，接着用新学习器多次分析，最后才输出精度较高的结果。这里假设所有初级学习器使用不同的学习算法产生。Wang等（2019）通过实证研究发现，Stacking集成策略相较其他集成算法在预测精度上具有明显优势。丁岚等（2017）构建基于Stacking集成策略的评估模型来预测P2P案件中债务人的违约概率。

综上所述，集成学习中部分模型的优缺点见表4-3。

表4-3 集成学习中部分模型的优缺点

算法模型	优点	缺点
随机森林模型	可以用来解决分类和回归问题；抗过拟合能力强；只有在半数以上的基分类器出现差错时才会做出错误的预测	比决策树算法更复杂，计算成本更高，需要更多的时间来训练
AdaBoost法	AdaBoost方法的分类精度很高；可以使用各种方法构建子分类器	容易受到噪声干扰；计算复杂度较高，训练时间过长；执行效果依赖于弱分类器的选择
Stacking法	可以通过添加正则项有效地对抗过拟合，而且并不需要太多的调参和特征选择	计算复杂度更高，预训练时间过长

资料来源：Peter Harrington：《机器学习实战》，北京：人民邮电出版社，2013年版。

五、深度学习分类模型

长短期记忆网络（Long Short-Term Memory，LSTM）中主要有三层结构，分别为输入层、潜在层与输出层。长短期记忆网络的潜在层由递归连接的记忆区块（Memory Block，MB）构成，MB在该模型架构中被当作有独特记忆的节点。所有的MB都有输入门（Input Gate）、输出门（Output Gate）、遗忘门（Forget Gate）以及数量未知递归连接的记忆核心（Memory Cell，MC）。这三个组成部分的关键目的是减少多层次之间的错误计算，节点的输入与输入门捆绑在一起，输出与输出门捆绑在一起，前一序列的神经元值与遗忘门结合，控制门将影响这网络中全部的节点。LSTM 会把这种结构在整个网络上重复多次均衡地运行。

近几年，随着深度学习的技术日益完善，部分学者开始结合长短期记忆网络等深度学习模型对用户过去发生的原始样本构建不同的模型。Zeleny（1996）研究了深度学习在客户信用评分中的应用，本书作者使用了一种新的编码方法，将电信行业客户的历史行为数据转换成图像，并设计了一个 CNN 模型来自动学习特征。Wang 等（2018）使用用户行为原始数据，设计了一种基于注意力机制 LSTM 的个人信用评分模型，实验结果表明该模型优于传统方法，然而此研究的采用模型较为单一，仍有一定改进空间。

六、社会计算中的社区发现模型

社会计算中的社区发现（Community Detection）是一个复杂而崭新的思路，常被用于分析现实中存在的网络的多样化特征。近几年，现实网络中社区的多样化特征引起研究人员的注意，其中 Louvain 模型被认为是性能最好的社区发现模型之一。

Louvain 模型是基于模块度的社区发现模型，它的改进方向是最大化全部社区网络的模块度，通过以下计算过程来发现层次性的社区结构。算法主要是反复进行迭代优化。如果存在某种有着 n 个节点的无序网络，首先，将这里面每个节点都划分到一个不一致的社区，并对其编号。因此在最开始的分区环节有足够多的社区存在节点。对每一个节点 n，需要把它移动到其毗邻节点 m 并计算模块度的改变量，如果这个改变量大于 0，则移动节点 n 到相对改变量增幅最大的社区中，否则，该节点仍然保持在原来的社区。

近年来，有学者提出 Louvain 社区发现模型能够有效应用于欺诈检测等现实场景。在监控诈骗及各种类型的金融犯罪，如银行诈骗、信用卡诈骗、社交网络诈骗、债务诈骗等中都有很好的表现。诈骗人员一般会改变自身在社会网络中的联结关系，或是在所有网络群体中同步执行相同操作来躲避风控，所以一般的监控算法处理这种情况非常困难。而 Louvain 社区发现模型可通过建立跟踪全局的用户跟踪视角，实时利用图数据库来分析欺诈行为的离散数据，识别欺诈环节，快速防范和解决欺诈行为，发现欺诈犯罪团伙的群体规律。

社区发现模型与前面的方法有所不同，可以结合使用，以提高模型预测的准确率。

七、模型性能评估

模型的性能评估是验证模型可用性、稳定性和预测性能的重要一步，这些指标主要有：准确性、特异性、敏感性、精确性、F-Measure。这些指标有助于公平地比较和评估模型的泛化能力。

1. 总识别率（准确率）：评估系统的分类性能

$$Accuracy(Acc) = \frac{TP + TN}{Total} \tag{4.1}$$

2. 敏感性（灵敏性）：指测量系统对目标样本的识别能力

$$Sensitivity(Sen) = \frac{TP}{FN + TP} \tag{4.2}$$

3. 精确性：样本被正确分类的数量与样本的比值

$$Precision(Pre) = \frac{TP}{FP + TP} \tag{4.3}$$

4. F-Score（F-Measure）：精准性和敏感性的加权平均数，是对性能的全面评估

$$F - Score = \frac{2 \times Precision \times Sensitivity}{Precision + Sensitivity} \tag{4.4}$$

其中，TP 为目标样本到正类的数量，TN 为目标样本到异类的数量，FP 为其他样本误分到正类的数量，FN 为其他样本误分到异类的数量，$Total = TP + TN + FP + FN$。

第七节　上市公司环境信息披露行为画像概要

本节在研究了相关计算方法的基础上，主要阐释如何构建上市公司环境信息披露行为画像。研究针对上市公司年报、社会责任报告、环境报告书、媒体报道和政府信息等数据源，利用文本挖掘和机器学习技术，构建公司环境信息披露行为画像，从中抽象出公司的信息全貌，使得公司在环境、社会和公司治理方面的行为可得到"追溯"分析和综合评价，将上市公司、投资者和相关监管部门三者有机结合在一起，共同促进环境保护，以达到：1）帮助公司发现行业内部差距，及时纠正不良环保行为；2）维护用户利益，帮助公司筹集到社会流动资金；3）加速监管部门掌握上市公司在环境保护方面的整体情况，以及不同行业绿色贡献度

和不同公司的环保积极性，发现存在的问题，为制定更好的政策提供有力支持。

上市公司环境信息披露行为画像是用户画像技术在企业环境信息描述中的具体应用。用户画像又称用户角色，是一类能够描绘标的角色、表达角色要求与设计方向的便捷工具，这项技术已经在我国大部分行业中得到了一定的推广。上市公司环境信息披露行为画像就是上市公司环境信息的标签化，标签是一种通用的特征描述，对于任何一个公司都能计算出标签值。通过公司的环境、社会和公司治理等方面的属性和行为数据，运用统计、归纳、抽象和预测的方法来挖掘潜在的特征，从而多角度、多层次地刻画公司信息全貌以及不同群体的分布情况，为更高层的决策提供高效的特征支持。

一、上市公司环境信息披露行为画像内涵

由于科学技术的不断更迭，数据挖掘技术日益完善。运用多种技术，能够从较大样本的企业活动记录中挖掘出有价值、有意义的内容，为公司、决策机构、普通群众、其他有需要的用户提供详细、多角度的多元异构信息。面对庞大冗杂的数据，用户需要更为全面地了解公司状况，并为之后的合作找到切入点等，对此公司画像技术能够提供有效的帮助。公司画像就是根据公司的基本信息、绩效信息、信用信息等，基于公司自身大量的信息背景为公司构建可查询框架，把该公司的大部分信息通过标签进行呈现，这样大众就更容易对该公司有一个全面完整的了解。

Today Brand Index 以 50% 新闻概要参数+20% 热门事件参数+20% 公司披露参数+10% 公司领导人参数为基础构建公司画像，给重点公司未来规划和当地政府对公司的监督支持带来一定的帮助。上海国税局结合人工智能科技对税务系统和大量描述纳税人特征的样本进行画像，为外贸公司画像包含公司管理、违约、收益和发展等丰富的画像要素，并结合动态图片丰富可读性。Cooper 等（2018）结合公司画像技术构建并实际生成了公司公开股权信息查询系统，在该系统中能够查找到庞大的公司样本。石家庄工业园区构建了我国目前最全面的"CSW 供应链查询系统"，该系统的主要工作是为重工业公司画像，向国外知名投资方宣传国内公司，吸引国外合伙人的注意。

近年来，随着国家对绿色可持续发展日益重视，外部投资者和分析人员不仅关注上市公司的经营状况、诚信信誉和风险，更注重公司的环境保护和可持续能力。因此，知名公司报告的环境信息就成为刻画该公

司环保能力的重要依据。环境信息公开不仅是一类优秀的环境保护措施，也可以激发广大群众共同保护环境的意愿，而且可以提高政府对环境污染的监控能力，防患于未然而不是事后补救。对于重污染公司，结合公司画像的环境信息公开规制可以帮助社会公众更方便地监督其生产行为，保护社会的绿色权益，提高社会对环境保护的重视，推进资本市场向绿色环保公司投入更多资金关注。因此，利用大数据对重污染行业的环境信息披露行为进行画像，能够精准反映我国重污染公司环境信息公开的方式、程度等，方便政府加强分类监管和政策制定。

本项目中，画像技术最主要的工作是给大部分知名公司环境信息公开行为贴标签，而在搭建企业信息框架时，需要有资料搜集、建立模型、完成画像3个步骤。资料是上市公司的环境信息公开行为的相关数据。上市公司环境信息披露行为画像的最重要一步就是画像模型的建立，采用机器学习和统计分析的方法建立模型。在具体的业务场景下对上市公司环境信息披露行为进行合理的画像，确定好合理的标签以及获取各个标签维度的模型，才能得出一个符合实际的、全面的、精准的用户画像结果。

图4-16展示了对上市公司使用非结构化方法和结构化方法进行环境信息披露行为建模并转化为环境信息披露行为画像的过程。在此过程中非结构化方法是使用文本、语言、图片等基本信息去刻画上市公司环境信息披露行为；结构化方法一般使用大量的公司绿色行为信息来进行画像。然后整合由这些方法得到的内容偏好子画像、用户会话子画像和用户评分子画像，最终得到上市公司环境信息披露行为画像并对其实时更新。也可结合公司的基本信息将此行为画像扩展为上市公司更全面的公司画像。

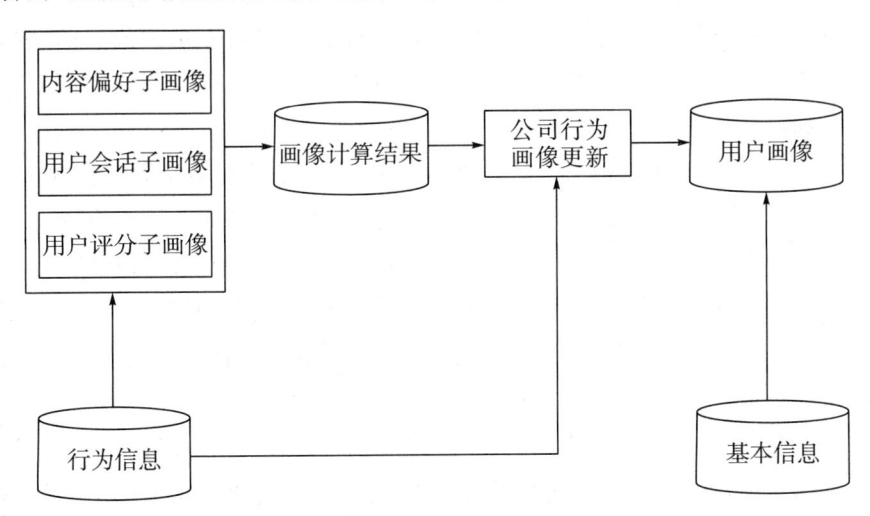

图 4-16 构建公司环境信息披露行为画像的示意图

二、上市公司环境信息披露行为画像的范围

项目所构建的上市公司环境信息披露行为画像系统主要分为两个部分：一是常规的公司基本信息及非 ESG 指标行为画像；二是 ESG 一、二、三级指标行为画像。接下来将分别介绍这两个部分公司画像的范围。

1. 公司基本信息及非 ESG 指标行为画像

近年来，国内外公司用户画像构建的维度可以视具体需求而定，其中一般包含的维度有以下几种。

（1）公司属性：企业经营证件类型、生产条件、企业生产开始时间、企业生产结束时间、法人登记证书类型、登记部门、法人属性、公司管理层人数等。针对公司属性的不同特征，能够了解该公司的基本情况与主要业务特性等要素，方便研究者对该公司进一步挖掘。

（2）公司信用属性：公司财务公示信息、纳税信息、发票购销实际交易数据等。公司信用属性主要体现其诚信程度，能够给相关机构和政府职能部门在公共资源管理、政府补助和公司合作中带来很大的帮助。

（3）公司交易特征：根据公司交易的内部数据、商品经销地、商品受众等数据来描述公司交易特征。公司交易特征分析在一定程度上能够帮助上市公司构建合理的经营理念，也可以为政府职能部门提供合适的规划参考，加强对行业整体的资源分配，从而加快该地区产业转型，吸引更多的投资者。

（4）公司内外关联特征：结合公司间供应关系信息、公司控制人员信息以及机构持股比例等信息构建公司外部交互网络体系和公司内部特性网络体系。这两类网络体系能帮助投资者和政府了解公司的内部控制情况和对外发展情况。

（5）公司评价信息：根据媒体关注信息、公司网站招聘访问数据、公司职员内部讨论信息，增强公司运营能力和产品品质。可根据人工智能评判找出公司的不足并加以改进，从而建立优秀的公司对外形象。

（6）公司所在行业情况：所在行业总体概况、行业特征/特点、政策支持力度、行业在国民经济中的地位、行业存在的问题、发展趋势、行内授信政策、竞争优势/同行业龙头企业比较分析。

企业非 ESG 指标行为画像一般包含三个方面，首先在搜集公司数据的基础上进行统计分析，得到公司标签倾向，其次建立相关模型，最后得到关于公司行为的分析，具体内容见图 4-17。

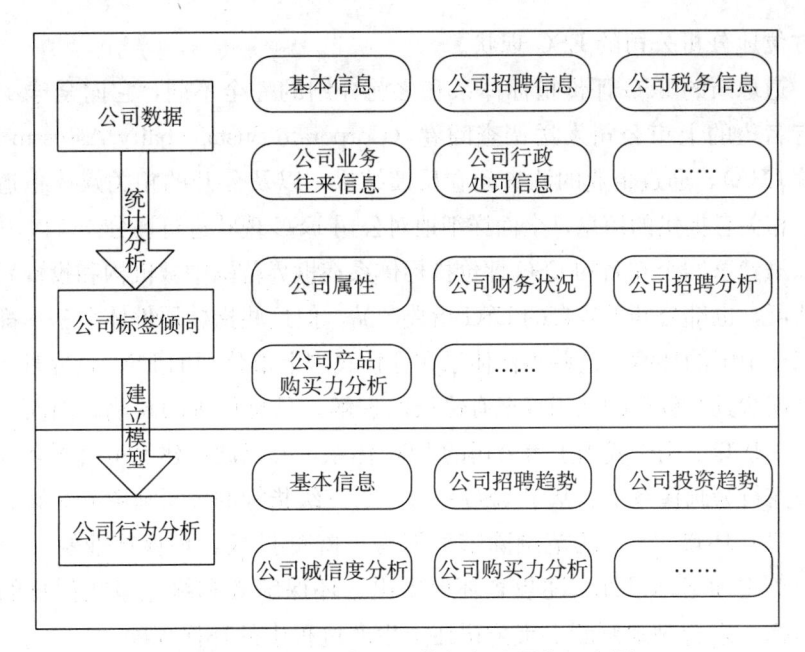

图 4-17　企业非 ESG 指标行为画像示意图

2. ESG 一、二、三级指标行为画像

现阶段部分国家已经构建了具有说服力和代表性的 ESG 信息披露标准和评价指标体系，有代表性的主要是摩根士丹利资本国际公司、汤森路透、富时罗素以及道琼斯，这几家国际企业都构建了自己的 ESG 评价标准并公开了相关指数。它们的 ESG 评价指标体系大部分相同，都围绕环境、社会和公司治理三个关键部分进行构建，且其中包含的二级指标大多采用国际通用标准，但是三级指标往往各不相同、各有千秋。

详细来说，摩根士丹利资本国际公司的社会责任评价指标是根据超过 150 位有长期工作经验的分析师，通过每个公司在 3 个核心、10 个主题共 37 项 ESG 关键事项下的表现，以及关注每个公司所在的行业在每个主题的风险暴露程度和对该项风险的转移策略做出的公司评级。

汤森路透则将上市公司的 ESG 评价指标体系划分为 3 个大类和 10 个主题，分析公司 ESG 相关的业绩、保证和稳定性，并在这里面选择出 170 多项三级指标对这些公司打分，最后使用分位数排名打分法后以一定权重相加，即得到该企业的 ESG 评分。

富时罗素的 ESG 评价指标体系已对世界 40 多个发达和发展中国家，超过 4000 只股票进行打分和评估。每个公司的 ESG 评分是由 3 个核心、14 个主题和超过 300 个指标，以及该公司在每个核心和主题上的评分、公司在该主题的信息公开程度共同决定的，能够协助投资者从多个角度全方位地分析公司的 ESG 现状。

道琼斯的 ESG 评价指标体系和之前介绍的完全不同，它向全球 2500 家有名望的上市公司发送调查问卷（Corporate Sustainability Assessment，简称 CSA），通过企业的调查问卷反馈结果，以及公开的相关媒体报道和利益相关者提供的信息，全面详细地对公司 ESG 现状进行评分。

虽然这四个知名的 ESG 评价指标体系在世界范围中被机构和投资者广泛认可，也都公开了各自的 ESG 指数产品，但这些指标评价体系基本都不适用于中国的环境。这些指标体系在评估我国上市公司的 ESG 表现时，对我国现状具有较低的认识甚至有错误的理解，具有很多的缺陷。因而本书提出一整套适用于我国上市公司的 ESG 体系，并以此构建上市公司环境信息披露行为画像系统。基于 ESG 一、二、三级指标的公司画像范围如下：

（1）环境（E）的范围除节约资源、降低排放、环保产业链、绿色办公等定性指标以外，还包含环保支出、环保绩效和绿色量化信息的定量指标，来合理地判断上市公司在全生产过程中的环保程度。

（2）社会责任（S）范围的定性指标不仅包含捐助与扶贫指标，而且还应当包含关于社区、工作人员、消费者和供应商等方面的信息，定量指标一般会测评公司的社会责任风险和社会责任量化信息。

（3）公司治理（G）范围不仅包含上市公司经营架构、投资者数量、信息公开程度、技术开发、风险控制程度等定性指标，还包含公司治理风险和治理量化信息等定量指标。因为我们研究发现近年来上市公司盈余管理中，往往包含非常复杂的委托代理事件，这会在很大程度上降低投资者的利益，所以使用了修正的琼斯模型来构建盈余管理质量指标，并放进公司治理评估体系中。另外，负面行为与风险维度通过统计上市公司的环境问题、信用问题、劳动纠纷问题、产品问题和违约问题来获得。

根据可持续发展目标、现有法规及市场实践中提出的内容，本书拟整理出如下 ESG 指标（见表 4-4），具体包括温室气体排放、大气污染物等八大类指标，来对各上市公司进行披露行为画像。

表 4-4　ESG 主要指标及相关法规报告索引

ESG 大类	主要指标	相关可持续发展目标（SDG）	相关法规或实践报告
温室气体排放	以吨计的温室气体排放总量	SDG13—气候行动；SDG 9—产业、创新和基础设施	《巴黎协定》《"十三五"控制温室气体排放工作方案》

续表4-4

ESG大类	主要指标	相关可持续发展目标（SDG）	相关法规或实践报告
大气污染物	以千克计的氮氧化物、硫氧化物、持续性有机物、挥发性有机化合物有害物、颗粒物的大气污染物排放量	SDG 3—良好健康与福祉； SDG 11—可持续城市与社区	新《环保法》
水	用水量（立方米）； 循环利用水量占比	SDG 3—良好健康与福祉； SDG 6—清洁饮水与卫生设施； SDG 11—可持续城市与社区； SDG 12—负责任的消费和生产	新《环保法》
能源	能源消耗总量（千瓦时）； 可再生能源使用比例	SDG 7—经济适用的清洁能源	新《环保法》
废弃物（水、固体、危险品等）	生产过程中产生的废弃物总量（吨）危险废物占比； 循环利用废弃物占比； 含氮废水、含磷废水、顽固有机污染物废水； 含需氧有机物排放量	SDG 6—清洁饮水与卫生设施； SDG 12—负责任的消费和生产； SDG 14—水下生物； SDG 15—陆地生物	新《环保法》
劳动力	劳动力性别构成比例； 每个员工接受的培训市场（以小时计）薪资	SDG 1—无贫穷； SDG 4—优质教育； SDG 5—性别平等； SDG 10—减少不平等	上市公司自愿披露
健康与安全	可记录的工伤事故率； 致死率（正式工和合同工）	SDG 3—良好健康与福祉； SDG 8—体面工作与经济增长	《中国职业安全健康协会会员公约》
治理量化指标	董事会女性成员占比； 授权的去中心化； 总裁/CEO分权情况； CEO与员工平均薪酬比例	SDG 16—和平、正义与强大机构	《上市公司治理指标》（2018）

资料来源：《中国上市公司ESG评价体系研究报告》。

三、上市公司环境信息披露行为画像标签构建

公司画像建模实际上就是为公司"打标签",标签是高度精练的特征标识,因此在"追溯"分析时更容易解释。根据建立的方式,标签可分为属性类标签、统计类标签、规则类标签和预测类标签。属性类标签从公司的基本属性中获取,如公司类型和公司注册地址属于静态标签,此类标签值很少改变,后三类标签属于动态标签,与公司的行为相关,取值随时间改变。统计类标签是对公司数据进行统计得到的,如公司员工人数和公司当年温室气体排放量。规则类标签用于创建抽象的特征,如环保积极的公司定义为"近一年环保设备投入资金与公司年利润大于10%"。预测类标签可以是具体的也可以是抽象的,由于部分公司信息缺失,无法获取标签值,就需要利用无缺失信息的公司数据集建立模型对缺失标签值进行预测。

标签构建过程是一种人工特征提取的过程,标签构建的一般过程分为四步:1)原始数据采集;2)事实标签;3)模型标签;4)策略标签。其中事实标签包含属性类和统计类标签,除了公司基本属性标签,还包括从原始数据中抽取出的公司行为产生的动态标签。本书将公司行为定义为事件,具有随机性,相应标签称为事件标签,事件标签可能是分级的,高级别的标签包含多个低级别的标签,标签构建过程可以从最低级开始,先获取标签值。再用熵值法、层次分析法和最优分箱法等确定标签权重,得到高一级的标签值,直到获取最高级的所有标签值。模型标签用于预测公司的类型和偏好,如"漂绿"预测、环保意识程度预测和环境信息披露质量预测等。策略标签抽象程度最高,由多个标签组合而成,通过聚类分析发现某类公司群体,如待环保设施升级公司群体、待大力发展公司群体,待严格限制公司群体等。如果某公司有该类标签,系统会通过报警的方式引起相关管理部门的关注,并促使相关管理部门及时采取有效的治理措施。最后,将所有标签特征值和预测目标值组成数据集,分成训练集和测试集,对模型进行训练和评估,实现对预测类标签值的预测。

第五章 结合行为画像的上市公司环境信息披露特征

前几章全面地说明了上市公司环境信息披露行为及其现状，接着详细地比较了国内外公司环境信息披露的异同点，并介绍了上市公司环境行为画像需要用到的基本模型与方法，最后阐述了公司环境信息披露行为画像概要。本章将进一步结合以上研究内容，对中国上市公司环境信息披露进行分析，多角度、多层次地总结我国上市公司环境信息披露行为特征。

本章首先介绍国内外环境环境信息披露评价体系的发展经过，并总结现阶段研究实践中经常使用的多种计分标准及其优缺点。接着给出了适合现阶段国内实际情况的环境信息披露评价指标，该环境信息披露评价指标能与前文提出并构建的公司行为画像相结合，客观具体地分析中国上市公司环境信息披露特征。最后将结合这些披露特征给出我国多家上市公司环境信息披露规制的建议，这些建议能够降低"漂绿"和"印象管理"等信息披露行为带来的不利影响，从而有效地帮助政府制定更加合适的环境信息披露规制。

第一节 国内外环境信息披露评价体系发展历程

在国外的研究中，环境信息披露评价体系呈现出渐进发展的态势。指标的含义，从与公司财务有关的包含单一会计信息的简单指标，发展为有着多个方向的具体复杂指标；指标的关键主题，也由较早的环境治理信息推进至污染净化治理信息。Homburg 于 1998 年首次构建了环境信息披露评价架构，该架构囊括了会计与财务因素、环境诉讼、环境污染控制等四个类别和十七个子类别，其重点是财务信息，但是不包含企业对其未来环境保护和可持续发展的规划。直到 21 世纪初期，逐渐有研究人员开始讨论企业财务数据对环境信息披露的干扰作用。如 Kumar 等（2001）发现业绩不佳的企业会更积极地披露企业的环境信息。为此，有研究者把企业环境信息分为企业环保支出、环境诉讼和污染（废弃物）处理费用三类，并对每个主要指标进行了更详细的分解，包括历史数据和将来的预测数据，来降低财务信息对环境信息披露评价的干扰。随着全球环境问题变得越来越严重，越来越多的国家将重点放在环境保护问题上，因此大部分国家相继发布了一系列有关环境保护处罚和奖励的法规。因此，有学者将这些调控成分放进环境信息披露评价体系的计算中。Al-Tuwaijri 等（2004）在讨论会计参数、绿色外部性和政治关联性能否纳入同一计算体系时，把各大重污染行业上市公司近十余年被外部媒体报道过的因为违反国家法律受到的环境污染罚款也计算进去，使得非财务绩效拓延了很长的内容。可是在 2005 年以前，研究者们在探讨这个问题时仅仅是挖掘现存的信息披露中对于环境污染灾害发生后的处理费用，如绿色成本、排污成本和污染物排放费用等，这增加了整个环境信息披露评价体系的被动性。

  2008 年初期，研究者在探讨如何确立环境信息披露评价标准时，开始着眼于企业的实际行动内容，并且逐渐把重点转移到污染处理等主动治理领域，如企业的排污方案和近三年的经营规划。研究人员通过公司长远的经营规划来判断其信息披露的质量。如 Hooks 等（2011）在分析上市公司环境报告时，不仅要考虑外部性损失、污染支出和激励措施，而且还涉及公司的所有受益方，其中有股东、购买者、供应人员等生意伙伴，甚至包含了直接或间接受到公司经营影响的客观存在，如环境和员工家属，内容更加全面，这种改进也被大量研究人员广泛采用。除此之外，研究人员还补充了员工工作补贴、员工生活补助和培训项目等企业的社会福利因素，以此来展示企业提升其社会责任的积极性。同时，有部分研究者深入挖掘了上市公司强制性和非强制性披露对公司的影响，并以此构建相关指标。Clarkson 等（2008）研究了环境监督、污染治理等有助于提高企业绿色声誉的项目。Quispe-Agnoli 等（2015）考察了先前的理论工作表明，主动和被动披露环境信息在几个重要方面有所不同。作者调研后认为，自愿披露是企业的内生选择，强制性披露是企业的外生冲击。Huang 等（2018）认为大部分上市公司会根据自己公司的特定情况自行选择披露的环境信息内容，但强制性披露抑制了这一机制。Ni 和 Zhang（2019）研究发现，当投资者不了解信息时，自愿披露的价值（或提供自愿披露的倾向）可能很低。Liao 等（2019）研究发现，由于网络效应，企业可能受益于强制性披露所产生的正外部性信息。Li 等（2019）通过研究认为，强制性报告的效果往往较弱，取决于基本的经济学和制度，但这种形式的报告会形成更大的外部干扰。

国外相关指标体系的关注点在从基础会计要点向污染治理和企业外部性改变的过程中，其功能、可扩展性，都在大量研究者深入探讨后得到充分完善。成熟的体系与基础会计指标相比较，可更深层次地体现企业污染治理的方式、成效和功绩，在一定范围内包含和深化了之前的大部分环境信息公开评价体系。

直到 1990 年，中国才有学者对企业环境信息披露评价指标进行探究，同时开始对指标体系进行规范性分析。学者早期基本局限在粗糙的文字案例中，缺少相关的数据计量分析，即使存在数据挖掘也只是进行了描述性统计和简单的调查研究。近二十年来，国内学者开始把国外较为成熟的研究成果作为参考，从国内环保政策、污染治理措施、污染治理成果等方面建立了非常详细的环境信息披露指标体系（朱金凤和薛惠锋，2008；李晚金和张莉，2014）。另外，国内研究者也从其他方面创立了与国外有所不同的指标体系，从王建明（2008）的强制性环境信息披露研究开始，出现了大量考察非自愿信息公开质量和主动信息公开质量的指标体系。他们在评判公司主动公开程度时，从非自愿信息公开质量的干扰因素入手，根据专家问卷调查的结果确定环境信息披露的指标体系架构，分别从相关性、稳健性、可比性、主观性与清晰性这 5 个关键层次总计 22 个主要内容出发分析了指标构建的重点。在明确是否存在非自愿信息公开的同时，部分研究者还讨论了环境信息披露对投资者的参考意义。

随着国内越来越多强制性环境信息披露法规指引的颁布，大量研究者在考察这些新法规时也不断将这些环保政策因素融入环境信息披露评价体系的研究。李龙会（2011）根据 2007 年的《环境信息公开办法（试行）》中"希望中国企业能够主动披露"等多个报告要点，及企业年度汇报文件的基本架构，把评分体系重新确立为绿色治理措施、污染排放程度、污染治理等多个变量进行多层次计算实证，使得该环境信息披露评价架构更加完整。但是与前面诸多研究一样，他们对非强制性披露的环境信息缺乏定量的深入分析，不能提炼出不同行政区域中企业自愿披露的差异性特征。这使得他们的评价体系显得比较模糊、不够精练，并且缺少说服力。梁小红（2010）主要考察了多个地区的上市公司自愿披露的环境信息，找出了其中包含的问题并以此改进了她构建的环境信息披露评价体系。另外,也有很多研究者把《上海证券交易所上市公司环境信息披露指引》当成评价体系的理论基础,但是一般研究仅仅将前人研究成果进行部分修改,在实质性方面修改较少。如周竹梅和单文梅(2016)只是在李建明(2010)的研究基础上,根据《上海证券交易所上市公司环境信息披露指引》的新要求,将原评分体系里的企业环境保护措施指标,扩展为具体的企业污染治理措施指标,如污染设备改造费用、排污处理投资和可循环利用投资等。

在中国环境信息公开质量评估的具体研究中,大部分研究人员都是参考其他国家成熟的结论,其环境信息评价架构的形式、层次与前人的研究没有多少不同,目前仅仅是在污染支出指标和环境保护指标方面有新的认识。这是由于国内环境信息披露强制性较差,环境信息披露内容较少,国内研究人员不可能直接参考国外研究成果以构建成熟的指标体系,而基本上是结合污染消耗、主要废物处理、政治关联、媒体关注、披露措施及财务绩效等因素完成评价体系重构。

通过分析这些环境信息披露评价研究,我们发现无论是国内还是国外的环境信息披露指标,研究人员在体系构建上都涉及废料处理、污染消耗等大量与环境有关的数据,这说明国内外研究人员在体系构建上的认识已经接近统一。从整个发展进程上看,国外环境信息披露指标的研究发展起步更早,但已有的研究只是简单分析了非强制性环境信息的内容和影响因素,随着大量新政策颁布,环境信息披露评价指标在计算架构建设上不断趋于完善。

第二节 环境信息披露指标的评分准则

环境信息披露评价体系研究的第二个重要内容是评分准则。评分准则是指按照一定的权重为每个指标项分配一个分数,以便将公司年度报告或社会责任报告中披露的涉及绿色的文本叙述转换为计量分析所需的环境信息披露指标(EDI)。类似于其他参数描述,这一类评分准则也有着较长的发展和修正的历史。在较早的有关环境信息披露的研究里,总结出环境信息披露评分的计算准则基本包括以下五类:0—1计分法、数量计分法、质量计分法、创新计分法和文本大数据计分法。每种计分方法都有自己的计算特点和限制。

一、0—1计分法

0—1计分法的计分系统非常简单。当环境信息披露文本里有被关注的内容时，得分是1；如果该内容未出现在公司报告中，则分数为0。该评分系统没有考虑权重，所以无法反映出重要程度的变化。因此只有很少一部分研究人员会考虑采用这种计分法来评价环境信息披露程度。

二、数量计分法

数量计分法指通过公司环境信息报告中的单词、句子或段落的个数，分析公司的环境信息公开程度，而与报告的内容和质量无关。对于数量计分法的优势，正如Sengupta（2004）文中所述："因为被要求向各异的投资者和外部人员公开，同时公开信息是由各个组织选出的，所以上市公司公开环境信息始终存在局限，公开的内容一般都在强调公司自然保护的功绩。"所以，使用数量计分法能降低人为因素对环境绩效分析的干扰。数量计分法的实践人员发现，上市公司公开披露的环境信息数量越大，越容易引起外界关注。另外，研究人员采用这种较为简单有效的方法来评价上市公司的环境绩效，可以降低过往的文献中因采取别的评分方法而带来的计量误差。遗憾的是，数量计分法依旧非常粗糙，其得分很难反映环境信息披露的质量，因为不能排除公司管理者为了某些目的，故意增加环境信息披露内容（字数）的情况。而且这种计分措施在实际应用中无法完成的可能性也很大。

三、质量计分法

质量计分法是环境信息披露评价计算的关键方法。它是基于公司文本报告里的环境信息的质量（如专业度、对照标准、定量与定性、货币与非货币等）为每个关键项目分配合理的权重系数和评分，最后综合汇总得到上市公司的环境信息披露质量计分。

Talluri等（2008）在分析环境信息披露质量对欧美各大公司利润绩效以及市场关注度的影响时，直接采用基于质量的计分方法。在指标权重的构建上，没有相应环境信息披露得0分，有基础叙述性信息得1分，和市场有一定联系的特定内容得2分，和公司直接有关的会计报告得3分。他们认为公司管理者会较为积极地公开优质的环境信息内容，并通过实证证明了管理者已经意识到这种行为会对上市公司经营情况产生正向影响。正是由于这种计分方式反映出了更多的隐藏内容，所以其后有更多的研究人员愿意采用环境信息的质量计分法。Tzeremes（2011）在分析英国重污染行业中不同类别公司环境信息披露质量时采用了如下方法：如果公司公开的环境信息对公司经营现状和经营成果缺少直接的作用，得1分；公司在公开其他内容时有简要涉及污染排放之类的情况，得2分；公司详细说明公司未来绿色生产规划和未来减排措施，得3分；公司以特定数量和财务方法公开公司的绿色负面新闻，得4分。综合来看，以上两项研究中的环境信息披露质量计分法差别非常小。

2005年以后，逐渐有一部分国内研究者开始使用上述质量计分法来评判公司的环境信息披露水平，但是大部分的统计计算方法仅仅局限在根据环境披露报告中，公司对环境信息公开的详尽程度，指定1、0.5和0这三个权重，最后全部相乘后相加以确定他们所需要的环境信息披露指数。另外，部分研究人员在完善评分规制时考虑强调了环境信息报告中额外内容和补充内容的重要性。即假设公司在披露信息中公开环境信息时存在一定数量的额外内容，则表明该上市公司的环境信息报告质量比其他简单报告的公司更好，因此应该在此质量评分类别中多给予一些分数。肖华、张国清（2008）在分析公共压力与环境信息披露的关系时，使用的评价方案为：环境信息以货币单位进行披露的得分为3，以数据统计方式披露的得分为2，以简单的语言披露的得分为1；没有公开环境信息的得分为0。

在其他研究中，部分研究人员通过为有差异的环境信息披露质量决定梯级变化的权重，然后进行相应的评分，这种计分系统相对更科学。Lyon和Montgomery（2015）在对环境信息披露质量评估的研究中使用了组织信息披露理论，并引入了对公司绿色转型实践、社会实践和治理实践的差异性评估。他们根据公司的利益相关者在环境信息披露中夸大和过度谦虚的程度，将环境信息披露评价体系置于一个动态环境中，而这在之前的文献中基本上是缺失的。最后根据指标体系进行分布式加权，以此得到总计分，这就是上市公司环境信息披露指标（EDI）。唐国平和李龙会（2011）基于信号传递理论选取了上市公司的自我评鉴报告中绿色自评信息的模糊程度，作为衡量公司环境信息披露质量的重要指标。同时将绿色自评信息与外部媒体报道相匹配，进一步调整指标体系中各参数的权重。最后基于这些权重使用层次分析法获得了我国上市公司的环境信息披露指标。这类把实际信息质量当作评分方案的计分准则，对社会责任报告中公开的差异化信息赋予各异的重要度，从而确保信息披露状况的表达是有区分度的、相关的且有效的。同时，公司管理者结合这些质量评分体系可以指导上市公司集中精力进行有质量的披露，并且鼓励公司追求更高级别的信息细节。把外汇交易等实际情况放进评分规制也非常有利于上市公司提高绿色绩效。但是，在这种评分方案里，不可忽视非客观因素的影响。

四、创新计分法

由于环境信息披露评价指标研究的不断推进，开始有研究人员在构建环境信息披露评价体系时，将多种不同的计算方法通过一定方式糅合，以此来解决各自的缺陷，提高评价指标的质量。在国外，部分学者将0—1计分法与质量计分法相结合。如AL-Tuwaijri等（2004）在分析环境信息公开质量与污染治理时把数量计分法与0—1计分法进行了巧妙融合，具体操作是将数量计分结果与0—1计分结果相除。另外他们对于环境信息披露评价指标，采用的是基于数量的加权评分措施。有关信息公开得分为1分；用于获取与竞争对手或整个行业有关的信息得分为2分；与往年有关的信息得分为3分；与公司目标直接相关的信息得分为4分。另外一些学者将数量计分标准与质量计分标准相融合。此类计分法不仅计算了环境信息数量，而且考虑到了信息之间的差异性，能够体现环境信息披露质量的重要性。后续的研究中还出现了把多种计分法一起使用的情况。Beck等（2010）构建的环境信息披露评价体系包含企业污染治理、政治关联与环境信息模糊程度。他们对每一个小类别都确定了详细的信息分析标准。根据不同的内容评价规则，又根据以下四个大类别给出一定的得分：环境处罚金额（C），媒体关注力度（dP），产品碳足迹（sw）和绿色规制工具作用力（sq）。但这种计分方式只适用于对实际情况的概括，不能对具体的环境信息进行完整的分析。另外，国外有部分研究人员认为对环境信息披露的每一个细节都要进行数量与质量上的规制，合并制定了非常详细的计算判断标准，但也有部分学者认为这样容易出现一定的非客观因素，反而不利于环境信息披露质量评价。我国的研究人员同样考虑到了上述方案，刘涛（2014）详细地考察了中国各类重工业企业的环境信息披露情况，沈洪涛和苏亮德（2012）结合机构调研、机构持股和投资者关注来评估环境信息质量。他们融合了质量计分法与数量计分法建立了综合性的指标体系，并且从环境信息文本句子数和环境信息模糊度这两个不同维度，确定指标体系中各参数的权重。在考察环境信息模糊性时，他们把部分关键环境信息单词的词频定义为可读性的相关分数；在考察环境信息披露的可靠性时，借鉴了

Richardson 和 Welker（2001）、Dean 等（2009）的思路，挑选了稳健性、复杂性和持续性这几类相关关键因素，在这几类因素中还讨论了有差异的统计方案。

五、文本大数据计分法

通过分析不难看出，过去的研究往往局限在环境信息报告中的信息数量或是质量等方面，这也与当时的技术和手段的局限性有一定的关系。Qing 等（2022）分析上市公司环境信息披露评价体系时考察了环境信息文本语言的组织结构，使用 DICTION 算法分析环境信息的"模糊性"和"消极性"分数。这种环境信息评价方法依靠信息文本依存结构的相关性，以其高精准度的特点，吸引了更多会计方面的知名学者进行环境信息披露分析研究。在后续研究中这位研究者把环境信息披露的语调变化作为额外的实证参数，直接降低了环境信息质量评分中不可忽视的主观性问题带来的干扰，增加了研究的稳健性。该研究能够判断上市公司是否存在只披露好新闻、忽视坏新闻、回避绿色污染等情况，以此考察上市公司绿色文本语义诱导对投资者关注的影响。

此后，绿色文本分析的研究重心也出现了本质改变。相较于之前研究中针对信息各方面特征的深入挖掘，后继学者开始将关注的重点放在上市公司环境信息披露的后果与成效上。另外，在环境信息披露评价体系中部分计算参数的手段也有了一定的变化。现阶段人工智能的技术支持能够更集中地体现在文本深度探究的过程中，充分改变了之前所有的计分方式，同时创新构建了崭新的绿色文本信息分析方法。这种绿色文本分析方法的精确程度和操作速度是以前所有研究中都无法想象的，该方法已经逐渐成为新时代背景下环境信息披露评价体系构建的起点和关键。

随着大数据和云计算时代的到来，计算机和互联网技术的飞速发展为环境信息的定量研究提供了新的可能性。从文本大数据的角度看，细分后的指标体系可以相互学习，还可以不断完善和扩展。在新研究方法下，研究对象也从长期报告（如年度报告、社会责任报告、招股说明书等）扩展到各种类型的短期动态信息载体（如公司官网、SNS 或相关电子载体报告）。同时，研究重点也发生了很大变化，即从过去对上市公司环境信息披露内容的探讨，到对信息披露的质量以及语义、动机、情感和其他方面的进一步扩展。相较于过去使用的手动记录汇总整合评分方法，新趋势更依赖于基于深度学习和大数据的文本分析。这是由于文本将会越来越庞大，无论是采用现有的统计方法还是完全构建新的权重，过去的指标体系都无法通过手动操作来实现。

表 5-1 是对上述方法的优劣势的比较和应用范围的总结。

表 5-1　五类计分方法的比较

计分方法	优势	劣势	应用范围
0-1 计分法	工作量较少；较清晰明确	无法对环境信息披露具体内容进行挖掘	适用于概况的描述性统计，并不适用于实证分析
数量计分法	解决了非自然因素对环境信息披露评分的干扰	不够全面；不能排除公司高管有目的性地增加无关的文字的嫌疑	适用于客观的描述性统计，实证分析中需要进一步处理
质量计分法	不仅能指引上市公司增加披露信息的文本量，而且可以帮助上市公司有详有略地进行环境信息披露	能够有效地完成实证分析，但是不能避免主观因素的干扰	
创新计分法	克服了单一方法的局限性；增加了环境信息披露指数的说服力；进一步减少了主观性带来的干扰	计算较为复杂，工作量较大	适用于绝大部分实证工作，需要考虑多种方法的结合方式和权重选择
文本大数据计分法	能够在环境信息披露的词汇、情绪、目的、结果等方面更全面地展开；进一步降低了主观性带来的影响；能够对大规模的历史数据进行综合处理，分析公司披露质量的变化	计算过程十分复杂；对硬件设施要求比较高	能够得出较为精确的指标，可以用在对历史信息综合处理的计量分析中

资料来源：Rupley K H, Brown D, Marshall R S, 2012. Governance, media and the quality of environmental disclosure [J]. *Journal of Accounting and Public Policy*, 31 (6): 610-640.

综上所述，环境信息披露评价体系，从最基本的 0-1 计分法，到数量计分法、质量计分法、创新计分法，再到近几年开始的文本大数据计分法，计分指标逐渐复杂深入且越来越能减少研究者的主观意识带来的错误干扰。一方面，所有的计算方案一定会存在不同程度的信息偏误，这使得研究人员对环境信息披露的解读依旧存在一些难以消除的主观性。另一方面，从最新的文本大数据计分法可以看出，这种方法虽然能够降低研究者的主观影响并且减少信息损耗，但由于计算过程过于复杂，设备要求极其苛刻，需要其他研究者对其进行慎重选择。

第三节　环境信息披露指标的生成

（1）借鉴社会学理论中对报告文字统计概率分布的解释，并且考虑到国外很多研究者都使用数量计分法作为主要指标计分方法刻画 EDI，本书将所有上市公司历年来出现过的主要关键词构造成字典，统计它们出现的次数并全部相加，记为 EDI_1。

（2）结合专家调查法，由环境保护管理方向相关学者去掉部分和绿色环保与环境信息公开没有关系的关键词，如"亿元""年份"等。将字典中剩余的关键词再次加总，记为 EDI_2。

（3）基于高频词进行共现分析，将相互关联频繁的关键词、在公共网络连接图里网络属性维度最高的关键词挑选出来，然后对字典中此类关键词的次数求和，记为 EDI_3。

（4）如果两个词语之间的相互连接仅出现了几次，那么可以明确地表示这两个关键词之间没有共线性，即这类关键词不可能代表该上市公司的绿色公开信息。去除这一类词语以后，再次对字典中的关键词出现的次数求和，记为 EDI_4。

（5）去掉字典中共现少于五次的关键词，依据出现的次数给出字典中剩下的词语不同的权重并求和，记为 EDI_5。

经过以上五个步骤，针对我国上市公司于某一年度中公开的环境信息内容，结合上文分析的环境信息评价指标构建出五类完全不同的 EDI 评分。因为研究对高共线性的关键词不停地复杂操作，这五类 EDI 指标的分值也越来越小，这样能够避免在某些行业中部分 EDI 分值过大导致对环境信息披露特征的研究产生干扰等情况的出现。接下来将使用这五类不同的 EDI 指数结合深度学习和大数据文本分析方法，对我国上市公司环境信息披露特征进行分析。

第四节 基于上市公司社会责任报告的环境信息披露特征

前几个小节详细讨论了近年来环境信息披露指标的发展历程和计分标准,并构建了上市公司环境信息披露指标模型。本书的一个关键目标是引入大数据、云计算等技术,采取文本挖掘和深度学习方法,并结合上市公司绿色行为画像等技术,进一步对上市公司环境信息披露特征进行分析,以期从中获得更多且更实际的上市公司环境治理建议。本书接下来将从上市公司社会责任报告入手,展开详细讨论。

企业社会责任报告(Corporate Social Responsibility Report)是上市公司践行社会责任的思路、措施、形式和效果的一种主要书面文本方式,同样也是上市公司和社会公众进行沟通和交流的重要形式(钟洪武,2013)。早在二十多年前,我国就有了第一份完整详细的企业社会责任报告,即中国石油天然气股份有限公司发布的《健康、安全与环境报告》。2006年,国家电网发布了《国家电网公司2005年社会责任报告》,这是我国最早使用"社会责任报告"命名的书面文件。此后,披露详细社会责任报告的上市公司越来越多,并且这些公司已经连续披露了很多年,因而这类报告开始成为企业环境信息披露的主要载体,并在不断发展之中。我国上市公司披露的报告基本是以"社会责任报告"作为标题,也有上市公司将其称为"可持续发展报告""可持续报告"等,这些报告基本都是用来反映企业在环境、公司治理和社会方面的内容,都是能产生一定社会影响力的"社会责任报告"。统计数据显示,截至2018年中国上市公司总计公开了15438份企业社会责任报告。

现阶段我国企业社会责任报告中主要包含三大主题:企业的环境表现、企业对社会的贡献和企业的管理绩效。从这三个方面能评估出企业在促进经济可持续发展、履行社会责任方面的能力。具体而言在环境主题方面(Environmental),披露的主题内容通常有企业的碳排放和污染物排放、国家和企业所在地的环境保护政策、废物污染排放标准及管理政策、企业的各类资源使用及管理情况、企业的能源消耗及管理情况、生物多样性、企业的排污合规性等;在治理主题方面(Governance),披露的主题内容通常有企业的公司治理措施、管理层贪污受贿处理、企业的反不正当竞争措施、企业的风险管理方案、企业的税收是否清晰透明、内部的劳动实践理念、企业的道德行为准则、企业的管理合规性等；在社会主题方面（Social），披露的主题内容通常有企业的用工性别平衡情况、企业用工的人权政策、是否有社团活动、企业用工的健康安全情况、企业用工的管理培训情况、企业的劳动规范、企业的产品责任、企业的生产合规性等。本书着眼于此，应用多种技术手段分析企业披露的环境、公司治理和社会三个部分的特征关键词和潜在主题，并基于这些结果分析我国上市公司在环境、社会和公司治理主题中历年披露特征的情况。

为获得上市公司环境信息披露特征，首先需要进行深度的文本挖掘，文本挖掘分析的过程如下：

第一，环境信息的采集和提取。初步计算沪深两市上市公司的数量，将其年报、社会责任报告与可持续发展报告合并，并且计算合并后的文本数量。对所有的社会责任报告进行整理，获得与环境信息相关的内容。将检查整理后的内容存放在一个新的数据库中，构成可查找的索引。

第二，形成环境信息的高频词。使用 Python 语言进行编程，对所有环境信息样本的内容进行分词和词频统计，并记录这些样本中的高频词。将这些高频关键词组成一个庞大的字典，使用这个高频关键词字典，并结合上文构建的五类环境信息公开评分指标方式，获得多种不同意义的 EDI。

第三，环境信息的共现分析。根据词频较多的词元出现结果，通过软件继续进行共线处理，构成 1 个 $N \times N$ 共现矩阵。

第四，使用基于 TextCNN 改进的深度学习算法，运用该算法中的共现矩阵，挖掘出公司环境信息披露的关键词和关键信息，并对这些词进行打分。

第五，使用 LDA 无监督主题分析模型，分析环境信息包含的潜在主题数和潜在主题之间的距离。

接下来本书对各个步骤进行详细说明：

首先，项目使用 WordCloud 模块对上市公司社会责任报告中的环境信息进行简单的处理，并以图片的形式直观地表现出来。图 5-1 至图 5-6 为 2013—2018 年环境信息词云图，图中字词的大小表明该字词在所有报告中出现的频率。

然后，项目使用基于 TextCNN 算法，对上市公司发布的社会责任报告中的环境信息内容进行进一步的文本分析。TextCNN 算法是由 Yoon Kim（2014）提出的将卷积神经网络 CNN 应用到文本分类任务的算法，它使用多个不同规模的 Kernel 来得到句子中的主要内容和关键词,以较全面地获得文本信息的局部特质。通过该算法能够得到上市公司社会责任报告中环境内容的关键信息权重得分和权重百分比,权重得分越大,说明关键信息与主题相关度越高。

研究首先通过词云和深度学习方法,展示并分析2013年上市公司社会责任报告中,环境、公司治理和社会部分的关键词和中心主题。图5-1是对2013年上市公司社会责任报告环境信息进行词频统计得出的词云图,可以看出环保、管理制度和环境是该年度环境信息中提及较多的关键词。

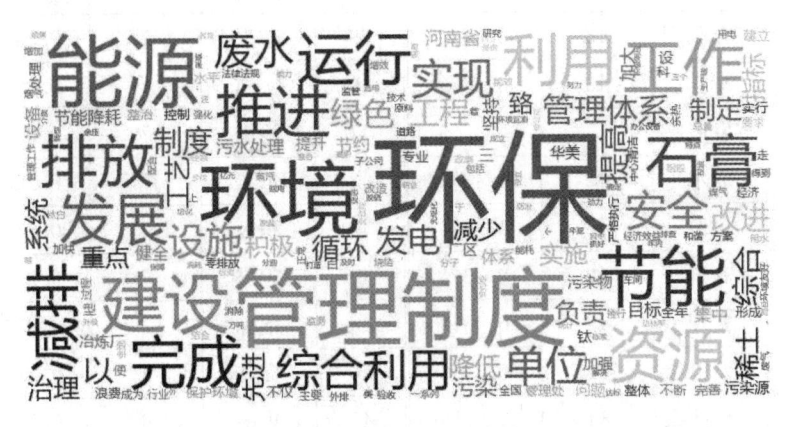

图5-1 2013年上市公司社会责任报告环境信息词云图

通过词云图还不能确定社会责任报告中环境信息的中心主题,为了进一步明确环境信息中每一个关键词的重要程度,本书使用TextCNN算法计算2013年上市公司社会责任报告环境关键词的权重并进行了排序。从表5-2可以看出,2013年上市公司社会责任报告的环境部分,重点关注企业的环保问题,同时对管理制度、环境和能源也有一定的讨论。

表5-2 2013年上市公司社会责任报告环境关键词权重排序表

序号	关键词	权重得分	权重百分比	序号	关键词	权重得分	权重百分比
1	环保	71	2.54%	26	制度	10	0.36%
2	管理制度	29	1.04%	27	综合	10	0.36%
3	环境	27	0.96%	28	提高	10	0.36%
4	能源	26	0.93%	29	改进	10	0.36%
5	节能	18	0.64%	30	保卫	9	0.32%
6	建设	18	0.64%	31	循环	9	0.32%
7	工作	16	0.57%	32	工艺	8	0.29%

续表5-2

序号	关键词	权重得分	权重百分比	序号	关键词	权重得分	权重百分比
8	资源	15	0.54%	33	负责	8	0.29%
9	运行	14	0.50%	34	治理	8	0.29%
10	利用	14	0.50%	35	稀土	8	0.29%
11	推进	14	0.50%	36	系统	8	0.29%
12	排放	14	0.50%	37	制定	8	0.29%
13	完成	14	0.50%	38	降低	8	0.29%
14	综合利用	13	0.46%	39	减少	7	0.25%
15	减排	13	0.46%	40	实施	7	0.25%
16	发展	13	0.46%	41	污染	7	0.25%
17	废水	12	0.43%	42	重点	7	0.25%
18	单位	12	0.43%	43	积极	7	0.25%
19	安全	12	0.43%	44	先进	7	0.25%
20	实现	12	0.43%	45	指标	7	0.25%
21	发电	11	0.39%	46	提升	6	0.21%
22	管理体系	11	0.39%	47	集中	6	0.21%
23	绿色	11	0.39%	48	设备	6	0.21%
24	设施	11	0.39%	49	污染物	6	0.21%
25	工程	10	0.36%	50	加强	6	0.21%

在分析了社会责任报告的环境部分后，接下来使用同样的方法，计算2013年上市公司社会责任报告中公司治理部分的关键词权重。从表5-3可以看出，投资者、信息、发展和披露是该年度的重点关键词，这说明大部分上市公司在公司治理方面，更关注公开披露公司信息，并且愿意保护大部分投资者的相关权益。

表5-3　2013年上市公司社会责任报告公司治理关键词权重排序表

序号	关键词	权重得分	权重百分比	序号	关键词	权重得分	权重百分比
1	投资者	45	1.93%	26	制度	8	0.34%
2	信息	30	1.29%	27	控制	8	0.34%
3	发展	22	0.94%	28	实现	8	0.34%
4	披露	21	0.90%	29	良好	8	0.34%

续表5-3

序号	关键词	权重得分	权重百分比	序号	关键词	权重得分	权重百分比
5	工作	18	0.77%	30	各项	8	0.34%
6	提升	16	0.69%	31	履行	8	0.34%
7	董事会	15	0.64%	32	质量	8	0.34%
8	经营	15	0.64%	33	建设	8	0.34%
9	关系	15	0.64%	34	科研	8	0.34%
10	内控	14	0.60%	35	内部	8	0.34%
11	股东大会	14	0.60%	36	会议	8	0.34%
12	相关	12	0.51%	37	监事会	8	0.34%
13	加强	12	0.51%	38	水平	7	0.30%
14	严格	12	0.51%	39	有效	7	0.30%
15	及时	11	0.47%	40	委员会	7	0.30%
16	体系	11	0.47%	41	同比	7	0.30%
17	按照	10	0.43%	42	创新	7	0.30%
18	完善	10	0.43%	43	实施	7	0.30%
19	治理	10	0.43%	44	保护	7	0.30%
20	亿元	9	0.39%	45	公平	6	0.26%
21	提高	9	0.39%	46	内幕	6	0.26%
22	推进	9	0.39%	47	全面	6	0.26%
23	上市公司	9	0.39%	48	材料	6	0.26%
24	债权人	9	0.39%	49	充分	6	0.26%
25	保持	9	0.39%	50	回报	6	0.26%

最后结合 TextCNN 算法，计算 2013 年上市公司社会责任报告中社会部分的关键词权重。从表 5-4 可以看出，安全、作业、单位和培训是该年度的重点关键词，这说明大部分上市公司更关注企业员工的安全问题，并且愿意对员工进行一定的培训，提升员工的工作技能和自身素质。

表5-4 2013年上市公司社会责任报告社会关键词权重排序表

序号	关键词	权重得分	权重百分比	序号	关键词	权重得分	权重百分比
1	安全	21	1.70%	26	全年	7	0.57%
2	作业	19	1.54%	27	保障	7	0.57%

续表5-4

序号	关键词	权重得分	权重百分比	序号	关键词	权重得分	权重百分比
3	单位	17	1.38%	28	生活	7	0.57%
4	培训	14	1.13%	29	体检	6	0.49%
5	危险	12	0.97%	30	主要	6	0.49%
6	职工	11	0.89%	31	生育	6	0.49%
7	岗位	10	0.81%	32	有效	6	0.49%
8	隐患	10	0.81%	33	考核	6	0.49%
9	实施	10	0.81%	34	管控	6	0.49%
10	强化	9	0.73%	35	权益	6	0.49%
11	落实	9	0.73%	36	基础	6	0.49%
12	检查	9	0.73%	37	建立	6	0.49%
13	推进	8	0.65%	38	管理人员	6	0.49%
14	职业	8	0.65%	39	加强	6	0.49%
15	风险	8	0.65%	40	关注	6	0.49%
16	确保	8	0.65%	41	坚持	6	0.49%
17	监督	8	0.65%	42	设有	6	0.49%
18	事故	7	0.57%	43	控制	6	0.49%
19	评价	7	0.57%	44	委员会	6	0.49%
20	计划	7	0.57%	45	履责	6	0.49%
21	重大	7	0.57%	46	稳定	6	0.49%
22	完成	7	0.57%	47	突出	5	0.41%
23	健康	7	0.57%	48	二级	5	0.41%
24	发展	7	0.57%	49	各项	5	0.41%
25	教育	7	0.57%	50	人员	5	0.41%

接下来通过词云和深度学习方法，展示并分析2014年上市公司社会责任报告中环境、公司治理和社会部分的关键词和中心主题。图5-2是对2014年上市公司社会责任报告环境信息进行词频统计得出的词云图，可以看出环保是该年度环境信息中提及最多的关键词。

图 5-2　2014 年上市公司社会责任报告环境信息词云图

本书使用 TextCNN 算法计算 2014 年上市公司社会责任报告环境关键词的权重并进行了排序。从表 5-5 可以看出，与 2013 年上市公司社会责任报告的环境部分的关键词相类似，披露的关键内容依旧是企业的环保问题。另外，节能和技术成为重点披露内容，公司更倾向于发展绿色环保技术和节能生产流程。

表 5-5　2014 年上市公司社会责任报告环境关键词权重排序表

序号	关键词	权重得分	权重百分比	序号	关键词	权重得分	权重百分比
1	环保	40	1.34%	26	单位	10	0.34%
2	工作	31	1.04%	27	措施	10	0.34%
3	节能	25	0.84%	28	减排	10	0.34%
4	技术	20	0.67%	29	加强	10	0.34%
5	发展	19	0.64%	30	资源	10	0.34%
6	废水	18	0.61%	31	中国	9	0.30%
7	设施	17	0.57%	32	排放	9	0.30%
8	利用	16	0.54%	33	能源	9	0.30%
9	环境	15	0.50%	34	治理	9	0.30%
10	安全	15	0.50%	35	赤泥	9	0.30%
11	应急	15	0.50%	36	产生	9	0.30%
12	保卫	15	0.50%	37	实施	9	0.30%
13	制定	14	0.47%	38	预案	8	0.27%
14	采用	13	0.44%	39	运行	8	0.27%
15	推进	12	0.40%	40	废气	8	0.27%
16	减少	12	0.40%	41	材料	8	0.27%

续表5—5

序号	关键词	权重得分	权重百分比	序号	关键词	权重得分	权重百分比
17	绿色	12	0.40%	42	经济	8	0.27%
18	余热	12	0.40%	43	铝业	8	0.27%
19	建设	11	0.37%	44	高效	8	0.27%
20	污染	11	0.37%	45	循环	8	0.27%
21	实现	11	0.37%	46	处置	8	0.27%
22	回收	11	0.37%	47	生态	8	0.27%
23	处理	11	0.37%	48	研究	8	0.27%
24	事故	11	0.37%	49	万吨	8	0.27%
25	提高	10	0.34%	50	不断	7	0.24%

在分析了社会责任报告的环境部分后，接下来使用同样的方法，计算2014年上市公司社会责任报告中公司治理部分的关键词权重。从表5—6中可以看出，投资者、信息和披露依旧是公司治理部分的重点关键词，这说明大部分上市公司在公司治理方面，更关注公开披露公司信息，并且愿意保护大部分投资者的相关权益。另外，内部、控制也成为新的讨论重点，这说明大多数上市公司为了增强自身的竞争能力，正在不断改善内部管理，提高工作效率和产品质量。

表5—6 2014年上市公司社会责任报告公司治理关键词权重排序表

序号	关键词	权重得分	权重百分比	序号	关键词	权重得分	权重百分比
1	投资者	64	2.06%	26	利益	11	0.35%
2	信息	47	1.52%	27	内控	11	0.35%
3	披露	41	1.32%	28	了解	11	0.35%
4	内部	32	1.03%	29	评价	11	0.35%
5	控制	30	0.97%	30	合法权益	11	0.35%
6	治理	22	0.71%	31	情况	11	0.35%
7	经营	21	0.68%	32	债权人	11	0.35%
8	董事会	19	0.61%	33	提升	11	0.35%
9	按照	19	0.61%	34	工作	10	0.32%
10	发展	19	0.61%	35	回报	10	0.32%
11	制度	18	0.58%	36	促进	10	0.32%
12	股东大会	17	0.55%	37	有关	10	0.32%
13	有效	16	0.52%	38	期内	10	0.32%

续表5-6

序号	关键词	权重得分	权重百分比	序号	关键词	权重得分	权重百分比
14	关系	15	0.48%	39	保证	10	0.32%
15	及时	15	0.48%	40	结构	10	0.32%
16	严格	15	0.48%	41	积极	9	0.29%
17	要求	14	0.45%	42	事项	9	0.29%
18	法律法规	13	0.42%	43	监事会	9	0.29%
19	召开	13	0.42%	44	认真	9	0.29%
20	规定	13	0.42%	45	公司章程	9	0.29%
21	规范	13	0.42%	46	材料	9	0.29%
22	完善	12	0.39%	47	建设	9	0.29%
23	保障	12	0.39%	48	交流	8	0.26%
24	上市公司	12	0.39%	49	沟通	8	0.26%
25	重大	12	0.39%	50	体系	8	0.26%

最后结合 TextCNN 算法，计算 2014 年上市公司社会责任报告中社会部分的关键词权重。从表 5-7 中可以看出，安全、职工和发展是该年度的重点关键词，这说明大部分上市公司更关注企业职工的安全问题，并且愿意对职工进行一定的培训，提升职工的工作技能和自身素质。

表 5-7　2014 年上市公司社会责任报告社会关键词权重排序表

序号	关键词	权重得分	权重百分比	序号	关键词	权重得分	权重百分比
1	安全	86	2.60%	26	要求	13	0.39%
2	职工	79	2.39%	27	根据	13	0.39%
3	发展	49	1.48%	28	发生	13	0.39%
4	工作	36	1.09%	29	各项	12	0.36%
5	培训	35	1.06%	30	考核	12	0.36%
6	相关	23	0.69%	31	女职工	12	0.36%
7	提高	23	0.69%	32	制定	12	0.36%
8	及时	23	0.69%	33	培养	11	0.33%
9	保障	20	0.60%	34	单位	11	0.33%
10	落实	19	0.57%	35	保证	11	0.33%
11	活动	18	0.54%	36	社区	11	0.33%
12	加强	18	0.54%	37	产品	11	0.33%

续表5-7

序号	关键词	权重得分	权重百分比	序号	关键词	权重得分	权重百分比
13	健康	16	0.48%	38	合法权益	11	0.33%
14	帮扶	16	0.48%	39	材料	11	0.33%
15	困难职工	16	0.48%	40	提供	11	0.33%
16	完善	16	0.48%	41	法律法规	10	0.30%
17	提升	15	0.45%	42	计划	10	0.30%
18	制度	14	0.42%	43	全体	10	0.30%
19	确保	14	0.42%	44	自我	10	0.30%
20	信息	14	0.42%	45	自身	10	0.30%
21	规定	14	0.42%	46	情况	10	0.30%
22	发放	13	0.39%	47	保护	10	0.30%
23	积极	13	0.39%	48	各种	10	0.30%
24	人才	13	0.39%	49	各类	10	0.30%
25	人员	13	0.39%	50	做好	10	0.30%

接下来通过词云和深度学习方法，展示并分析2015年上市公司社会责任报告中环境、公司治理和社会部分的关键词和中心主题。图5-3是通过对2015年上市公司社会责任报告环境信息进行词频统计得出的词云图，可以看出环保、节能、减排和环境是在该年度的环境信息中提及较多的关键词。

图5-3 2015年上市公司社会责任报告环境信息词云图

本书使用TextCNN算法计算2015年上市公司社会责任报告中环境关键词的权重并进行了排序。从表5-8中可以看出，与2014年上市公司社会责任报告的环境部分的关键词相类似,企业的环保问题依旧是披露的关键内容。另外,改进节能工作和减排成为新的披露重点,公司更倾向于发展绿色环保技术和节能生产流程。

表5-8 2015年上市公司社会责任报告环境关键词权重排序表

序号	关键词	权重得分	权重百分比	序号	关键词	权重得分	权重百分比
1	环保	40	1.38%	26	提高	11	0.38%
2	节能	34	1.17%	27	废水	11	0.38%
3	改进	25	0.86%	28	安全	11	0.38%
4	环境	23	0.79%	29	改造	10	0.34%
5	减排	21	0.72%	30	示范	10	0.34%
6	发展	19	0.65%	31	积极	10	0.34%
7	处理	17	0.58%	32	活动	10	0.34%
8	绿色	17	0.58%	33	治理	10	0.34%
9	工作	16	0.55%	34	加强	9	0.31%
10	利用	15	0.52%	35	能源	9	0.31%
11	建设	15	0.52%	36	理念	9	0.31%
12	实现	14	0.48%	37	经济	9	0.31%
13	目标	13	0.45%	38	脱硫	8	0.28%
14	降低	13	0.45%	39	设备	8	0.28%
15	系统	13	0.45%	40	车间	8	0.28%
16	循环	13	0.45%	41	办公	8	0.28%
17	实施	13	0.45%	42	倡导	8	0.28%
18	运行	12	0.41%	43	资源	8	0.28%
19	排放	12	0.41%	44	管理体系	8	0.28%
20	减少	11	0.38%	45	使用	8	0.28%
21	回收	11	0.38%	46	坚持	8	0.28%
22	污染	11	0.38%	47	工程	7	0.24%
23	产品	11	0.38%	48	污泥	7	0.24%
24	推进	11	0.38%	49	始终	7	0.24%
25	造纸	11	0.38%	50	清洁	7	0.24%

在分析了社会责任报告的环境部分后,接下来使用同样的方法,计

算 2015 年上市公司社会责任报告中公司治理部分的关键词权重。从表 5-9 中可以看出，投资者、信息和披露依旧是该部分的重点关键词，这说明大部分上市公司在公司治理方面，更关注公开披露公司信息，并且愿意保护大部分投资者的相关权益。另外，股东大会与分红成为上市公司治理信息披露的关键内容，这说明大多数上市公司发现了投资者在该时期内关注的重点，并积极披露他们感兴趣的内容，以获得投资者的关注与好感。

表 5-9　2015 年上市公司社会责任报告公司治理关键词权重排序表

序号	关键词	权重得分	权重百分比	序号	关键词	权重得分	权重百分比
1	投资者	66	1.99%	26	政策	13	0.39%
2	信息	66	1.99%	27	公司章程	13	0.39%
3	披露	40	1.21%	28	经营	13	0.39%
4	股东大会	31	0.94%	29	中小	13	0.39%
5	分红	27	0.82%	30	严格	13	0.39%
6	董事会	26	0.79%	31	通知	12	0.36%
7	现金	23	0.70%	32	确保	12	0.36%
8	治理	23	0.70%	33	保障	12	0.36%
9	上市公司	22	0.66%	34	及时	12	0.36%
10	事项	19	0.57%	35	法律法规	12	0.36%
11	回报	19	0.57%	36	管理制度	12	0.36%
12	召开	18	0.54%	37	按照	12	0.36%
13	内部	18	0.54%	38	特别	12	0.36%
14	工作	17	0.51%	39	保证	12	0.36%
15	利润分配	17	0.51%	40	议事规则	12	0.36%
16	控制	16	0.48%	41	监事会	11	0.33%
17	要求	16	0.48%	42	制度	11	0.33%
18	规定	16	0.48%	43	均	11	0.33%
19	完善	16	0.48%	44	结构	11	0.33%
20	关系	16	0.48%	45	合法权益	11	0.33%
21	规范	16	0.48%	46	体系	10	0.30%
22	有关	15	0.45%	47	情况	10	0.30%

续表5-9

序号	关键词	权重得分	权重百分比	序号	关键词	权重得分	权重百分比
23	发展	15	0.45%	48	或	10	0.30%
24	积极	15	0.45%	49	沟通	10	0.30%
25	债权人	14	0.42%	50	机制	10	0.30%

最后结合 TextCNN 算法，计算 2015 年上市公司社会责任报告中社会部分的关键词权重。从表 5-10 中可以看出，职工、安全、培训和发展成为上市公司社会责任报告社会信息中的核心关键词，这说明大部分上市公司将提高职工素质和职工未来能力发展作为首要的工作内容。

表 5-10　2015 年上市公司社会责任报告社会关键词权重排序表

序号	关键词	权重得分	权重百分比	序号	关键词	权重得分	权重百分比
1	职工	72	3.08%	26	丰富	12	0.51%
2	安全	62	2.65%	27	保障	12	0.51%
3	培训	59	2.52%	28	内部	11	0.47%
4	发展	41	1.75%	29	完善	11	0.47%
5	工作	33	1.41%	30	积极	11	0.47%
6	生活	28	1.20%	31	环境	11	0.47%
7	社区	25	1.07%	32	维护	11	0.47%
8	活动	22	0.94%	33	劳动	11	0.47%
9	健康	22	0.94%	34	纳税	10	0.43%
10	建立	18	0.77%	35	学习	10	0.43%
11	困难	18	0.77%	36	方式	10	0.43%
12	制度	18	0.77%	37	合法权益	10	0.43%
13	薪酬	17	0.73%	38	实行	9	0.38%
14	人才	17	0.73%	39	规定	9	0.38%
15	岗位	16	0.68%	40	地方	9	0.38%
16	提供	16	0.68%	41	发放	9	0.38%
17	提升	14	0.60%	42	重大	9	0.38%
18	实现	14	0.60%	43	履行	9	0.38%
19	建设	14	0.60%	44	事故	9	0.38%
20	根据	14	0.60%	45	对于	9	0.38%

续表5-10

序号	关键词	权重得分	权重百分比	序号	关键词	权重得分	权重百分比
21	技能	12	0.51%	46	技术	9	0.38%
22	文化	12	0.51%	47	依法	8	0.34%
23	每年	12	0.51%	48	地	8	0.34%
24	制定	12	0.51%	49	残疾	8	0.34%
25	教育	12	0.51%	50	干部	8	0.34%

接下来通过词云和深度学习方法，展示并分析2016年上市公司社会责任报告中环境、公司治理和社会部分的关键词和中心主题。图5-4是通过对2016年上市公司社会责任报告环境信息进行词频统计得出的词云图，可以看出环保、环境和发展是该年度环境信息中提及较多的关键词。

图5-4 2016年上市公司社会责任报告环境信息词云图

本书使用TextCNN算法计算2016年上市公司社会责任报告环境关键词的权重并进行了排序。从表5-11中可以看出，企业的环保问题成为环境部分披露的重点。另外，环境、发展、自然、绿色也同样被广泛披露，国内上市公司依旧致力于发展绿色环保技术和节能生产流程。

表5-11 2016年上市公司社会责任报告环境关键词权重排序表

序号	关键词	权重得分	权重百分比	序号	关键词	权重得分	权重百分比
1	环保	39	1.89%	26	有效	8	0.39%
2	环境	23	1.11%	27	控制	8	0.39%
3	发展	21	1.02%	28	理念	8	0.39%

续表5-11

序号	关键词	权重得分	权重百分比	序号	关键词	权重得分	权重百分比
4	自然	20	0.97%	29	积极	8	0.39%
5	绿色	17	0.82%	30	目标	7	0.34%
6	节能	15	0.73%	31	认证	7	0.34%
7	实现	15	0.73%	32	实施	7	0.34%
8	排放	14	0.68%	33	废水	7	0.34%
9	加强	12	0.58%	34	利用	7	0.34%
10	达到	11	0.53%	35	规定	7	0.34%
11	倡导	10	0.48%	36	使用	7	0.34%
12	应急	10	0.48%	37	循环	7	0.34%
13	处理	10	0.48%	38	污染	7	0.34%
14	建设	10	0.48%	39	清洁	7	0.34%
15	办公	10	0.48%	40	回收	7	0.34%
16	运行	10	0.48%	41	降低	7	0.34%
17	减少	10	0.48%	42	始终	7	0.34%
18	经济	9	0.44%	43	要求	7	0.34%
19	减排	9	0.44%	44	标准	7	0.34%
20	系统	9	0.44%	45	投资	6	0.29%
21	推进	9	0.44%	46	坚持	6	0.29%
22	治理	9	0.44%	47	提高	6	0.29%
23	改造	9	0.44%	48	突发	6	0.29%
24	低碳	8	0.39%	49	事故	6	0.29%
25	污染物	8	0.39%	50	达标排放	6	0.29%

在分析了社会责任报告的环境部分后，接下来使用同样的深度学习方法，计算2016年上市公司社会责任报告中公司治理部分的关键词权重。从表5-12中可以看出，投资者、信息和披露依旧是该部分的重点关键词，这说明大部分上市公司在公司治理方面，更关注公开披露公司信息，并且愿意保护大部分投资者的相关权益。另外，股东大会与分红规定也是上市公司管理信息披露的关键内容，大多数上市公司依旧愿意通过召开股东大会向投资者公开分红规定，以获取投资者的关注与好感。

表 5-12 2016 年上市公司社会责任报告公司治理关键词权重排序表

序号	关键词	权重得分	权重百分比	序号	关键词	权重得分	权重百分比
1	投资者	78	1.99%	26	中小	15	0.38%
2	信息	53	1.35%	27	工作	15	0.38%
3	披露	42	1.07%	28	重大	15	0.38%
4	股东大会	34	0.87%	29	管理制度	15	0.38%
5	治理	27	0.69%	30	利润分配	15	0.38%
6	董事会	27	0.69%	31	法律法规	14	0.36%
7	上市公司	25	0.64%	32	确保	14	0.36%
8	规定	24	0.61%	33	根据	14	0.36%
9	分红	24	0.61%	34	按照	14	0.36%
10	债权人	24	0.61%	35	及时	14	0.36%
11	召开	23	0.59%	36	会议	14	0.36%
12	经营	22	0.56%	37	加强	13	0.33%
13	现金	22	0.56%	38	严格	13	0.33%
14	事项	21	0.53%	39	有效	13	0.33%
15	相关	20	0.51%	40	监事会	13	0.33%
16	内部	20	0.51%	41	制度	13	0.33%
17	控制	19	0.48%	42	规范	13	0.33%
18	关系	19	0.48%	43	修订	13	0.33%
19	保障	19	0.48%	44	沟通	12	0.31%
20	要求	18	0.46%	45	充分	12	0.31%
21	建立	18	0.46%	46	积极	12	0.31%
22	合法权益	18	0.46%	47	机构	12	0.31%
23	完善	17	0.43%	48	所有	12	0.31%
24	发展	17	0.43%	49	关于	12	0.31%
25	公司章程	16	0.41%	50	结构	12	0.31%

最后结合 TextCNN 算法，计算 2016 年上市公司社会责任报告中社会部分的关键词权重。从表 5-13 中可以看出，发展、扶贫、工作、履行、经济、社区、地方、公益事业成为上市公司社会责任报告社会信息中新的重点披露内容。这说明大部分上市公司从提高员工素质和关注员

工未来能力发展，转变为更进一步愿意为社会服务，发展公益事业并且帮助地区扶贫，以此惠及更多社会人员。

表5-13 2016年上市公司社会责任报告社会关键词权重排序表

序号	关键词	权重得分	权重百分比	序号	关键词	权重得分	权重百分比
1	发展	28	1.17%	26	参与	8	0.34%
2	扶贫	25	1.05%	27	精准	7	0.29%
3	工作	20	0.84%	28	帮助	7	0.29%
4	履行	20	0.84%	29	提升	7	0.29%
5	经济	19	0.80%	30	就业	7	0.29%
6	社区	18	0.75%	31	走访	7	0.29%
7	地方	17	0.71%	32	安全	7	0.29%
8	公益事业	17	0.71%	33	接受	7	0.29%
9	建设	15	0.63%	34	小学	7	0.29%
10	支持	13	0.54%	35	检查	6	0.25%
11	捐赠	13	0.54%	36	基金	6	0.25%
12	积极参与	12	0.50%	37	残疾人	6	0.25%
13	积极	12	0.50%	38	回报	6	0.25%
14	活动	12	0.50%	39	经营	6	0.25%
15	纳税	11	0.46%	40	自身	6	0.25%
16	义务	11	0.46%	41	客户	6	0.25%
17	依法	11	0.46%	42	良好	6	0.25%
18	教育	10	0.42%	43	监督	6	0.25%
19	生活	9	0.38%	44	捐助	6	0.25%
20	公共	9	0.38%	45	全国	6	0.25%
21	公益	9	0.38%	46	救济	6	0.25%
22	创造	9	0.38%	47	环境	6	0.25%
23	职工	8	0.34%	48	回馈	6	0.25%
24	当地	8	0.34%	49	文化	6	0.25%
25	要求	8	0.34%	50	政府	6	0.25%

接下来通过词云和深度学习方法，展示并分析2017年上市公司社会责任报告中环境、公司治理和社会部分的关键词和中心主题。图5-5是

通过对 2017 年上市公司社会责任报告中环境信息进行词频统计得出的词云图，可以看出环保、环境、安全和排放是该年度环境信息中提及较多的关键词。

图 5-5　2017 年上市公司社会责任报告环境信息词云图

本书使用 TextCNN 算法计算 2017 年上市公司社会责任报告环境关键词的权重并进行了排序。从表 5-14 中可以看出，企业的环保问题已连续多年成为披露的重点。另外，与词云结果相类似，污染废水排放工作成为该年度的一个讨论重点，这体现出国内上市公司对污染排放问题的关注，并且开展了对污染物的治理和循环利用工作，以此来降低污染对环境的影响。

表 5-14　2017 年上市公司社会责任报告环境关键词权重排序表

序号	关键词	权重得分	权重百分比	序号	关键词	权重得分	权重百分比
1	环保	52	1.68%	26	提高	11	0.35%
2	环境	51	1.64%	27	建设	11	0.35%
3	安全	24	0.77%	28	实施	11	0.35%
4	自然	21	0.68%	29	指标	11	0.35%
5	排放	20	0.64%	30	培训	11	0.35%
6	废水	19	0.61%	31	系统	11	0.35%
7	工作	18	0.58%	32	发展	10	0.32%
8	污染	16	0.52%	33	消防安全	10	0.32%
9	排污	16	0.52%	34	设备	10	0.32%
10	节能	16	0.52%	35	要求	10	0.32%
11	利用	15	0.48%	36	污泥	10	0.32%
12	应急	15	0.48%	37	事故	10	0.32%

续表5-14

序号	关键词	权重得分	权重百分比	序号	关键词	权重得分	权重百分比
13	治理	15	0.48%	38	监测	9	0.29%
14	运行	15	0.48%	39	完善	9	0.29%
15	污染物	14	0.45%	40	达到	9	0.29%
16	设施	14	0.45%	41	行业	9	0.29%
17	处理	14	0.45%	42	标准	9	0.29%
18	实现	13	0.42%	43	目标	9	0.29%
19	造纸	13	0.42%	44	资源	9	0.29%
20	积极	13	0.42%	45	降低	9	0.29%
21	清洁	12	0.39%	46	理念	9	0.29%
22	减排	12	0.39%	47	预案	9	0.29%
23	循环	12	0.39%	48	改造	8	0.26%
24	许可证	12	0.39%	49	突发	8	0.26%
25	有效	12	0.39%	50	经济	8	0.26%

在分析了社会责任报告的环境部分后，接下来同样使用深度学习方法，计算2017年上市公司社会责任报告中的公司治理部分中的关键词权重。从表5-15中可以看出，投资者、信息和披露依旧是该部分的重点关键词，这说明大部分上市公司在公司治理方面，更关注公开披露公司信息，并且愿意保护大部分投资者的相关权益。另外，股东大会与分红规定已连续多年成为上市公司管理信息披露的关键内容，大多数上市公司依旧愿意通过召开股东大会向投资者公开分红规定，以获取投资者的关注与好感。

表5-15 2017年上市公司社会责任报告公司治理关键词权重排序表

序号	关键词	权重得分	权重百分比	序号	关键词	权重得分	权重百分比
1	投资者	72	3.28%	26	及时	17	0.34%
2	信息	69	2.00%	27	重大	17	0.34%
3	披露	66	1.34%	28	合法权益	17	0.34%
4	分红	50	1.01%	29	会议	17	0.34%
5	董事会	37	0.75%	30	规范	16	0.32%
6	经营	35	0.71%	31	加强	16	0.32%
7	现金	34	0.69%	32	内部	16	0.32%

续表 5-15

序号	关键词	权重得分	权重百分比	序号	关键词	权重得分	权重百分比
8	股东大会	33	0.67%	33	公司章程	16	0.32%
9	发展	31	0.63%	34	履行	16	0.32%
10	召开	28	0.57%	35	监事会	16	0.32%
11	关系	27	0.55%	36	公告	16	0.32%
12	规定	27	0.55%	37	方式	16	0.32%
13	保障	25	0.51%	38	根据	16	0.32%
14	上市公司	25	0.51%	39	事项	15	0.30%
15	相关	21	0.43%	40	情况	15	0.30%
16	治理	21	0.43%	41	互动	15	0.30%
17	工作	20	0.40%	42	有效	15	0.30%
18	回报	19	0.38%	43	委员会	15	0.30%
19	利润分配	19	0.38%	44	制度	14	0.28%
20	管理制度	19	0.38%	45	政策	14	0.28%
21	确保	19	0.38%	46	保证	14	0.28%
22	严格	18	0.36%	47	积极	14	0.28%
23	债权人	18	0.36%	48	建立	14	0.28%
24	按照	18	0.36%	49	控制	14	0.28%
25	完善	18	0.36%	50	内幕	14	0.28%

最后结合 TextCNN 算法，计算 2017 年上市公司社会责任报告中社会部分的关键词权重。从表 5-16 中可以看出，发展扶贫工作活动依旧是该年度上市公司社会责任报告社会部分的重点披露内容。另外，在 2017 年的社会责任报告中培训重新成为重点关键词。这说明大部分上市公司将提高员工素质、员工未来能力发展、为社会服务发展公益事业并且帮助地区扶贫，重新确立为上市公司社会责任的重心，同时注重个人与群体的社会福利和利益。

表 5-16　2017 年上市公司社会责任报告社会关键词权重排序表

序号	关键词	权重得分	权重百分比	序号	关键词	权重得分	权重百分比
1	发展	32	0.82%	26	公益事业	11	0.28%
2	社区	27	0.69%	27	基金	11	0.28%

续表5-16

序号	关键词	权重得分	权重百分比	序号	关键词	权重得分	权重百分比
3	活动	25	0.64%	28	生活	11	0.28%
4	扶贫	25	0.64%	29	环境	11	0.28%
5	工作	22	0.56%	30	创造	10	0.26%
6	职工	22	0.56%	31	薪酬	10	0.26%
7	积极	20	0.51%	32	义务	10	0.26%
8	精准	18	0.46%	33	志愿者	10	0.26%
9	建立	16	0.41%	34	文化	10	0.26%
10	培训	16	0.41%	35	加强	10	0.26%
11	提升	15	0.38%	36	全年	9	0.23%
12	帮扶	15	0.38%	37	环保	9	0.23%
13	建设	14	0.36%	38	推进	9	0.23%
14	实现	14	0.36%	39	提高	9	0.23%
15	履行	13	0.33%	40	岗位	9	0.23%
16	教育	13	0.33%	41	技能	9	0.23%
17	公众	13	0.33%	42	平台	9	0.23%
18	完善	12	0.31%	43	参加	8	0.20%
19	捐赠	12	0.31%	44	打造	8	0.20%
20	经济	12	0.31%	45	参与	8	0.20%
21	和谐	12	0.31%	46	关注	8	0.20%
22	地方	12	0.31%	47	多年	8	0.20%
23	服务	11	0.28%	48	良好	8	0.20%
24	宣传	11	0.28%	49	形象	8	0.20%
25	人才	11	0.28%	50	提供	8	0.20%

接下来通过词云和深度学习方法，展示并分析2018年上市公司社会责任报告中环境、公司治理和社会部分的关键词和中心主题。图5-6是通过对2018年上市公司社会责任报告环境信息进行词频统计得出的词云图，可以看出环保、能源、节能和排放是该年度的环境信息中提及较多的关键词。

图 5-6 2018 年上市公司社会责任报告环境信息词云图

本书使用 TextCNN 算法计算 2018 年上市公司社会责任报告环境信息关键词的权重并进行了排序。从表 5-17 中可以看出，企业的环保问题已连续多年成为披露的重中之重。另外，与词云结果相类似，能源成为该年度的一个新的讨论重点，这体现出国内上市公司节能意识提升，有利于促进经济低碳发展。

表 5-17 2018 年上市公司社会责任报告环境关键词权重排序表

序号	关键词	权重得分	权重百分比	序号	关键词	权重得分	权重百分比
1	环保	82	1.63%	26	系统	15	0.30%
2	环境	43	0.86%	27	控制	15	0.30%
3	能源	42	0.84%	28	监测	14	0.28%
4	节能	36	0.72%	29	提高	14	0.28%
5	排放	32	0.64%	30	达标排放	14	0.28%
6	工作	29	0.58%	31	加强	14	0.28%
7	污染物	28	0.56%	32	应急	14	0.28%
8	自然	27	0.54%	33	利用	14	0.28%
9	管理制度	27	0.54%	34	制定	13	0.26%
10	实施	26	0.52%	35	回收	13	0.26%
11	治理	25	0.50%	36	单位	13	0.26%
12	设施	24	0.48%	37	提升	13	0.26%
13	运行	22	0.44%	38	建设	13	0.26%
14	减排	22	0.44%	39	技术	13	0.26%
15	指标	20	0.40%	40	情况	13	0.26%

续表5-17

序号	关键词	权重得分	权重百分比	序号	关键词	权重得分	权重百分比
16	要求	19	0.38%	41	推进	13	0.26%
17	发展	19	0.38%	42	稳定	12	0.24%
18	处理	19	0.38%	43	按照	12	0.24%
19	改造	18	0.36%	44	工艺	12	0.24%
20	实现	16	0.32%	45	有效	12	0.24%
21	管理体系	16	0.32%	46	工程	12	0.24%
22	降低	16	0.32%	47	预案	12	0.24%
23	工序	16	0.32%	48	废气	12	0.24%
24	污染	16	0.32%	49	安全	12	0.24%
25	过程	15	0.30%	50	重点	12	0.24%

接下来使用同样的深度学习方法，计算2018年上市公司社会责任报告中公司治理部分的关键词权重。从表5-18中可以看出，投资者依旧是上市公司社会责任报告的关键词，这说明大部分上市公司在公司治理方面，愿意保护大部分投资者的相关权益。另外，经营、治理和监督成为该年度上市公司管理信息中的关键披露内容，说明大多数上市公司加强了对自身经营的监督管理，正逐步提高公司的业务能力和发展水平。

表5-18 2018年上市公司社会责任报告公司治理关键词权重排序表

序号	关键词	权重得分	权重百分比	序号	关键词	权重得分	权重百分比
1	投资者	19	1.48%	26	保护	5	0.39%
2	工作	13	1.01%	27	披露	5	0.39%
3	经营	11	0.85%	28	相关	5	0.39%
4	要求	11	0.85%	29	岗位	5	0.39%
5	治理	9	0.70%	30	信息	5	0.39%
6	监督	8	0.62%	31	合法权益	5	0.39%
7	关系	8	0.62%	32	原则	5	0.39%
8	积极	7	0.54%	33	建立	5	0.39%
9	完善	6	0.47%	34	国内	5	0.39%
10	市场	6	0.47%	35	体系	5	0.39%
11	战略	6	0.47%	36	推进	5	0.39%

续表5-19

序号	关键词	权重得分	权重百分比	序号	关键词	权重得分	权重百分比
12	维护	6	0.47%	37	提高	5	0.39%
13	及时	6	0.47%	38	渠道	5	0.39%
14	建设	6	0.47%	39	相互	4	0.31%
15	稳健	6	0.47%	40	安全	4	0.31%
16	按照	5	0.39%	41	产品	4	0.31%
17	资金	5	0.39%	42	参与	4	0.31%
18	坚持	5	0.39%	43	严格	4	0.31%
19	有效	5	0.39%	44	债权人	4	0.31%
20	保障	5	0.39%	45	形成	4	0.31%
21	加强	5	0.39%	46	培训	4	0.31%
22	确保	5	0.39%	47	实现	4	0.31%
23	教育	5	0.39%	48	管理层	4	0.31%
24	廉洁	5	0.39%	49	规范	4	0.31%
25	发展	5	0.39%	50	制定	4	0.31%

最后结合TextCNN算法，计算2018年上市公司社会责任报告中社会部分的关键词权重。从表5-19中可以看出，发展扶贫工作活动依旧是该年度上市公司社会责任报告社会部分的重点披露内容。

表5-19 2018年上市公司社会责任报告社会关键词权重排序表

序号	关键词	权重得分	权重百分比	序号	关键词	权重得分	权重百分比
1	扶贫	30	0.95%	26	保护	9	0.29%
2	工作	29	0.92%	27	规划	8	0.25%
3	员工	26	0.82%	28	和谐	8	0.25%
4	发展	25	0.79%	29	爱心	8	0.25%
5	相关	24	0.76%	30	提供	8	0.25%
6	安全	21	0.67%	31	提高	8	0.25%
7	活动	16	0.51%	32	共享	8	0.25%
8	精准	16	0.51%	33	经营	8	0.25%
9	建设	15	0.48%	34	及时	8	0.25%

续表5-18

序号	关键词	权重得分	权重百分比	序号	关键词	权重得分	权重百分比
10	关系	13	0.41%	35	履行	7	0.22%
11	人才	13	0.41%	36	完善	7	0.22%
12	薪酬	12	0.38%	37	志愿者	7	0.22%
13	帮扶	12	0.38%	38	参与	7	0.22%
14	健康	12	0.38%	39	促进	7	0.22%
15	实施	12	0.38%	40	日常	7	0.22%
16	加强	12	0.38%	41	奉献	7	0.22%
17	坚持	10	0.32%	42	工业	7	0.22%
18	建立	10	0.32%	43	互动	7	0.22%
19	青年	10	0.32%	44	披露	7	0.22%
20	职工	10	0.32%	45	共荣	7	0.22%
21	脱贫	10	0.32%	46	良好	7	0.22%
22	问题	10	0.32%	47	精神	7	0.22%
23	信息	10	0.32%	48	共创	6	0.19%
24	民主	9	0.29%	49	社区	6	0.19%
25	积极	9	0.29%	50	贫困户	6	0.19%

结合词云和深度学习方法分析了2013—2018年上市公司社会责任报告中环境、公司治理和社会部分的文本内容后发现，环保和污染排放治理是环境信息部分中较重要的关键词，也是上市公司披露与讨论的重中之重。可以看出企业逐步制定并完善了绿色生产战略，以环境保护作为工作的出发点和落脚点。

接下来的研究通过融合2013—2018年的ESG披露数据并结合机器学习算法，得到了历年中重要的特征关键词的权重变化趋势，并将权重数值相近、词性相近、披露趋势较为相近的四个特征关键词放在一张图中，直观地表现上市公司披露侧重点的变化。

图5-7中显示的是"环保、节能、环境、发展"这四个特征关键词的变化趋势，可以看出环保一直是各家公司信息披露的重点，这也符合环境关键词的发展趋势，说明我国上市公司越来越注重培养公司的环境保护理念，并且更倾向于环境的可持续发展。

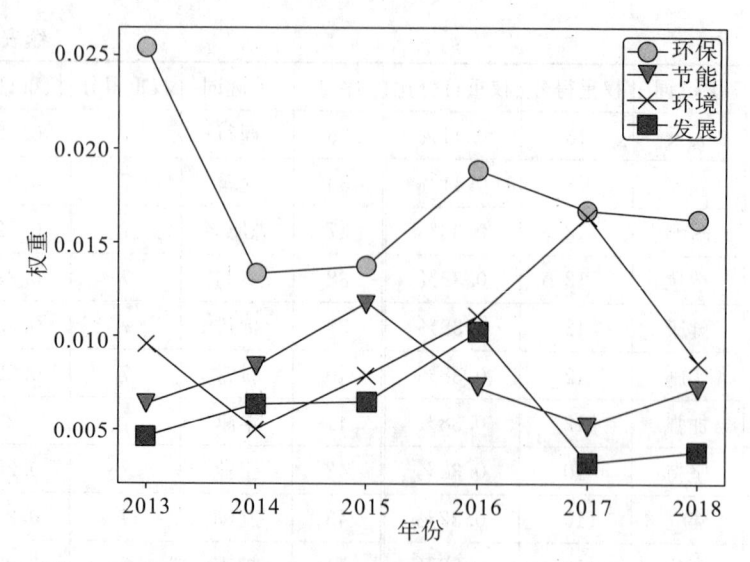

图 5-7　2013—2018 年上市公司披露环境内容特征权重变化图 1

图 5-8 中显示的是"减排、排放、建设、实现"这四个特征关键词的变化趋势，可以看出污染物排放和减排工作受到上市公司重视，并且在经营的同时实现了减排和污染治理等设施的建设工作，将环境保护落到了实处。

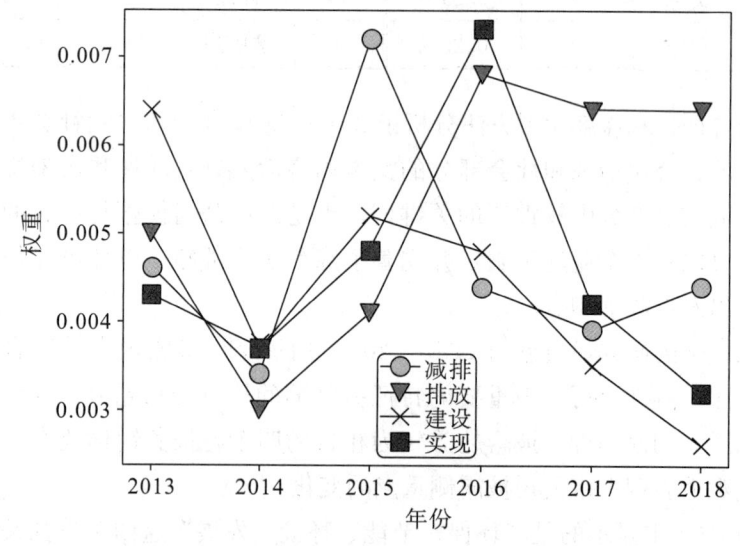

图 5-8　2013—2018 年上市公司披露环境内容特征权重变化图 2

图 5-9 中显示的是"利用、污染、运行、实施"这四个特征关键词的变化趋势，可以看出公司在这几年中强调了它们在环境保护方面的行动能力，即不是只有环保理念，也将环保措施行而有效地实施了。并且公司也

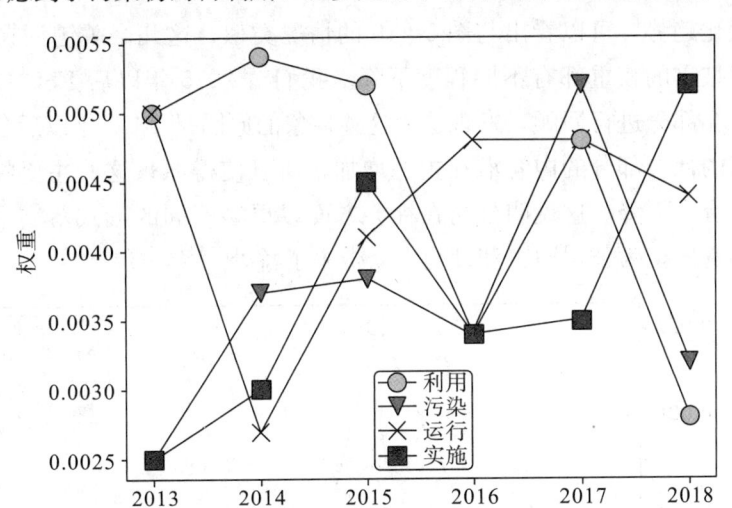

逐渐考虑到了污染物的再利用，逐步走上了可持续发展的经营道路。

图 5-9 2013—2018 年上市公司披露环境内容特征权重变化图 3

在社会信息部分，职工发展与扶贫是上市公司关注的重点，这表明公司不仅关注个体的发展，同时也注重帮助群体的社会福利和权益，真正意义上服务于社会。

图 5-10 中显示的是"安全、职工、发展、工作"这四个特征关键词的变化趋势，可以看出这四个关键词是 2016 年之前上市公司强调的重点，说明我国上市公司注重职工的安全问题。

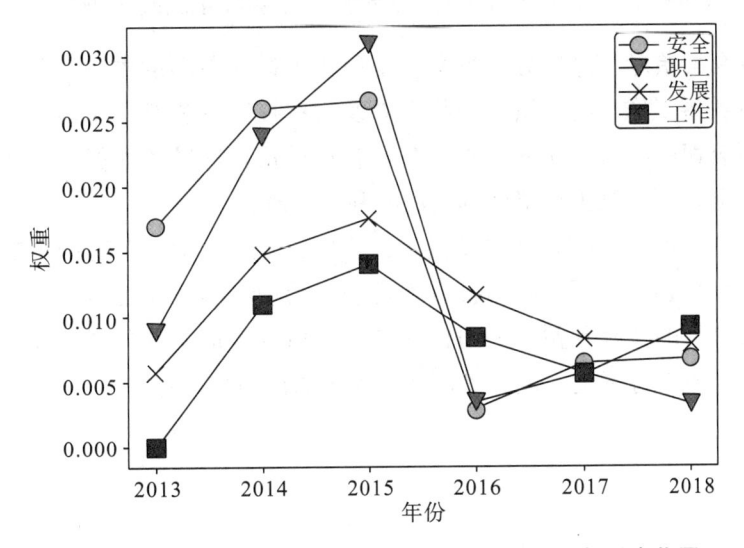

图 5-10 2013—2018 年上市公司披露社会内容特征权重变化图 1

图 5-11 中显示的是"培训、生活、保障、健康"这四个特征关键词的变化趋势，可以看出与图 5-10 的情况类似，这几个关键词在 2015 年以后披露的权重都有不同程度下降。我们对 2015 年以后 ESG 披露数据的社会部分进行回顾，发现造成这种现象的原因是 2015 年以后各个公司披露的社会部分的内容潜在主题增加，所以使得原来这些主要特征的权重都有所下降。这说明公司在社会方面以更多不同的形式落实了它们的社会责任，为公司职工和社会大众带来了益处。

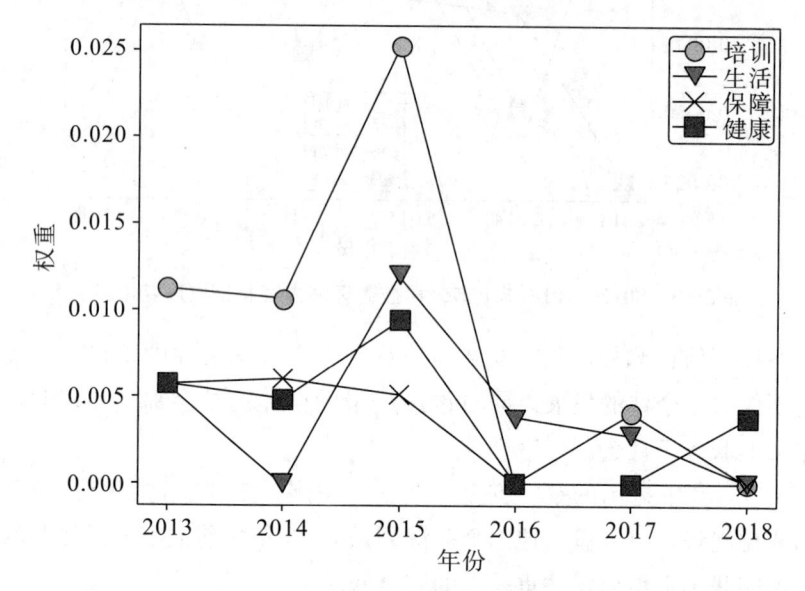

图 5-11　2013—2018 年上市公司披露社会内容特征权重变化图 2

在公司治理信息部分，投资者是历年来讨论最多的主题。公司进行投资者关系工作，能够增加与投资者及潜在投资者相互的交流，增进投资者对公司的了解和认同，提升公司管理质量，这样才能保证公司利益的最大化，同时维护投资者的合法权利与收益。

图 5-12 中显示的是"投资者、信息、工作、发展"这四个特征关键词的变化趋势，可以看出投资者是公司治理内容披露的重点，公司更关心投资者的实际利益。公司也愿意将公司内部信息向外界披露，以此降低信息不对称程度，获得外部相关人士的认同与好感。

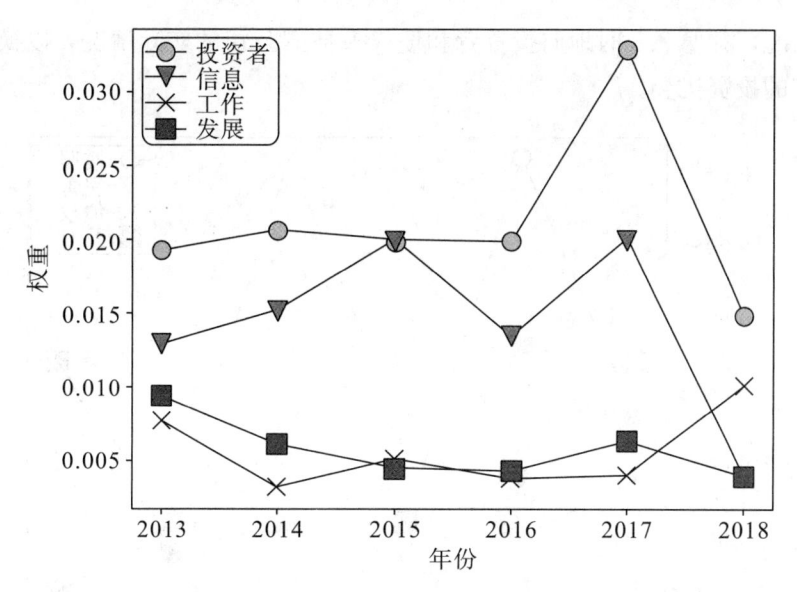

图 5－12　2013—2018 年上市公司披露公司治理内容特征权重变化图 1

图 5－13 中显示的是"披露、经营、治理、关系"这四个特征关键词的变化趋势，可以看出我国上市公司更强调信息的公开披露，以此换取投资者的好感。并且从披露的内容来看，公司更愿意披露其经营理念和治理方针，还有和政府、其他企业之间的关系。

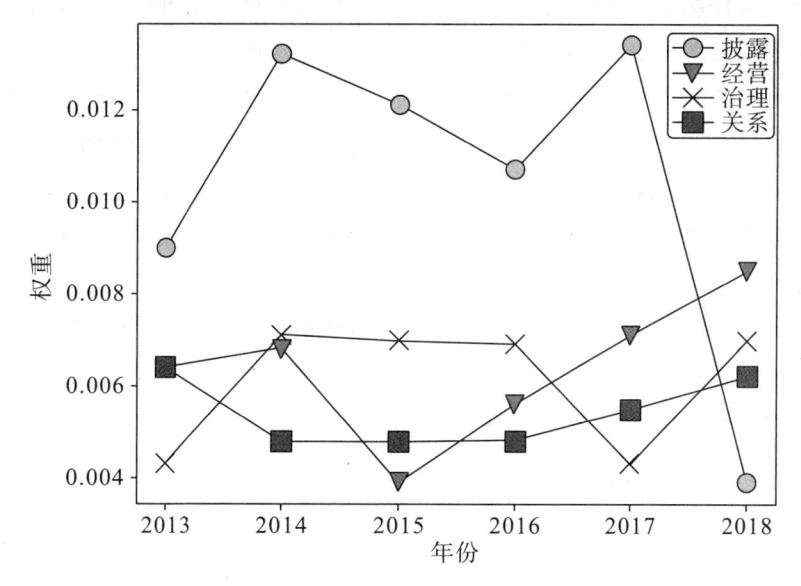

图 5－13　2013—2018 年上市公司披露公司治理内容特征权重变化图 2

图 5－14 中显示的是"按照、完善、债权人、及时"这四个特征关键词的变化趋势，可以看出，与投资者相对应，公司同样关注与债权人

的情况,并愿意及时地向投资者和债权人披露公司的实际情况,以换取更多的投资机会。

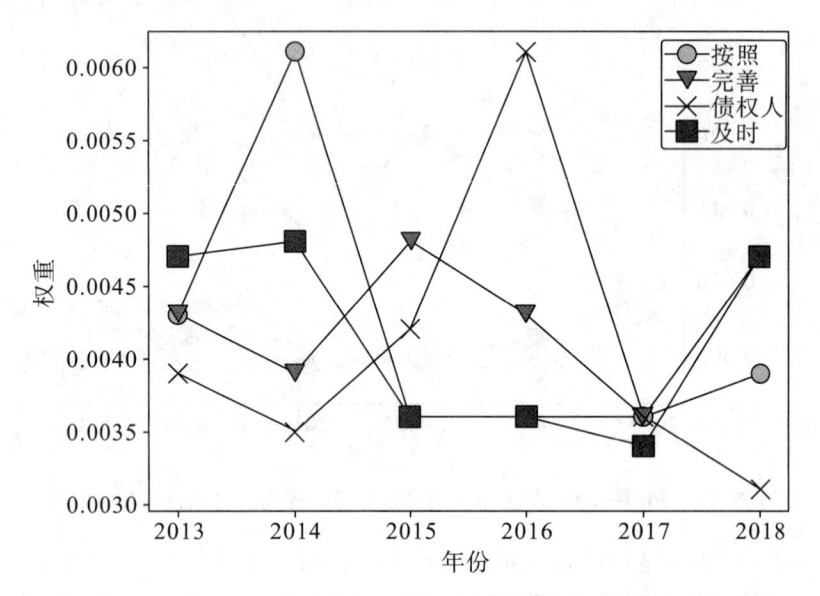

图 5-14 2013—2018 年上市公司披露公司治理内容特征权重变化图 3

最后,本书使用 LDA(Latent Dirichlet Allocation)模型对上市公司社会责任报告的环境信息进行分析,识别文档潜在的主题信息,通过分析上市公司社会责任报告中的潜在主题,能够更清楚地知晓每一年披露的中心内容,并且能够以此作为依据评估历年来披露的详细程度。LDA 是一种文档主题生成模型,也被称为三层贝叶斯概率模型,它包含词、主题和文档三层结构。它将每一篇文档视为一个文本向量,以此判断出文本中蕴藏的潜在主题。LDA 模型主要包含以下四个关键步骤:

(1) 对当前文档中的每个单词 w,随机初始化一个 topic 编号 z;
(2) 使用 Gibbs Sampling 模型,对每个词 w,重新采样其 topic;
(3) 重复以上过程,直到 Gibbs Sampling 收敛;
(4) 统计文档中的 topic 分布,该分布就是 $\theta = \dfrac{n_m^{(k)} + \alpha_k}{\sum_{k=1}^{K}(n_m^{(k)} + \alpha_k)}$

最终得到 LDA 模型的 Gibbs Sampling 公式为:

$$p(z_i = k \mid \vec{z}, \vec{w}) \propto \dfrac{n_m^{(k)} + \alpha_k}{\sum_{k=1}^{K}(n_m^{(k)} + \alpha_k)} \cdot \dfrac{n_k^{(t)} + \beta_t}{\sum_{t=1}^{T}(n_k^{(t)} + \beta_t)}$$

(5.1)

图 5-15 是结合困惑度值得到的文档潜在主题分类数。图 5-16 是各个潜在主题之间的语义距离，语义主题距离越短说明各个潜在主题之间内容越接近、越相似。从图中可以看出，从 2013 年开始，上市公司社会责任报告中环境信息包含了更多的潜在主题，而且潜在主题之间内容各不相同。进一步来说，上市公司社会责任报告披露了更多不同的环境信息，能够深度挖掘出更多的内容。

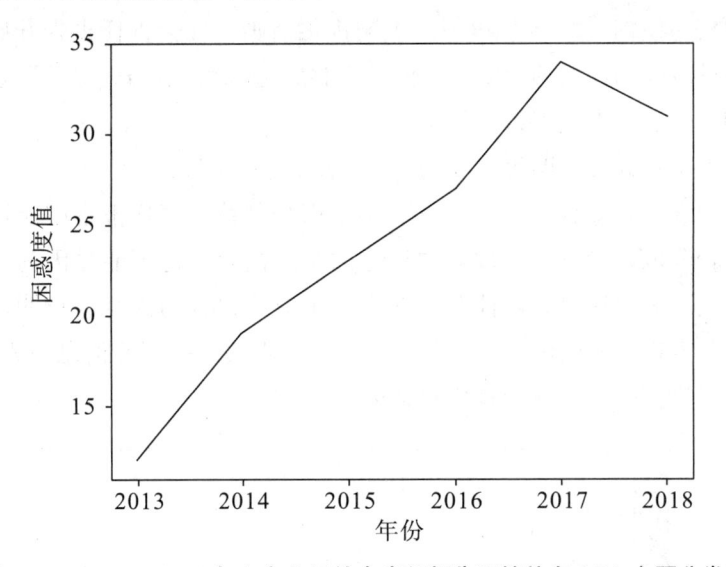

图 5-15 2013—2018 年上市公司社会责任报告环境信息 LDA 主题分类数

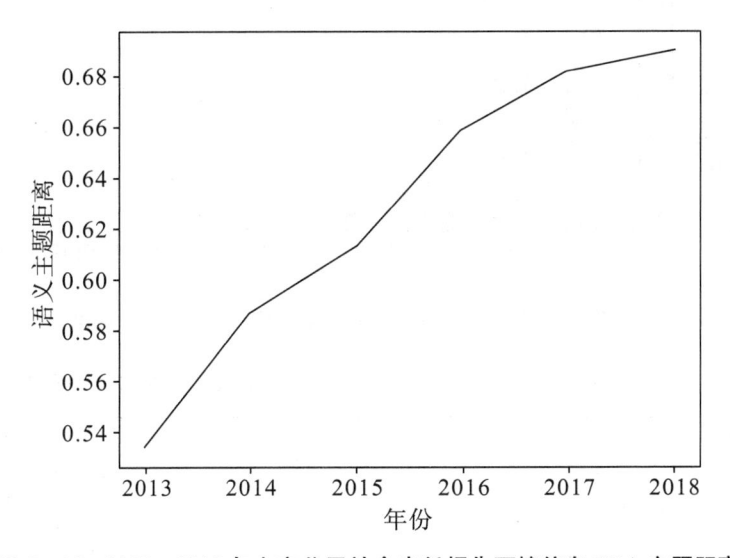

图 5-16 2013—2018 年上市公司社会责任报告环境信息 LDA 主题距离

图 5-17 至图 5-22 是通过 LDA 模型得到的 2013—2018 年上市公司

社会责任报告环境信息的潜在主题权重，权重数越大表示该主题在那一年被更多的上市公司所讨论叙述。表 5-20 至表 5-25 是通过 LDA 模型得到的上市公司社会责任报告环境信息的潜在主题。表中列举的是每一年上市公司社会责任报告的环境信息中，归属概率最大的十类潜在主题，及每个主题中权重最高的五个关键信息与各自的权重数值。可以看出，2013 年和 2014 年的主题关键词权重数值较低，这体现出社会责任报告的主题较为模糊。2016 年以后的主题都很清晰，社会责任报告开始对这些主题进行较为详细的说明。"环保、自然、发展、清洁、绿色"这五个关键词成为近年来重点讨论的主题。

接下来将详细说明每一年的 LDA 潜在主题情况。

从图 5-17 中不难发现，2013 年上市公司社会责任报告中所涉及的主题比较分散，没有出现被集中讨论的主题内容。这可能是因为这一年大多数上市公司还没有对社会责任报告中应该包含的内容进行明确的规制。部分上市公司已经开始有意识地寻找外界关注的环境信息披露偏好，但还处于摸索阶段，并没有找到结果。

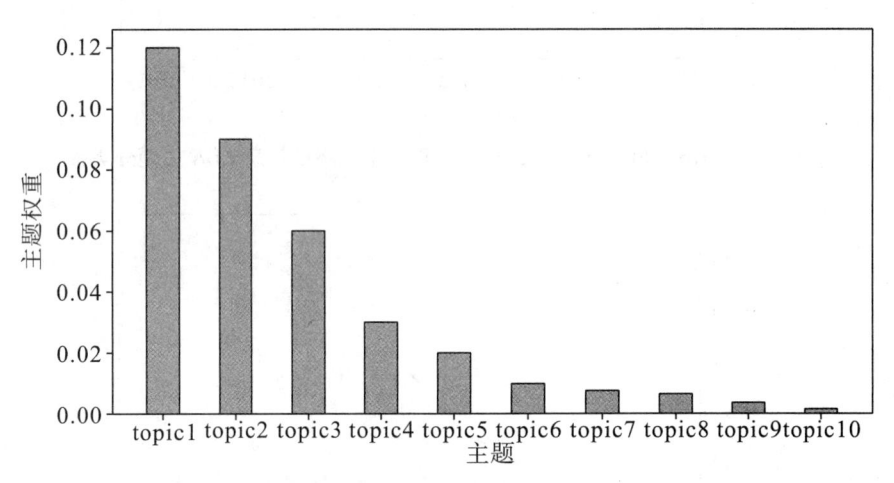

图 5-17　2013 年上市公司社会责任报告 LDA 潜在环境主题权重图

表 5-20　2013 年上市公司社会责任报告 LDA 潜在环境主题表

主题 1	环保	管理制度	环境	能源	节能
权重占比	0.12018	0.10779	0.10628	0.10576	0.10369
主题 2	推进	排放	完成	综合利用	减排
权重占比	0.11723	0.09372	0.09273	0.09255	0.09012

续表5-20

主题3	废水	单位	安全	实现	设施
权重占比	0.10786	0.08584	0.08301	0.08226	0.08131
主题4	研究	循环	工艺	负责	治理
权重占比	0.09533	0.06827	0.06812	0.06804	0.0678
主题5	降低	减少	实施	污染	重点
权重占比	0.09273	0.05372	0.05346	0.05299	0.05286
主题6	坚持	节约	节能降耗	污水处理	污染源
权重占比	0.08301	0.04516	0.04487	0.04366	0.04332
主题7	管理处	主要	控制	加快	实行
权重占比	0.07458	0.03455	0.03416	0.0335	0.03333
主题8	建立	水平	零排放	改造	行业
权重占比	0.06804	0.02729	0.02703	0.02609	0.02556
主题9	整治	整体	环境友好	配合	能耗
权重占比	0.06508	0.01896	0.01885	0.01679	0.01536
主题10	烧结	烟气	增加	包括	得到
权重占比	0.05487	0.01026	0.00839	0.00678	0.00583

结合表5-20和LDA潜在环境主题权重能够总结出2013年我国上市公司的环境主题：一是公司节约能源的环境保护措施；二是公司的污染物排放情况，已经有很多公司减少了污染物的排放。

相较于上一年的情况，2014年的社会责任报告中包含的主题依旧不够集中，只有三个主题的权重超过了0.1。这三个主题内容分别讨论了节能环保、污染物回收利用和绿色安全。但是相比于上一年，相似主题的权重已经有了很大的提升，这说明已有更多的公司关注这些主题并集中汇报。

从图5-18可以看出，在该年度披露的环境信息内容中，部分主题的权重高于其他主题，但是权重并不是很高。这表明该年度部分公司已经开始有意识地寻找外界关注的环境信息披露偏好，但还处于摸索阶段，并没有得到清晰的结果。

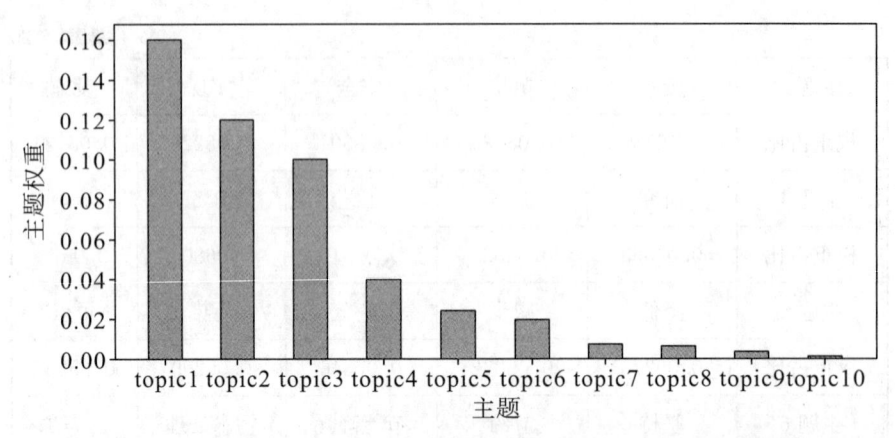

图 5-18 2014 年上市公司社会责任报告 LDA 潜在环境主题权重图

表 5-21 2014 年上市公司社会责任报告 LDA 潜在环境主题表

主题 1	环保	工作	节能	技术	发展
权重占比	0.10786	0.09255	0.09012	0.0901	0.0877
主题 2	废水	设施	利用	余热	回收
权重占比	0.09273	0.08301	0.08226	0.08131	0.08121
主题 3	环境	安全	优化	减少	绿色
权重占比	0.08131	0.07512	0.07458	0.07131	0.0696
主题 4	回收	处理	事故	提高	单位
权重占比	0.06812	0.05988	0.05981	0.05971	0.05952
主题 5	减排	加强	资源	排放	能源
权重占比	0.0678	0.05487	0.05372	0.05346	0.05299
主题 6	废气	材料	经济	高效	循环
权重占比	0.05971	0.04366	0.04332	0.04189	0.04135
主题 7	清洁	始终	污染物	设备	综合
权重占比	0.05157	0.02773	0.02729	0.02703	0.02609
主题 8	环境污染	隐患	相关	重大	使用
权重占比	0.0335	0.02456	0.02445	0.0225	0.02212
主题 9	理念	整改	废渣	意识	达标排放

续表5-21

权重占比	0.02445	0.01679	0.01536	0.01168	0.01074
主题10	生产线	降低	科技	及时	保护
权重占比	0.0239	0.01168	0.01074	0.01026	0.00839

从表5-21和LDA潜在环境主题权重能够总结出2014年我国上市公司的环境主题主要有三个：一是和上一年比较相似的节能和环保；二是废水利用及回收问题；三是绿色安全问题，这和该年度上市公司在社会和公司治理方面的披露内容有所对应。

从2015年开始，上市公司社会责任报告中包含的环境信息已有了比较集中的主题。环保节能和建设绿色工作成为最集中的两类主题，同时排放可循环和减少废水污染这两个主题也被大多数上市公司所涉及。

图5-19体现了在该年度披露的环境信息内容中，有两个被集中讨论的主题，并且这两个主题的权重远高于其余潜在主题。但是这两个主题的权重都没有超过0.3。这表明该年度大多数公司已经开始有目标有偏好地进行环境信息披露，但是披露的信息结构还不够完善，还没有找到共识。

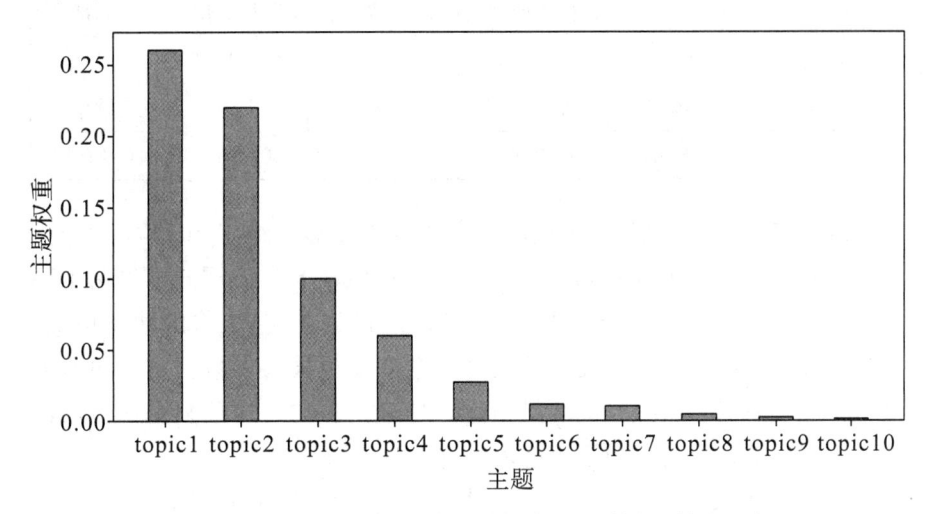

图5-19 2015年上市公司社会责任报告LDA潜在环境主题权重图

表 5-22 2015 年上市公司社会责任报告 LDA 潜在环境主题表

主题 1	环保	节能	保护	环境	减排
权重占比	0.27629	0.18393	0.18365	0.1833	0.17109
主题 2	绿色	工作	利用	建设	实现
权重占比	0.26579	0.17051	0.17035	0.16963	0.16795
主题 3	系统	循环	实施	运行	排放
权重占比	0.25627	0.16632	0.1653	0.16475	0.1642
主题 4	减少	回收	污染	产品	废水
权重占比	0.24698	0.16341	0.16333	0.16329	0.16221
主题 5	安全	改造	示范	积极	活动
权重占比	0.24296	0.15867	0.15839	0.15815	0.15444
主题 6	治理	加强	能源	理念	经济
权重占比	0.22232	0.14912	0.14771	0.14733	0.1423
主题 7	能量	技术	落实	专家	实行
权重占比	0.21091	0.13447	0.13429	0.13394	0.13283
主题 8	垃圾	污染物	创造	污水处理	达标排放
权重占比	0.20542	0.12896	0.12738	0.12649	0.12621
主题 9	污水	技术改造	相关	十二五	内部
权重占比	0.20355	0.12018	0.11991	0.11723	0.1169
主题 10	节能降耗	管理制度	推行	国际	效率
权重占比	0.18984	0.10906	0.10786	0.10779	0.10628

结合表 5-22 和 LDA 潜在环境主题权重能够总结出 2015 年我国上市公司的环境主题主要有四个：与上一年相似，上市公司同样强调了环保节能减排工作，并且着重提及了各家公司当前绿色工作的建设情况；同时，排放可循环和减少废水污染这两个主题也被大多数上市公司所涉及。相比于前两年所报告的环境信息，越来越多的公司逐渐重视污染治理和循环技术，致力于建设绿色环保的工业环境。

2016 年上市公司社会责任报告中，环境信息依旧包含四个主题，分别是绿色环保、节能、低碳理念和废水循环利用。这些主题符合我国从 2015 年逐步深化的绿色发展战略，也表明越来越多的公司把这些内容作为主要发展战略并逐步实施。除了这四个主要的主题，其他主题被讨论得并不多，这种情况在往后几年也没有较大改变。

图 5-20 体现了在该年度披露的环境信息内容中,有四个被集中讨论的主题,并且这四个主题的权重远高于其余所有主题。另外这四个主题中还存在一个重点讨论主题,该主题的权重已超过 0.35。这表明该年度大多数公司已经开始有目标有偏好地进行环境信息披露,并且对需要披露的主题内容达成了共识。

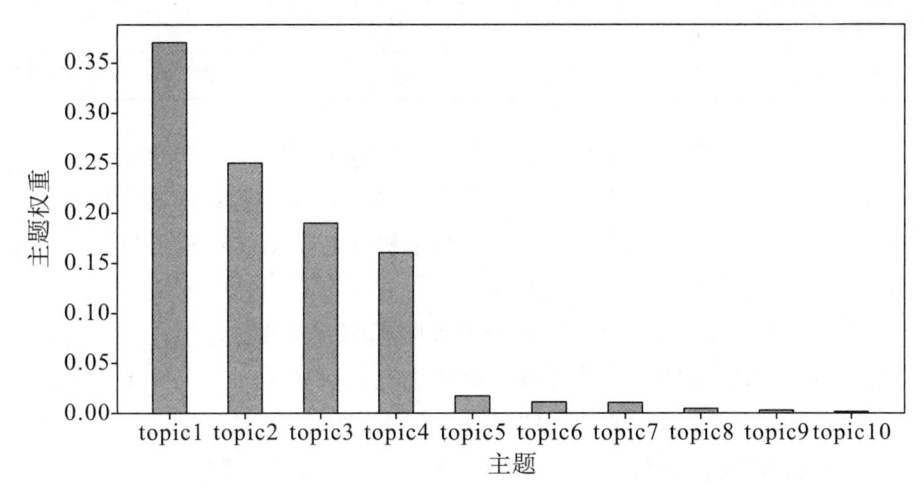

图 5-20 2016 年上市公司社会责任报告 LDA 潜在环境主题权重图

表 5-23 2016 年上市公司社会责任报告 LDA 潜在环境主题表

主题 1	环保	环境	发展	自然	绿色
权重占比	0.30806	0.16329	0.16221	0.16158	0.15983
主题 2	节能	实现	排放	加强	达到
权重占比	0.30092	0.15867	0.15839	0.15815	0.15444
主题 3	低碳	污染物	有效	控制	理念
权重占比	0.29545	0.14014	0.13871	0.13774	0.13769
主题 4	废水	利用	规定	使用	循环
权重占比	0.29251	0.13254	0.13231	0.12896	0.12738
主题 5	污染	清洁	回收	降低	始终
权重占比	0.28353	0.11991	0.11723	0.1169	0.11349
主题 6	减排	系统	推进	治理	改造
权重占比	0.26512	0.10906	0.10786	0.10779	0.10628
主题 7	倡导	应急	处理	建设	办公
权重占比	0.2584	0.12018	0.11991	0.11723	0.1169

续表5-23

主题8	达标排放	预案	投入	节约	落实
权重占比	0.23896	0.13429	0.13394	0.13283	0.13254
主题9	污水	脱硫	优于	生态	重要
权重占比	0.23249	0.14771	0.14733	0.1423	0.14014
主题10	污泥	促进	技术	强化	再
权重占比	0.21091	0.19798	0.19486	0.19431	0.19346

相比于前两年所报告的环境主题，低碳成为该年度新的重点讨论关键词（见表5-23），这说明越来越多的公司开始关注低碳排放给环境带来的好处，并且将低碳排放作为评估减量目标与重新设定减量目标的基础，协助公司降低能耗、节约成本。

2017年上市公司社会责任报告中依旧有四个主要的环境主题，相较于上一年，节能减排成为最多被讨论的主题，而往年一直都被重点关注的绿色环保却成了第二被关注的主题，接下来的两个主题分别是污染物排放治理和污染应急处理，这说明2017年大多数公司重点关注污染问题，并且已经开始把节能减排付诸实践。

图5-21体现了在该年度披露的环境信息内容中，有四个被集中讨论的主题，并且这四个主题的权重远高于其余主题。另外，这四个主题中有三个得到了重点讨论，这三个主题的权重较为接近。这表明该年度大多数公司已经开始有目标有偏好地进行环境信息披露，并且对需要披露的主题内容达成了共识。

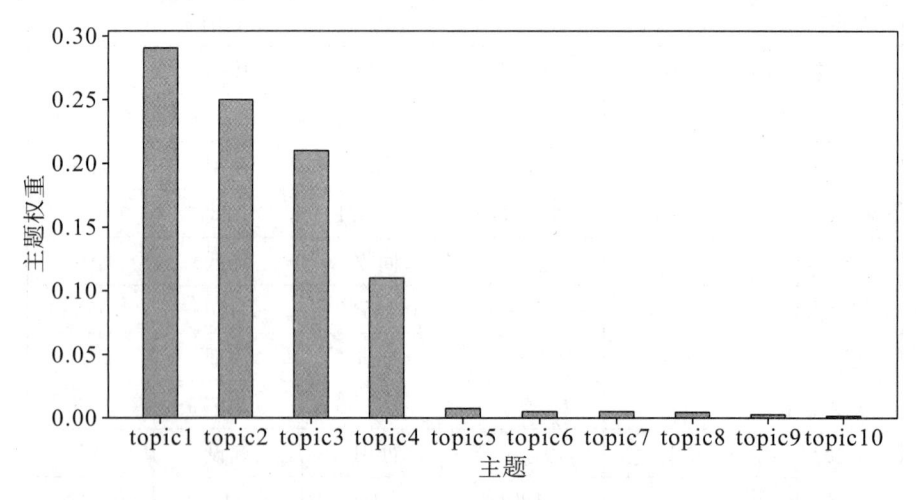

图5-21　2017年上市公司社会责任报告LDA潜在环境主题权重图

表 5-24 2017年上市公司社会责任报告 LDA 潜在环境主题表

主题1	节能	监测	减排	能源	控制
权重占比	0.32898	0.20906	0.10786	0.10779	0.10628
主题2	环保	有效	绿色	技术	清洁
权重占比	0.29545	0.11991	0.11723	0.1169	0.11349
主题3	排放	污染物	治理	管控	达标排放
权重占比	0.29077	0.13254	0.13231	0.12896	0.12738
主题4	应急	污染	提高	改造	工序
权重占比	0.26512	0.14912	0.14771	0.14733	0.1423
主题5	完善	法律法规	管理体系	消耗	标准
权重占比	0.25989	0.1423	0.14014	0.13871	0.13774
主题6	除尘	先进	废水	处置	资源
权重占比	0.22998	0.19199	0.19172	0.19088	0.18984
主题7	经济	计划	满足	化工	指标
权重占比	0.21439	0.17111	0.17059	0.17051	0.17035
主题8	排污	建立	煤气	脱硝	排放量
权重占比	0.19431	0.16659	0.16632	0.1653	0.16475
主题9	事故	负责	重要	经营	风险
权重占比	0.1833	0.16158	0.15983	0.1597	0.15867
主题10	设备	方案	规范	环境监测	综合利用
权重占比	0.16692	0.15401	0.15265	0.15144	0.151

结合表 5-24 和 LDA 潜在环境主题权重，能够总结出 2017 年我国上市公司的环境主题主要有四个：与上一年相类似，上市公司同样强调了节能减排与绿色环保工作，并且污染物排放治理这个主题也被大多数上市公司所涉及；相比于前两年报告的环境信息主题，应急成为该年度新的环境信息披露关键词，这与前两年频繁出现的突发污染事故有一定的关系。这说明我国上市公司有一定的污染事故预警意识，能在污染事故出现的第一时间做好应急处理。

2018年的上市公司社会责任报告中,绿色环保重新成为最集中讨论的主题,而上一年中被重点讨论的节能减排和污染物排放治理两个主题的权重只有绿色环保主题的一半甚至更低。

图5-22体现了在该年度披露的环境信息内容中,有四个被集中讨论的主题,并且这四个主题的权重远高于其余主题。这四个主题中存在一个重点讨论主题,该主题的权重已超过0.4。这表明该年度大多数公司在积累了多年的经验以后,发现了外界关注的重点和政府的绿色偏好,并对这些主题内容进行了集中的披露,以迎合外部关注的需求。

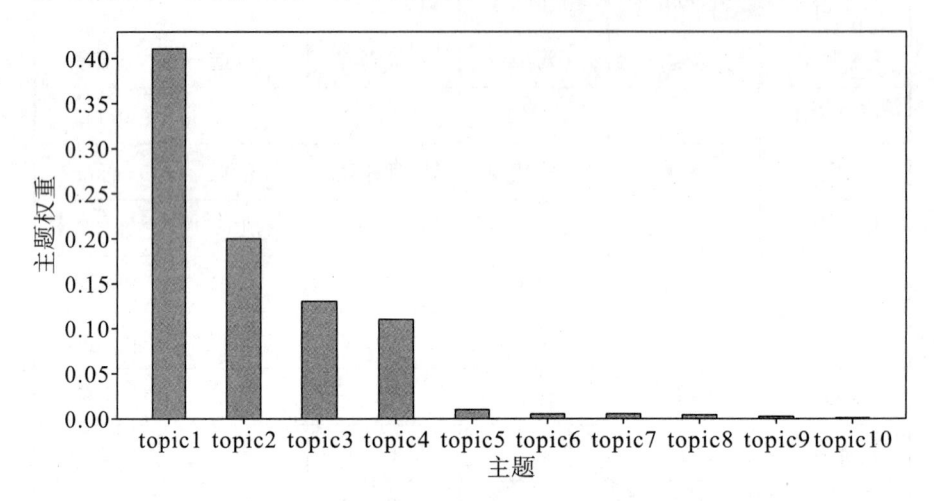

图5-22 2018年上市公司社会责任报告LDA潜在环境主题权重图

表5-25 2018年上市公司社会责任报告LDA潜在环境主题表

主题1	环保	优化	发展	清洁	绿色
权重占比	0.3831	0.21403	0.12333	0.13288	0.13249
主题2	节能	能源	减排	监测	控制
权重占比	0.37201	0.18439	0.1737	0.13355	0.11194
主题3	排放	污染物	治理	污染	达标排放
权重占比	0.36608	0.20587	0.10542	0.10447	0.10355
主题4	完善	法律法规	管理体系	指标	标准
权重占比	0.29389	0.19977	0.19926	0.15798	0.13486

续表 5-25

主题 5	应急	有效	提高	改造	工序
权重占比	0.24698	0.19431	0.19346	0.1932	0.17199
主题 6	除尘	先进	管控	处置	技术
权重占比	0.23288	0.19088	0.18984	0.18894	0.18722
主题 7	经济	计划	满足	消耗	重要
权重占比	0.21439	0.18037	0.17735	0.17418	0.17086
主题 8	排污	废水	煤气	脱硝	排放量
权重占比	0.19088	0.17418	0.17216	0.17111	0.17059
主题 9	事故	负责	建立	经营	化工
权重占比	0.18393	0.18393	0.18365	0.1833	0.18109
主题 10	设备	方案	规范	环境监测	综合利用
权重占比	0.16963	0.16659	0.16632	0.1653	0.16475

结合表 5-25 和 LDA 潜在环境主题权重能够总结出，2018 年我国上市公司的环境主题主要有四个：与前几年的主题相类似，上市公司同样强调了绿色环保与节能减排工作，并且污染物排放治理这个主题也被大多数上市公司所涉及；相较于前两年所报告的环境主题，完善法律法规成为该年度新的环境信息披露重点，这说明大部分上市公司希望我国有更完善的环境规制，这能有效为它们未来的生产策略和目标提供参考依据。

总结来看，本小节使用了统计学方法、TextCNN 算法和 LDA 模型等多种手段，对我国 2013—2018 年上市公司环境信息进行了分析与探究。从得到的大量实验结果图表中可以发现以下几点规律：首先随着时间的推移，通过 TextCNN 算法得到的关键词与通过统计学方法得到的关键词逐渐趋于相同；其次通过 LDA 模型发现，上市公司环境信息披露的潜在主题数呈逐年上市趋势；最后通过 LDA 主题权重结果看出，随着时间的推移，被集中讨论的主题在总体中的权重越来越高，并且结合潜在主题内容来看，被集中讨论的主题内容有被固定的趋势。

以上实验现象与规律说明，自 2013 年以来，我国上市公司环境信息披露的内容正逐步增加，上市公司更愿意主动地披露更多的环境信息主题。并且上市公司在环境信息披露中表达的内容更清晰，信息披露质量逐年上升。另外，多年内有部分相同的主题已经被大多数上市公司认可并被集中讨论，这说明上市公司关注于市场和政府的绿色偏好，有导向性地进行信息披露。

自 21 世纪以来，我国环境规制政策体系发生了巨大的战略转型，政策目标逐步从过去的"重经济增长、轻环境保护"向经济环保齐头并进转变。在此基础上，上市公司的环境信息披露数量有所提高，信息披露的质量也逐步上升。但是通过一系列的挖掘与分析研究发现，这其中也隐藏了一定的问题。本书接下来对现阶段我国上市公司环境信息披露行为进行探讨与总结，并结合本章研究内容给出一些环境信息披露规制的建议。

首先，本书在第二章中曾经提到，当环境规制影响力较弱时，企业的环境信息披露遵守成本低于环境规制所带来的禀赋收益，这个时候环境法律法规能督促公司积极地公开环境信息。现有的环境保护法律法规也鼓励企业在环境管理中披露其环境理念、环保目标、环境绩效、环境管理组织结构等环境管理信息，因此我国主动进行环境信息披露的上市公司企业数量呈逐年增长趋势。但由于我国的环境监管机制尚未健全，经常出现执法不到位的现象，所以企业违法成本相对较低。同时还有绝大多数企业尚未形成披露自身环境报告的意识，或是环境信息披露质量不高，这都助长了"印象管理"等行为的出现。我国在一些环境规制领域和国际标准存在差异，使得一部分企业钻了"漂绿"的漏洞。可见我国急需调整现阶段的环境规制，进一步敦促更多的上市公司进行环境信息披露，提高上市公司环境信息披露质量，降低不良信息披露行为出现的可能性。

其次，本章第三节文本挖掘分析的结果也验证了这样的观点，即近几年来企业更倾向于使用"印象管理"等信息披露行为，并以此迎合政府的绿色偏好。结合图 5-17 至图 5-22 的 LDA 潜在主题权重分布可以看出，近几年上市公司环境信息披露的大部分主题都比较分散，较少出现集中讨论的潜在主题。这表明上市公司更偏好于披露符合自身利益需求的环境信息，大部分分散的潜在主题也偏好于根据不同公司的实际情况进行"粉饰"。这是因为上市公司尤其是重污染行业上市公司，为了保障公司实现利益最大化的目标（如外部融资需求、规避监管等），会主动采取"印象管理"策略，以改善公司环境绩效，向社会外界传递积极信号，展示其"亲绿"的环保形象，由此获得融资便利或者政府财政补贴。另外结合表 5-20 至表 5-25 的主题内容关键词权重分布来看，上市公司少量集中披露的潜在主题往往都围绕政府绿色环保政策中的内容，以博得政府的好感，向政府和社会展现其负责任的公司形象。同时综合总体环境信息的文本分析可以看出，通过"印象管理"披露的社会责任报告的内容以文字信息为主、量化环境信息较少。披露内容与上年相比，未保持一贯性，不利于观察同一企业的环境保护进度，长期来看会损害公司整体利益，还会给社会的环境保护工作带来严重的负面影响。

为了降低企业"印象管理"和"漂绿"信息披露行为带来的不利影响，这里结合本章的研究内容，对未来我国环境信息披露规制给出以下几点建议：

第一，需要完善相关法律法规以明确环境信息披露主题。不完整、不合理的环境信息披露规制使上市公司有机可乘，不披露相关环境信息或环境信息披露不完整、质量较低等问题，给政府与投资者评价上市公司绿色发展程度带来一定的困难。因此需要建立强制性的环境信息披露规制制度，强制要求上市公司和高污染企业披露环境信息。一方面，要明确披露内容和方式；另一方面，对关键信息要求定量披露和定期披露，监督企业环境保护执行情况。

第二，需要改进我国的环境信息披露评价指标。本章在第一节中就中外环境信息披露评价指标进行了说明与对比。研究发现我国现阶段的环境信息披露评价指标依旧比较落后，不适用于未来使用大数据与人工智能技术的分析判定。为消除这一弊端，可以结合大数据文本分析、深度学习算法等技术，构建出适合我国国情的、客观的环境信息披露评价指标。使用该指标能够有效地对上市公司环境信息披露进行打分，为以后的人工智能判定服务。

第三，应用人工智能方法加强环境信息披露规制。可以使用人工智能技术，结合改进的环境信息披露评价指标，对我国上市公司环境信息披露行为进行客观的评判。如果发现上市公司存在"漂绿"与"印象管理"等行为，政府机构可加以批评警告甚至处罚，加强我国的环境信息披露规制力度。

第四，构建公开透明的环境信息大数据平台。相关部门可提供统一的数据平台，实现跨区域、跨部门的数据整合共享，便于加强相关部门的监督管控，同时也便于为企业提供有效的决策。可以在这类平台上构建多层次的图数据库，使用企业画像技术以提高企业信息的透明度，降低由信息不公开导致的风险等。

第六章 绿色规制影响上市公司环境信息披露行为的画像

第一节 绿色规制影响环境信息披露行为的逻辑

党的十九大以来，生态文明建设被置于国家发展战略的突出位置，国家不断强调要实行最严格的生态环境保护制度。企业作为社会经济发展和污染防治的主体，必然会受到政府绿色规制的影响，这会引起企业环境信息披露行为的变化，因而制度要素成为能够影响企业环境信息披露的重要驱动因素之一。现有研究也已证实，政府颁布的环保法规及来自环保部门的监管压力能够显著提升企业环境信息披露水平和披露概率（沈洪涛等，2012；王霞等，2013），但对于绿色规制影响企业环境信息披露行为相关逻辑分析甚少。因此，本书在构建绿色规制影响企业环境信息披露的行为画像之前，对其先展开逻辑探讨。具体来看，绿色规制影响环境信息披露行为的理论逻辑分析如下。

1. 绿色规制强度的变化引致企业环境信息披露行为的改变

一方面，从资源获取观视角来看，企业生存和发展离不开对其周围环境中相关资源的利用。中国的银行信贷偏好容易受到政府影响（于蔚等，2012）。国家推进构建绿色金融体系的相关政策，要求银行业金融机构必须从战略高度落实政府环境规制理念，拒绝对环境和社会表现不合规企业进行授信，以确保银行绿色信贷业务的有序开展，以上进一步反映出金融机构放贷行为容易受到地方政府的软约束和隐性调节（刘海明等，2020）。有鉴于此，在我国践行绿色发展的生态文明观的背景下，政府绿色规制强度能够通过影响企业信贷资源的获取，进而对企业环境相关的非财务信息披露行为造成影响。尤其是在政府加大绿色规制力度的前提下，企业环境污染的成本提高，这在一定程度上会约束企业环境信息披露行为。但目前上市公司存在绿色治理水平整体偏低（李维安等，2019）、企业信息透明度偏低（杨道广等，2019）等问题，企业披露更多环境相关非财务信息有助于缓解信息不对称，向市场释放出企业关注环境和履行社会责任的信号，增强企业信息透明度，降低银行等金融机构对企业未来经营不确定性的担忧，从而有助于企业获得更多的银行信贷资源（Cheng等，2014）。因此，一旦绿色规制强度发生变化，企业为了追求自身利益最大化，也会根据规制要求来动态调整自身环境信息披露行为。

另一方面，从组织合规性角度来看，随着社会对环境问题的日益重视，企业非财务信息披露成为企业合法性的重要表现之一。企业为了满足绿色规制压力下的合规需求，会积极主动参加环境治理，从而增加环境信息的披露（王兵等，2017）。近年来，我国政府监管部门陆续修订出台了新《环保法》和《上市公司治理准则》等相关政策法规，要求上市公司加强对环境和社会责任信息的披露，绿色规制力度有加大的趋势。以新《环保法》为例，该法明确要求加大对环境违法违规行为及环境污染企业的惩罚力度，并将环保目标与地方政府官员的政绩考核挂钩，进一步从法律层面强化了政府绿色规制对企业环境信息披露行为的影响。从以上分析可知，在绿色规制强度发生变化时，企业为了树立良好社会形象，会通过改变环境信息披露行为的合规性管理，以达到影响利益相关者对改善企业环境合规性的认知目标。

2. 异质性绿色规制工具影响企业环境等非财务信息披露行为

按绿色规制主体及其作用机理的差异进行分类，可将绿色规制分为命令控制型、市场激励型和公众参与型三类。

（1）命令控制型绿色规制是指政府部门以行政命令的方式对企业环境污染行为进行管控。例如排放总量控制、设置排放标准等，这种由国家强制保证实施的规制手段，能在短期内有效控制污染。但此类规制工具的管理方式具有"一刀切"的倾向，管理成本也相对较高，因而在实际管理中存在地方政府环境政策执行不到位的现象，使得企业环境违法成本大大降低，由此导致企业减少甚至不披露相关环境信息。

（2）市场激励型绿色规制是指注重发挥市场信号指引作用，依靠市场价格和竞争机制，对污染排放进行定价，实现企业环境污染外部性问题成本内部化。以排污收费的市场型绿色规制工具为例，相关法规明确要求企业排放污染物必须按照排放当量征收一定数量的排污费（2018年以后改为征收环境税）。此类规制工具虽然在短期内增加企业的环保成本，但从长期来看，有助于倒逼企业高管重视企业绿色转型，使企业在降低污染能耗的同时，也有力地提升了综合竞争力。进一步地，竞争力强的企业为了与环境绩效表现差的其他企业区分开来，有动机向市场披露更多自身环境信息。

（3）公众参与型绿色规制是公众环保诉求和环保权益得到充分维护的表现。但公众参与型绿色规制不同于前两类具有明显强制性特征的规制工具，它是社会公民基于自愿参与的环境治理行为，因而具有一定的时滞性，且对企业环境信息披露的直接影响较小。从总的发展趋势来看，绿色规制工具的类型将会更加丰富，命令控制型绿色规制和市场激励型绿色规制在未来较长时期内仍是敦促企业加强环境治理，提升环境信息披露水平的重要工具，而公众参与型绿色规制随着社会环保意识的提升，也将得到有效发展。

第二节 绿色规制影响环境信息披露行为的研究方法

前文我们具体讨论了我国现有的环保部规制、各省规制制度体系，并分类整理了我国公司环境信息披露行为，接下来将继续探讨绿色规制如何影响环境信息披露行为，并通过数据可视化直观地展现其中的作用程度。

在过去的数十年间，已有不少研究学者针对环境的非财务信息披露问题进行了一系列研究探讨，本书第一章的国内外研究进展部分已有详细论述。虽然学者们发现绿色规制会影响公司的环境信息披露水平，但没有更进一步分析政府的绿色规制对不同公司环境信息披露行为的影响程度。并且这些研究存在一定的局限性，不能实时动态地考察这种作用关系，对政府做出政策规划起到的帮助有限。因此本书将通过构建我国上市公司绿色行为的图数据库，实时动态地挖掘地区规制差异与上市公司绿色行为之间的联系，进而分析两者之间实际的作用关系。

本书首先结合斯坦福大学 Infolab 实验室开源的 DeepDive 框架，使用自然语言处理和机器学习等技术手段，抽取不同地区上市公司环境信息披露行为并进行融合和推理工作，将环境信息披露行为与不同地区的环保规制联系起来。然后，使用资源描述框架（Resource

Description Framework，RDF）三元组、关系型数据库和 NoSQL 数据库将已经提取出来的环境信息披露行为图数据保存起来，方便后续应用中调用。最后，使用以上图数据构建环境规制和上市公司环境信息披露行为的知识图谱，并在下一节中重点分析规制对上市公司环境信息披露行为的影响（见图 6-1）。

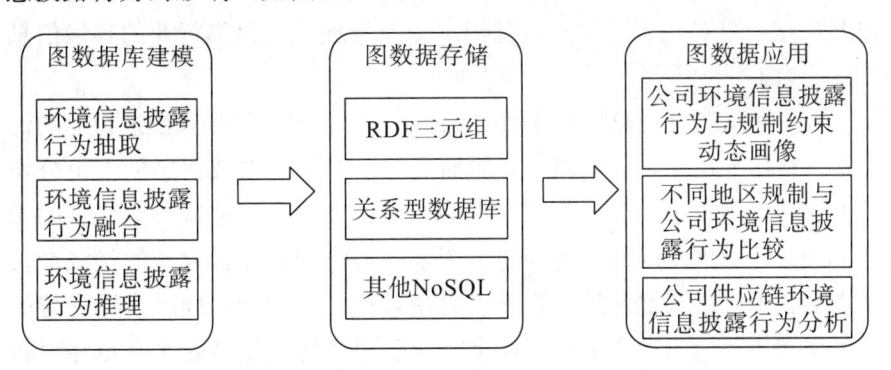

图 6-1 结合图数据库的研究方法示意图

第三节 绿色规制影响环境信息披露行为的画像

目前关于上市公司环境信息披露的数据纷繁复杂，浩如烟海的数据信息无法得到充分利用，使得政府和相关投资者提取目标信息十分困难。因此，应更加精准地构建绿色规制影响上市公司环境信息披露行为画像，发现上市公司环境信息披露特点，以此为政府、投资者进行决策提供有效信息支持。

需要说明的是，本节使用的公司主动披露环境信息相关数据主要来自上市公司年度报告、社会责任报告、环境报告书和公司网站等。外部媒体报道数据来源于中国重要报纸全文数据库，主要通过文本处理后筛选获得。同时，研究也借助多线程网络爬虫技术从百度、谷歌、必应等搜索引擎中获得相关报道信息，这些信息可对媒体报道数据进行交叉核对和补充完善。

一、绿色规制下重污染行业环境信息披露行为画像分析

为了构建绿色规制影响整体行业环境信息披露的行为画像，本书以上市公司披露的年报为样本数据，通过爬虫技术获得企业受到绿色规制时的环境信息披露情况。根据文本分析等手段提取出年报中的结构化数

据和图片等非结构化形式的相关数据，将上市公司基本特征属性信息、披露污染物类型、防治污染设施的建设和运行情况、受到环境行政处罚情况等重要特征提炼成上市公司的环境信息披露标签，由此构建绿色规制影响行业上市公司的画像全貌。根据可视化结果分析，政府绿色规制深刻影响着行业整体的环境信息披露情况，使得行业环境信息披露存在较大差异。图6-2到图6-13的用户画像展现了重污染行业的环境信息披露行为。

首先，从基本信息层面来看（见图6-2），煤炭开采和洗选行业的污染企业整体上市年限普遍较长，侧面反映出对环境造成污染的上市公司上市时间普遍较早。改革开放四十多年来，以煤炭、钢铁等为代表的重污染行业，对推动国民经济发展发挥了巨大作用，但粗放型的经济增长模式不利于当地环境保护并积累了大量环境污染问题，同时未够完善的绿色规制及环境治理体系使得此类行业公司环境信息披露水平也相对较低。在上市公司地域分布上，煤炭行业上市公司位置分布呈现"北多南少"的特点，这种现象可能与北方丰富的煤炭资源有关，因而此类上市公司选址多以资源导向型为主。

其次，从各类污染物的披露情况分析。在废气污染物方面，煤炭行业上市公司主要根据《火电厂大气污染物排放标准》（GB 13223—2011）等规制要求，披露了二氧化硫、氮氧化物、粉煤尘等大气污染物排放情况。在废水方面，相关上市公司参考《城镇污水处理厂污染物排放标准》等规制标准，将处理后达标的化学需氧量（COD）、氨氮等污染物进行集中排放。根据上市公司年报披露的环境信息内容，行业整体污染物超标排放的情况较少，绝大部分企业都能按照政府相关环境规制要求进行合规的信息披露。但需要强调的是，煤炭开采和洗选行业暂未披露属于该行业特有的污染排放信息，这也是重污染行业存在的普遍现象。作为煤炭开采和洗选行业的上市公司，并没有披露煤炭开采污染地下水、洗选废水处理排放、煤炭运输中的煤尘对空气质量的污染等信息，这些行业特质信息都未在年报或其单独发布的社会责任报告中被提及。

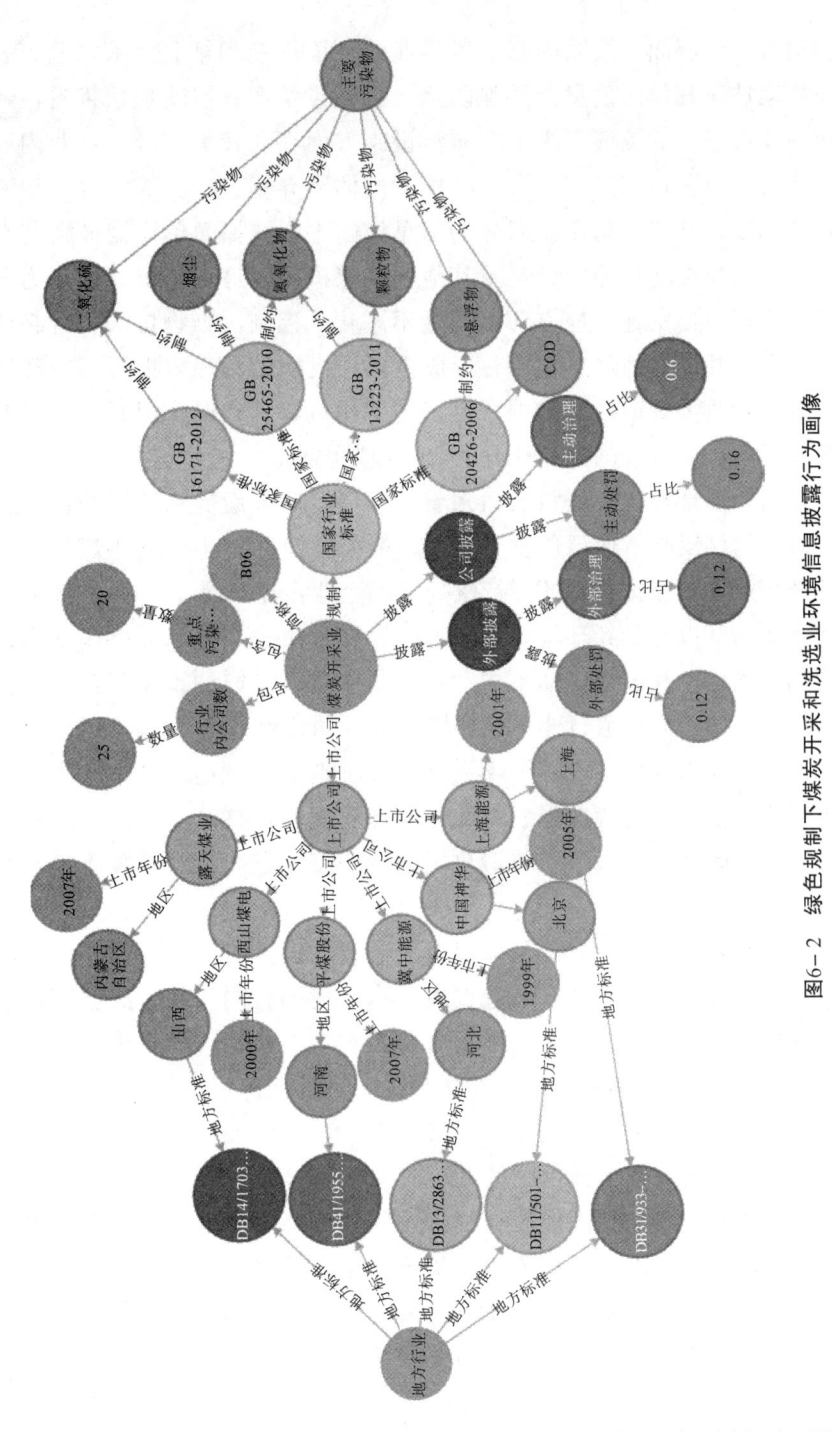

图6-2 绿色规制下煤炭开采和洗选业环境信息披露行为画像

然后，从环境治理视角分析，煤炭开采和洗选行业主动披露环境治理情况的上市公司占比高达60%，该比例是所有重污染行业之首，说明近年来该行业加强了对生态环境的有效治理。在披露防治污染设施的建设和运行情况层面，按照国家对各行业的环境规制和排放要求，上市公司应主动披露其排污信息及环保防治设施建设情况。但就现状来看，各行业在建设完善的废气、废水等防治设施方面存在较大差异，行业内并不是所有上市公司都制定了大气、水、固体废弃物、噪声等污染防治专项管理制度，某些公司在该部分的信息披露中，选择简单模糊披露甚至不披露。在建设项目环境影响及其他环境保护行政许可情况方面，为了保障在公司项目实施后地方环境质量不恶化，控制污染物排放，有必要对公司项目开展环境信息评价，形成由环评机构出具环境报告书或环境报告表，发改委等审批部门进行批复的工作流程，确保公司开展项目时的环境污染排放符合国家和地方的双重规制要求。

最后，从环境行政处罚层面来看，因环境违规而受到环境处罚的情况，能够间接反映行业绿色发展程度。根据画像可知，2019年煤炭开采和洗选行业主动披露接受环境行政处罚的企业占比只有16%，一部分原因是企业的确没有受到环境处罚，但也存在上市公司由于环境违规问题而受到环境处罚和通报，却不主动在年报中进行披露的现象。在外部报道方面，媒体负面报道行业受到环境行政处罚比例约为12%，这一水平较其他行业高出许多，说明了煤炭开采和洗选业环境违规概率较高，整体环境治理水平还有待加强。因此让外部监督成为整治环境污染问题的助推器，以此确保打赢污染防治攻坚战，还需要进一步发挥媒体报道对环境保护的治理作用。

有色金属矿采选业通常是指对有色金属、贵金属矿产及稀贵金属矿等进行的采选、冶炼活动。通过查找生态环境部官网和北大法宝网，研究整理了与金属矿采选业相关的行业标准，主要包括《铜、镍、钴工业污染物排放标准》(GB 25467—2010)等，因而行业上市公司的生态环保信息披露必须满足上述行业标准要求。

在环境治理方面，根据画像可知（见图6-3），有色金属矿采选业主要是排放废水、废气和固体废弃物等污染物，公司对生产经营活动中造成的环境污染进行治理，需要着重提升污染防治技术。总的来看，有色金属矿采选业主动披露环境治理相关情况的只有4.54%，大部分上市公司都选择不披露或定性披露自身节能减排及清洁生产实施情况。具体来看，在水污染治理方面，有色金属矿采选业企业除了应规披露主要污染物信息外，对废水中重金属污染治理、选矿废水处理、废水循环利用率信息都没有相关描述。由于采矿企业可能污染地下水和当地土壤，为了切实提升行业水污染治理技术，企业有必要将相关防治措施和环保投入等内容在企业年报或者其他独立的环境报告中披露。在大气污染治理方面，企业同样有必要加大对污染防治措施信息的披露力度，包括废气搜集、除尘技术等内容，同时针对有组织排放的废气，应主动公布其在进行布袋除尘后的环境信息。在固体废弃物污染治理方面，有色金属矿采选业企业应对矿产开采过程中所产生的矿石、废石等废弃污染物，如何进行资源化利用及危废贮存相关信息进行详细披露，以便进一步有针对性地规范有色金属采选业的环境信息披露行为。

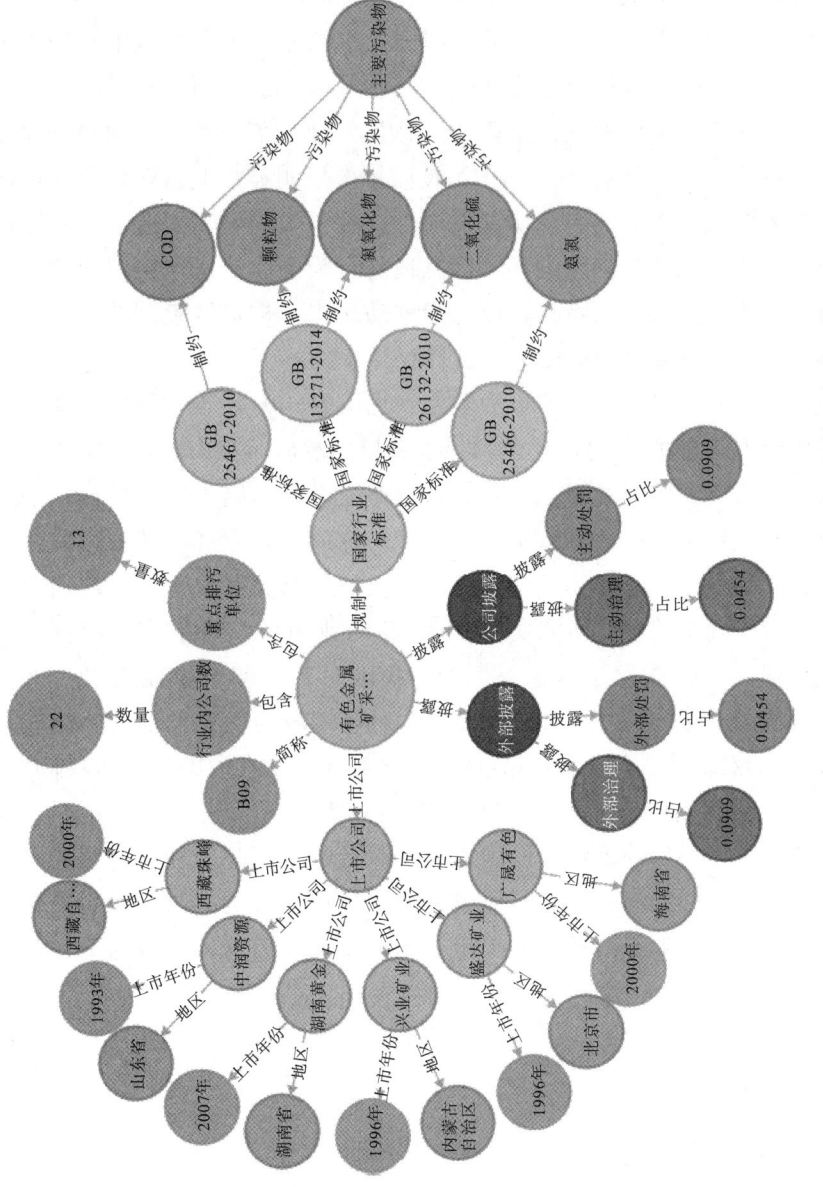

图6-3 绿色规制下有色金属矿采选业环境信息披露行为画像

在环境行政处罚信息披露方面，有色金属矿采选业企业有落实环境保护的主体责任，生产经营必须遵守相关环保法律及法规，如若出现环境污染行为，必须接受环境行政处罚。但通过画像我们发现，有色金属矿采选业只有9.09%的上市公司主动披露受到环保部门行政处罚的信息，而绝大部分企业都不会主动披露环境罚款支出的具体内容。在外部披露环境违规水平方面，外部媒体负面报道的公司占比也只有4.54%，一定程度上说明行业整体被环保部门行政处罚的情况较少，有色金属矿采选业近年来贯彻绿色发展理念取得了一定成效。

我国是世界上最大的纺织品生产国，纺织业在国民经济中起到了重要作用，但同时也是传统重污染行业之一，具有高环境负荷特征。《纺织行业"十四五"绿色发展指导意见》指出，"十三五"期间的纺织行业废水排放量等累计下降超过10%，污染减排效果明显，但行业仍存在环保创新投入偏低、产业链绿色协同发展力度较低等问题。因此，本书通过分析纺织业的绿色规制影响环境信息披露行为画像，发现纺织业整体环境等非财务信息披露的特点，以期为推动纺织业构建绿色制造体系，进而逐步提升行业绿色发展能力提供有益参考。

通过行业环境信息披露行为画像（见图6-4）发现，纺织业主动披露环境治理信息的公司占比为20%，相对较高，说明纺织业在"十三五"期间取得了较大的绿色成效。纺织业上市公司属于重点排污单位的企业同时受到国家和地方双重排放标准的约束，并应规披露排污信息等内容，反映出纺织业整体环境等社会责任信息的披露水平有待加强的现状。但需要说明的是，研究发现中国印染行业的废水排放标准相对严苛，甚至远超一些欧美发达国家。例如，我国对新建印染企业废水污染物COD排放标准控制在100mg/L以内，对环境较为敏感的浙江，排放限值为60mg/L；与之形成参照的是美国洗毛行业废水污染物COD排放标准为140mg/L，欧盟的排放标准限值也有125mg/L。上述现象说明了我国对生态环境保护的重视，但国家对纺织行业的规范管理与清洁生产审核还有待强化，如何在引导行业技术结构优化升级的同时，强制要求因环境违法受到重大行政处罚的上市公司披露环境信息，应成为下一阶段工作的重点。

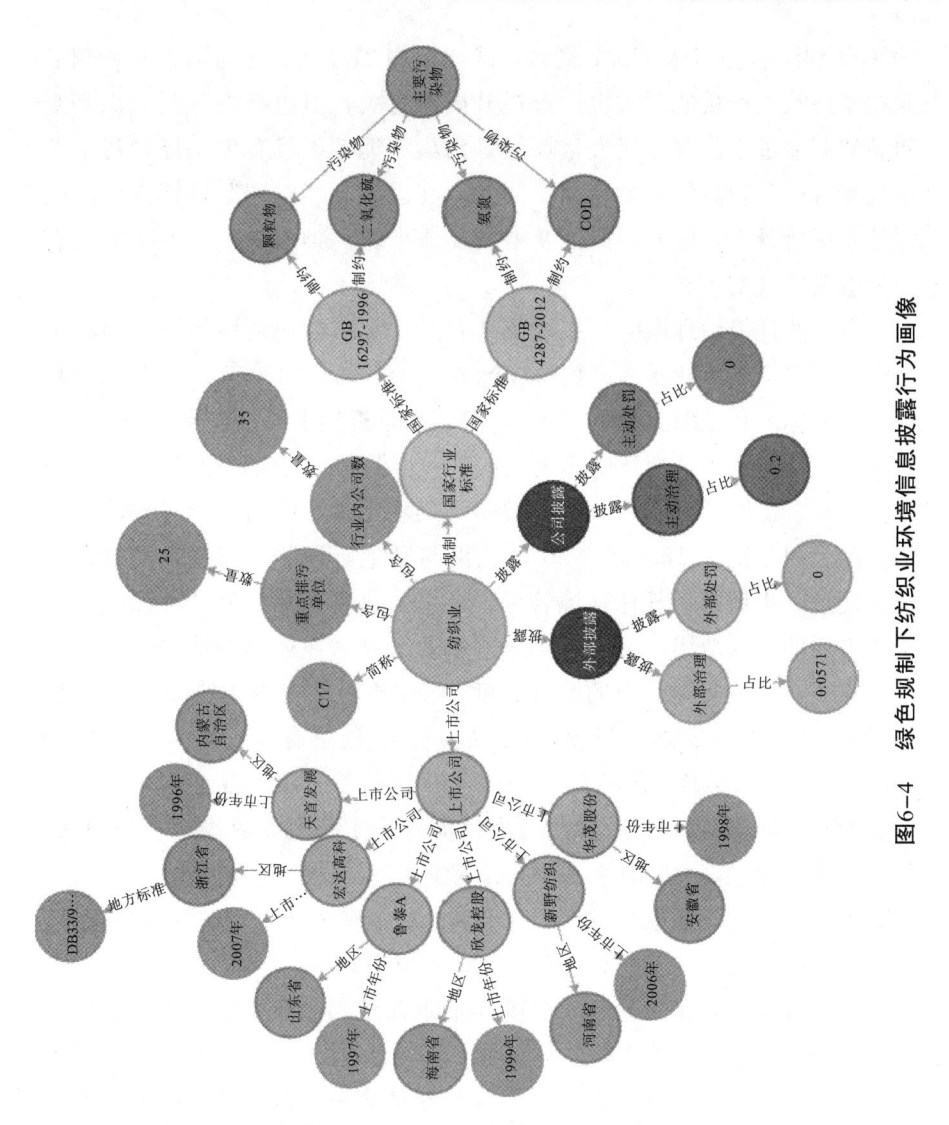

图6-4 绿色规制下纺织业环境信息披露行为画像

根据纺织业环境信息披露行为画像，在环境行政处罚方面，2019年，整个纺织业主动披露环境行政处罚信息的公司基本没有，且行业当年受到外部媒体负面报道数为零，侧面说明了纺织业近年来在环境治理投入上所获成效。但也存在某些公司当年受到环境行政处罚，却不主动披露的情形。可能的原因是，由于目前生态环境部和证监会都没有出台强制披露标准，纺织业缺乏"重大"环境类行政处罚具体依据，因此纺织业上市公司会以不存在重大处罚或无处罚为由而不披露相关环境违规信息，这也是目前整个资本市场上市公司存在的环境信息披露问题。

造纸及纸制品业是我国传统制造业的重要组成部分，但也属于重污染行业。国家统计局数据显示，尽管在疫情期间，我国造纸及纸制品业

263

2020年利润额仍高达826.7亿元，同比增加21.2%。这与造纸及纸制品业在发展壮大产量的同时也注重提升质量有关，但也必须深刻意识到纸制品的制造过程需要消耗大量煤炭等污染型能源，具有生态环境污染严重且碳排放量较高的典型特征。因此，在以实现"双碳"目标为导向的绿色发展背景下，展开对造纸及纸制品业披露污染信息行为的研究具有十分重要的现实意义。

在行业环境治理层面，造纸及纸制品业上市公司环境污染行为必须遵守《制浆造纸工业水污染物排放标准》（GB 3544—2008）《大气污染物综合排放标准》（GB 16297—1996）等，而且近年来绿色规制压力有增加的趋势，使得上市公司环境违法成本进一步提高。结合画像（见图6-5）我们发现，造纸及纸制品业整体披露污染物治理、清洁生产等环境治理情况的公司占比为16.67%，这个比例与其他行业相比较高，而且某些公司还进一步披露了其在环境管理、环境友好型产品研发、环保教育培训等方面的投入费用，可见近年来造纸及纸制品业还是按照绿色规制要求加大了对环境污染行为的治理力度。《中国经济普查年鉴2013》的数据显示，2013年中国造纸及纸制品业企业数量有53676家。而根据《2020中国造纸年鉴》的统计，2019年中国造纸及纸制品业规模以上企业总数只有6643家，进一步凸显出目前行业中小企业数量过多的现状。行业中小企业过多意味着无法形成有效的产业集聚效应，且规模小的企业其生产技术、设备也相对落后，不利于行业整体绿色转型和节能减排，因而在环境治理问题上还有进一步完善的空间。

在环境行政处罚问题上，2019年造纸及纸制品业主动披露受到环保部门行政处罚的公司约占行业数量的3.33%，且外部媒体对行业环境负面报道的占比相同，也是3.33%。虽然整体来看，造纸及纸制品业被行政处罚的比例不高，但行业绿色发展水平还有待进一步提高，要从根本上解决行业环境违法问题，需要着力提升行业清洁生产技术，从源头进行节能减排，同时也做好末端资源再利用工作，使得行业实现真正的绿色转型。

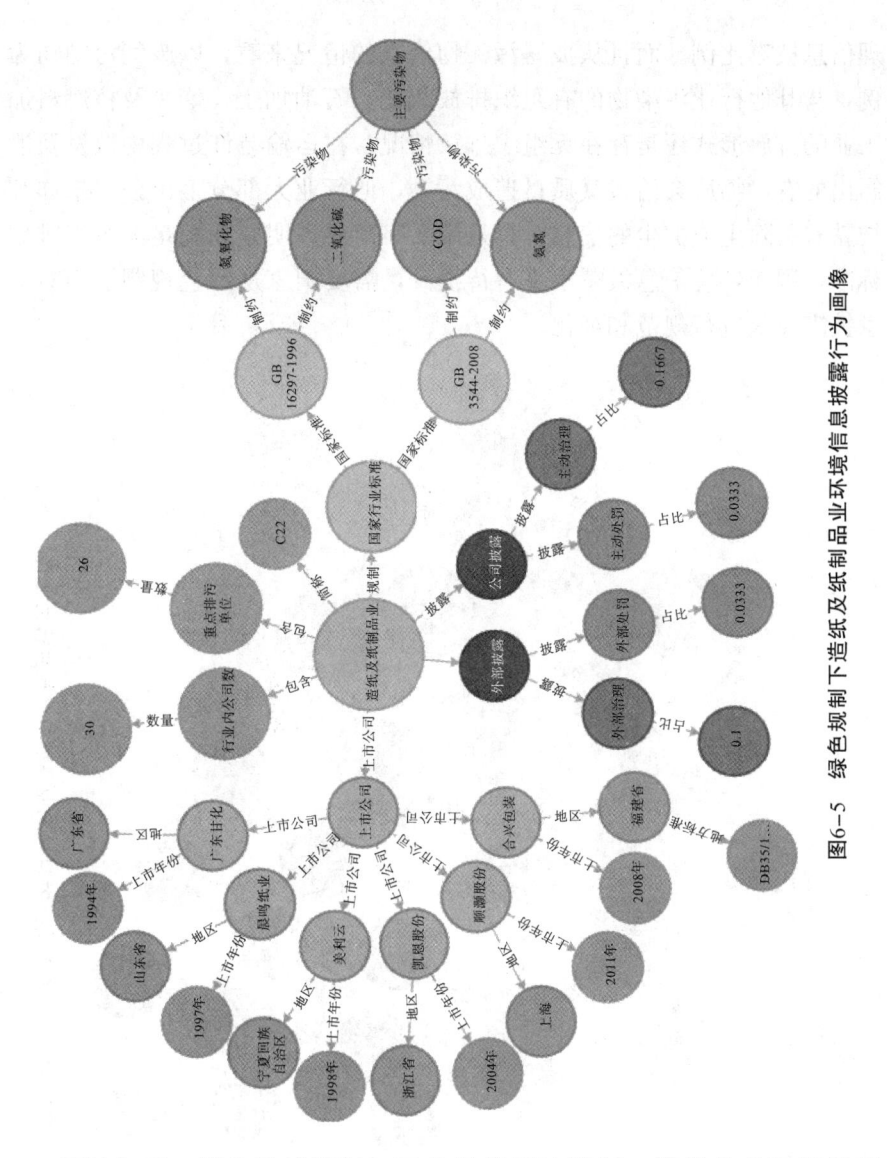

图6-5 绿色规制下造纸及纸制品业环境信息披露行为画像

石油加工、炼焦及核燃料加工业是指石油炼制、煤炭焦化和核燃料加工的生产活动，对整个石化产业产生重要影响。但其在原料生产中会产生成分复杂的有毒化学污染物，对环境造成严重污染，因而也成为重污染行业之一。

如图6-6所示，石油加工、炼焦及核燃料加工业主要产生废气、废水等污染物，需遵循的规制标准主要有《石油化学炼制工业污染物排放标准》（GB 31570—2015）等。研究发现，石油加工、炼焦及核燃料加工业对环境治理信息进行详细披露的公司占比高达25%，这一比例相较于其他污染行业偏高。但整体来看，该行业还是有必要进一步提升环境治理信息披露比例。而且从披露污染物信息的情况来看，以废气污染物为例，与其他行业污染物的有组织排放相比，石油加工、炼焦及核燃料加工业的排放形式还是存在无组织排放情况，在运输装卸过程中散发及泄露出的有毒物质会给大气质量造成污染，但行业大部分上市公司未详细披露有关除尘或抑尘的信息，只是用文字简略说明企业满足无组织排放标准，因而环境信息披露水平有待提升，需要国家从绿色规制层面对信息披露要求进行规范和细化。

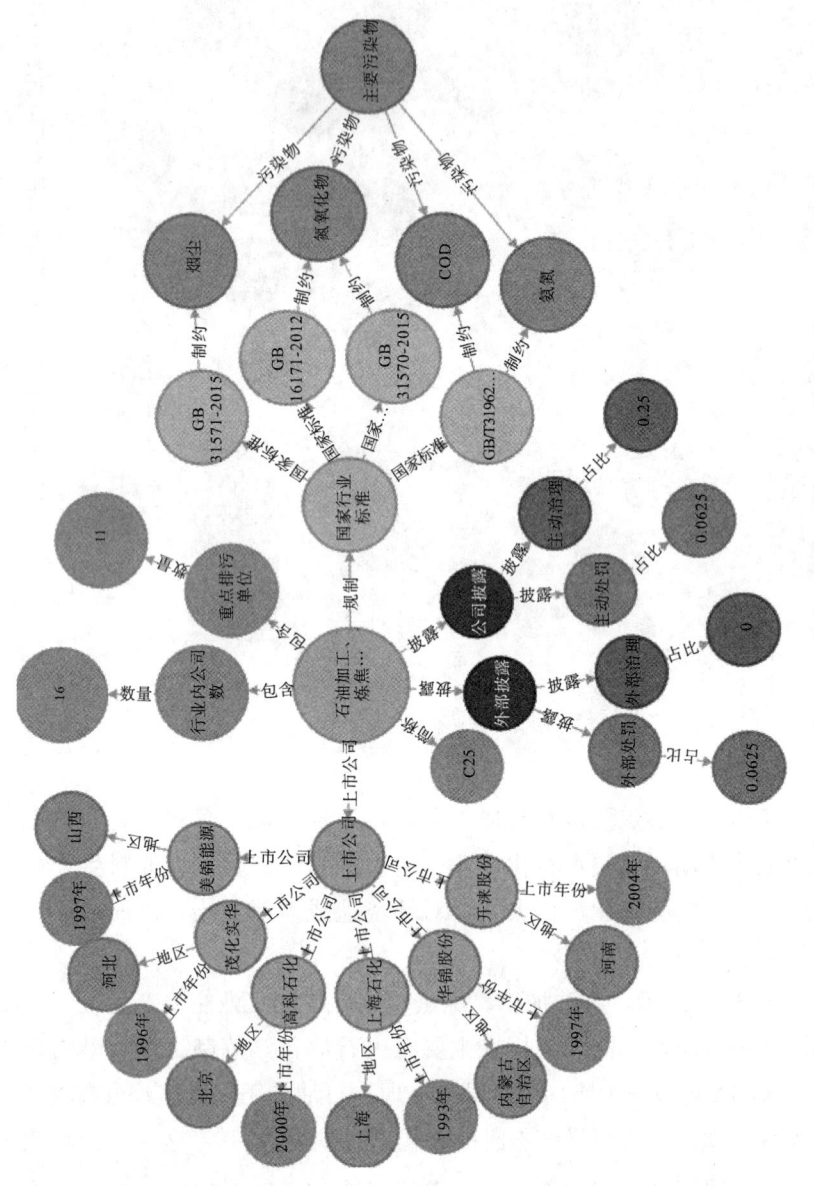

图6-6 绿色规制下石油加工、炼焦及核燃料加工业环境信息披露行为画像

在环境行政处罚问题上，2019年，石油加工、炼焦及核燃料加工业主动披露受到环保行政处罚的公司占比与外部媒体报道受到处罚的公司占比相等，均为6.25%。要保障行业上市公司如实披露受到环境行政处罚的相关信息，保证外部投资者及社会公众对上市公司环境违法行为的知情权，有必要构建统一的上市公司环境行政处罚信息数据库，从而有效制约企业不披露环境行政处罚信息的行为。

化学原料及化学制品制造业的A股上市公司数量众多，其在为国民经济发展贡献重要力量的同时，也具有"高耗能、高污染"的特征，因而成为我国制造业六大高耗能行业之一。《中国能源统计年鉴2020》的数据显示，2019年该行业能源消耗达到5.33亿吨标准煤，占整个制造业能源消费总量的19.84%，给国家实现"双碳"目标和推进绿色发展造成了不小压力。国家已经出台了《无机化学工业污染物排放标准》(GB 31573—2015)等多项绿色规制标准和政策，以推动行业整体减污降碳。

首先，根据研究统计发现，从化学原料及化学制品制造业的地域分布情况来看，上市公司主要集中在江苏、浙江、广东、上海等东部发达地区。其中，江苏和浙江该行业企业数量最多，说明这两个省份在该行业发展中的规模优势，同时也间接反映出这两个省份在环境污染治理方面的压力。

其次，根据画像（见图6-7）可知，化学原料及化学制品制造业环境行政处罚信息披露不足，行业主动披露环境行政处罚的公司只有3.22%。作为传统重污染行业之一，该行业下属企业近年来在全国频频发生安全事故，对当地生态和居民生活造成了不良影响，但存在即使是受到环境行政处罚也不主动披露相关处罚信息的现象，大部分上市公司并未披露环境处罚信息或直接在处罚及整改情况部分勾选不适用。环保部门进行行政处罚主要是为了让企业进行有效整改以消除污染，但行业大部分上市公司对环境行政处罚信息讳莫如深。在披露环境治理信息上，行业整体环境责任信息披露水平相对较高，这得益于相关部门对重点排污单位提出了完善的环境责任信息披露要求。但必须意识到，行业仍然存在未按照要求披露及部分披露的现象。例如，部分上市公司未按要求披露排放浓度、排放方式、排放口数量等重要排污信息，还有部分上市公司则是对子公司相关排污信息未进行完全披露。

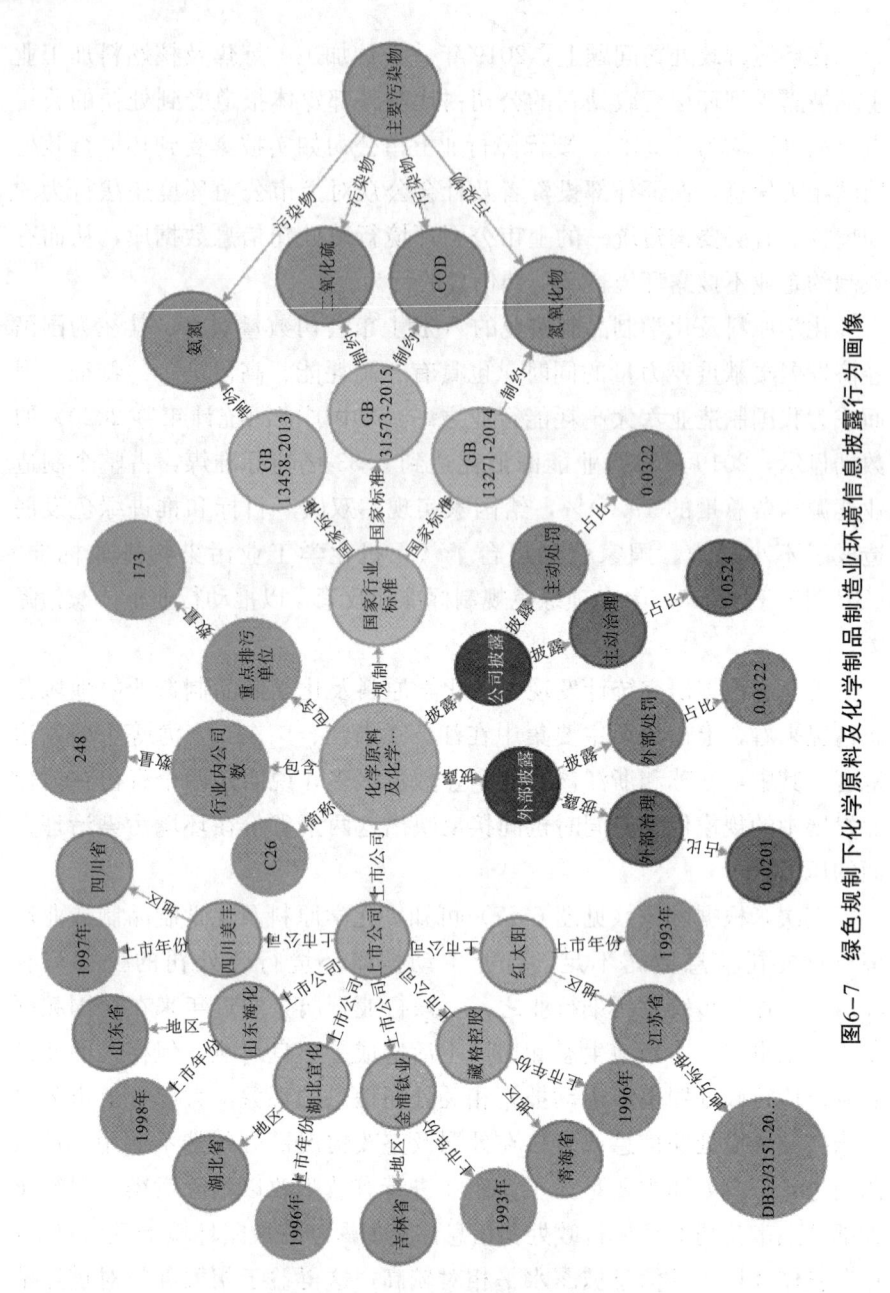

图6-7 绿色规制下化学原料及化学制品制造业环境信息披露行为画像

最后，从外部视角考虑对该行业的环境责任信息披露。随着绿色规制力度的加大，国家对化学原料及化学制品制造业监管日趋严格，很多"小散乱污"的企业被取缔甚至关停查封，这在一定程度上警示甚至倒逼行业内其他企业进行绿色转型，以实现节能降污。与此同时，国家近年来提出"党政同责"，将环保督查结果直接作为地方官员政绩考核评价的重要指标，使得地方监管部门加大了对行业污染治理的力度。因此，外

268

部媒体负面报道通过引起政府和公众的关注，会迫使行业加强环境治理，由此提升行业绿色发展水平。

起步于20世纪80年代的化学纤维制造业，经历了从无到有、从弱到强的发展过程，但同时也属于高能耗的重污染行业。为促进行业转型升级，保护生态环境，生态环境部在2020年出台了《排污单位自行监测技术指南－化学纤维制造业》（HJ1139—2020），对化学纤维制造业的废水、废气等排放监测信息做了详细要求，可见相关政府监管部门对化学纤维制造业环境污染的重视。

首先，根据图6-8的画像可知，化学纤维制造业主要受到《污水综合排放标准》（GB 8978—1996）等国家标准约束，严格的排放标准使化学纤维制造业能够以清洁生产为目标，采用先进工艺装备及技术，不断增加对污染防治设施的投入，实现废水、废气、固体废物等的综合治理及资源循环利用，因而行业整体排污信息的披露相对规范且详细，行业主动披露环境治理内容的公司占比约为20.83%。而在行业自动披露受环境行政处罚信息上，基本没有上市公司会在年报中公布当年接受环境行政处罚的信息。这一方面是由于行业整体环境治理水平有所提高，另一方面也是行业里某些上市公司没有披露其子公司的环境违规信息。因而，化学纤维制造业环境责任信息披露质量仍需提高。

其次，根据画像我们发现，外部对化学纤维制造业环境行政处罚情况的信息披露水平相对较低，对企业环境污染行为或行政处罚报道数量较少，但并不意味着行业企业没有发生相关环境违法行为。可能的解释是，外部媒体对化纤制造业的关注相对较少，因而缺乏相关的数据佐证。因此，为更好推动行业环境信息披露，有必要充分发挥媒体报道的监督作用，激励外部媒体对行业环境污染行为进行监督，使得相关上市公司能够践行绿色生产方式，自觉承担更多环境责任。

橡胶和塑料制品业作为重要的传统制造业，其产品在民用、军工、航天等领域得到广泛使用，因而在社会经济发展中的战略意义突出。但与此同时，必须意识到橡胶和塑料制品业也属于重污染行业之一，因而有必要分析绿色规制对整个行业环境信息披露的影响。

首先，根据图6-9的画像可知，虽然橡胶和塑料制品业在2019年共有79家上市公司，但属于重点排污单位的企业只有25家，且绝大部分位于江苏、浙江、广东等东部发达省份。在绿色规制方面，行业排放主要受到《橡胶制品工业污染物排放标准》（GB 27632—2011）等制约，相关环保法规对行业环境污染具体环节及排放标准进行了有效规定，从而深刻影响着行业环境信息披露行为。

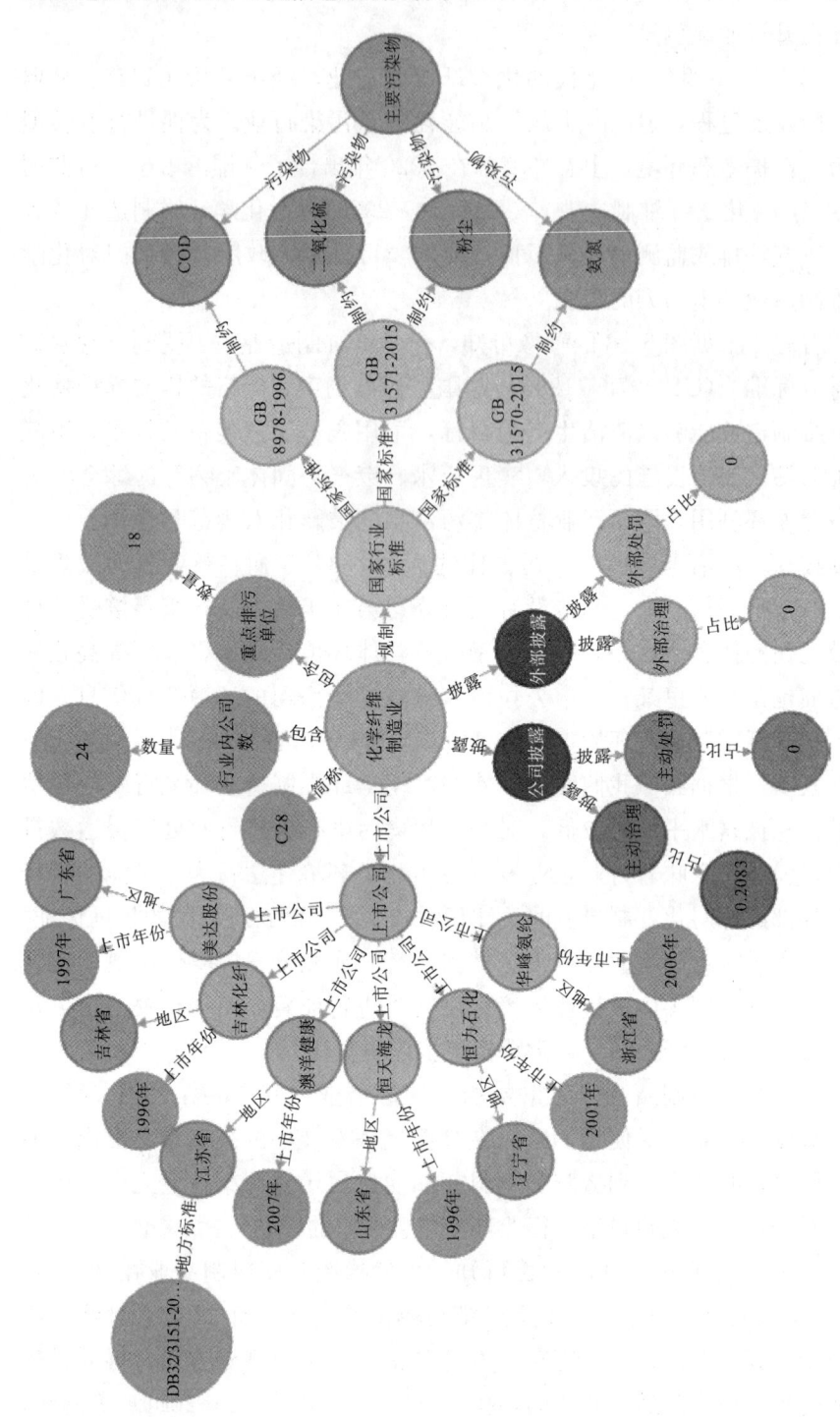

图6-8 绿色规制下化学纤维制造业环境信息披露行为画像

图6-9 绿色规制下橡胶和塑料制品业环境信息披露行为画像

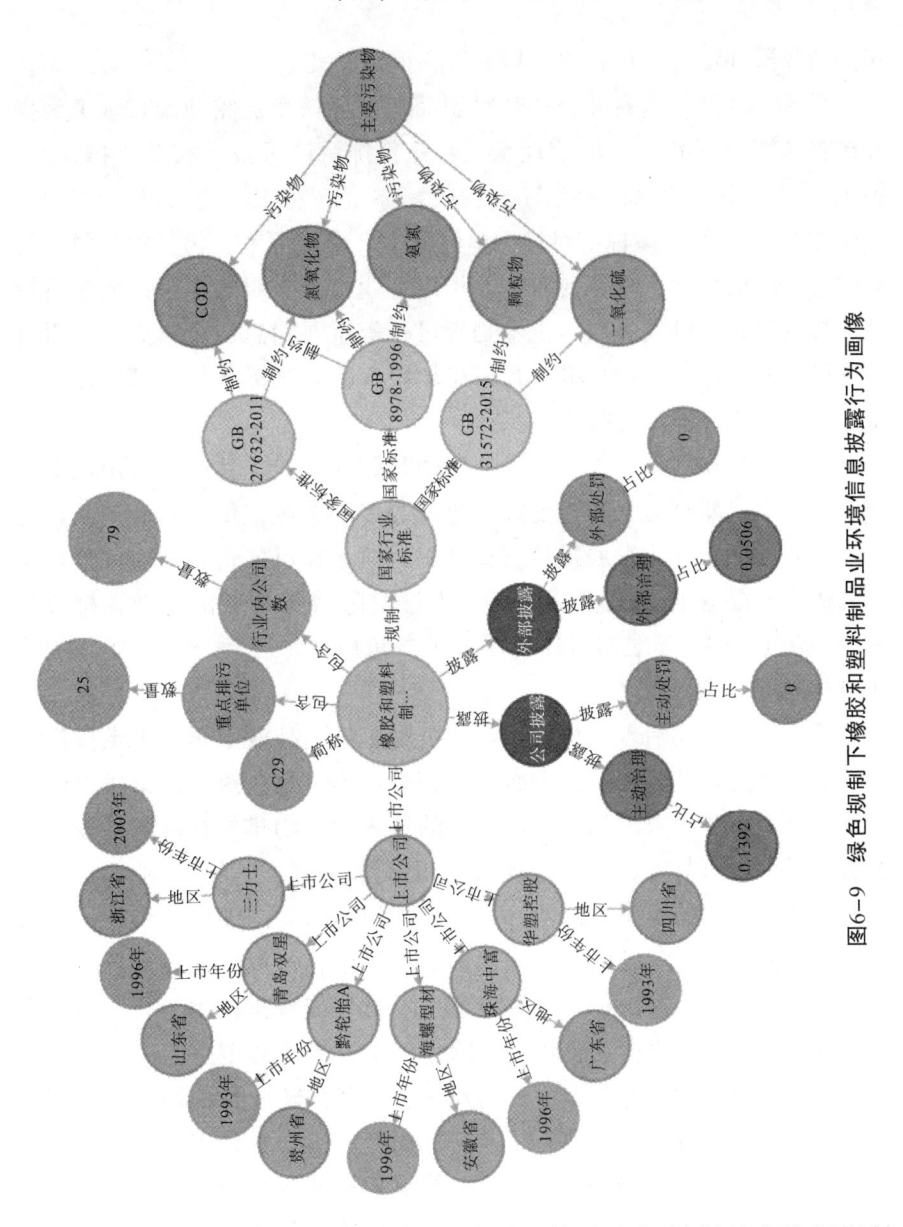

其次，从行业内部环境治理视角来看，橡胶和塑料制品业按照规制要求披露了废水、废气等污染物排放信息，但行业整体在防止污染设施上的披露还不够详细，很多企业没有汇报污染防治设施污染处理能力和运行情况，也没有披露当年有关环境治理的投入资金信息，公司主动详细披露自身环境治理情况的占比仅为13.92%。同时，从行业内部主动披露环境处罚信息视角分析，与大部分行业类似，公司披露环境行政处罚的占比极低，提升行业受到环境行政处罚及其整改情况的披露水平，

271

对推动我国环境信息披露水平提高具有重要意义。

最后，从外部考察橡胶和塑料制品业环境信息披露情况，国家为提升橡胶和塑料制品业环境治理水平，完善排污许可技术相关支撑体系，制定了《排污许可证申请与核发技术规范—橡胶和塑料制品工业》（HJ1122—2020）。该标准对排污单位的生产排污环节、污染物种类、污染防治设施信息做了具体要求，并指出企业应该参照的污染排放执行标准、排放形式、排放去向、技术是否可行等重要信息。企业为了获得排污许可，需要按照上述标准进行信息填报，因而该标准从外部层面进一步规范了行业环境治理行为。

非金属矿物制品业作为国民经济的基础性行业，其产业应用范围十分广泛，不仅能够为汽车、能源、建材等传统领域提供原料和产品，也能为战略性新兴产业发展提供支撑材料。但是在过去很长的时间里，非金属矿物制品业都是高能耗、高污染且实际效益较低的行业，排放的SO_2、粉尘、烟尘等对周边环境产生了严重破坏，因而非金属矿物制品业也成为重污染行业之一。

首先，从环境治理视角分析，非金属矿物制品业中属于重点排污单位的上市公司，其环境信息披露情况相对规范，且在执行污染排放标准时，部分上市公司采用相对更加严苛的地方污染物排放标准，并按照有关法规对排污口装置进行了合规监测和管理。相较于其他行业，在环境治理及环保投入的信息披露上，非金属矿物制品业的部分上市公司能够更主动地披露报告年度内购入环保设备及污染防治设施的投入资金、环境监测费用、环境保护税等环境信息以及对节能减排技术、装备的应用情况等，侧面反映出行业整体在向绿色低碳发展的转型路上迈出了实质性步伐。与此同时，部分上市公司对新、改及扩建项目的环评影响信息进行主动披露，有效贯彻执行了"三同时"制度。总体来看，非金属矿物制品业在相关绿色规制的影响下，能够积极践行环境优先、绿色发展的理念，切实履行了企业在环境治理中的主体责任。因而外部媒体报道披露环境治理的公司占比约为5.74%，与其他重污染行业相比，这一比例也相对较高。

其次，从环境行政处罚视角来看，非金属矿物制品行业的公司主动披露受到环保部门行政处罚信息占比仅为3.44%，受到外部媒体负面报道的公司占比也只有2.29%。可能的原因在于，在国家着力推动生态文明建设和绿色治理的背景下，矿产资源开发的重点转向绿色矿山建设，要求行业以清洁生产、低碳高效为目标进行产品的生产与制造，进一步增加了非金属矿物制品业的环保压力，淘汰能耗高、污染重的企业成为行业绿色发展的必然趋势。此外，近年来，部分地方政府加大了对非金属矿物制品业的环境治理力度，出台了玻璃、水泥工业等行业的地方污染物排放标准，以期降低行业的资源消耗和污染排放，实现经济效益和社会效益的统一，而地方政府绿色规制的日益严苛，使得企业环境违法概率显著降低。

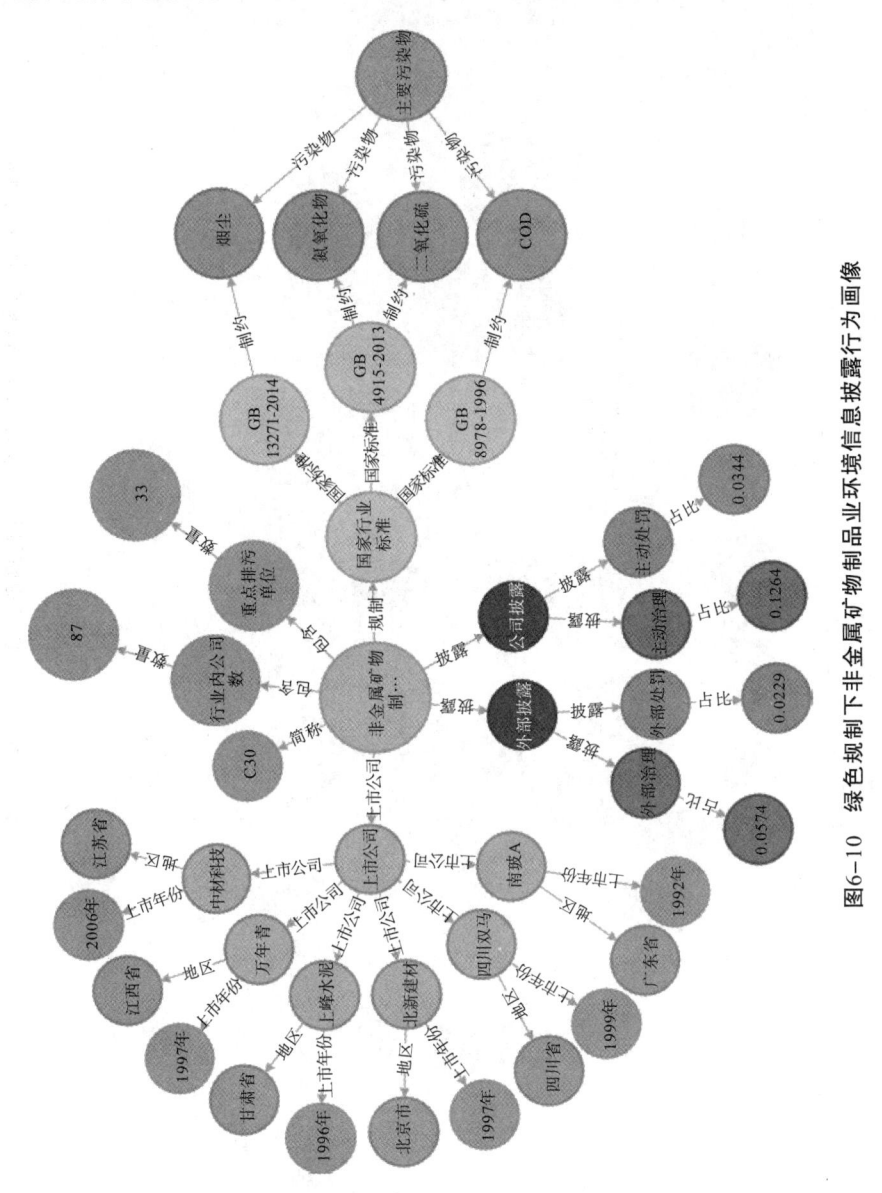

图6-10 绿色规制下非金属矿物制品业环境信息披露行为画像

黑色金属冶炼及压延加工业是六大高耗能行业之一，主要包括炼钢、炼铁、铁合金冶炼、钢压延加工四个中类行业。基于黑色金属冶炼及压延加工业的绿色规制影响环境信息披露行为画像如图 6-11 所示。

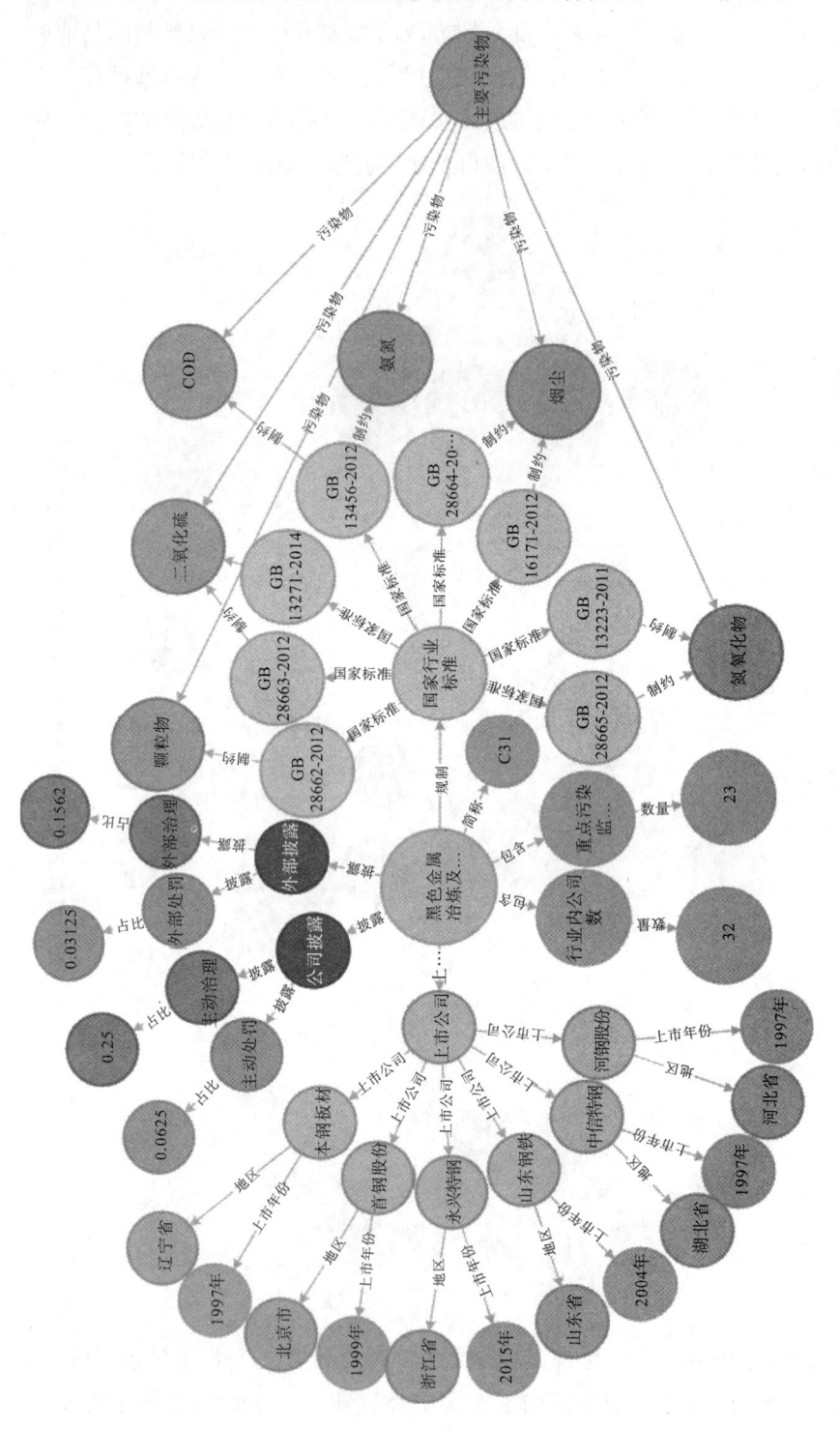

图6-11 绿色规制下黑色金属冶炼及压延加工业环境信息披露行为画像

首先，在环境治理方面，黑色金属冶炼及压延加工业主要以《炼铁工业大气污染物排放标准》（GB 28663—2012）等规制为排放依据，披露的废水、废气等污染物排放信息均未出现超标情况，且公司主动披露环境治理信息的占比达到25%，这一比例相对其他行业较高。但研究发现，黑色金属冶炼及压延加工业在减排治理情况和清洁生产实施情况等方面却没有详细的定量描述，大部分都是基于文字的定性描述信息，因而其环境信息披露可能存在流于表面的形式主义问题，需要更细致的环保法规来规范甚至提升行业整体环境治理水平。

其次，在环境行政处罚方面，仅有6.25%的公司主动披露了其环境行政处罚的情况，外部媒体披露的公司也只占3.125%，一定程度上说明了黑色金属冶炼及压延加工业提高了绿色生产水平，使得环境违法行为变少。需要说明的是，随着互联网大众传媒的日益普及，媒体报道和网络关注度日益成为企业开展环境治理的重要外部影响因素，已有研究表明，媒体的负面报道会通过金融资本市场给企业造成重大经济损失。近年来，《中国证券报》《证券时报》等官方媒体会对上市公司环境行政处罚相关信息进行报道，因而上市公司为了保持声誉和合法性地位，会进一步加大环境治理力度，由此促进行业绿色、低碳和可持续发展，这也成为行业行政处罚量较少的重要原因。

有色金属应用领域十分广泛，是经济发展不可或缺的战略性资源。但同时有色金属在采选及冶炼等生产环节会消耗大量资源并产生各类污染物，给地方环境造成污染破坏，因而有色金属冶炼及压延加工业也属于我国六大高耗能行业之一。

首先，从有色金属冶炼及压延加工业内部环境信息披露情况（见图6-12）来看，该行业主要受到《铜、镍、钴工业污染物排放标准》（GB 25467—2010）等制约，行业企业排放的废气、废水等污染物必须符合上述标准。有色金属冶炼及压延加工业对自身的环境治理大致分为三类：强化源头预防，近年来行业大部分上市公司会主动披露自身采用的新技术和新工艺，比如布袋式除尘环保设施、脱硫设施等；展开过程控制，相关企业建立和完善了内部环境保护管理体系，并将清洁生产纳入企业管理，以在生产过程中减少对环境的影响，比如披露对污染源进行在线实时监控的信息；进行末端治理，行业某些企业针对已经产生污染的项目进行项目升级以实现对环境污染的有效治理。行业整体主动披露环境治理情况的公司占比约为13.23%，对环境行政处罚信息的披露水平则偏低，只有1.47%的公司披露了相关内容。一方面，行业经过多年的绿色发展，环境违法行为的确得到显著改善，因而受到的环境处罚较少；另一方面也存在报告年度被环保部通报环境违法行为，却声明不存在处罚的情况。

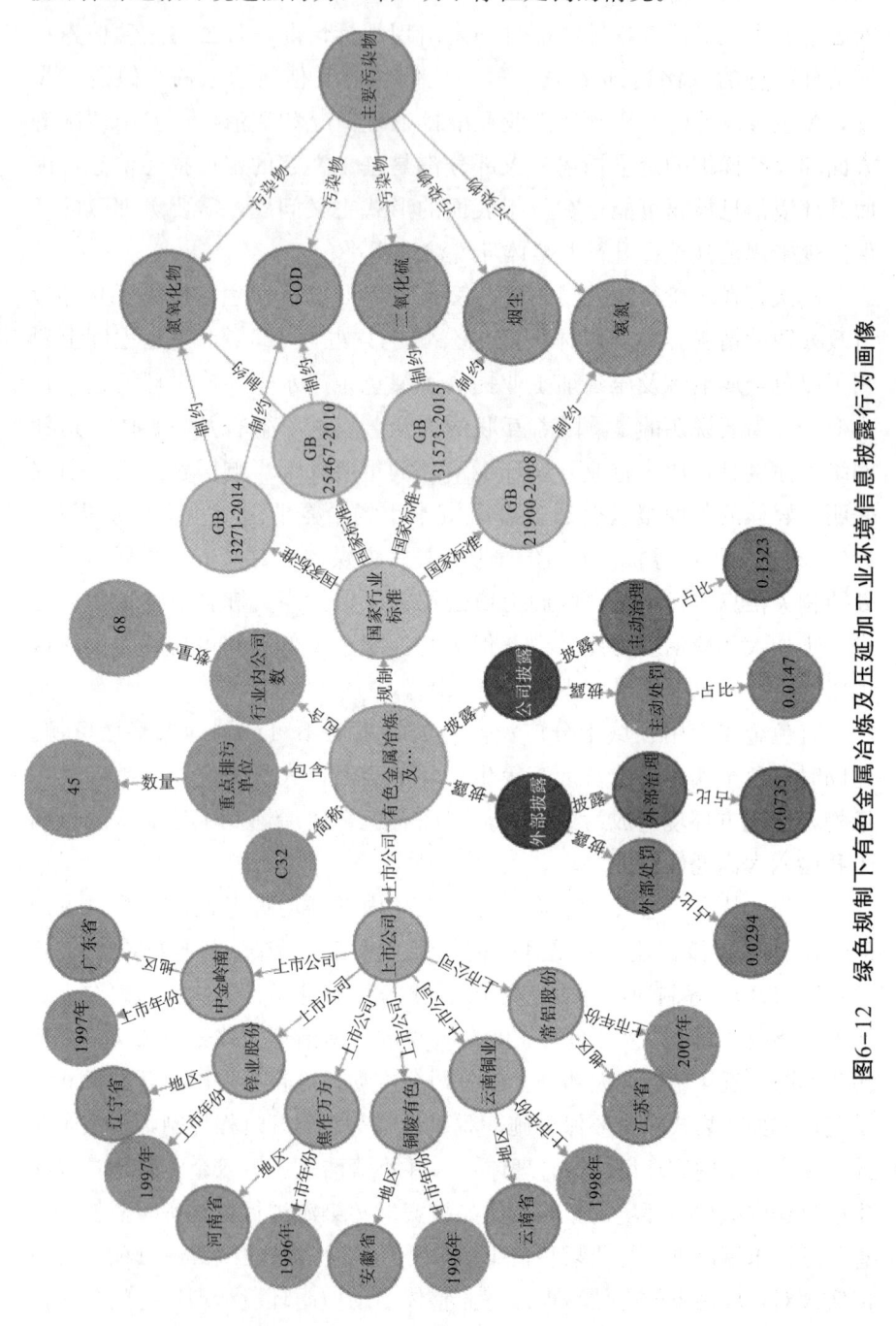

图6-12 绿色规制下有色金属冶炼及压延加工业环境信息披露行为画像

其次，从外部披露视角来分析行业环境信息情况，国家已经对铅、锌、铝、铜、锑等10类常用有色金属冶炼业发布了排污许可证申请与核发技术规范文件,加强了对有色金属工业减排治污可行技术的标准要求。同时,随着中央环保督察工作的深入推进,中央生态环境保护督察组进驻各省份对环境污染行为进行督察整改和督查管理,加大了地方政府部门的环境治理压力,也对行业污染排放行为产生了约束效力。近年来,外部舆论对有色金属行业的关注度明显上升,行业约有7.35%的上市公司被媒体报道过其内部积极进行环境治理,而受到媒体环境行政处罚负面报道的公司占比只有2.94%,因而如何有效发挥外部媒体监督对行业绿色发展的治理作用,科学引导企业加强社会责任意识,会成为今后推动行业绿色发展需要重点关注的方向。

电力、热力生产和供应业对煤炭、石油等能源的消耗数量巨大,产生的CO_2、SO_2等污染物会造成严重的生态破坏,因而也成为重污染行业之一。

首先,从电力、热力生产和供应业内部环境信息披露情况(见图6-13)来看,除水力发电的上市公司以外,行业其他企业均为环保部门公布的重点排污单位,需要进行规范的环境责任信息披露。具体来看,电力、热力生产和供应业在生产过程中主要产生SO_2、烟尘等废气污染物,监管部门发布的《火电厂大气污染物排放标准》(GB 13223—2011)等规范成为行业治污的主要依据。进一步研究发现,行业大部分企业高度重视环境治理,对污染物达标排放进行严格管理,主动披露污染防治设施及其处理工艺等信息,强化了行业环境治理水平。此外,2019年在环境行政处罚信息的披露上,行业内部主动披露环境行政处罚占比仅为4.16%,但如实披露当年接受处罚的上市公司,会主动详细披露公司或子公司被罚原因、处罚结果及整改情况等内容。

其次,从外部视角来分析电力、热力生产和供应业的环境信息,随着"绿水青山就是金山银山"的环保理念深入人心,国家对生态环境保护的要求日趋严苛,清洁生产成为行业发展方向。根据画像,我们发现电力、热力生产和供应业很多企业建有火电厂,因而为了规范火电厂的废气污染、水污染及固体废弃物处置,生态环境部出台了《火电厂污染防治可行技术指南》(HJ2301—2017)作为指导性文件,进一步加强了政府绿色规制对企业环境治理的影响。在环境处罚信息的披露上,外部媒体报道的公司占比只有1.38%,侧面反映出国家绿色发展战略增加了企业环境治理的压力,使得行业整体环境绩效水平提升,进而促使该行业的整体环境违规水平较低。

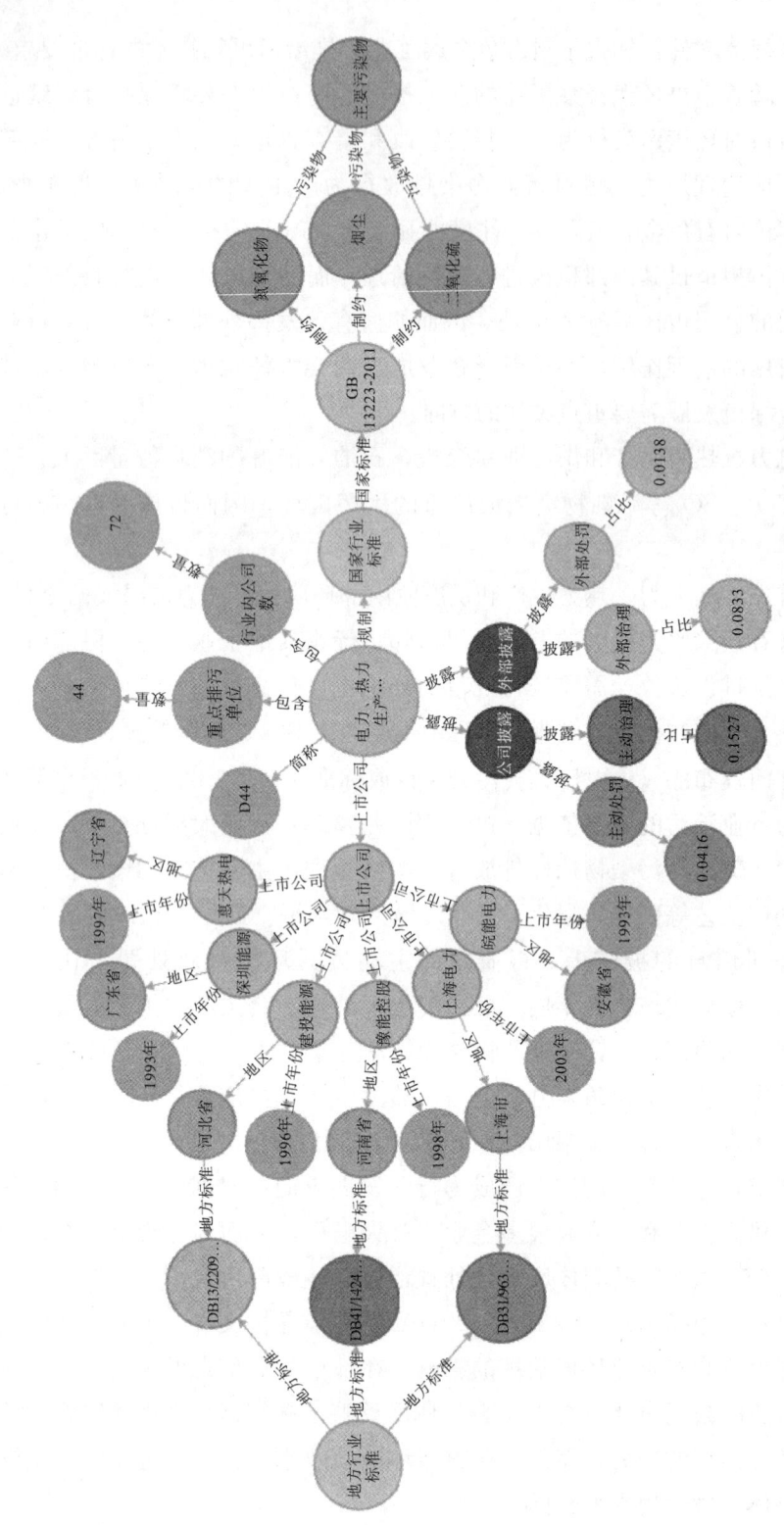

图6-13 绿色规制下电力、热力生产和供应业环境信息披露行为画像

278

在分析了绿色规制影响行业整体环境信息披露行为画像基础上，本书进一步从公司个体层面构建画像，以期全面客观反映我国绿色规制影响上市公司环境责任信息披露行为画像的全貌。

二、绿色规制下典型公司环境信息披露行为画像分析

随着国家对绿色发展的日益重视，公司环境信息披露行为越来越规范，企业对环境保护相关情况的披露能够为投资者决策提供更多增量信息。在披露相关环境信息的上市公司中，企业会在应规披露基础上，根据自身生产经营发展需要，披露企业在节能治污方面的相关特质信息，以展现自身绿色发展特性。但与此同时，众多上市公司提供的海量数据信息，并不都有助于投资者的经济决策行为，因而研究通过数据画像形式向政府和外部利益相关者展现他们所关注的企业环境治理行为和环境绩效信息等，以期减少他们获取企业有用环境信息的搜寻成本。根据研究需要和数据可得性，我们选取了 14 个重污染行业环境绩效表现好的典型公司作为样本，展示绿色规制下上市公司环境信息披露行为画像。

在煤炭开采和洗选业中，我们以中国神华为示例（见图 6-14）。它是中国乃至世界第一大煤炭上市公司，形成了煤炭、电力、运输及煤化工一体化的开发生产链，在煤炭开采、清洁燃煤发电、安全生产等方面的技术都处于行业领先水平，其子公司国华电力曾在 2019 年荣获"中华环境奖"。由于行业性质的特殊性，中国神华需要遵守《火电厂大气污染物排放标准》（GB 13223—2011）等一系列国家标准，因而在 2019 年的年报和社会责任报告中，中国神华主动披露了其形成的决策部署－监督检查－组织实施三级环境管理体系，强调报告年度对污染治理投入金额高达 9.21 亿元，甚至在废水减排治理、固废利用和处置方面进行了定量环境信息披露。对于污染防治设施建设和运行信息，企业会根据污染物种类披露其采取的具体措施或处置方式，例如，公司披露了其加装高效脱硫和除尘设施的煤炭板块企业燃煤小锅炉治理信息等。此外，在环境行政处罚信息的披露上，中国神华主动披露环境处罚金额在 100 万元及以上的环境违法事件，这也是之前在行业层面出现过的问题，由于国家没有明确规定，一些企业对小金额的环境处罚事件会选择不报告，这种现象容易妨碍行业整体绿色转型。

图6-14 绿色规制下中国神华环境信息披露行为画像

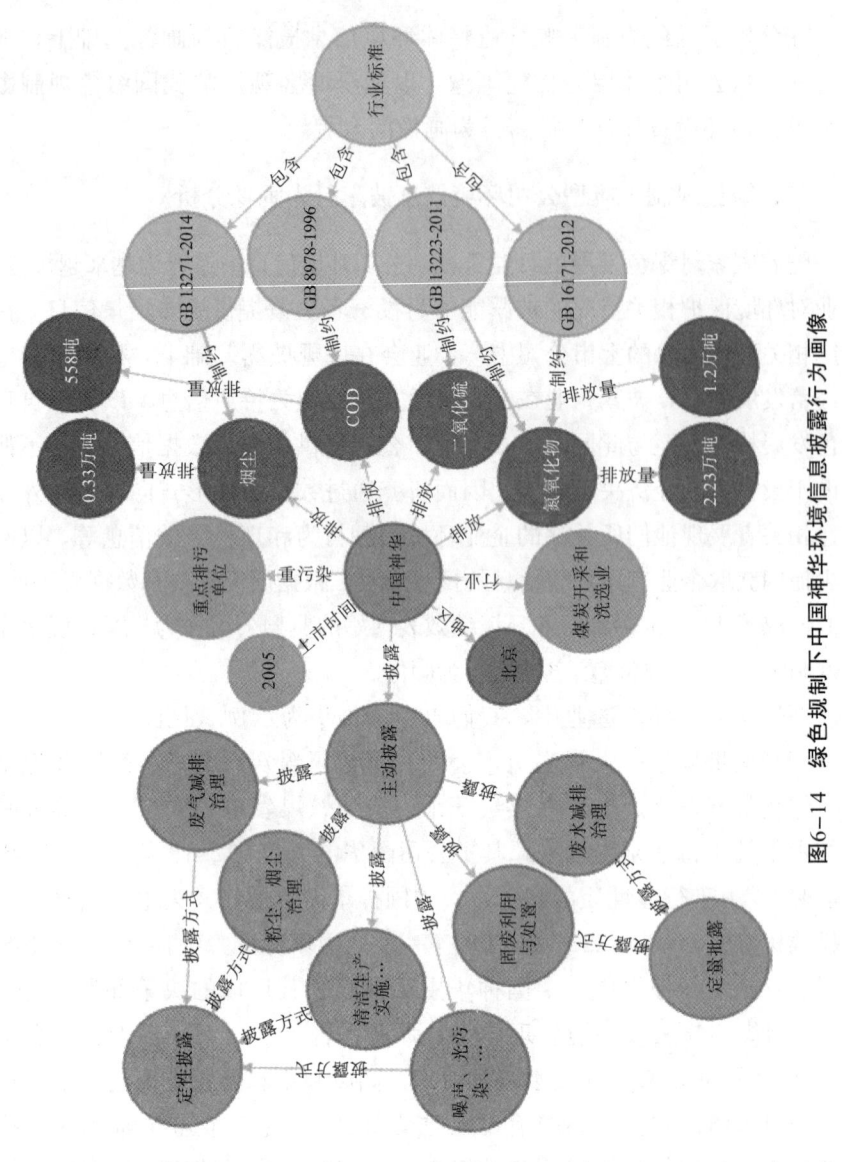

在黑色金属矿采选业中,我们以海南矿业为例(见图6-15)。海南矿业的主营业务是铁矿石和油气两大产业,能够对钢铁行业发展产生重大影响。由于海南矿业开展铁矿石业务时,需要对铁矿石进行采选,采矿和选矿作业中产生的废水、废气及固体废弃物等必须要严格遵守《铁矿采选工业污染物排放标准》(GB 28661—2012)。根据画像,公司在报告年度较好地履行了环境保护责任,同时也严格执行了"环评"与"三同时"制度,以推动绿色矿山创建和可持续发展。公司在粉尘和烟尘治理、固废利用与处置等方面进行了相关文字性叙述,同时也主动定量披

露了废气和废水减排治理、清洁生产实施等相关信息，甚至对生态治理投入金额和综合排污合格率进行了说明，突出了其环境友好的发展理念。整体来看，相较于黑色金属矿采选业其他上市公司，海南矿业在环境治理和安全生产方面还是处于行业领先地位。

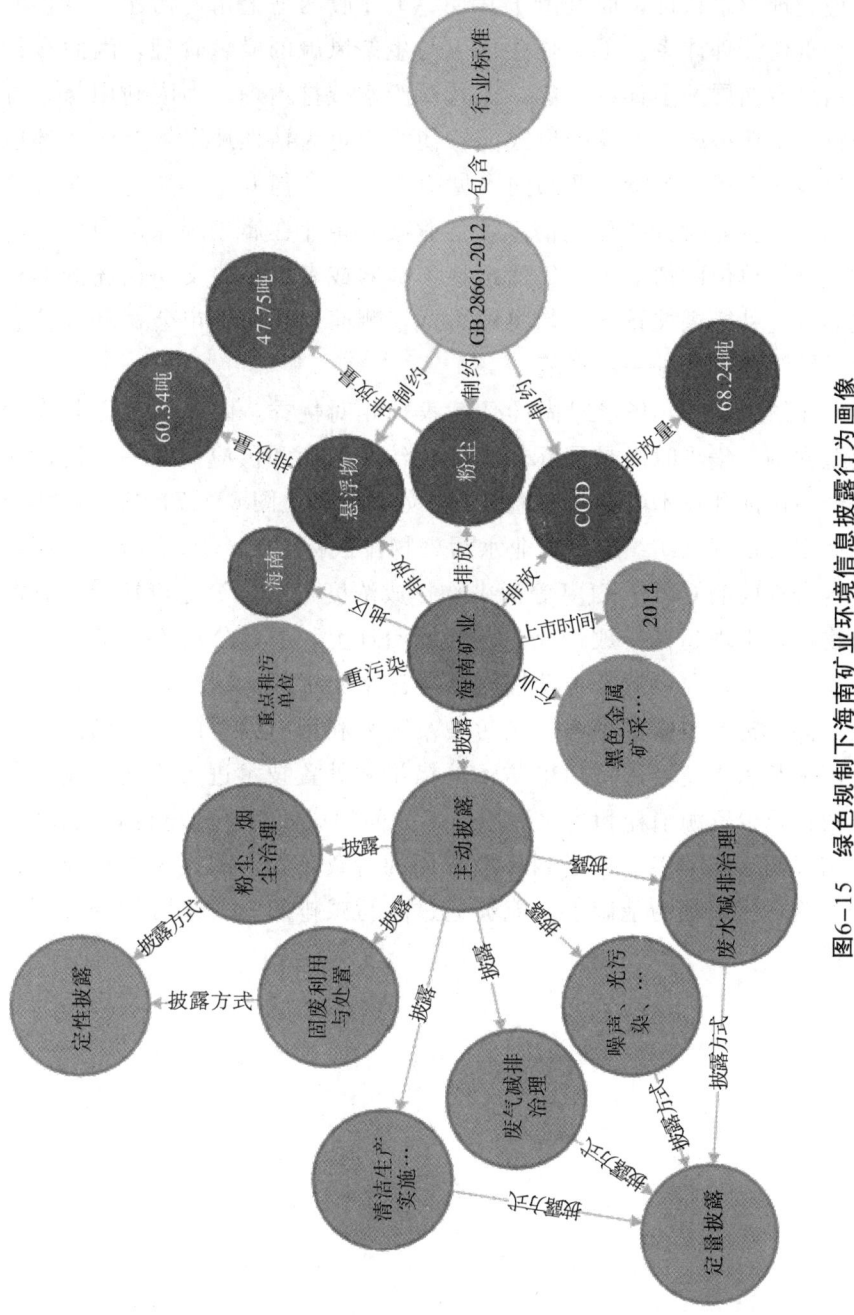

图6-15 绿色规制下海南矿业环境信息披露行为画像

在有色金属矿采选业中，研究以紫金矿业为样本，因为该企业是中国较大的黄金生产企业之一，位列《福布斯》2020全球2000强黄金企业第三位，拥有中国国家级绿色矿山9家、绿色工厂2家。紫金矿业被列为重点排污单位的权属企业达到20家，且有16家企业通过了环境管理体系认证，而且由于其在A+H股两地上市，构建了良善的社会责任治理体系，不断强化环境与生态风险的应急管理，因而在排污信息方面展开了详细披露，尤其对废水减排治理、固废利用与处置进行了定量披露。画像的形式能够使我们更为精准地了解企业在环境信息披露上的行为特征及倾向（见图6-16）。但并不是所有企业都会详尽披露企业自身的环境信息，行业某些企业在属于环保部门公布的重点排污单位的情形下，仍然选择不披露或者以小段文字描述的形式披露，这种模糊披露环境信息的方式，侧面反映出上市公司环境信息披露行为还有待进一步规范。

在纺织业中，华孚时尚的环境表现相对优秀，因而研究以其作为典型案例。华孚时尚是国际较大的色纺制造商和供应商之一，提供纺织产品认证和技术咨询等增值服务。如画像（见图6-17）所示，华孚时尚主要依据《纺织染整工业水污染物排放标准》（GB 4287—2012），对自身排放的COD、氨氮等污染物排放浓度、总量等进行核定，且污染物均未出现超标排放情况。在环境治理上，虽然公司没有披露烟尘及粉尘治理情况，但其主动披露当年污水和二氧化碳减排量等环境信息，甚至定量披露了噪声、光污染及固废利用与处置的有关信息，并对污水及固废垃圾进行污染防治的措施和处置技术进行说明，展现了公司在减少资源消耗和优化治理技术方面的成效。在环境行政处罚上，公司强调其连续多年未受到环境部门的行政处罚，间接表明企业在遵守相关环境法规的基础上，能够通过降污减排的方式来履行企业环保责任。

第六章 绿色规制影响上市公司环境信息披露行为的画像

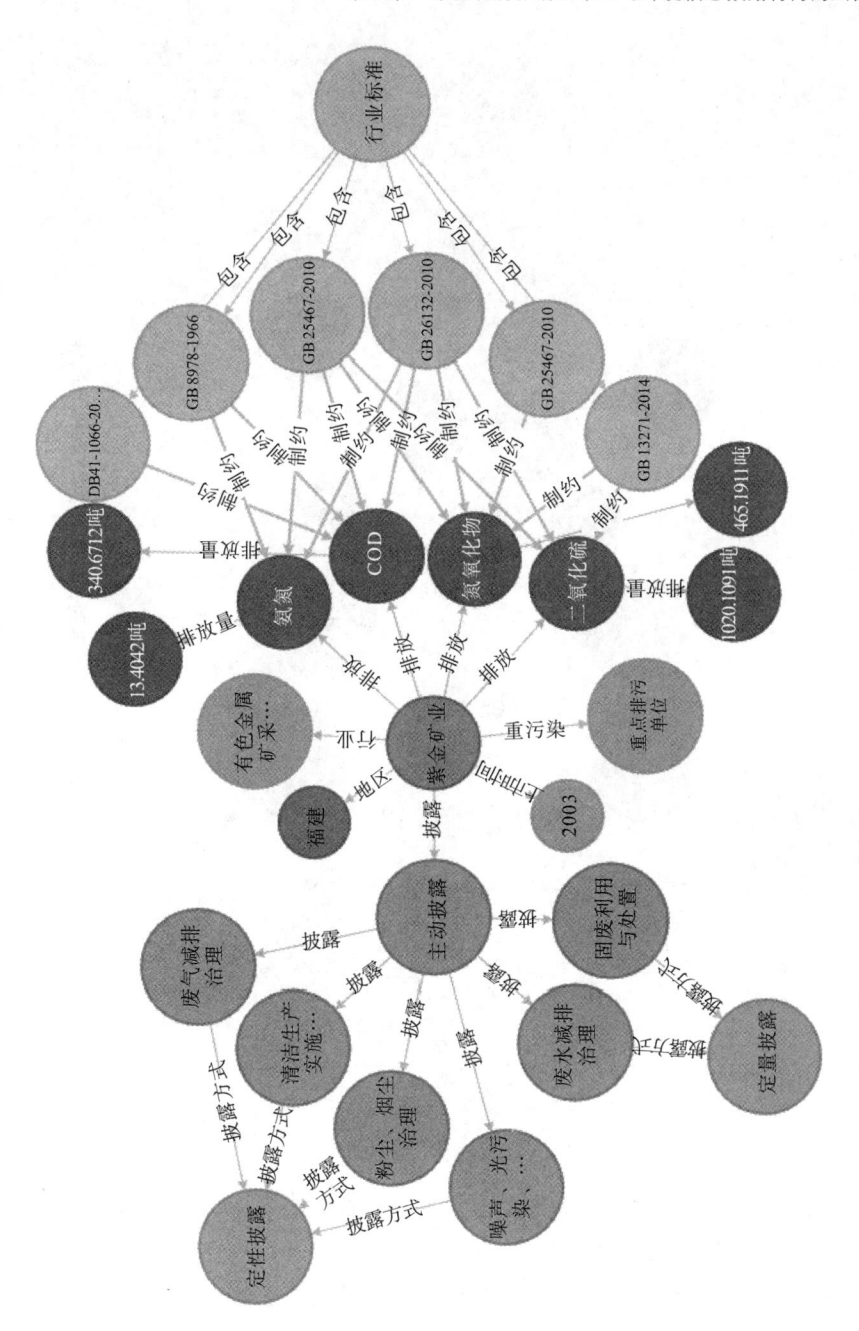

图6-16 绿色规制下紫金矿业环境信息披露行为画像

图6-17 绿色规制下华孚时尚环境信息披露行为画像

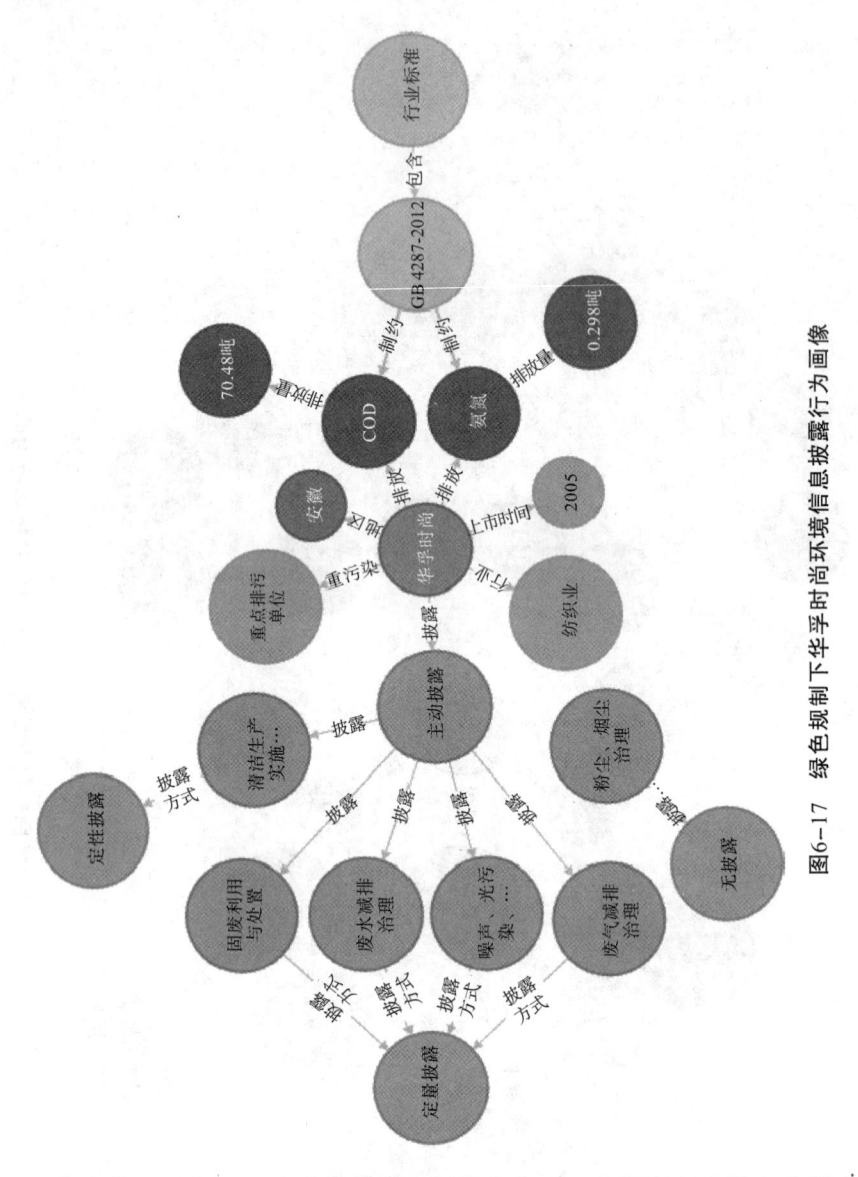

在皮革、毛皮、羽毛及其制品和制鞋业方面，本研究以瑞贝卡为样本。瑞贝卡是国内发制品行业的领头企业，业务范围遍及全球多个国家及地区，是发制品行业内少有集研、产、销、供于一体的"高新技术企业"，其环境表现相对较好。根据画像（见图6-18）可知，虽然公司严格遵守环境保护法律法规，不断加强对环境管理体系的建设，将节能增效的理念贯穿企业每个生产经营环节，各类污染物在报告年度均未出现超标排放现象，因而也成为发制品行业首家通过清洁生产验收的企业，但在废水和废气减排治理、清洁生产实施、固废利用与处置等方面，都是定性披露相关内容。与

此同时，公司对噪声污染情况、粉尘和烟尘治理等方面没有展开披露。因此，公司整体对排污信息的披露水平还有待提高，如何更好地提升环境治理水平是该行业未来发展需要重点关注的问题。

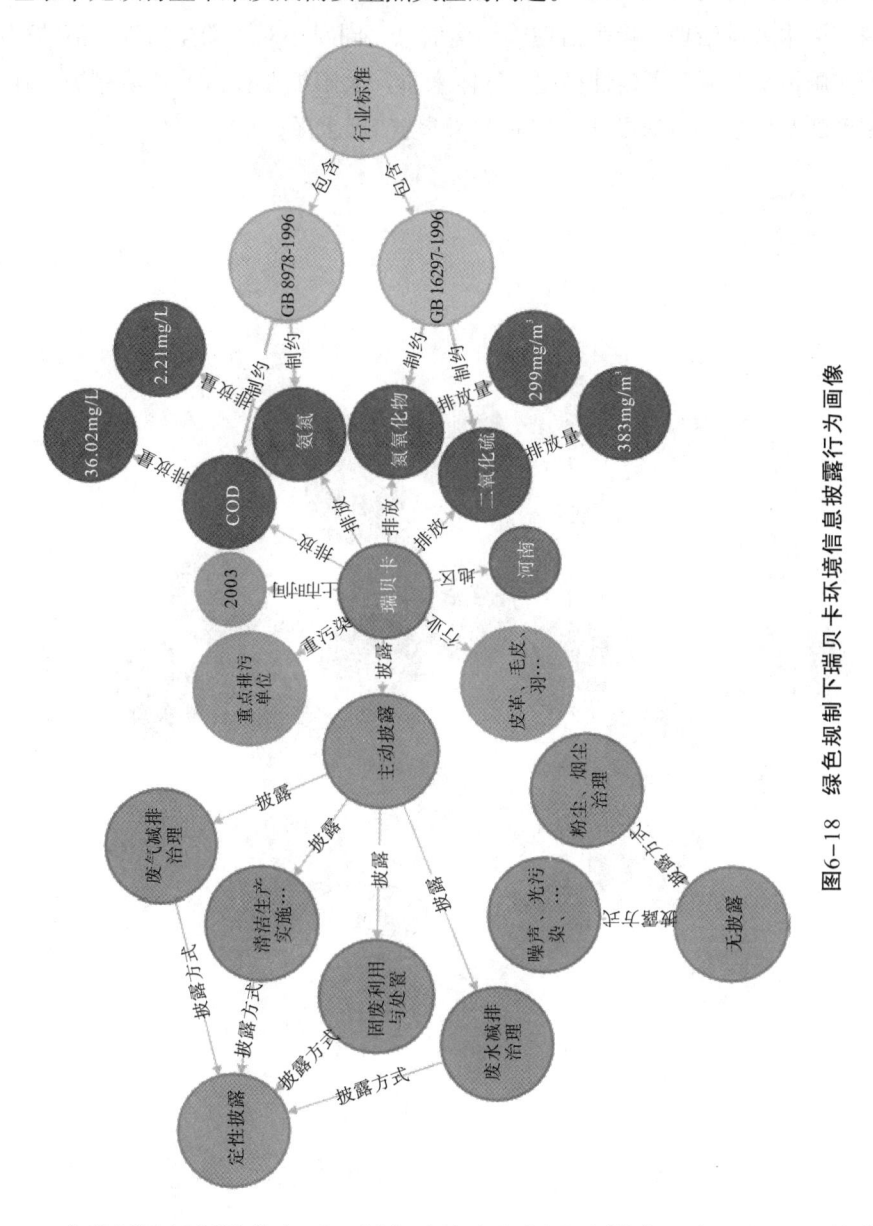

图6-18 绿色规制下瑞贝卡环境信息披露行为画像

在造纸及纸制品业方面，研究选取太阳纸业为样本。太阳纸业是林浆纸一体化综合性造纸龙头企业之一，曾在2019年因完成造纸清洁生产技术而荣获国家科技进步一等奖。如画像（见图6-19）所示，太阳纸业主要排放废水和废气两种污染物，执行的污染物排放标准多以地方性法规为主，

285

包括《山东省区域性大气污染物综合排放标准》（DB 37/2376—2013）等。在相关绿色规制的严苛要求下，公司注重源头控制和环保治理等工作，并主动披露获得的环境认证、减少三废的措施、循环经济等信息，也定量披露了废水减排治理、噪声治理等环境信息，同时还对烟粉尘治理、清洁生产实施情况等展开了定性描述。整体来看，太阳纸业在落实环境保护责任制度的基础上，主动提升了公司整体环境治理水平。

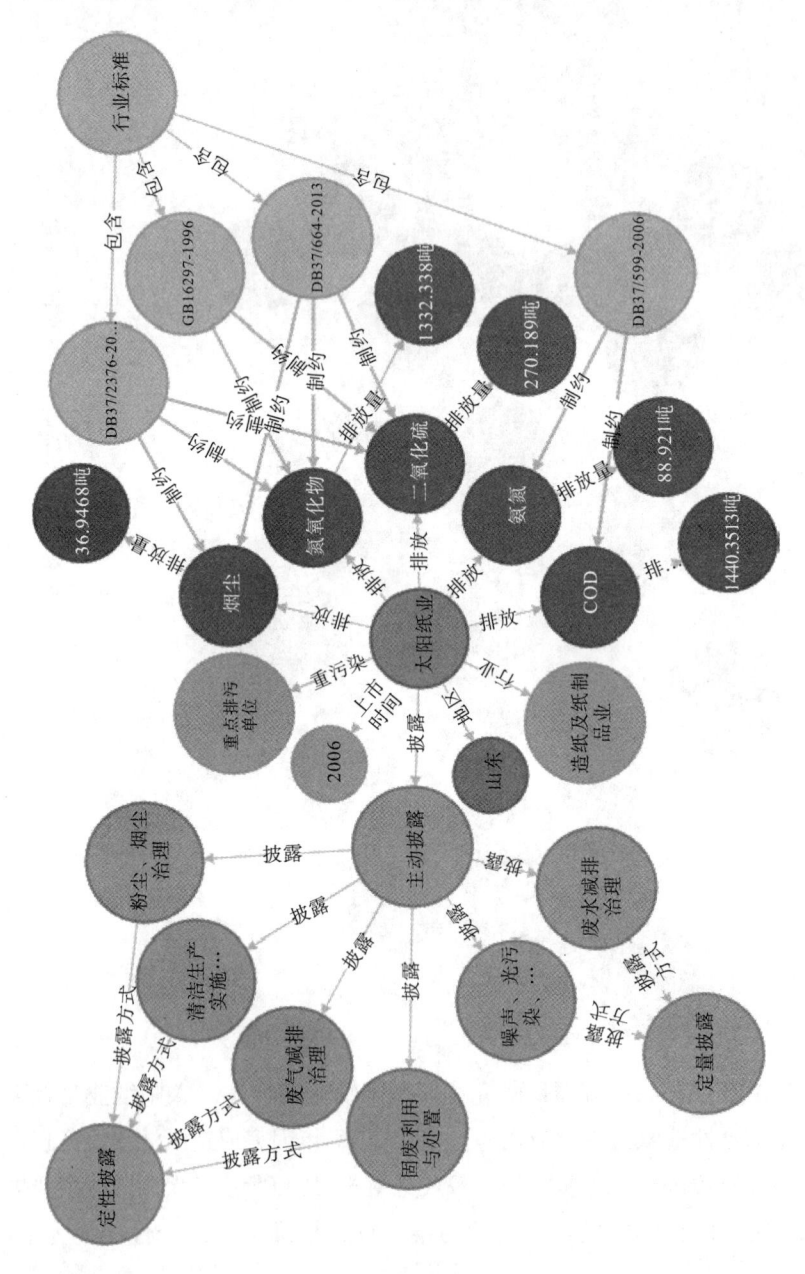

图6-19 绿色规制下太阳纸业环境信息披露行为画像

在石油加工、炼焦及核燃料加工业方面，研究选取上海石化为样本。上海石化是集炼油化工于一体的综合性石化领头企业，在从源头减排落实绿色发展方面发挥了重要示范作用。近年来，上海石化不断优化环保管理体系，主动披露污染物排放管理信息、强化环境监测监控管理所采取的措施。根据画像（见图6-20）我们发现，公司不断加强环境治理力度，详细披露了 SO_2、NO_X 及挥发性有机物的减排量信息，甚至主动公布了废气回收处理、废水回收利用的相关措施和技术信息，进一步推进了绿色企业建设。上海石化也主动披露了曾因废气排口检测超标而被行政处罚的信息。总体来看，上海石化能够积极承担环保责任，以可持续发展为基础，推动企业绿色发展。

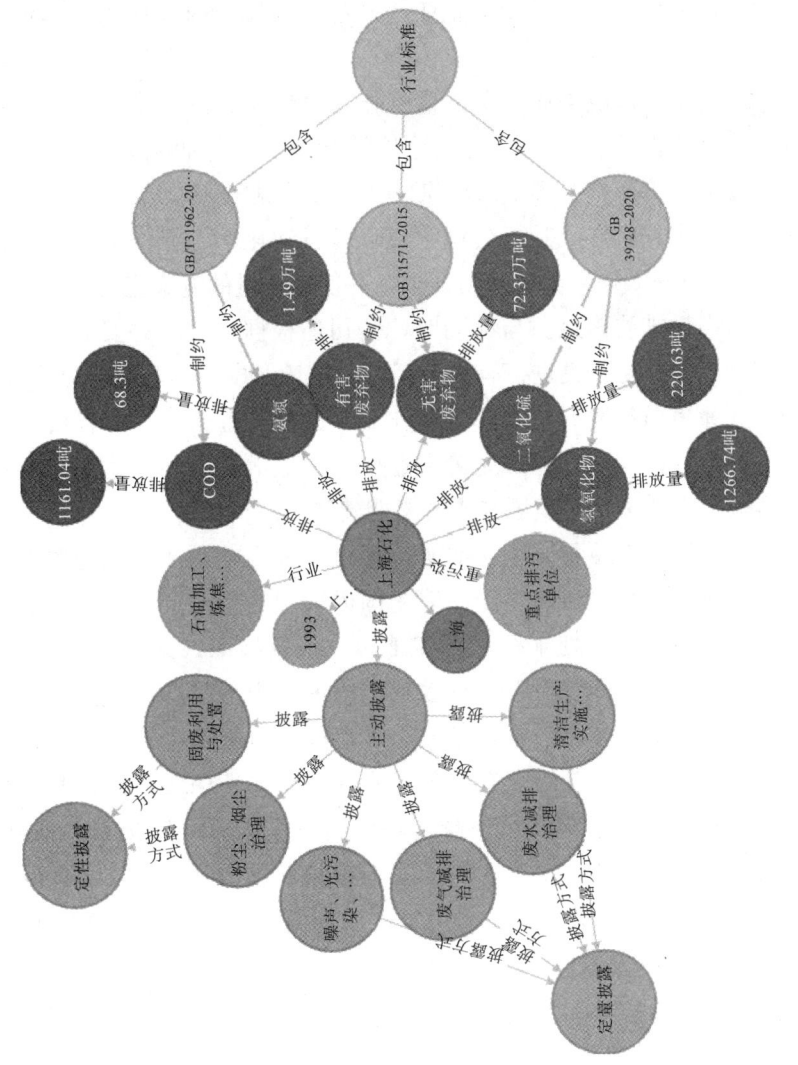

图6-20 绿色规制下上海石化环境信息披露行为画像

在化学原料及化学制品制造业方面，本研究以中泰化学为案例。中泰化学依靠丰富的煤炭、石油等矿产资源优势，已发展成为国内氯碱化工行业的龙头企业之一。根据画像（见图6-21）可知，中泰化学在生产过程中主要执行《工业炉窑大气污染物排放标准》（GB 9078—1996）等。同时，研究发现中泰化学在关注行业环保监管动向，主动对污染防治及三废治理信息进行详细披露，也在年报和社会责任报告中定量描述了废水和废气减排治理信息、对环境有益的产品及获得的环境认证信息等，因而中泰化学在化学原料行业中具有明显的环境优势。但必须强调的是，在披露清洁生产实施方案、噪声污染等信息时，公司是以定性披露为主，甚至没有主动披露粉尘及烟尘治理信息，因此，相关监管部门有必要以更加全面规范的形式，要求相关企业按规制要求披露内部环境治理信息等内容。

在化学纤维制造业方面，东方盛虹作为全球领先的全消光系列纤维生产商，在功能性及差别化民用涤纶长丝领域具有行业领先的竞争力，也是全球领先的可再生纤维生产厂家。如画像（见图6-22）所示，在环境治理方面，东方盛虹及其子公司主要以《石油化学工业污染物排放标准》（GB 31571—2015）等法规为依据，并使用定量的方式主动披露废水及废气等污染物排放信息。与此同时，公司还根据项目环评要求，开展了污染防治工作并对三废进行有效处理，加大环保投入和节能减排力度，在引领产业绿色循环发展中发挥重要作用。因此，近年来东方盛虹不断强化环保主体责任意识，不断完善产业生态价值链，主动构建清洁生产体系，实现了企业可持续发展和生态文明建设的有机结合。

在橡胶和塑料制品业方面，本研究聚焦于玲珑轮胎。玲珑轮胎是集轮胎设计、研发、制造和销售于一体的国内大型轮胎生产商，无论是研发实力还是轮胎产量都处于行业领先地位。根据画像（见图6-23）可知，公司主动对废气排放治理和废水减排治理等排污信息进行了定性披露，并用文字说明了公司污染物排放全部达标、布袋除尘器等污染防治设施正常运行等内容。总的来看，公司采取的相关环保措施使得其内部总能耗和污水排放总量都有所下降，环境治理水平有一定提升。此外，根据相关社会责任报告，玲珑轮胎是我国轮胎行业中率先通过"低碳产品认证"的民营企业，说明企业具有良好的环境绩效，实现了绿色制造，是可持续发展的有力践行者。

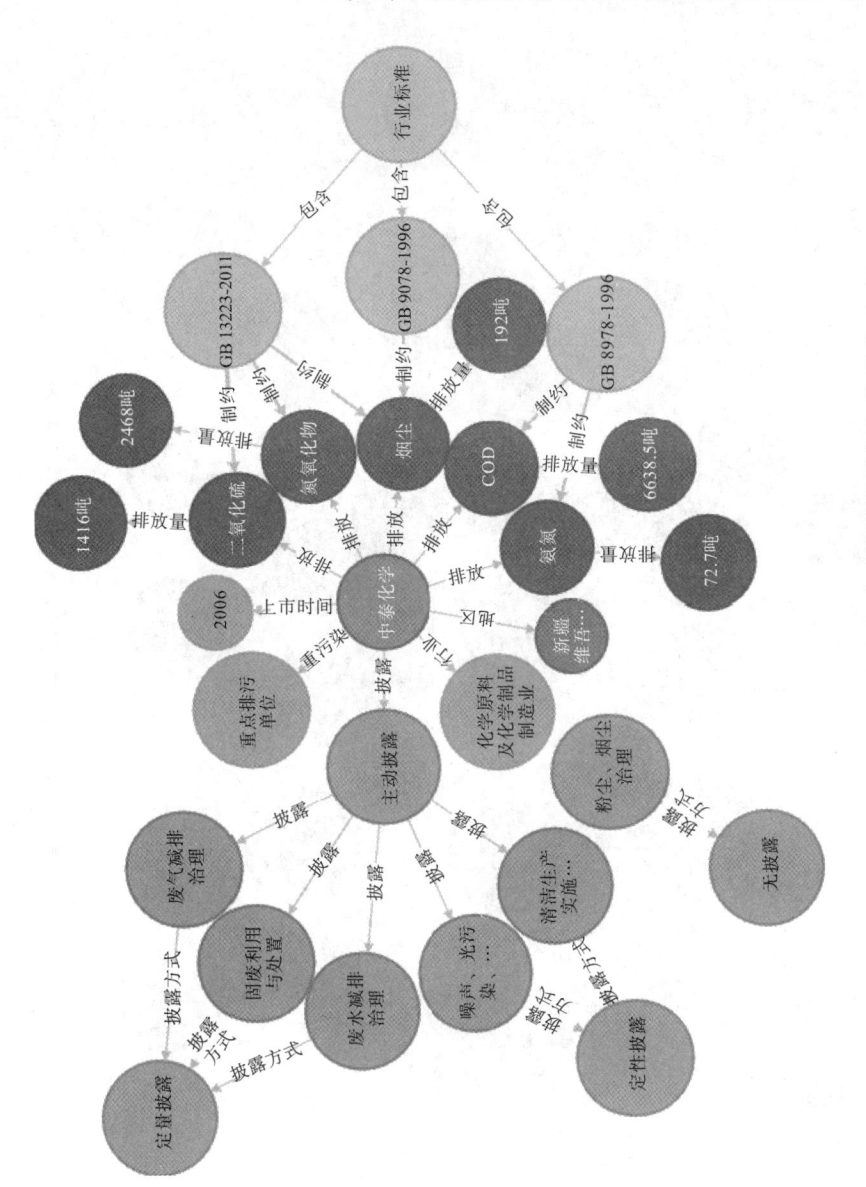

第六章 绿色规制影响上市公司环境信息披露行为的画像

图6-21 绿色规制下中泰化学环境信息披露行为画像

289

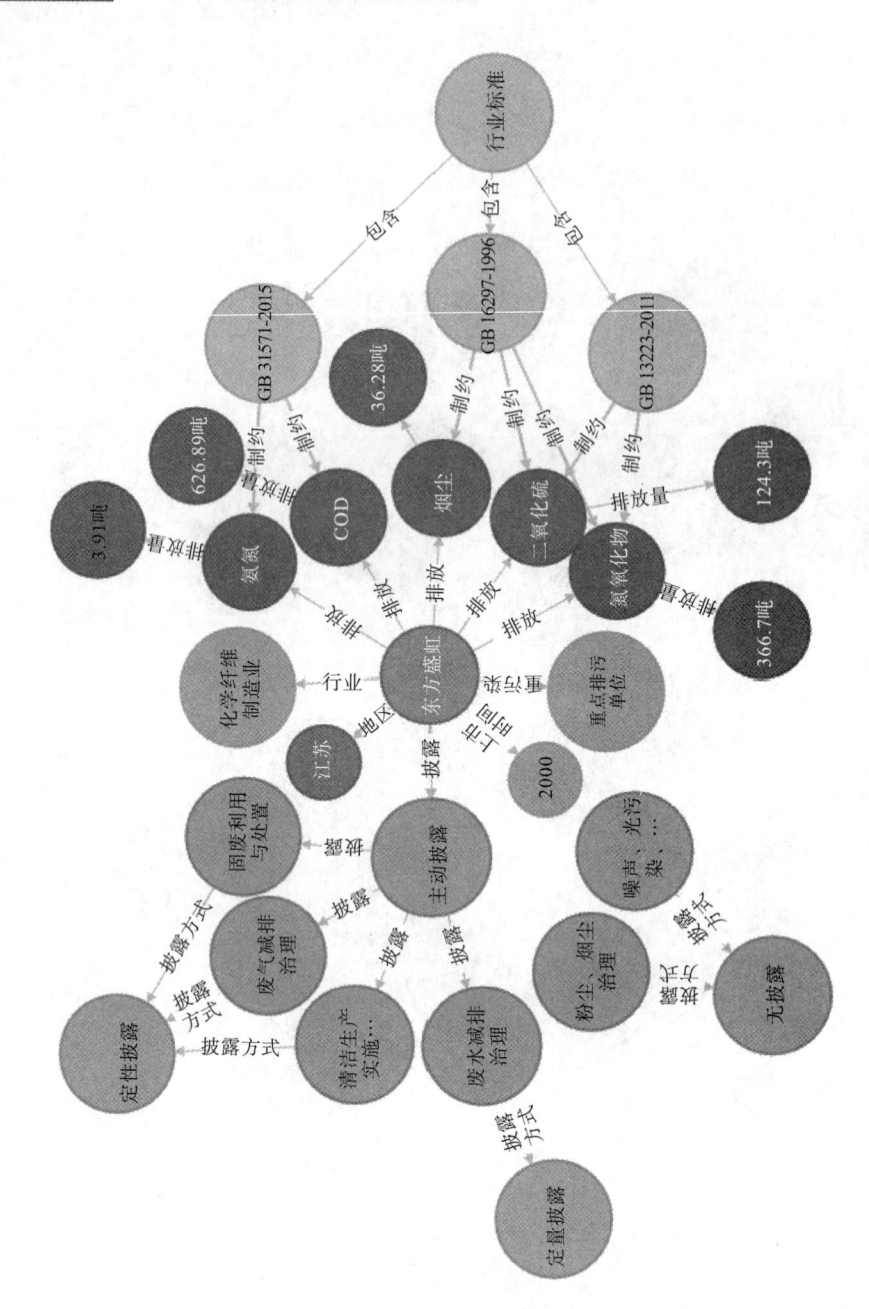

图6-22 绿色规制下东方盛虹环境信息披露行为画像

第六章 绿色规制影响上市公司环境信息披露行为的画像

图6-23 绿色规制下玲珑轮胎环境信息披露行为画像

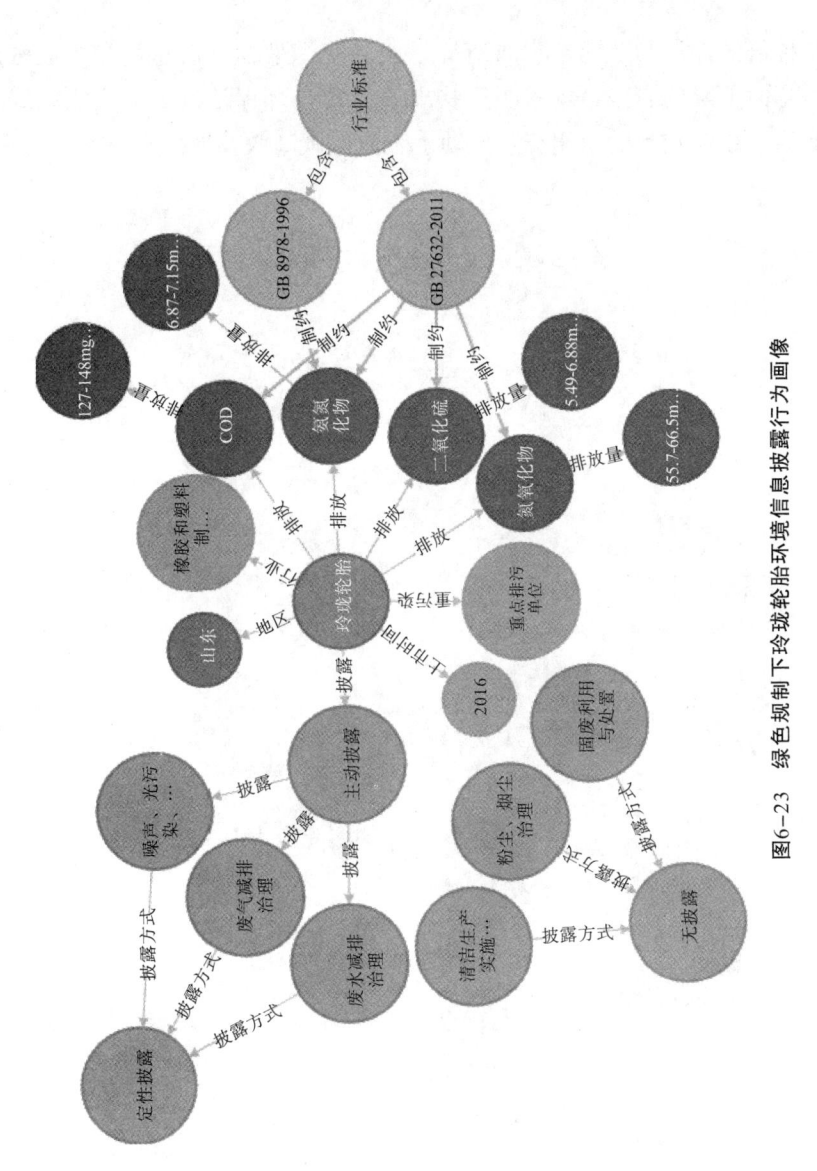

在非金属矿物制品业方面，海螺水泥作为国内水泥行业的龙头企业之一，主营业务是水泥、商品熟料及骨料的生产和销售。海螺水泥共有68家子公司及分公司，属于重点排污单位，由于其行业性质，海螺水泥在排污时主要以《水泥工业大气污染物排放标准》（GB 4915—2013）为依据。根据画像（见图6-24）可知，该公司主动披露了对 SO_2、NO_X 及颗粒物的减排技术及污染防治措施相关信息，并以定量披露的方式向公众展示了其在废气和废水减排治理、固废利用与处置、粉烟尘治理等方面所做的贡献。且根据其年报和社会责任报告披露的内容，公司通过使

291

用各种清洁能源和节能技术改造等手段，使污染物排放总量和排放浓度都呈全面下降的态势，进一步反映出该公司在环保治理上的投入，绿色制造生产相关技术的应用有效推动了企业低碳高效发展。

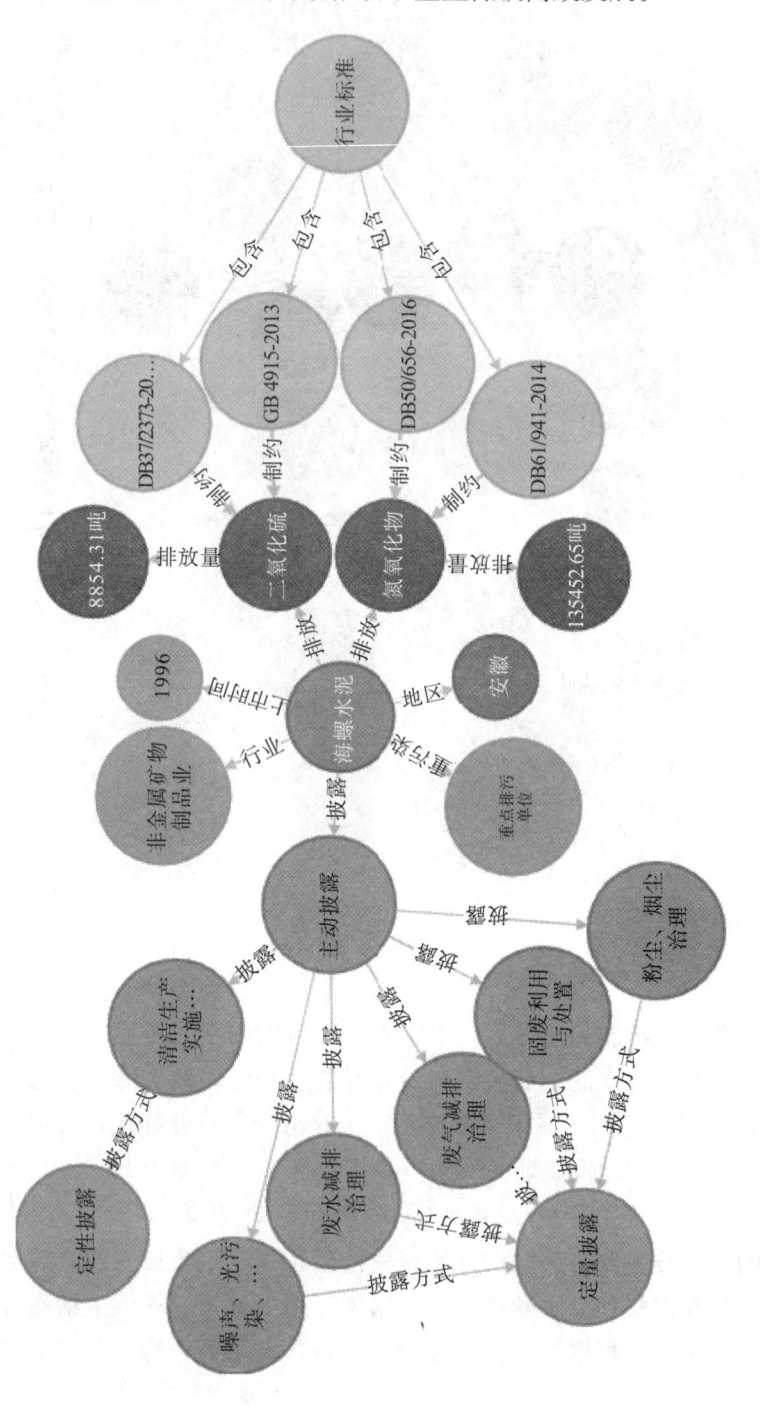

图6-24 绿色规制下海螺水泥环境信息披露行为画像

在黑色金属冶炼及压延加工业方面，本研究以中信特钢为例。中信特钢是全球领先的专业化特殊钢制造企业，在装备和工艺技术方面属于世界先进水平，生产的"低成本高品质管线钢"曾荣获"国家绿色设计产品"。根据画像（见图6-25）可知，公司在《炼铁工业大气污染物排放标准》（GB 28663—2012）等规制约束下，能够主动承担起自身环境责任，定量披露粉尘及烟尘治理相关信息，但对于废水和废气减排治理、固废利用与处置、清洁生产实施技术等方面信息，则是以定性披露为主。公司会从废气、废水等环境影响因素入手，以文字描述的形式，披露其具有完善的环境检测体系，有针对地制定污染防治和环境管控措施，并对相关设施项目进行改造升级的信息。整体来看，中信特钢相较于行业其他上市公司，其环境表现较为优异，有助于推进行业乃至社会经济的绿色发展。

在有色金属冶炼及压延加工业方面，赣锋锂业作为世界领先的锂生态企业，近年来也在大力推动新能源产业与环保行业发展。如画像（见图6-26）所示，公司需要严格执行《无机化学工业污染物排放标准》（GB 31573—2015）等标准，因而为了保障企业合法性和可持续发展，公司制定了完善的环境管理体制，不断改进节能环保工艺，完善锂电池生产技术，对项目建设完全按照"三同时"的管理规定，使得公司整体绿色节能水平得到较大提升。同时，赣锋锂业定量详细披露了对"三废"的处理措施，包括废水和废气减排治理信息、粉尘和烟尘治理信息以及固废利用与处置信息等，反映出公司在提升内部环境治理水平方面所做的努力。进一步也说明了在绿色规制影响下，公司环境信息披露行为逐渐规范发展的趋势。

在电力、热力生产和供应业，深圳能源是在垃圾焚烧发电技术方面处于全球领先地位的大型股份制企业，在2019年荣获过保尔森可持续发展奖和中国上市公司口碑榜最具成长性新能源产业上市公司称号。根据画像（见图6-27）可见，深圳能源披露了废气污染物信息，且公司排放满足国家超低排放标准。此外，公司定性描述了粉尘和烟尘治理情况、相关环保设施正常运行、报告年度内无超标排放、环境事故及行政处罚事件发生等信息，也在一定程度上反映出公司为提高深圳大气环境质量所做的努力。研究显示，该公司在强化节能减排管理方面，将低碳理念融入企业发展全过程，通过构建节能管理评价体系、推动节能技术改造等方式降低能源消耗和碳排放，使得公司能源使用效率得到有效提升。

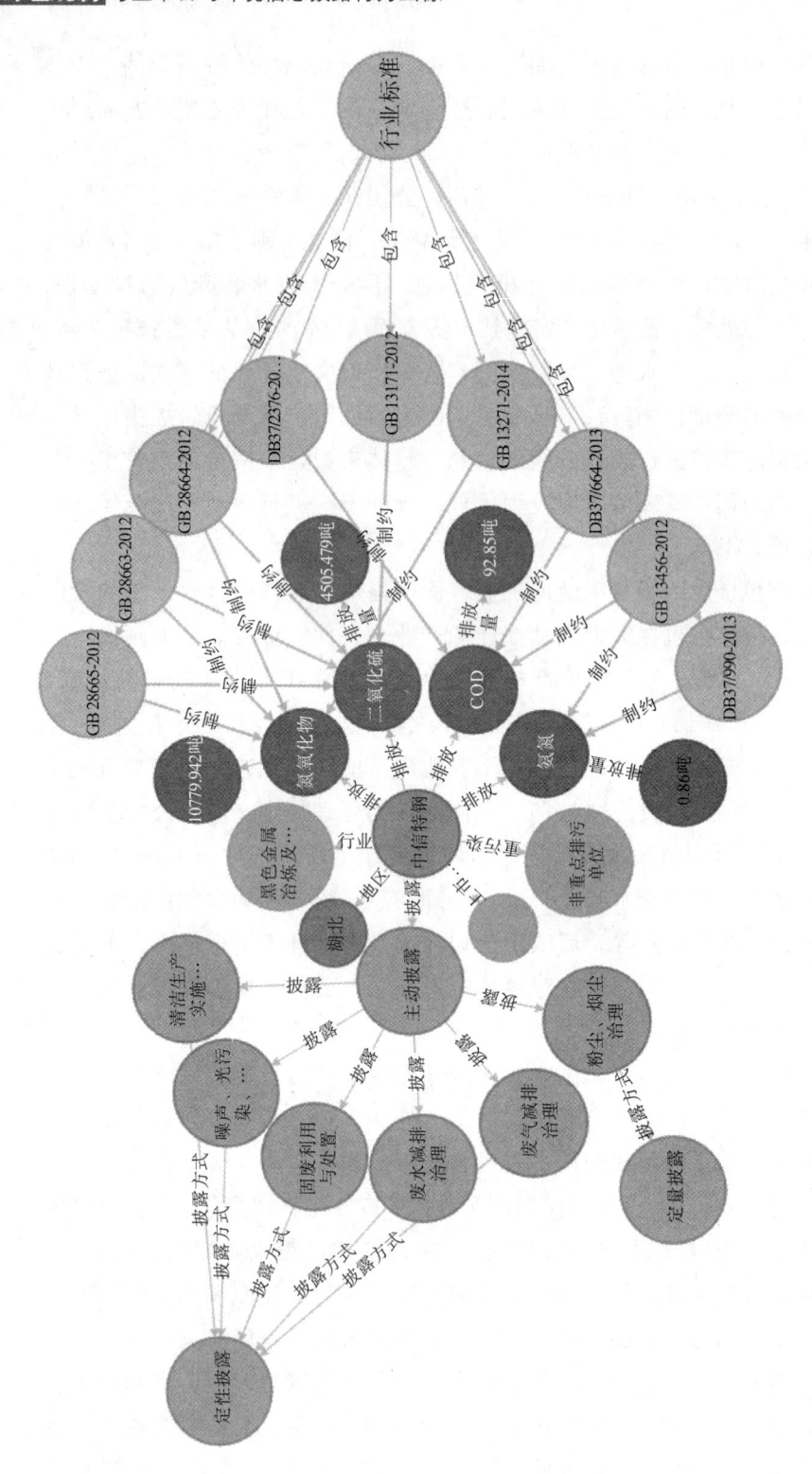

绿色规制 与上市公司环境信息披露行为画像

图6-25 绿色规制下中信特钢环境信息披露行为画像

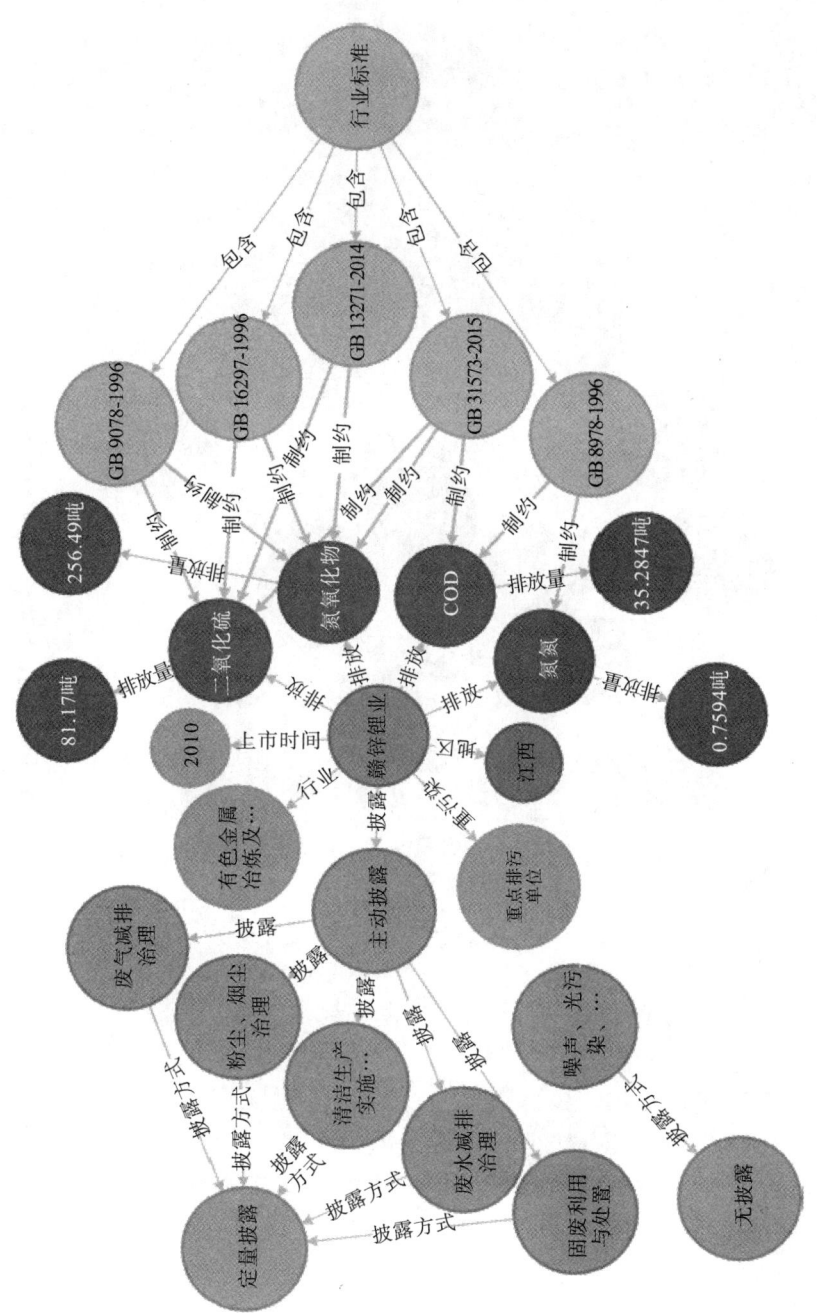

第六章 绿色规制影响上市公司环境信息披露行为的画像

图6-26 绿色规制下赣锋锂业环境信息披露行为画像

295

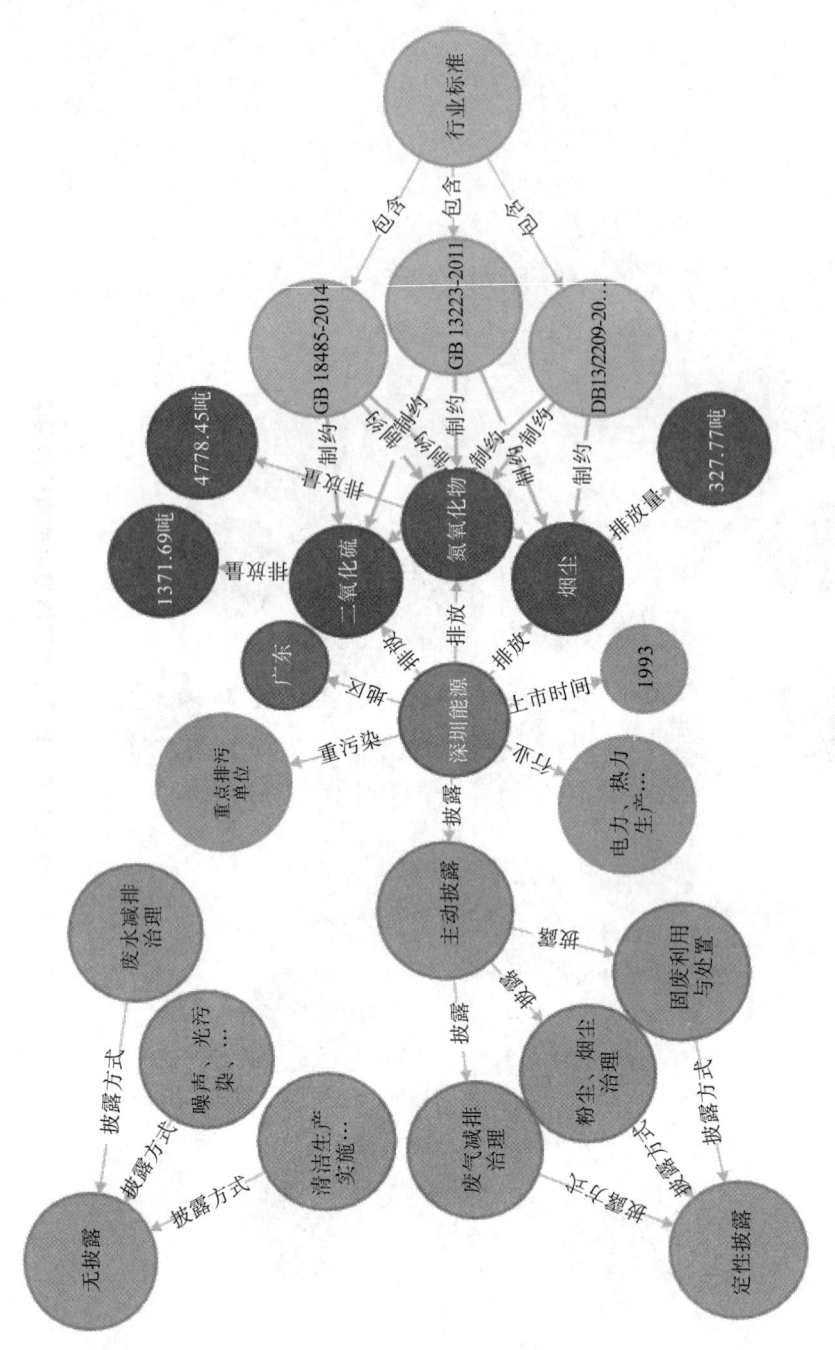

图6-27 绿色规制下深圳能源环境信息披露行为画像

第四节 绿色规制影响上市公司环境信息披露的典型行为

一、企业的"漂绿"行为

"漂绿"作为一种形式上顺应绿色发展要求却没有实际行动的伪社会责任行为，是企业象征性的环保主义，对资本市场高质量发展产生了严重的负面影响。上海青悦以 2019 年所有 A 股上市公司及其子公司为研究对象，发现被政府处罚的记录 2878 条，罚款共计 5 亿元，单次最高处罚金额为 1.7 亿元，罚款 10 万元以上的记录有 1001 条。受到 10 万元以上处罚的不同行业披露情况如表 6-1 所示，制造业，采矿业，建筑业，电力、热力燃气及水生产等行业受到 10 万元以上处罚次数较多，其中制造业 10 万元以上的处罚次数最多。由于皮革、造纸、化学原料、黑金属冶炼等都属于制造业涵盖的范围，行业本身的特性决定了上述制造业将产生大量污染。尽管未披露率相对其他行业较低，但是总体而言，仍有 73.5% 的公司对被监管部门处罚的负面信息进行了隐瞒。此类故意隐瞒的环境信息披露行为就是典型的直接"漂绿"行为，经常发生在公司内部。有鉴于此，为提升上市公司整体绿色治理水平，需要对企业"漂绿"行为进行治理。但治理企业盛行的"漂绿"问题是一个涉及多方主体博弈的复杂工程，因此需要对企业"漂绿"手段进行有效识别。

表 6-1 受到 10 万元以上处罚的不同行业披露情况

行业	完全披露	部分披露	未披露	未披露率（%）
制造业	32	18	139	73.5
采矿业	4	5	22	71.0
建筑业	1	1	22	91.7
电力、热力、燃气及水生产	1	1	19	90.5
水利、环境和公共设施管理业	1	1	12	85.7
交通运输、仓储和邮政业			8	100.0
房地产业			7	100.0
批发和零售业	1	1	4	66.7

续表6—1

行业	完全披露	部分披露	未披露	未披露率（%）
农、林、牧、渔业			4	100.0
租赁和商务服务业	2		2	50.0
金融业			1	100.0
科学研究和技术服务业			1	100.0
文化、体育和娱乐业			1	100.0
信息传输、软件和信息技术服务业			1	100.0

数据来源：《上市公司2019年年报环境信息披露检查报告》。

上市公司本应是履行社会责任的先锋代表，但目前企业"漂绿"现象却比较普遍。例如，WLM公司对外着力宣传其绿色供应链和节能减排技术，却在2009年被检查出其产品中有超过50种农药残留物。新能源汽车业作为环境友好型的战略性新兴产业，却在2016年被财政部通报多家企业集体"骗补"。此外，河北H制药公司自称对企业生产技术、研发治污等项目投入了5亿元，但2016年环保部门对该企业进行环保检查时发现，该企业存在污水超标排放、违规使用污染防治设施等违法问题。这使我们不得不思考一个问题：在环境治理力度不断严苛、社会公众生态环境意识不断觉醒的背景下，"漂绿"现象仍层出不穷的原因是什么？要从根本上杜绝企业"漂绿"行为的发生，首先还是要构建识别企业"漂绿"手段的技术。因此，研究以下述三个上市公司为案例，重点展示如何判别企业的"漂绿"行为。

第一，J公司的"漂绿"行为研究。J公司是一家制造平板玻璃的上市公司，也是节能新材料领域的大型集团公司，近年来一直在向绿色环保产业链布局，强调要向客户提供高品质绿色材料、绿色建筑及绿色能源，但2019年生态环境局在进行现场检查时却发现，公司擅自改变大气污染物排放自动检测设备，使得在线监测设备未能实时反映生产设备状况，监测数据存在造假的事实，同时公司污染防治设施也存在未正常合规运行问题。参考前文列出的十大"漂绿"形式，可以将该公司的"漂绿"形式归为"声东击西"，也即虽然宣称其在环保领域开展了节能行为，实际却不断实施环境违法行为，对当地生态环境造成了一定影响。

第二，S公司的"漂绿"行为研究。S公司曾经是中国化工行业排名靠前的上市公司，主要从事精细化工业务，包括生产销售苯精制系列化工产品和胶黏剂等。2014—2017年，S公司曾多次被《每日经济新闻》、中国法治报道网等媒体曝光存在严重环境污染问题,成为中央环保督查的重点对象之一。在此期间,S公司违规倾倒工业废渣和工业废料,造成农田大面积污染,甚至使当地居民生命安全受到威胁,因而先后共7次收到当地环保部门下发的环境处罚决定书,累计处罚金额达285.84万元。但即便如此,公司在年度报告、半年度报告中均没有披露其受到的环境行政处罚相关信息,或存在披露内容与其实际排污超标情况不符的问题。甚至到2018年2月,央视记者潜入调查时发现,S公司违法排污导致的周围村庄路上布满工业废物的状况依旧没有得到有效整治和改善。在受到如此多媒体负面报道和密集环境行政处罚的背景下,S公司却在其环境信息披露中存在故意隐瞒、模糊视线等问题,究其原因:一方面我国环境会计信息披露标准尚未形成完整体系,使得该公司没有明确参照的披露准则,导致其钻了制度空隙;另一方面是该公司社会责任意识不强,没有形成绿色可持续发展理念,应加强对内部环境管理体系的建设。

第三,F公司的"漂绿"行为分析。F公司是国内大型农药企业之一,但自其上市以来,便一直陷入环境污染的负面消息之中。数据显示,2013—2017年,当地市政府部门前后共收到上级转交和公众举报F公司存在环境违规问题的信访数量高达130余件。当地群众多次向地方政府和环保部门反映该公司违规存放高浓度有毒有害废水并利用暴雨天气偷排。但整体来看,地方环保部门并未对其展开实质性惩处或未经核实就认定该公司不存在环境违法问题,仅就公司环境管理体系提出整改要求。在这种情况下,F公司并没有树立良好的社会责任意识,其年报对环保信息的披露存在选择性披露问题,例如2017年,该公司披露受到环境行政处罚信息时,只是披露了惩处金额,并未就其原因和整改措施进行阐述,存在避重就轻之嫌。2018年,中央环保督察组就群众举报的环境问题,对F公司进行了专项督察。结果发现该公司存在环保治污设施无法正常运转、长期偷排污染废水,并故意制造虚假报表等生态违法行为,但其年报中依旧强调公司能够遵守环保法律法规要求,使得污染排放达标和防治污染设施有效运行等信息,这种言不符实的现象可以归为"漂绿"。

二、企业绿色供应链的"漂绿"行为

上文中我们分析了我国上市公司的直接"漂绿"行为,并举出了多个案例来介绍国内企业环境信息选择性披露的形式。接下来分析存在于我国企业中的另一种特殊情况——绿色供应链的"漂绿"行为。

供应链由参与生产产品或提供服务的所有公司组成，包括供应商、仓库管理员、零售商和客户（Darnall 等，2008）。供应链运营对企业生产的可持续性具有重大影响，因此，如何以对环境和社会负责的方式对其进行管理，现已成为企业经营者面对的关键问题（Bernon 等，2013）。大部分跨国公司都会评估其供应商的环境绩效，并要求供应商采取措施确保其产品的环境质量，降低运营系统中的废弃物和污染物的成本（Darnall 等，2008）。绿色供应链受到各种力量的推动，包括零售商需求、客户偏好和监管压力，欧盟对绿色供应链的监管极其严格（Scott 等，2011）。

但是也有学者指出，现阶段国内外企业中存在绿色供应链的"漂绿"情况。Lee 等（2018）就在研究中指出，由于供应商的披露大多是自愿的，公司可以在考虑披露的利益和成本后决定向公众披露什么，因此，焦点公司有可能有选择地披露其供应商或者公布上下游企业虚假的 CSR 形象。Sodhi 和 Tang（2019）也指出鉴于企业供应链的碳排放对企业形象的重要性，部分企业会对公众隐瞒供应商的环境漏洞。以上这些情况就是所谓的"漂绿"供应链，这种选择性的供应链信息披露向消费者传达了错误的信息，从而使企业的社会责任形象不符合实际地提高。Gatti 等（2021）也指出了类似的情况：公司对外宣称环保，却与环境表现较差的公司进行合作，近年来这种情况在部分跨国绿色供应链中较为常见。

通过对文献的梳理我们发现，现在的大部分研究都聚焦于跨国企业供应链，缺少对国内绿色供应链选择性披露的研究。所以我们将研究重心落于国内市场，通过多种方式来探查国内市场中，企业披露的绿色供应链是否存在"漂绿"情况，并分析国内供应链"漂绿"的披露特征。

本书首先通过挖掘上市公司年报中披露的供应链信息，并结合中国工业企业数据库、国泰安和 Wind 等第三方平台机构补充完整供应链中上下游企业的详细信息，这些信息包含企业的环境信息。但是考虑到可能有选择性披露的存在，从已披露的内容中是无法挖掘出"漂绿"供应链的，所以本书接下来将结合知识图谱中的理论，基于之前研究中构建好的企业画像图数据库，来对企业之间的供求关系进行算法推导判断，以此发现企业供应链中的选择性信息披露状况。面向知识图谱的推理主要是围绕关系的推理展开，即基于图数据库中已有的事实或关联来推导，一般着重考察实体、关系和画像结构三个层面的特征信息。本书使用了典型的规则学习算法——AMIE。该算法是一种霍恩规则，能有效率地搜索空间，来增加规则中的原子从而获得画像系统中的关系。AMIE 的规则学习算法如下所示：

```
Rule Mining
function   AMIE (KB κ)
  q=< [] >
  Execute in parallel:
    while ¬q. is Empty () do
    r=q. dequeue ()
    if r is closed ∧ r is not pruned for output then
      Output r
    end if
    for all operators o do
      for all rules r'∈o(r) do
        if r' is not pruned then
          q. enqueue (r')
        end if
      end for
    end for
    end while
end function
```

通过使用 JAVA 语言编写 AMIE 代码并结合之前已构建完成的企业画像图数据库，研究找出了以下两个的上市公司案例，展示我国存在的"漂绿"供应链。

案例一：HG 公司的"漂绿"供应链画像

HG 公司是一家黑色金属冶炼行业中的上市公司，近年来一直在向绿色环保产业链布局，强调秉持"人、钢铁、环境和谐共生"的理念，积极推进"绿色"引领战略，并且一直对外宣传企业完善的绿色供应链管理体系。但挖掘其供应链（见图 6-28）发现，某煤化工企业为 HG 公司的上游供应商，而 HG 公司从来没有披露该公司的供应链中有这个近 3 年内存在多次环境违规违法行为的公司。HG 公司显然"漂绿"了其供应链，误导了外部投资者和群众。

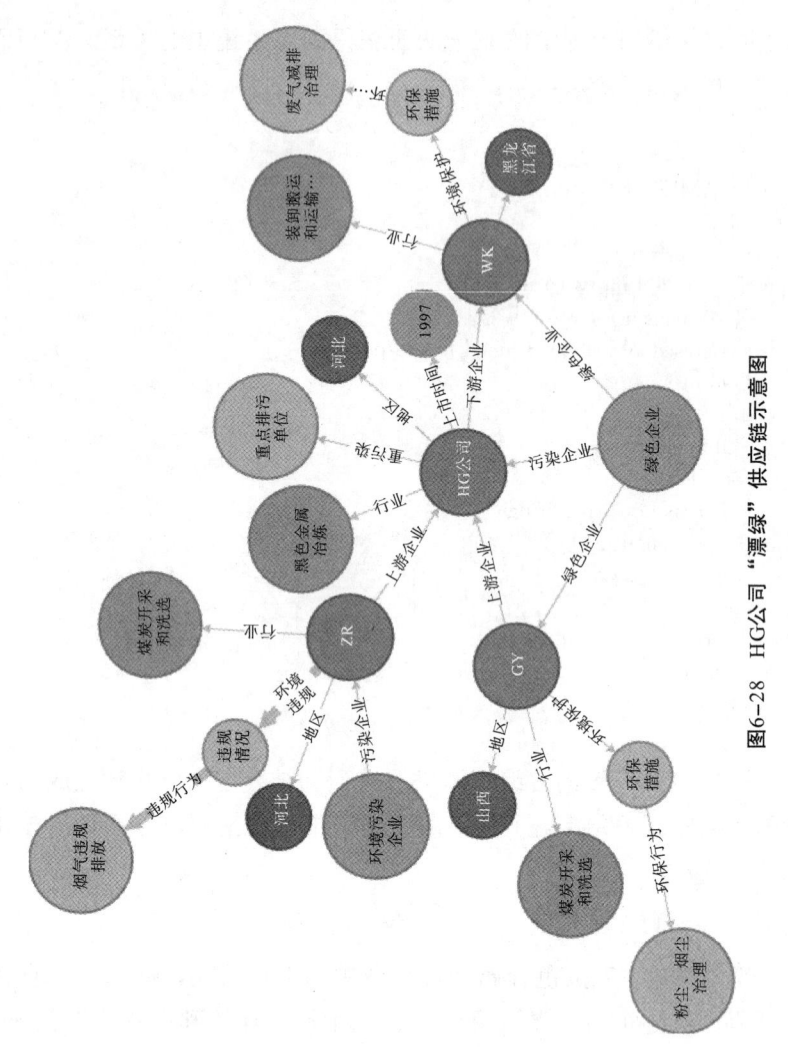

图6-28 HG公司"漂绿"供应链示意图

案例二：GQ公司的"漂绿"供应链画像

GQ公司是我国知名的汽车制造业上市公司。该公司推行"积极响应碳达峰和碳中和的规划和各项工作""从生产环节落实绿色生产、提升能源使用效率"等绿色理念，在环境保护方面有较多积极措施。同时该公司对外宣传进行绿色供应链管理，旗下合作公司都是环保企业。但是对行为画像图数据库进行算法挖掘和新闻整理（见图6-29）发现，为GQ公司提供正极材料的TQ公司在2019年多次违规排放污水，污水中的特征污染因子金属锂的含量呈显著较高水平，金属锰和铁的含量也相对较高，因此受到了相应的处罚，而GQ公司对外宣传绿色供应链时隐瞒了这一事实。另外，研究发现WC公司是GQ公司未披露的合作企业，该公司向厂商供应汽车铝合金车身结构件，根据无锡市生态环境局的处罚记录，2019—2020年，WC有限公司连续三次发生环境违法事件："未经环评审批开工建设""废水超标排放""粉尘无组织排放"。而GQ公司在披露绿色供应链时同样隐瞒了该企业。基于以上事实，我们认为GQ公司的绿色供应链是"漂绿"供应链，严重欺骗了外界和广大投资者。

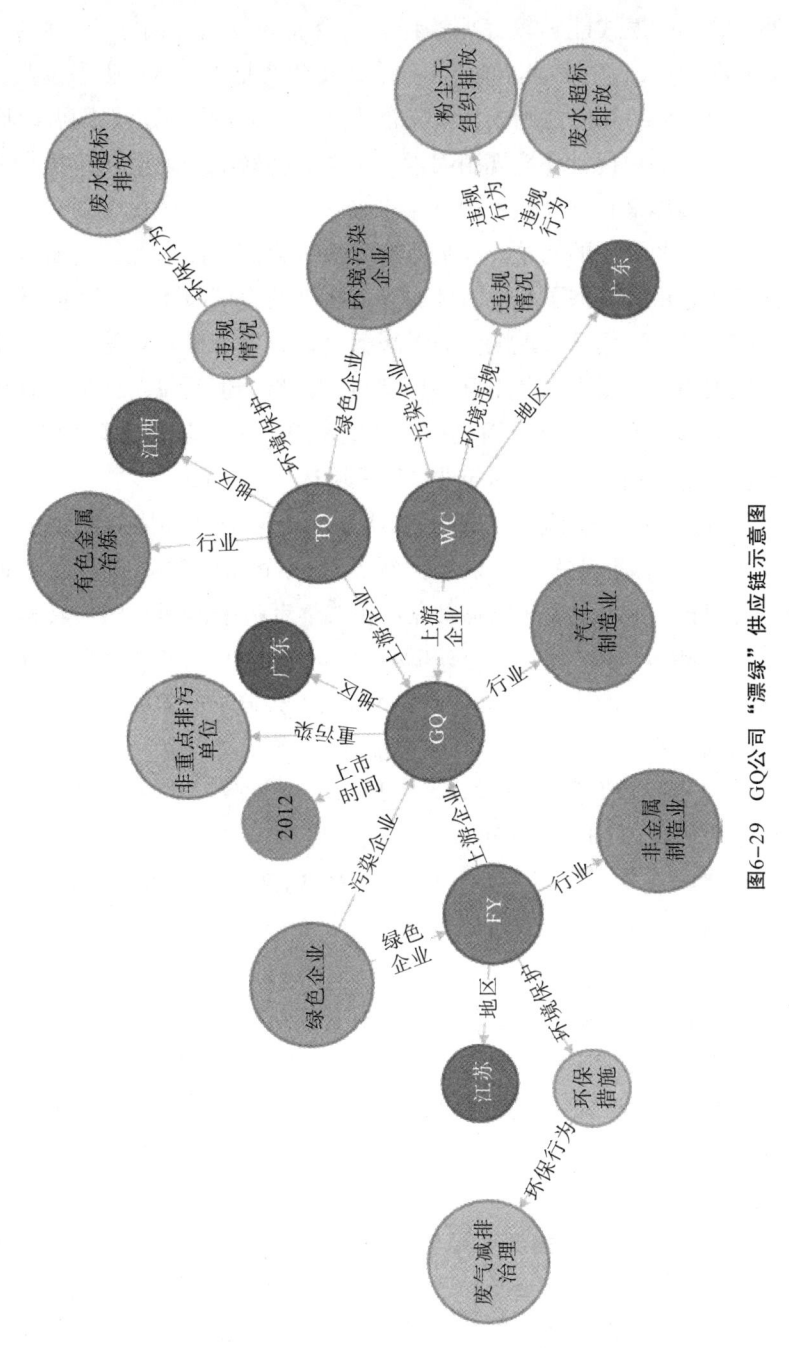

图6-29 GQ公司"漂绿"供应链示意图

三、企业规避环境规制的"跨区域选址"行为

从企业区位选择视角来看，新经济地理学强调劳动力成本、运输成本、人口需求和市场潜能等因素在企业选址中的重要作用（Hong，2009），中心—外围的发展模式能够较好地解释为何企业区位选址偏好于中心城市。Fujita and Hill（2012）发现，地理位置和历史优势是中心城市吸引企业集聚的基础条件，而市场潜能则成为影响企业选址的关键因素。但随着政府对生态文明建设的重视，环境规制因素越来越成为影响企业经济决策行为的重要因素。整体来看，虽然我国近年来加强了环境保护力度，但仍存在地方环境治理效率偏低的问题。以东部沿海地区为例，谋求经济高质量发展的沿海发达省份，掌握了节能减排和降低污染的生产技术，具备降低环境污染的强烈动机，但某些地区依旧无法解决地方生态破坏难题。长期粗放的经济发展模式遗留下的环境问题固然难辞其咎，但污染跨区域转移也是造成环境治理低效的重要原因之一。因此，想要破解环境治理低效局面，有必要从环境规制视角来探讨企业"跨区域选址"现象。

由于我国经济发展地区差异过于明显，不同地区环境规制强度的差异容易导致企业出现从一个地区搬迁到另一个地区的现象，也即企业"跨区域选址"行为。根据现有研究，相关学者将中国国内污染转移现象大致分为行政区域内的污染转移和跨行政区域的污染转移两类。首先是行政区域内的污染转移。Duvivier 和 Xiong（2013）的研究指出，中国污染企业偏向于在行政边界周围县域选址设厂。Cai 等（2016）以中国主要河流附近的县域数据为研究样本，发现部分地方政府想在获得污染企业贡献的税收收入基础上，尽可能地降低环境治理成本，造成污染偏向行政边界转移的现象，因而污染企业有从省域内部向行政边界转移的趋势。其次是跨行政区域的污染转移。林伯强等（2014）基于 ACT 模型的分析框架，发现东部地区向西部地区的污染转移趋势愈发明显。Lian 等（2016）在借鉴产业和省份交互的经典模型基础上，利用中国制造业的行业数据，研究发现制造业企业偏好从环境管制严苛的省份向环境管制宽松省份转移，形成"污染避难所效应"。Wu 等（2017）研究发现，自我国"十一五"规划首次设定减排硬性约束指标后，企业更加偏好在西部地区进行跨区域选址设厂。

理论上，环境规制强度差异直接影响企业环境遵从成本大小，进而影响微观企业竞争力（Deschênes 等，2017），因而区域间环境规制强弱很可能影响企业跨区域转移行为（Dean 等，2009；金刚、沈坤荣，

2018)。有鉴于此，合理判别企业是否存在为了规避环境规制而存在"跨区域选址"行为显得十分重要。1994年分税制改革以后，地方政府由于财政分权需要更大幅度地承担当地公共品和公共服务的供给费用（Yang，2016），滋生了地方保护主义现象。地方政府会消极执行中央政府的某些政策，从而使得环境保护政策执行效果变差，也容易造成行政边界区域出现环境规制搭便车现象。有鉴于此，本书拟采用案例分析的方式，对污染企业是否存在为了规避环境规制而进行"跨区域选址"行为进行详细探讨。

为了更好地研究环境规制对污染企业"跨区域选址"行为的影响，我们将研究聚焦于更小的空间尺度，探讨污染企业的就近转移现象。主要原因在于，邻近地区在经济发展水平、税收水平、生产技术、人力资本及交通设施等投资环境方面的差异较小，因而环境规制就成为影响企业项目选址的非常重要的外生变量。此外，作为理性决策主体的企业，在对远距离迁址存在投资不确定性的情况下，同时由于消费者需求偏好和规模收益递增等因素共同作用形成的本地市场效应，即使是为了降低环境治理成本，选址也不太会在大尺度空间上展开，也就是说由于环境规制引起的企业"跨区域选址"行为，会大概率表现为污染的就近转移（Van和Pellenbarg，2000；沈坤荣等，2017）。

从案例研究来看，我们以办公地在张家港，但生产建设项目选址在靠近苏皖边界地区的SG公司为例。SG公司东邻上海，南靠苏州，在市场、交通位置方面具有充分的优越性。近年来长三角整体经济发展迅速，市场容量的扩大提升了周边邻近县区本地市场效应，使得安徽和江苏两省行政边界中的污染产出占比快速增加，进一步说明了中心城市污染就近转移现象，企业更倾向于在行政区域界限附近选址设厂。出现上述现象的主要原因可能有两点。首先，随着长三角一体化的进程加快，苏北地区经济发展速度加快，经济规模的增加使得项目选址于此的污染企业能够更加靠近市场。同时得益于高铁和高速公路的发展，相关产品流通到附近的上海、南京等地的运输成本大幅下降。其次，在国家对环境保护日益重视的背景下，社会公众对美好生态环境需求的日益增长。上海、南京等中心城市的地方政府为了兼顾提升城市综合竞争力和完成环境考核目标，会增强环境规制力度。这导致高污染企业或企业污染项目向远离中心城市的地区转移，以此规避高额的环境遵从成本，而在贸易和运输成本大幅下降的背景下，苏北和安徽省边界地区就成为污染企业跨区域选址的首选。

第七章 提升上市公司环境信息披露质量策略

本书在分析了上市公司环境信息披露现状的基础上，梳理比较了全球主要国家上市公司信息披露要求及绿色会计准则，希望从更加完整的视角对我国上市公司环境信息披露现状展开探讨。并进一步利用机器学习、文本挖掘等技术，结合绿色规制对上市公司环境信息披露行为展开影响分析与画像研究，通过建立上市公司绿色披露行为画像系统，分析上市公司环境信息披露的各种特征，也发现了我国企业在环境信息披露方面存在的问题。

为进一步提高上市公司环境信息披露水平，必须全面发挥规制的作用，积极探索绿色规制体系在促进我国企业改善信息披露水平方面的路径策略，以改善现阶段上市公司环境信息披露水平较低且披露质量参差的状况，促进上市公司高质量发展，尤其为我国资本市场中小投资者获取更多企业信息创造条件。

第一节 绿色规制对上市公司环境信息披露行为的治理效用

环境污染具有明显的"负外部性"，成为市场失灵的重要表现之一，因而需要政府干预以弥补市场失灵缺陷。绿色规制是解决社会环境问题的重要制度安排，相关政府部门能够通过颁布法律法规、政策规章等成文规则来有效约束企业等污染主体的环境行为，因此绿色规制对改善地方环境问题并提升上市公司环境信息披露水平具有治理作用。

一、政策引导企业提升环境信息披露水平

绿色规制政策体系为提升上市公司环境信息披露水平提供制度保障。自2003年开始，我国政府和监管部门相继颁布了很多环境法规政策，对

企业环境信息披露进行规范。至 2008 年，环保部就出台了《环境信息公开办法（试行）》，要求企业实行环境信息公开，由此我国企业环境信息披露开始进入新时期。随着国家对环境信息披露的监管越来越严格，作为污染主体的企业被要求公开大量的环保信息。而且地方的绿色规制也越来越严格，企业面临的环境信息披露强制压力也就越来越大，进而促使企业提高自身环境信息披露水平。

从企业层面来看，随着生态文明建设在国家经济社会发展过程中的地位不断突出，社会对环境问题愈加重视，环境表现成为上市公司获取合法性的重要方面。上市公司对外进行环境信息披露主要是应对外部利益相关者的压力，而这些外部压力主要来自政府和社会公众。只有当企业的经营方式和组织目标与当前社会基本价值取向保持一致时，企业才有可能实现经济利润。因此，为了表现自身"合法性"，证实相关经营生产活动符合国家环境法律法规要求，企业将有动机披露更多的环境信息，由此提升环境信息披露质量。事实上，已有研究也证实了上述论点，Menguc 等（2010）指出政府基于法律法规对上市公司环境污染强化管理，通过刑事处罚和行政处罚的手段，促使企业披露更多自身履行环境责任的相关信息；毕茜等（2012）提出，政府出台的法律法规等环境信息披露制度能够提升企业环境信息披露水平；王霞等（2013）研究表明，政府及监管部门的规制强度也能够明显改变企业环境信息披露水平；胡珺等（2019）研究指出，地方环保官员升迁带来环境政策的改变能够显著提升企业环保水平，进而改变了企业环境信息披露行为。

综上所述，政府出台相关环境法律法规，使得环境政策能够有效引导企业提升环境信息披露水平，因而绿色规制有助于提升上市公司的环境信息披露水平。

二、市场激励企业提升环境信息披露水平

长期以来，我国绿色规制政策类别主要是以政府为主导的命令控制型环境规制，但命令控制型规制工具往往存在"一刀切"现象，要求地方政府具有较高的执法水平，同时管理成本也相对较高，因而在解决环境污染问题时效率不高。随着市场经济体制的发展完善，国家意识到不能仅依靠行政命令手段进行环境规制，市场激励型规制手段能够在环境治理中发挥重要作用。环保税、碳排放交易机制、排污权交易等都是市场激励型绿色规制工具，它们依靠市场价格竞争机制对企业污染排放进行合理定价，对环境污染的负外部性进行成本内部化，能够有效激励企

业加强环境治污水平，减少污染排放，使环境绩效得到改善，企业从而愿意披露更多的环境信息以降低信息不对称性，由此达到公司经营绩效和环境保护的双赢。

我们进一步来分析市场激励型绿色规制如何提升上市公司环境信息披露水平。结合"碳中和""碳达峰"的背景，以碳排放权交易为例，碳市场管理部门根据企业历史排放数据，给予企业一定数量的免费排放配额，若企业排放总量超出免费配额，则要在碳市场购买排放额度。碳排放权交易机制其实质是对企业二氧化碳排放进行总量控制，如果继续维持原有生产方式和现有环保技术，则要么选择去市场购买碳配额，要么在一定程度上降低生产总量，但这两类情况显然都会使企业利润下降。在此绿色法律法规影响下，上市公司作为希冀利润最大化的经济主体，有动机引进新的环保技术以降低环境成本，由此披露更多的企业环境信息，向外部传递企业环保经营发展的信号。

三、舆论监督企业提升环境信息披露水平

推进绿色发展，加强环境污染治理，离不开对生态文明制度体系的建设。尽管法律、政策等正式规制在促进环境污染治理方面发挥着重要作用，但地方政府在经济发展和环境保护上的权衡直接影响了正式绿色规制的实施效果。已有文献也证实了上述论点，杨瑞龙和聂辉华（2013）、梁平汉等（2014）研究表明，地方官员为了晋升，有动机与当地企业进行合谋，降低环境规制标准以优先发展经济，同时环保部门监管职能缺位也阻碍了正式规制的有效实施。因此，在运用法律政策等正式绿色规制治理环境污染问题时，也需要非正式绿色规制进行补充完善，共同促进生态文明建设。

随着社会公众对环境污染问题的日益关注，舆论监督作为一种"非正式"绿色规制，在改善上市公司环境信息披露水平中发挥着关键作用。Clarkson等（2008）指出舆论监督尤其是媒体报道显著影响企业环境信息披露行为；Dawkins等（2011）强调，市场激励型绿色规制通过对企业环境投入和污染物处理技术进行间接管理，能够指引公司加强环保经营水平，增强公司自身绿色管理意识，进而公开更多其践行的环境责任信息；郑思齐等（2013）认为来自公众的压力能够提升企业环境治理水平；胡珺等（2017）也有类似的结论，认为非正式制度能够显著改善企业环境绩效，对企业环境表现具有积极的治理效应。总的来看，本书认为舆论监督能够通过以下两个渠道对增加我国企业环境信息披露程度产

生作用。

第一，舆论监督的治理效应。从组织合法性理论来分析，合法性也可看作社会公众对企业的看法评价，而舆论在形成公众对企业合法性评价中具有重要影响力（沈洪涛等，2012），因此企业容易受到社会公众及媒体的舆论压力。以媒体报道为例，媒体作为信息披露的媒介，能够揭露上市公司的环境污染行为，引起监管部门的密切关注，因此以媒体报道为代表的舆论监督能够发挥治理作用，督促企业披露更多的环境信息，以降低信息不对称可能带来的损失。

第二，舆论监督的声誉效应。企业声誉是企业可持续发展过程中重要的无形资产，事关企业在外部利益相关者中的形象，从而影响企业的资源获取能力。企业为了在社会上赢得良好的舆论评价以获得社会声誉，有改善企业环境表现的动机，会激励企业披露更多环境信息，以赢得市场投资者及其他利益相关者的尊重与信赖，进而使企业获得市场竞争优势。

第二节 提升上市公司环境信息披露质量的路径

随着生态环保理念的逐步增强，我国地区环境治理成效得到显现，上市公司环境信息披露水平也有所提升。但总体上看，经济长期快速发展过程中累积遗留下来的环境污染问题仍旧突出，落实绿色发展理念，推进生态文明建设依旧道阻且长。要提升地区环境治理水平，就需要对作为污染主体的企业进行有效规制，改变现阶段上市公司环境信息披露水平较低的现状。因此，提升上市公司环境信息披露水平，可以外部监管和内部治理双管齐下，通过对政府、社会和企业层面的分析，力图为政府环境规制设计、跨区域选址行为监管及"漂绿"行为治理提供参考依据。具体提升路径如下。

一、政府层面的提升路径探讨

1. 完善企业环境信息披露法律体系

党的十九大以来，生态文明建设的战略地位得到空前提升，生态文明入宪也意味着我国环保领域相关立法得到全面升级。2014年，国家出台了号称"史上最严"的新《环保法》，对环境保护进行了基本规范，随后也出台了一系列专门立法，但环境立法仍存在执行性不强、惩罚力度不够、法律条文重叠等问题。而且针对上市公司环境信息披露的法规制度建设严重滞后，上市公司环境信息披露模式当前仍以自愿为主、强制为辅，企业出于规避风险和获取收益的考量，也不会主动披露更多的环境信息，而且对违反相关环境法律行为的追究惩戒力度不足，上市公司环境违法成本较低，因而上市公司环境信息披露的整体水平仍旧较低。

因此，要提升上市公司环境信息披露水平，需要及时完善环境信息披露制度，合理进行环境保护法律体系创新。第一，我国政府应基于当前的绿色规制体系，加强完善上市公司环境信息公开的具体标准，要求企业客观、及时、准确地披露相关环境信息，从法律层面约束企业"漂绿"或"印象管理"行为。地方政府在制定地方环境规制标准时，可以在考虑地区差异性基础上，根据地方资源情况和经济发展水平制定适合上市公司环境信息公开的地方标准，完善上市公司环境信息披露反馈机制，形成动态良性互动的环境信息披露制度。第二，协调地方环境治理机制和企业环境保护主体权责的关系，加快构建推动企业绿色发展的市场信号体系，以法律规范的形式将环境污染成本和改善环境技术所获收益置于企业生产经营的全过程，用制度刚性约束企业环境违法、"漂绿"等行为。

2. 加强环境执法监管，合理进行资金补贴

地区环境规制政策执行差异给企业污染行为提供了跨区域转移以规避环境治理的操作空间，这也成为环境污染问题得不到根治的关键原因。发达地区的污染降低可能是以落后地区承接污染转移为代价的，使得环境治理的规模效应无法充分发挥，进而阻碍了环境规制效率的提升。因此，要解决由于地区间环境规制差异影响中央政府环境规制效率的问题，并进一步提升上市公司环境信息披露水平，可以着重从以下两个方面发力。

第一，注重执法监管体系与环境规制的协同作用。政府部门在对相关环境规制政策进行制度设计时，要充分考虑如何匹配相适应的环境执法监管体系。从环境执法层面有效监管上市公司"跨区域选址"行为，确立经济发展和环境保护并重的环境监管责任机制，进一步完善健全地方环境执法监督体制。通过环境法律规制及制度安排，建立环境责任追究体系，强化环境监管执法责任，要求企业对环保投入、环境投资、污染物排放等信息进行定期详细披露，并对企业自身披露的信息进行审核。

对相关部门监管不严、执法不力等行为严厉问责，增加有关企业环境信息披露不足的政治成本。同时，还需加强环境执法水平，严格对企业环境污染行为的惩处力度，也要逐步提高企业环境违法成本，让企业无法从环境污染行为中获益。严格的环境执法监管，不仅可以惩罚企业环境污染行为，还能向市场传递环境污染企业具有"环境风险"的信息。以"漂绿"行为为例，政府加大对"漂绿"行为的监管惩罚力度，能够使企业意识到伪社会责任带来的恶果并且认识到诚信经营的重要性，起到良好的警示作用。相关上市公司基于资本市场和行政处罚的双重压力，会选择改善自身环境表现，从而披露更多环境信息以获得企业发展的合法性。

第二，充分发挥政府补贴的积极作用，激励企业披露环境信息的积极性。在中央政府构建完善绿色规制体系的基础上，地方政府可以根据自身资源条件进行配套政策设计，同时加强地方环保部门对政策的监管执行力度，避免"一刀切"的绿色规制体系给地方经济可持续发展带来不良影响。与此同时，地方政府可以引导企业建立以可持续发展为基础的绩效评价体系，依据企业污染类型、规模及企业价值等情况，为企业制定科学、差异化的资金补贴政策，使企业能够合理调整预算以实现利润最大化，从而扭转企业以财务绩效为唯一指标的绩效观。具体来看，可以分步骤有顺序地对企业进行补贴，事前根据企业属性给予一定数量的资金补贴，在事中监管时基于环境表现对企业进行进一步补贴，事后对企业污染排放达标情况进行评估以确定相应的补贴金额。政府资金补贴的方式能够有效调动企业披露环境信息的积极性，激励企业披露更多环境责任信息。

3. 加快推进构建绿色信息大数据平台

现阶段高质量的环保治理体系离不开对生态环境大数据的构建。规制并敦促企业提升环境信息披露水平的核心是对企业环境信息进行动态实时监控，保证企业披露环境信息的真实可靠。现阶段，企业信息披露状况远不及政府部门的信息公开水平，政府生态环境部门在法律和部门规章中都对企业信息公开制度进行了要求，但这些法规政策都不针对上市公司，而证监会发布信息披露办法并不只针对上市公司环境信息披露，要发挥政策合力，统筹政府、证监会和企业的环境协同治理行为，需要构建基于上市公司的绿色信息大数据系统。

第一，在机器学习日益普及的当下，可以利用金融科技手段，借助大数据、"互联网+"、人工智能等信息技术，加强数据资源整合。将上市公司环境信息置于统一的公开平台，构建跨区域、多部门、动态化的企业环境信息实时数据监控系统，实现政府和企业的数据联网共享，破除环境数据孤岛。强化企业排污信息公开，不仅有利于政府加强环境监管，也便于企业自身及时了解竞争企业的生产信息动态，这是推进环境治理体系和治理能力现代化的重要手段。利用移动互联网及物联网等新兴技术，在创新数据采集方式的基础上，有效拓展企业环境数据的获取渠道，从而提高对企业影响自然生态、大气、水等环境要素的实时监控能力。同时加强环境监测数据资源开发与应用，结合企业环境信息披露行为画像技术，进行大数据关联分析，在平台上构建多层次图数据库，提高源解析精度，以便进一步提高企业信息透明度，减轻信息不公开可能导致的风险，增强对企业绿色生产行为的预警能力，由此实现对企业生态环境监管的精准化管理。

第二，公众监督和参与在环境治理中发挥越来越重要的作用。绿色信息大数据平台上，不仅要有政府、企业披露的正式数据，也要有公众参与环境治理和表达环境诉求的板块，拓展信息时代的社会公众环境信息权。运用大数据平台创新政府服务方式，公众可以在平台对企业排放污染等环境违法行为进行线上举报、投诉和建议，同时不断扩充部长信箱、12369环保热线等政民互动渠道，加大公众环境参与力度，同时也确保政府和企业自身都能及时了解企业环境治理状况，增强企业环境信息透明度。利用大数据平台支撑企业环境信息公开，能够充分发挥环境数据资源对社会公众生产生活的服务作用，实现环境公共服务便民化。

二、社会层面的提升路径探讨

1. 发挥媒体报道的监督治理作用

社会公众对上市公司的印象主要来自媒体创造的意见（Isabel等，2014），新闻媒体作为监督者，在促进企业社会责任、增加企业环境信息披露数量等方面具有重要作用。企业一旦出现环境违法行为都应得到曝光，而企业积极践行绿色发展理念的生产行为或履行社会责任也应得到宣扬。媒体报道通过深刻影响社会舆论导向，对企业发展产生较大的外部压力，有助于企业加强环境信息披露，从而在一定程度上抑制企业"漂绿"行为的产生。因此，建议加强媒体对企业环境信息的报道，发挥媒体报道在改善企业环境信息披露行为中的监督治理作用，从外部监督视角治理企业"漂绿"。

信号理论能够很好地解释媒体报道对提升上市公司信息披露水平的监督治理效应。原因在于，媒体对企业相关环境行为报道可以加速企业信息在市场中的扩散，在吸引社会公众对企业环境行为关注的同时，也能向市场传递价值信息从而影响相关投资者的决策行为。一旦媒体对企业环境污染行为进行了负面报道，企业在投资者心中就会形象受挫，然后对企业的不信任感被传递到金融市场，股东通过抛售或减持股票方式给企业带来重大经济损失，因而媒体监督能够有效借助资本市场的惩罚机制对企业信息披露起到监督治理的作用。同时，方颖等（2018）的研究结论也强化了这一观点，文章认为现阶段媒体报道在政府部门披露环境处罚信息中的作用有限，是我国部分环境政策失效的重要原因之一，因而政府对污染治理进行绿色规制时，需要加强媒体对企业环境信息的披露报道，以此提高绿色规制政策的有效性。因此，媒体监督治理效应有助于提高政府环境规制政策的有效性，而企业迫于外部压力，为了向市场传递好的发展信号，有动机披露更多环境相关信息，由此提升上市公司环境信息披露水平。

2. 重视公众诉求的环境治理效应

随着社会资源消耗对环境污染的影响不断加重，公众环保意识显著提高，在自身积极参与环保行动的同时，也敦促政府对环境进行有效的绿色规制，公众环境诉求成为环境治理体系中的重要部分。而且新《环保法》和《环境保护公众参与办法》又从制度层面为社会公众参与环境规制提供了法律保障，进一步巩固了公众环境诉求在促进上市公司环境信息披露中的地位。因此，需要充分发挥公众环境诉求在社会环境治理中的重要作用，畅通扩宽社会公众环境参与的渠道途径，以充分调动公众参与环境治理热情。一方面，可以积极完善环境信息披露机制，保证公众对企业环境生产相关行为的参与权、知情权和监督权；另一方面，充分扩大公众举报环境违法行为渠道，可以通过微信小程序、邮箱、电话、微博等多种形式进行投诉，同时给予公众举报企业环境违法行为一定的奖励，促使企业环境违法行为能够及时被反馈到环境监管部门。

此外，从新制度经济学视角来看，已有研究证实了非正式制度对微观经济个体和企业组织行为都具有重要影响（胡珺等，2017；陈冬华等，2013）。公众环境诉求作为非正式制度的一种，可以在改善国家环境治理进而促进企业环境信息披露中发挥重要作用，因而可以从非正式绿色规制层面来提升公众环境参与意识，发挥公众诉求的环境治理效应。在中国传统思想文化中一直存在"道法自然，天人合一"的观点，这与当下国家强调建设人与自然和谐共生的现代化在本质上是高度趋同的。因此，建议以教育、文化意识为非正式绿色规制的重要突破口，将绿色环保意识融入现代教育体系，使全社会普遍形成公众参与环境保护的浓厚氛围。在公众环境意识不断增强、环境诉求不断提高的条件下，企业出于对社会声誉和迎合市场需求的考虑，自然会提升环境信息披露水平。

三、企业层面的提升路径探讨

1. 制定公司环境战略，培育绿色发展文化

企业文化作为非正式制度安排，体现企业整体价值理念，成为企业行为标准的软约束。内嵌于企业制度体系中的文化理念始终贯穿企业发展全过程，深刻影响着企业环境信息披露行为。实现经济高质量发展，需要绿色理念先行，引导企业绿色发展，不断强化企业绿色发展意识，倡导绿色环保实践。上市公司作为绿色治理的重要主体和关键行动者，要实现可持续发展离不开对合法性的追求，而绿色合规是当下企业满足合规性要求的首要目标（李维安等，2019）。在生态环境问题得到日益重视的当下，如果企业漠视绿色文化意识，缺乏对环境问题的敏感度，便无法通过披露更多环境信息向外界证明自己的"合法性"，也会损害企业在社会大众中的声誉形象，不利于企业资源获取和可持续发展。

绿色发展文化通过影响公司高层和员工行为进而影响公司环境信息披露水平。上市公司应制定企业环境发展战略，构建企业绿色治理体系。具体来看，可以从四个层面着手。第一，以企业制度的形式培育和完善企业内部绿色文化建设。将绿色文化引入企业管理体系，包括熏陶塑造管理层和普通员工的绿色理念等，进一步强化企业员工对环境保护的认知。尤其需要注意的是，企业应该根据自身资源条件，形成与外部监管相协调的绿色文化氛围，以此适应生态文明建设和绿色发展所要求的绿色价值观。在此基础上，企业通过自身塑造的绿色文化理念引导管理层主动承担环境责任，进而愿意披露更多环境信息。第二，企业需要在生产经营活动中制定前瞻性的环境战略，注重将可持续发展、绿色生态的环保理念潜移默化到企业生产经营的方方面面，通过绿色创新提升企业环保技术水平以实现经济效益和环境效益的双赢，企业由此也有动机和意愿向市场传达更多环境信息。第三，在管理层方面，公司高管作为企

业生产经营中的领导者，应发挥学习绿色文化的模范带头作用，主动践行绿色发展理念，加深对国家环境规制政策体制的学习认知，由此将绿色文化融入公司战略决策，使公司在绿色文化的指引下进行有效生产经营，从而让公司有动机且有能力披露更多环境信息。第四，企业在无法确认披露自身环境信息能否实现利润最大化时，往往存在模仿行业龙头企业或其他领先企业披露行为的趋势，存在"漂绿"的"同群效应"。因此，跳脱出企业自身来看，应切实发挥大型上市公司及行业领先企业"真绿"的示范带头作用，从而在社会形成良好的环境信息披露氛围，逐步缓解甚至杜绝上市公司"漂绿"行为的同构效应。

2. 完善内部治理结构，健全环境管理体系

国家和社会对环境污染问题日益重视，企业面临的环境压力越来越大。良好的内部治理结构有助于规范缓解外部压力，进而促进企业可持续发展，企业披露相关环境信息的动机也能增强。具体来看，可以从如下两方面着手：

第一，企业需要完善内部治理结构。从一定程度上来讲，设计合理的内部治理结构是解决企业委托代理矛盾的重要制度之一，不仅能保障外部投资者权益，而且能深刻反映企业价值的变动。而信息披露有助于缓解企业内部与外部利益相关者信息不对称的问题，因此完善企业内部治理结构与提升环境信息披露水平具有内在一致性。在环境监管政策发生变化时，良好的公司治理能够满足合法性管理的需求，促进公司主动进行环境保护并披露更多环境信息，改善企业环境绩效表现来减少环保压力（Cormier 等，2004）。具体来看，首先，必须重视公司股权结构安排，股权过度集中可能会使得大股东为追求利益最大化而选择不披露或少披露企业环境相关信息（王霞等，2013）；其次，从监事会视角来看，监事会作为监督企业高管和董事会的重要机构，可以有效敦促企业高管及时披露信息以保障股东和员工合法利益，这也能进一步提升企业环境信息披露水平。因而必须充分发挥监事会的作用，保障监事会行使监督企业经营活动权利的独立性，从事前、事中、事后三个阶段对企业环境表现进行全面监督。

第二，健全现代企业环境管理体制。在生态环境污染日益严峻的当下，企业完善环境管理体制、增强环境信息披露成为企业经营发展的基本要求。完善环境管理体制，可以敦促企业形成绿色生产的经营方式，有效支持和保障环境信息披露活动的正常运行，提高企业社会价值和经

济效益。具体来看，首先，加强对环境管理体系认证的认识，可以设立环境管理办公室，负责制定企业环境信息披露战略、构建关键环境绩效指标、风险管理指标及监测任务等。将环境规制体系认证标准以制度形式确定下来，确保在环境管理中严格执行并高效运行，以便企业能够在改善环境信息披露行为基础上，帮助协调政府环保部门的工作。其次，针对环保设施管理方面，建议企业对环保设施、设备进行科学管理，建立设备定期检查、维修保养等制度。同时要求企业环保设施由专人管理，完善环保设备运行台账和表格记录，及时做好运行登记并及时维护，在环保设施出现问题或停运时，做好报告工作。

参考文献

外文文献

ABOODY D, KASZNIK R, 2000. CEO stock option awards and the timing of corporate voluntarydisclosures [J]. Journal of accounting and economics, 29 (1).

ABRAHAMSON E, PARK C, 1994. Concealment of negative organizational outcomes: An agency theory perspective [J]. Academy of management journal, 37 (5).

ACKERSTEIN D S, LEMON K A, 1999. Greening the brand: environmental marketing strategies and the American consumer [J]. Greener marketing: A global perspective on greening marketing practice (8).

AERTS W, CORMIER D, MAGNAN M, 2006. Magnan Intra-industry imitation in corporate environmental reporting: an international perspective [J]. Journal of Accounting and Public Policy (25).

AERTS W, CORMIER D, MAGNAN M, 2008. Corporate environmental disclosure, financial markets and the media: An international perspective [J]. Ecological Economics, 64 (3).

AGAN Y, ACAR M F, BORODIN A, 2013. Drivers of environmental processes and their impact on performance: a study of Turkish SMEs [J]. Journal of cleaner production (51).

AGAN Y, ACAR M, BORODIN A, 2013. Drivers of environmental processes and their impact on performance: a study of Turkish SMEs [J]. Journal of Cleaner Production (51).

AKHIGBE A, MARTIN A D, 2008. Influence of disclosure and

governance on risk of US financial services firms following Sarbanes-Oxley [J]. Journal of Banking & Finance, 32 (10).

AL-TUWAIJRI S A, CHRISTENSEN T E, HUGHES II K E, 2004. The relations among environmental disclosure, environmental performance, and economic performance: a simultaneous equations approach [J]. Accounting, organizations and society 29 (5-6).

ALA'RAJ M, ABBOD M F, 2016. Classifiers consensus system approach for credit scoring [J]. Knowledge-Based Systems (104).

ALI F M, CARLA I, DAVID P, 1996. Corporate environmental disclosures: competitive disclosure hypothesis using 1991 annual report data [J]. The International Journal of Accounting (2).

ALLEN D, BAUER D, BRAS B, et al, 2002. Environmental benign manufacturing: trends in EU, Japan, USA [J]. Journal Of Manufacturing Science And Engineering-transactions Of The Asme (4).

ALLEN F, 2005. Corporate governance in emerging economies [J]. Oxford Review of Economic Policy, 21 (2).

AMEL-ZADEH A, 2018. Social responsibility in capital markets: a review and framework of theory and empirical evidence [J]. Available at SSRN 2664547.

AMMENBERG J, SUNDIN E, 2005. Products in environmental management systems: drivers, barriers and experiences [J]. Journal of Cleaner Production, 13 (4).

ANDERSON J, FRANKLE A, 1980. A Voluntary Social Reporting: An Iso-Beta Portfolio Analysis [J]. The Accounting Review (7).

ANSOFF H I, 1965. Corporate Strategy [M]. New York: McGraw-Hill Book Co.

BABICH V, LI H, RITCHKEN P, et al, 2012. Contracting with asymmetric demand information in supply chains [J]. European Journal of Operational Research (2).

BALDINI M, MASO L D, LIBERATORE G, 2018. Role of Country- and Firm-Level Determinants in Environmental, Social, and Governance Disclosure [J]. Journal of Business Ethics (15).

BARRETT S, 1994. Strategic Environmental Policy and International

Trade [J]. Journal of Public Economics (3).

BARTH M E, MCNICHOLS M F, WILSON G P, 1997. Factors Influencing Firms' Disclosures about Environmental Liabilities [J]. Review of Accounting Studies (1).

BASU K, PALAZZO G, 2008. Corporate social responsibility: a process model of sense making [J]. The Academy of Management Review (1).

BECK A C, CAMPBELL D, SHRIVES P J, 2010. Content analysis in environmental reporting research: Enrichment and rehearsal of the method in a British – German context [J]. The British Accounting Review (3).

BECKER R, HENDERSON V, 2000. Effects of air quality regulations on polluting industries [J]. Journal of Political Economy (2).

BELAL R, MOMIN M, 2009. Corporate Social Reporting (CSR) in emerging economies: a review and future direction [J]. Accounting in emerging economies (9).

BELKAOUI A, KARPIK P G, 1989. Determinants of the Corporate Decision to Disclose Social Information [J]. Accounting Auditing and Accountability Journal, 1 (2).

BEQUÉ A, LESSMANN S, 2017. Extreme learning machines for credit scoring: An empirical evaluation [J]. Expert Systems with Applications (86).

BERGENWALL A L, CHEN C, 2012. White, TPS's process design in American automotive plants and its effects on the triple bottom line and sustainability [J]. International Journal of Production Economics (1).

BERNON M, UPPERTON J, BASTL M, et al, 2013. An exploration of supply chain integration in the retail product returns process [J]. International Journal of Physical Distribution & Logistics Management (7).

BEWLEY K, Li Y, 2000. Disclosure of Environmental Information by Canadian Manufacturing Companies: A Voluntary Disclosure Perspective [J]. Advances in Environmental Accounting and Management (1).

319

BEWLEY K, YUE L, 2001. Disclosure of Environmental Information by Canadian Manufacturing Companies: A Voluntary Disclosure Perspective [J]. Advances in Environmental Accounting and Management (1).

BOODOO M U, 2016. Does mandatory CSR reporting regulation lead to improved Corporate Social Performance? Evidence from India. [J]. SSRN Electronic Journal. DOI: 10. 2139/ssrn. 2823956.

BOTOSAN C A, HARRIS M S, 2000. Motivations for a change in disclosure frequency and its consequences: An examination of voluntary quarterly segment disclosures [J]. Journal of Accounting Research, 38 (2).

BRAMMER S, PAVELIN S, 2006. Voluntary environmental disclosures by large UK companies [J]. Journal of Business Finance and Accounting, 33 (7-8).

BRAMMER S, PAVELIN S, 2008. Factors Influencing the Quality of Corporate Environmental Disclosure [J]. Business Strategy and the Environment, 17 (8).

BREIMAN L, 2001. Random forests [J]. Machine learning, (45).

BRENNAN, 1999. Voluntary disclosure of profit forecasts by target companies in takeover bids [J]. Journal of Business Finance & Accounting, (10).

BROWN L D, 1998. Managerial Behavior and the Bias in Analysts' Earnings Forecasts [J]. SSRN, (7).

BUHR N, FREEDMAN M, 2001. Culture, institutional factors and differences in environmental disclosure between Canada and the United States [J]. Critical Perspectives on Accounting 12 (3).

CAI H, CHEN Y, GONG Q, 2016. Polluting Thy Neighbor: Unintended Consequences of China's Pollution Reduction Mandates [J]. Journal of Environmental Economics and Management (76).

CAI X, LU Y, WU M, et al, 2016. Does environmental regulation drive away inbound foreign direct investment? Evidence from a quasi-natural experiment in China [J]. Journal of Development Economics, (123).

CASTKA P, GABZDYLOVA B, RAFFENSPERGER J, 2009.

Sustainability in the New Zealand wine industry: drivers, stakeholders and practices [J]. Journal of Cleaner Production (11).

CDP, 2019. CDP Climate Change 2019 Reporting Guidance. [EB/OL]. https://www.cdp.net/zh/guidance/guidance-for-companies.

CDSB, 2013. Comply or explain: A review of FTSE 350 companies' environmental reporting in annual reports. [EB/OL]. https://www.cdsb.net/comply-or-explain-review-ftse-350-companies%E2%80%99-environmental-reporting-annual-reports.

CHAKLADER B, GULATI P A, 2015. A study of corporate environmental disclosure practices of companies doing business in India [J]. Global Business Review, 16 (2).

CHAN M, Watson J, Woodliff D, 2014. Corporate governance quality and CSR disclosures [J]. Journal of Business Ethics, 125 (1).

CHAU G K, GRAY S J, 2002. Ownership structure and corporate voluntary disclosure in Hong Kong and Singapore [J]. The International Journal of Accounting, 37 (2).

CHEN A J, BOUDREAU M C, WATSON R T, 2008. Information systems and ecological sustainability [J]. Journal of systems and Information Technology, 10 (3).

CHEN S, DEFOND M L, PARK C W, 2002. Voluntary disclosure of balance sheet information in quarterly earnings announcements [J]. Journal of Accounting and Economics, 33 (2).

CHEN Y, 2008. The driver of green innovation and green image-green core competence [J]. Journal of Business Ethics, 81 (3).

CHEN, Y, HUNG M, WANG Y, 2018. The effect of mandatory CSR disclosure on firm profitability and social externalities: evidence from China [J]. Journal of Accounting and Economics (65).

CHENG B, IOANNOU I, SERAFEIM G, 2014. Corporate social responsibility and access to finance [J]. Strategic management Journal, 35 (1).

CHENG J C, DAS M, 2014. A BIM-based web service framework for green building energy simulation and code checking [J]. Journal of Information Technology in Construction (ITcon), 19 (8).

CHEUNG A W, HU M, SCHWIEBERT J, 2018. Corporate social

responsibility and dividend policy [J]. Accounting and Finance (58).

CHO C H, FREEDMAN M, PATTEN D M, 2012. Corporate disclosure of environmental capital expenditures: A test of alternative theories [J]. Accounting, Auditing and Accountability Journal, 25 (3).

CHO C H, PATTEN D M, 2007. The role of environmental disclosures as to viols of legitimacy: a research note [J]. Accounting Organizations and Society, 32 (7−8).

CHO C H, ROBERTS R W, 2010. Environmental reporting on the internet by America's Toxic 100: Legitimacy and self − presentation [J]. International Journal of Accounting Information Systems, 11 (1).

CHO C H, ROBERTS R W, PATTEN D M, 2010. The language of US corporate environmental disclosure [J]. Accounting Organizations and Society, 35 (4).

CHRISTENSEN H B, FLOYD E, LIU L Y, et al, 2017. The real effects of mandated information on social responsibility in financial reports: evidence from mine − safety records [J]. Journal of Accounting and Economics (64).

CLARKSON M, 1995. A Stakeholder Framework for Analysing & Evaluating Corporate Social Performance [J]. The Academy of Management Review, 20 (1).

CLARKSON P M, FANG X, LI Y, 2013. The relevance of environmental disclosures: Are such disclosures incrementally informative? [J]. Journal of Accounting and Public Policy, 32 (5).

CLARKSON P M, LI Y, RICHARDSON G D, et al, 2008. Revisiting the relation between environmental performance and environmental disclosure: An empirical analysis [J]. Accounting, organizations and Society, 33 (4−5).

CLARKSON P, FANG X, LI Y, et al, 2010. The relevance of environmental disclosures for investors and other stakeholder groups: are such disclosures incrementally informative? [J]. Available at SSRN 1687475.

CLATWORTHY M, JONES M J, 2003. Financial reporting of good

news and bad news: evidence from accounting narratives [J]. Accounting and Business Research, 33 (3).

COFFEE J C, 1984. Market Failure and the Economic Case for a Mandatory Disclosure System [J]. Virginia Law Review, 70 (4).

COFFMAN J Y, 1986. The proper role of tree analysis in forecasting the risk behavior of borrowers [J]. Management Decision Systems (3).

CONROY D E, Motl R W, 2003. Modification, cross-validation, invariance, and latent mean structure of the self-presentation in exercise questionnaire [J]. Measurement in physical education and exercise science, 7 (1).

COOKE T E, 1992. Disclosure in the Corporate Annual Reports of Swedish Companies [J]. Accounting and Business Research, 19 (74).

COOPER P A, OMAR B A, 2018. Knowledge-based fast web query engine using NoSQL [C] //2018 6th International Symposium on Digital Forensic and Security (ISDFS).

CORMIER D, GORDON I M, MAGNAN M, 2004. Corporate environmental disclosure: contrasting management's perceptions with reality [J]. Journal of Business Ethics, 49 (2).

CORNELL B, SHAPIRO A C, 1987. Corporate stakeholders and corporate finance [J]. Financial Management, 16 (1).

COTTER J, TARCA A, WEE M, 2012. IFRS adoption and analysts' earnings forecasts: Australian evidence [J]. Accounting & Finance, 52 (2).

CURKOVIC S, 2003. Environmentally Responsible Manufacturing: The development and validation of a measurement model [J]. European Journal of Operational Research, 146 (1).

DARBY M R, KARNI E, 1973. Free competition and the optimal amount of fraud [J]. The Journal of Law and Economics, 16 (1).

DARNALL N, JOLLEY G J, HANDFIELD R, 2008. Environmental management systems and green supply chain management: complements for sustainability? [J]. Business Strategy and the Environment, 17 (1).

DARRELL W, SCHWARTZ B N, 1997. Environmental disclosures and public policy pressure [J]. Journal of Accounting and Public Policy, 16 (2).

DASTBAZ M, PATTINSON C, AKHGAR B, 2015. Green information technology: A sustainable approach [M]. Morgan Kaufmann.

DAWKINS C, FRAAS J W, 2011. Coming Clean: The Impact of Environmental Performance and Visibility on Corporate Climate Change Disclosure [J]. Journal of Business Ethics, 100 (2).

DE CAMARGO P, JABBOUR C, 2017. Information systems and sustainable supply chain management towards a more sustainable society: where we are and where we are going [J]. International Journal of Information Management, 37 (4).

DE V C, VAN STADEN C J, 2006. Can less environmental disclosure have a legitimising effect? Evidence from Africa [J]. Accounting, Organizations and Society, 31 (8).

DEAN J M, LOVELY M E, WANG H, 2009. Are foreign investors attracted to weak environmental regulations? Evaluating the evidence from China [J]. Journal of Development Economics, 90 (1).

DEDRICK J, 2010. Green IS: Concepts and issues for information systems research [J]. Communications of AIS (27).

DEEGAN C, 2002. Introduction: The legitimising effect of social and environmental disclosures-a theoretical foundation [J]. Accounting, Auditing & Accountability Journal, 15 (3).

DEEGAN C, GORDON B, 1996. A study of the environmental disclosure and public policy pressure [J]. Journal of Accounting and Public Policy, 16 (2).

DEEGAN C, RANKIN M, VOGHT P, 2000. Firms' Disclosure Reactions to Major Social Incidents: Australian Evidence [J]. Accounting Forum, 24 (1).

DELMAS M A, BURBANO V C, 2011. The drivers of greenwashing [J]. California Management Review, 54 (1).

DESCHÊNES O, GREENSTONE M, SHAPIRO J S, 2017. Defensive Investments and the Demand for Air Quality: Evidence from the NOx

Budget Program [J]. American Economic Review (107).

DESPEISSE M, OATES M, BALL P, 2013. Sustainable manufacturing tactics and crossfunctional factory modelling [J]. Journal of Cleaner Production (42).

DHALIWAL D S, LI O Z, TSANG A, et al, 2011. Voluntary nonfinancial disclosure and the cost of equity capital: The initiation of corporate social responsibility reporting [J]. The Accounting Review, 86 (1).

DHALIWAL, D, LI O Z, TSANG A, et al, 2014. Corporate social responsibility disclosure and the cost of equity capital: the roles of stakeholder orientation and financial transparency [J]. Journal of Accounting Public Policy, 33 (4).

DIGALWAR A, METRI B, 2005. Performance measurement framework for world class manufacturing [J]. International Journal of Technology Management, 3 (2).

DOSHI A R, DOWELL G, TOFFEL M W, 2013. How Firms Respond to Mandatory Information Disclosure [J]. Strategic Management Journal (34).

DUMITRU M, DYDUCH J, GUșE R G, et al, 2017. Corporate reporting practices in Poland and Romania-an ex—ante study to the new non－financial reporting European directive [J]. Accounting in Europe, 14 (3).

DUVIVIER C, XIONG H, 2013. Transboundary Pollution in China: A Study of Polluting Firms' Location Choices in Hebei Province [J]. Environment and Development Economics, 18 (4).

DYE R A, 1985. Disclosure of non－proprietary information [J]. Journal of Accounting Research (23).

EINHORN E, 2005. The nature of the interaction between mandatory and voluntary disclosures [J]. Journal of Accounting Research, 43 (4).

ELECTRONIC CODE OF FEDERAL REGULATIONS, 1990. Part 229—standard Instructions For Filing Forms Under Securities Act Of 1933, Securities Exchange Act Of 1934 And Energy Policy And Conservation Act Of 1975—regulation S—k. [EB/OL]. [1990-03].

https://www.ecfr.gov/cgi-bin/text-idx?amp;node=17:3.0.1.1.11&rgn=div5.

ENGEL M, 2015. Sustainable software design [M] //Green Information Technology. Morgan Kaufmann.

EPA, 1986. Overview of the Clean Air Act and Air Pollution. [EB/OL]. [1986-03]. https://www.epa.gov/clean-air-act-overview.

EPA, 1998. Summary of the Clean Water Act. [EB/OL]. [1998-12]. https://www.epa.gov/laws-regulations/summary-clean-water-act.

EPA, 2008. Federal Insecticide, Fungicide, and Rodenticide Act (FIFRA) and Federal Facilities. [EB/OL]. [2008-06]. https://www.epa.gov/enforcement/federal-insecticide-fungicide-and-rodenticide-act-fifra-and-federal-facilities.

EPA, 2011. Greenhouse Gas Reporting Program. [EB/OL]. [2011-10]. https://www.epa.gov/ghgreporting.

EPA, 2011. Safe Drinking Water Act. [EB/OL]. [2011-09]. https://www.epa.gov/sdwa.

EPA, 2015. An Introduction to Environmental Accounting as a Business Management Tool: Key Concepts and Terms. [EB/OL]. [2015-03]. https://www.epa.gov/p2/introduction-environmental-accounting-business-management-tool-key-concepts-and-terms.

EPA, 2015. Superfund: CERCLA Overview. [EB/OL]. [2015-12]. https://www.epa.gov/superfund/superfund-cercla-overview.

ETTREDGE M, RICHARDSON V J, SCHOLZ S, 2001. The presentation of financial information at corporate websites [J]. International Journal of Accounting Information Systems, 2 (3).

EUROPEAN COMISSION, 2003. DIRECTIVE 2003/51/EC of the European Parliament and of the Council of 18 June 2003 amending Directives 78/660/EEC, 83/349/EEC, 86/635/EEC and 91/674/EEC on the annual and consolidated accounts of certain types of companies, banks and other financial institutions and insurance undertakings. [EB/OL]. [2003-03]. https://eur-lex.europa.eu/legal-content/en/ALL/?uri=CELEX:32003L0051.

EUROPEAN COMISSION, 2003. Guidelines on reporting climate-related information. [EB/OL]. [2003-03]. https://ec.europa.eu/finance/docs/policy/190618-climate-related-information-reporting-guidelines_en.pdf.

EUROPEAN COMMISSION, 2000. Directive 2000/60/EC of the European Parliament and of the Council of 23 October 2000 establishing a framework for Community action in the field of water policy. [EB/OL]. [2000-06]. https://eur-lex.europa.eu/legal-content/EN/TXT/?uri=CELEX%3A32000L0060.

EUROPEAN COMMISSION, 2008. Directive 2008/98/EC of the European Parliament and of the Council of 19 November 2008 on waste and repealing certain Directives. [EB/OL]. [2008-01]. https://eur-lex.europa.eu/legal-content/EN/TXT/?uri=celex%3A32008L0098.

EUROPEAN COMMISSION, 2009. Directive 2009/147/EC of the European Parliament and of the Council of 30 November 2009 on the conservation of wild birds. [EB/OL]. [2009-12]. https://eur-lex.europa.eu/legal-content/EN/TXT/?uri=CELEX%3A32009L0147.

EUROPEAN COMMISSION, 2011. National energy and climate plans. [EB/OL]. [2011-01]. https://ec.europa.eu/energy/topics/energy-strategy/national-energy-climate-plans_en.

EUROPEAN COMMISSION, 2012. 7th EAP factsheets. [EB/OL]. [2012-07]. https://ec.europa.eu/environment/pubs/pdf/factsheets/7eap/en.pdf.

EUROPEAN COMMISSION, 2015. EU ETS Handbook. [EB/OL]. [2015-03]. https://ec.europa.eu/clima/sites/clima/files/docs/ets_handbook_en.pdf

EUROPEAN ECONOMIC COMMISSION, 1992. Council Directive 92/43/EEC of 21 May 1992 on the conservation of natural habitats and of wild fauna and flora. [EB/OL]. [1992-05]. https://eur-lex.europa.eu/legal-content/EN/TXT/?uri=celex%3A31992L0043.

EUROPEAN UNION, 2005. The European Pollutant Release and Transfer Register. [EB/OL]. [2005-01]. https://ec.europa.

eu/environment/industry/stationary/e-prtr/legislation. htm.

EUROPEAN UNION, 2010. Directive 2010/75/EU of the European Parliament and of the Council of 24 November 2010 on industrial emissions (integrated pollution prevention and control) Text with EEA relevance. [EB/OL]. [2010-03]. https://eur-lex.europa.eu/legal-content/EN/TXT/?uri=CELEX%3A32010L0075.

EUROPEAN UNION, 2011. 2011/832/EU: Commission Decision of 7 December 2011 concerning a guide on EU corporate registration, third country and global registration under Regulation (EC) No 1221/2009 of the European Parliament and of the Council on the voluntary participation by organisations in a Community eco-management and audit scheme (EMAS). [EB/OL]. [2011-11]. https://eur-lex.europa.eu/legal-content/en/TXT/?uri=CELEX:32011D0832.

EUROPEAN UNION, 2014. Directive 2014/95/EU of the European Parliament and of the Council of 22 October 2014 amending Directive 2013/34/EU as regards disclosure of non-financial and diversity information by certain large undertakings and groups. [EB/OL]. [2014-11]. https://eur-lex.europa.eu/legal-content/EN/TXT/?uri=CELEX%3A32014L0095.

FANG J, LIU C, GAO C, 2019. The impact of environmental regulation on firm exports: evidence from environmental information disclosure policy in China [J]. Environmental Science and Pollution Research, 26 (36).

FATMA B, SALMA D A, KHALED H, 2019. A study of the determinants of environmental disclosure quality: evidence from French listed companies [J]. Journal of Management and Governance, 23 (4).

FENG Z, CHEN W, 2018. Environmental regulation, green innovation, and industrial green development: An empirical analysis based on the Spatial Durbin model [J]. Sustainability, 10 (1).

FIECHTER P, HITZ J M, LEHMANN N, 2018. Real effects in anticipation of mandatory disclosures: Evidence from the European Union's CSR directive [J]. Available at SSRN 3033883.

FIJAL T, 2007. An environmental assessment method for cleaner production technologies [J]. Journal of Cleaner Production, 15 (10).

FLOREZ-LOPEZ R, 2010. Effects of missing data in credit risk scoring. A comparative analysis of methods to achieve robustness in the absence of sufficient data [J]. Journal of the Operational Research Society (61).

FLORIDA R, ATLAS M, CLINE M, 2000. What Makes Companies Green? Organizational and Geographic Factors in the Adoption of Environmental Practices [J]. Economic Geography, 77 (3).

FOMBRUN C, SHANLEY M, 1990. What's in a name? Reputation building and corporate strategy [J]. Academy of management Journal, 33 (2).

FRANCIS J, NANDA D, OLSSON P, 2008. Voluntary disclosure, earnings quality, and cost of capital [J]. Journal of accounting research, 46 (1).

FREDERICK W C, 1988. Business and society, corporate strategy, public policy, ethics (6th ed.) [M]. Boston: McGraw-Hill Book Co.

FREEDMAN M, JAGGI B, 2005. Global warming, commitment to the Kyoto protocol, and accounting disclosures by the largest global public firms from polluting industries [J]. The International Journal of Accounting. 40 (3).

FREEDMAN M, JAGGI B, 2009. Global warming and corporate disclosures: A comparative analysis of companies from the European Union, Japan and Canada [J]. Advances in Environmental Accounting & Management, 4 (3).

FREEDMAN M, PATTEN D M, 2004. Evidence on the pernicious effect of financial report environmental disclosure [J]. Accounting Forum, 28 (1).

FREEDMAN M, STAGLIANO A J, 2002. Environmental disclosure by companies involved in initial public offerings [J]. Accounting, Auditing & Accountability Journal, 15 (1).

FREEDMAN M, STAGLIANO A J, 2008. Environmental disclosures: electric utilities and Phase 2 of the Clean Air Act [J]. Critical Perspectives on Accounting, 19 (4).

FREEMAN E, 1984. Strategic Management: A stakeholder approach [M]. United States: Boston, Pitman.

FREUND Y, SCHAPIRE R E, 1996. Experiments with a new boosting algorithm [C] //icml. 96.

FRIEDMAN M, 1970. A theoretical framework for monetary analysis [J]. journal of Political Economy, 78 (2).

FROST G R, 2007. The introduction of mandatory environmental reporting guidelines: Australian evidence [J]. Abacus, 43 (2).

FTSE RUSSELL, 2011. ESG Ratings and data model. [EB/OL]. [2011-03]. https://research.ftserussell.com/products/downloads/ESG-ratings-overview.pdf.

FU D, JENKINSON T, RAUCH C, 2023. How do financial contracts evolve for new ventures? [J]. Journal of Corporate Finance (81).

FUENTE J A, GARCÍA-SANCHEZ I M, LOZANO M B, 2017. The role of the board of directors in the adoption of GRI guidelines for the disclosure of CSR information [J]. Journal of Cleaner Production (141).

FUJITA K, HILL R C, 2012. Industry Clusters and Transnational Networks: Japan's New Directions in Regional Policy [M]. Wiley: Blackwell.

GAN X, SETHI S P, Zhou J, 2010. Commitment-penalty contracts in drop-ship supply chains with asymmetric demand information [J]. European Journal of Operational Research, 204 (3).

GATTI L, PIZZETTI M, SEELE P, 2021. Green lies and their effect on intention to invest [J]. Journal of business research (127).

GHG, 2012. The GHG Protocol for Project Accounting. [EB/OL]. [2012-01]. https://ghgprotocol.org/standards/project-protocol.

GLAESER S, 2018. The effects of proprietary information on corporate disclosure and transparency: Evidence from trade secrets [J]. Journal of Accounting and Economics, 66 (1).

GONZALEZ J M, ZAMORA RAMIREZ C, 2016. Voluntary carbon disclosure by Spanish companies: an empirical analysis [J]. International Journal of Climate Change Strategies and Management, 8 (1).

GRAFFIN B, GOUTORBE P, POYET R, et al, 2006. Multi-organ failures during septic shock from Escherichia coli urinary tract infection: catastrophic antiphospholipid syndrome? [J]. La Revue de Medecine Interne, 28 (1).

GRAFFIN S D, HALEBLIAN J, KILEY J T, 2016. Ready, AIM, acquire: Impression offsetting and acquisitions [J]. Academy of Management Journal, 59 (1).

GRAHAM J R, HARVEY C R, RAJGOPAL S, 2005. The economic implications of corporate financial reporting [J]. Journal of accounting and economics, 40 (1-3).

GRAMLICH A, TANDY S, ANDRES C, et al, 2017. Cadmium uptake by cocoa trees in agroforestry and monoculture systems under conventional and organic management [J]. Science of The Total Environment (580).

GRAY R H, KOUHY R LAVERS S, 1995. Corporate Social and Environmental Reporting: A Review of the Literature and a Longitudinal Study of UK Disclosure [J]. Accounting, Auditing and Accountability Journal (8).

GRI, 2012. GRI Standards. [EB/OL]. [2012-01]. https://www.globalreporting.org/standards.

GUAY W, SAMUELS D, TAYLOR D, 2016. Guiding through the fog: Financial statement complexity and voluntary disclosure [J]. Journal of Accounting and Economics, 62 (2-3).

GUISO L, SAPIENZA P, ZINGALES L, 2008. Trusting the stock market [J]. the Journal of Finance, 63 (6).

Guthrie J E, Parker L D, 1990. Corporate social disclosure practice: A comparative international analysis [J]. Advances in Public Interest Accounting, 3 (3).

GUTHRIE J, PARKER L D, 1989. Corporate Social Disclosure: A Rebuttal of Legitimacy Theory [J]. Accounting and Business Research, 19 (76).

HALME M, HUSE M, 1997. The influence of corporate governance, industry and country factors on environmental reporting [J]. Scandinavian Journal of Management, 13 (2).

HAN Y, 2020. Impact of environmental regulation policy on environmental regulation level: a quasi-natural experiment based on carbon emission trading pilot [J]. Environmental Science and Pollution Research (27).

HANDA P, LINN S C, 1993. Arbitrage pricing with estimation risk [J]. Journal of Financial and Quantitative analysis, 28 (1).

HANSEN L K, SALAMON P, 1990. Neural network ensembles [J]. IEEE transactions on pattern analysis and machine intelligence, 12 (10).

HASSAN M F, SAMAN M Z M, MAHMOOD S, et al, 2017. Sustainability assessment methodology in product design: A review and directions for future research [J]. Jurnal Teknologi, 79 (1).

HASSELDINE J, SALAMA A I, TOMS J S, 2005. Quantity versus quality: the impact of environmental disclosures on the reputations of UK Plcs [J]. The British Accounting Review, 37 (2).

HE L, ZHANG L, ZHONG Z, et al, 2019. Green credit, renewable energy investment and green economy development: Empirical analysis based on 150 listed companies of China [J]. Journal of Cleaner Production (208).

HEALY P M, HUTTON A, PALEPU K G, 1999. Stock Performance and Intermediation Changes Surrounding Sustained Increases in Disclosure [J]. Contemporary Accounting Research (16).

HEALY P M, PALEPU K G, 2001. Information Asymmetry, Corporate Disclosure, and the Capital Markets: A Review of the Empirical Disclosure Literature [J]. Journal of Accounting and Economics, 31 (1-3).

HENRIQUES I, SADORSKY P, 1999. The relationship between environmental commitment and managerial perceptions of stakeholder importance [J]. Academy of management Journal, 42 (1).

HM TREASURY, 2014. Sustainability Reporting Guidance. [EB/OL]. [2014-01]. https://assets.publishing.service.gov.uk/government/uploads/system/uploads/attachment_data/file/772723/Sustainability_report_19.pdf.

HODGES R, GAUGHAN B, 2008. Information Technology-The New

Green Superhero [EB/OL]. Webinar, http://www.itmanagement.com/webcast/green-it-superhero.

HONG J, 2009. Firm Heterogeneity and Location Choices: Evidence from Foreign Manufacturing Investments in China [J]. Urban Studies, 46 (10).

HOOKS J, VAN STADEN C J, 2011. Evaluating environmental disclosures: The relationship between quality and extent measures [J]. The British Accounting Review, 43 (3).

HORIUCHI R, SCHUCHARD R, SHEA L, et al, 2009. Understanding and preventing greenwash: A business guide [R]. Futerra Sustainability Communications, London.

HORTON J, SERAFEIM G, SERAFEIM I, 2013. Does mandatory IFRS adoption improve the information environment? [J]. Contemporary accounting research, 30 (1).

HUANG A H, LEHAVY R, ZANG A Y, 2018. Analyst information discovery and interpretation roles: A topic modeling approach [J]. Management Science, 64 (6).

HUANG R B, CHEN D, 2015. Does Environmental Information Disclosure Benefit Waste Discharge Reduction? Evidence from China [J]. Journal of Business Ethics, 129 (12).

HUANG R, CHEN D, 2015. Does environmental information disclosure benefit waste discharge reduction? Evidence from China [J]. Journal of Business Ethics (129).

HUGHES S B, ANDERSON A, GOLDEN S, 2002. Corporate environmental disclosures: are they useful in determining environmental performance? [J]. Journal of Accounting and Public Policy, 20 (3).

HUNG M, SHI J, WANG Y, 2013. Mandatory CSR disclosure and information asymmetry: Evidence from a quasi-natural experiment in China [C]. The Asian Finance Conference 2013.

IOANNOU I, LI S X, SERAFEIM G, 2016. The effect of target difficulty on target completion: The case of reducing carbon emissions [J]. The Accounting Review, 91 (5).

IRRC, 2013. International Integrated Reporting Framework. [EB/

OL]. [2013-05]. https://integratedreporting.org/resource/international-ir-framework/.

ISABEL - MARIA, CUADRADO - BALLESTEROS, BEATRIZ SEPULVEDA CINDY, 2014. Does media pressure moderate CSR disclosures by external directors? [J]. Management Decision, 52 (6).

JIANG Z, WANG Z, LI Z, 2018. The effect of mandatory environmental regulation on innovation performance: Evidence from China [J]. Journal of cleaner production (203).

JIANG Z, WANG Z, ZENG Y, 2020. Can voluntary environmental regulation promote corporate technological innovation? [J]. Business Strategy and the Environment, 29 (2).

JIRA C, TOFFEL M W, 2013. Engaging supply chains in climate change [J]. Manufacturing & Service Operations Management, 15 (4).

KARIM K E, LACINA M J, RUTLEDGE R W, 2006. The association between firm characteristics and the level of environmental disclosure in financial statement footnotes [M] //Environmental accounting. Emerald Group Publishing Limited.

KARIM K E, LACINA M J, RUTLEDGE R W, et al, 2006. The Association Between Firm Characteristics and the Level of Environmental Disclosure in Financial Statement Footnotes [J]. Advances in Environmental Accounting and Management, 29 (3).

KERRET D, MENAHEM G, SAGI R, 2010. Effects of the Design of Environmental Disclosure Regulation on Information Provision: The Case of Israeli Securities Regulation [J]. Environmental Science & Technology (44).

KIM E H, LYON T P, 2015. Greenwash vs Brownwash: Exaggeration and undue modesty in corporate sustainability disclosure [J]. Organization Science, 26 (2).

KO K C, NIE J, RAN R, et al, 2020. Corporate social responsibility, social identity, and innovation performance in China [J]. Pacific-Basin Finance Journal (63).

KOLLMANN J, BASSIN S, 2001. Effects of management on seed predation in wildflower strips in northern Switzerland [J].

Agriculture, ecosystems & environment, 83 (3).

KOLSTAD C D, 1996. Learning and stock effects in environmental regulation: the case of greenhouse gas emissions [J]. Journal of environmental economics and management, 31 (1).

KUMAR V, BEHL R K, NARULA N, 2001. Establishment of phosphate－solubilizing strains of Azotobacter chroococcum in the rhizosphere and their effect on wheat cultivars under green house conditions [J]. Microbiological research, 156 (1).

LANG M H, LUNDHOLM R J, 1996. Corporate disclosure policy and analyst behavior [J]. Accounting review, 71 (4).

LANOIE, PAUL A, STEFAN C, et al, 2013. The Porter Hypothesis at 20: Can Environmental Regulation Enhance Innovation and Competitiveness? [J]. Review of environmental economics and policy, 7 (1).

LAPLUME A O, SONPAR K, LITZ R A, 2008. Stakeholder Theory: Reviewing a Theory That Moves Us [J]. Journal of Management, 34 (6).

LATRIDIS G E, 2013. Environmental disclosure quality: Evidence on environmental performance, corporate governance and value relevance [J]. Emerging Markets Review (14).

LEARY M R, KOWALSKI R M, 1990. Impression management: A literature review and two－component model [J]. Psychological bulletin, 107 (1).

LEE E, 2010. Information disclosure and environmental regulation: Green lights and gray areas [J]. Regulation & governance, 4 (3).

LEE H C B, CRUZ J M, SHANKAR R, 2018. Corporate social responsibility (CSR) issues in supply chain competition: should greenwashing be regulated? [J]. Decision Sciences, 49 (6).

LEI P, TIAN X, HUANG Q, et al, 2017. Firm size, government capacity, and regional environmental regulation: Theoretical analysis and empirical evidence from China [J]. Journal of Cleaner Production (164).

LEONIDOU C N, KATSIKEAS C S, MORGAN N A, 2013. "Greening" the marketing mix: Do firms do it and does it pay off?

[J]. Journal of the academy of marketing science (41).

LEVI S, 2008. Voluntary disclosure of accruals in earnings press releases and the pricing of accruals [J]. Review of Accounting Studies, (13).

LEVINSON A, TAYLOR M S, 2008. Unmasking the pollution haven effect [J]. International economic review, 49 (1).

LI H, PINCUS M, REGO S O, 2008. Market reaction to events surrounding the Sarbanes-Oxley Act of 2002 and earnings management [J]. The Journal of Law and Economics, 51 (1).

LI L, LIU Q, WANG J, et al, 2019. Carbon information disclosure, marketization, and cost of equity financing [J]. International Journal of Environmental Research and Public Health, 16 (1).

LI L, TIAN V G, 2019. Mandatory CSR disclosure, monitoring and investment efficiency: evidence from China [J]. Accounting & Finance (12).

LI S, LU J W, 2020. A dual-agency model of firm CSR in response to institutional pressure: Evidence from Chinese publicly listed firms [J]. Academy of Management Journal, 63 (6).

LI W, TIAN L, GAO X, et al, 2019. Impacts of information diffusion on green behavior spreading in multiplex networks [J]. Journal of Cleaner Production (222).

LI W, ZHANG R, 2010. Corporate social responsibility, ownership structure, and political interference: Evidence from China [J]. Journal of business ethics (96).

LIAN T, MA T, CAO J, et al, 2016. The effects of environmental regulation on the industrial location of China's manufacturing [J]. Natural Hazards (80).

LIAO L, CHEN G, ZHENG D, 2019. Corporate social responsibility and financial fraud: Evidence from China [J]. Accounting & Finance, 59 (5).

LINDBLOM C. The Implications of Organizational Legitimacy for Corporate Social Performance and Disclosure [D]. New York: Paper presented at the Critical Perspectives on Accounting Conference, 1994.

LIU B, MCCONNELL J J, XU W, 2016. The power of the pen

reconsidered: the media, CEO human capital, and corporate governance [J]. Journal of Banking & Finance, 76 (2).

LIU Q, LI L, 2019. Spatial heterogeneity of government regulation, spatial distance and enterprise carbon information disclosure: An analysis based on the heavy pollution industry in China [J]. International Journal of Environmental Research and Public Health, 16 (23).

LIU W, TONG J, YUE X, 2016. How does environmental regulation affect industrial transformation? A study based on the methodology of policy simulation [J]. Mathematical Problems in Engineering (3).

LIU X, ANBUMOZHI V, 2009. Determinant factors of corporate environmental information disclosure: an empirical study of Chinese listed companies [J]. Journal of cleaner production, 17 (6).

LOBEL I, XIAO W, 2017. Optimal long-term supply contracts with asymmetric demand information [J]. Operations Research, 65 (5).

LSEG. Your Guide to ESG Reporting. [EB/OL]. [2018-09]. https://www.lseg.com/esg.

LUO L, LAN Y C, TANG Q, 2012. Corporate incentives to disclose carbon information: evidence from the CDP global 500 report [J]. Journal of International Financial Management & Accounting (23).

LUO L, TANG Q, 2016. Does national culture influence corporate carbon disclosure propensity? [J]. Journal of International Accounting Research, 15 (1).

LYON T P, MAXWELL J W, 2011. Greenwash: Corporate environmental disclosure under threat of audit [J]. Journal of economics & management strategy, 20 (1).

LYON T P, MONTGOMERY A W, 2015. The means and end of greenwash [J]. Organization & Environment, 28 (2).

LYON T P, SHIMSHACK J P, 2015. Environmental disclosure: Evidence from Newsweek's green companies rankings [J]. Business & Society, 54 (5).

LYS T, NAUGHTON J P, WANG C, 2015. Signaling through corporate accountability reporting [J]. Journal of accounting and economics, 60 (1).

LÓPEZ-GAMERO D, JOSÉ F. MOLINA-AZORÍN, et al, 2010. The potential of environmental regulation to change managerial perception, environmental management, competitiveness and financial performance [J]. Journal of Cleaner Production (18).

MAKOWSKI P, 1985. Credit scoring branches out [J]. Credit World (75).

MANCHIRAJU H, RAJGOPAL S, 2017. Does corporate social responsibility (CSR) create shareholder value? Exogenous shock-based evidence from the Indian Companies Act 2013 [J]. Journal of Accounting Research (55).

MARQUIS C, TOFFEL M W, 2012. When do firms greenwash? Corporate visibility, civil society scrutiny, and environmental disclosure [M]. Boston, MA: Harvard Business School.

MARQUIS C, TOFFEL M W, ZHOU Y, 2016. Scrutiny, norms, and selective disclosure: A global study of greenwashing [J]. Organization Science, 27 (2).

MARTÍNEZ-FERRERO J, SUáREZ-FERNáNDEZ O, GARCÍA-SáNCHEZ I M, 2019. Obfuscation versus enhancement as corporate social responsibility disclosure strategies [J]. Corporate Social Responsibility and Environmental Management, 26 (2).

MARY E B, MAUREEN F, PETER G, 1997. Factors Influencing Firms' Disclosures about Environmental Liabilities [J]. Review of Accounting Studies (2).

MARYNA G, 2018. Mandatory CSR reporting—literature review and future developments in Germany [J]. Nachhaltigkeits Management Forum | Sustainability Management Forum (26).

MASA'DEH R, ALANANZEH O, ALGIATHEEN N, et al, 2017. The impact of employee's perception of implementing green supply chain management on hotel's economic and operational performance [J]. Journal of Hospitality and Tourism Technology, 8 (3).

MCKEIVER C, GADENNE D, 2005. Environmental management systems in small and medium businesses [J]. International Small Business Journal, 23 (5).

MCWILLIAMS A, SIEGEL D S, WRIGHT P M, 2006. Corporate

social responsibility: strategic implications [J]. Journal of Management Studies (43).

MEEK G K, ROBERTS C B, GRAY S J, 1995. Factors influencing voluntary annual report disclosures by US, UK and continental European multinational corporations [J]. Journal of international business studies (26).

MENG X H, ZENG S X, TAM C M, et al, 2013. Whether Top Executives' Turnover Influences Environmental Responsibility: From the Perspective of Environmental Information Disclosure [J]. Journal of Business Ethics, 114 (10).

MENGUC B, SEIGYOUNG A, LUCIE O, 2010. The Interactive Effect of Internal and External Factors on a Proactive Environmental Strategy and Its Influence on a Firm's Performance [J]. Journal of Business Ethics, 94 (2).

MEZNAR M B, NIGH D, KWOK C C Y, 1994. Effect of announcements of withdrawal from South Africa on stockholder wealth [J]. Academy of Management Journal, 37 (6).

MOLLA A, COOPER V, PITTAYACHAWAN S, 2011. The green IT readiness (G-readiness) of organizations: An exploratory analysis of a construct and instrument [J]. Communications of the Association for Information Systems, 29 (1).

MOON J, 2007. The contribution of corporate social responsibility to sustainable development [J]. Sustainable development, 15 (5).

MORAL-GARCÍA S, ABELLáN J, 2023. Improving the results in credit scoring by increasing diversity in ensembles of classifiers [J]. IEEE Access.

MOSER D V, MARTIN P R, 2012. A Broader Perspective on Corporate Social Responsibility Research in Accounting [J]. The Accounting Review, 87 (3).

MOUSAMI P, TRUPTI M, ARTI D, 2017. Environmental disclosure by Indian companies: an empirical study [J]. Environment, Development and Sustainability, 19 (1).

MURUGESAN S, 2008. Harnessing green IT: Principles and practices [J]. IT professional, 10 (1).

NANNI L, LUMINI A, 2009. An experimental comparison of ensemble of classifiers for bankruptcy prediction and credit scoring [J]. Expert systems with applications, 36 (2).

NEU D, HUSSEIN W, KATHRYN P, 1998. Managing public impressions: environmental disclosures in annual reports [J]. Accounting, Organizations and Society 23 (3).

NEWSON M, DEEGAN C, 2002. Global expectations and their association with corporate social disclosure practices in Australia, Singapore, and South Korea [J]. The International Journal of Accounting, 37 (2).

NI X, ZHANG H, 2019. Mandatory corporate social responsibility disclosure and dividend payouts: evidence from a quasi-natural experiment [J]. Accounting & Finance, 58 (5).

OBERHOLZER-GEE F, MITSUNARI M, 2006. Information regulation: do the victims of externalities pay attention? [J]. Journal of Regulatory Economics, 30 (2).

OGUNYEMI T, Aktas E, 2013. The impact of Green Information Systems on sustainable supply chain and organizational performance. DOI: http: //bura.brunel.ac.uk/handle/2438/7936.

OH S, ÖZER Ö, 2013. Mechanism design for capacity planning under dynamic evolutions of asymmetric demand forecasts [J]. Management Science, 59 (4).

ORTAS E, ALVAREZ I, JAUSSAUD J, et al, 2015. The impact of institutional and social context on corporate environmental, social and governance performance of companies committed to voluntary corporate social responsibility initiatives [J]. Journal of Cleaner Production (108).

PAN W, FENG B, SKYE WINGATE V, 2018. What you say is what you get: How self-disclosure in support seeking affects language use in support provision in online support forums [J]. Journal of Language and Social Psychology, 37 (1).

PARGUEL B, BENOIT-MOREAU F, LARCENEUX F, 2011. How sustainability ratings might deter "greenwashing": A closer look at ethical corporate communication [J]. Journal of business ethics (102).

PARSONS T, 1969. Structure and Process in Modern Societies [M]. Glencoe, IL: Free Press.

PATTEN D M, 2002. The Relation Between Environmental Performance and Environmental Disclosure: a Research Note [J]. Accounting, Organizations & Society, 27 (8).

PAULHUS D L, 1984. Two-component models of socially desirable responding [J]. Journal of personality and social psychology, 46 (3).

PENTTINEN K, et al, 2019. Machine learning to differentiate diseased cardiomyocytes from healthy control cells [J]. Informatics in Medicine Unlocked, (14).

PETERS G F, ROMI A M, 2014. Does the Voluntary Adoption of Corporate Governance Mechanisms Improve Environmental Risk Disclosures? Evidence from Greenhouse Gas Emission Accounting [J]. Journal of Business Ethics, 125 (1).

PFEFFER J, 1981. Understanding the role of power in decision making [J]. Power in organizations (404).

PHILIPPE D, DURAND R, 2011. The impact of norm-conforming behaviors on firm reputation [J]. Strategic Management Journal, 32 (9).

PORTER M E, LINDE C V D, 1995. Toward a New Conception of the Environment-Competitiveness Relationship [J]. Journal of Economic Perspectives, 9 (4).

PREMACHANDRA J, KUMARA P, GOONATHILAKE M, 2021. Ensemble Methods based Machine Learning Approach for Weather Prediction for Precision Agriculture [C] //2021 21st International Conference on Advances in ICT for Emerging Regions (ICter).

QING L, CHUN D, OCK Y S, et al, 2022. What myths about green technology innovation and financial performance's relationship? A bibliometric analysis review [J]. Economies, 10 (4).

QUISPE-AGNOLI M, RIOS-AVILA F, 2015. The wage impact of undocumented workers: Evidence from administrative data [J]. Southern Economic Journal, 81 (4).

RAISINGHANI M S, IDEMUDIA E C, 2019. Green information systems for sustainability [M] //Green business: Concepts, methodologies, tools, and applications.

RAMANATHAN K V, 1976. Toward a theory of corporate social accounting [J]. The Accounting Review, 51 (3).

REVERTE C, 2016. Corporate social responsibility disclosure and market valuation: evidence from Spanish listed firms [J]. Review of Managerial Science (10).

RGGI, 2015. Elements of RGGI. [EB/OL]. [2015-03]. https://www.rggi.org/program-overview-and-design/elements.

RICHARDSON A J, WELKER M, 2001. Social disclosure, financial disclosure and the cost of equity capital [J]. Accounting, organizations and society, 26 (7-8).

ROGER B, STEFAN S, MARTIN B, ET AL, MARIA CSUTORA, 2010. Environmental Management Accounting and Supply Chain Management [M]. Netherlands: Springer.

ROOME N, 1992. Developing environmental management strategies [J]. Business strategy and the environment, 1 (1).

ROTH D L, HARRIS R N, SNYDER C R, 1988. An individual differences measure of attributive and repudiative tactics of favorable self-presentation [J]. Journal of Social and Clinical Psychology, 6 (2).

RUPLEY K H, BROWN D, MARSHALL R S, 2012. Governance, media and the quality of environmental disclosure [J]. Journal of Accounting and Public Policy, 31 (6).

RUSINKO C, 2007. Green Manufacturing: An Evaluation of Environmentally Sustainable Manufacturing Practices and Their Impact on Competitive Outcomes [J]. IEEE Transactions on Engineering Management, 54 (3).

SADORSKY P, HENRIQUE I, 2007. Environmental technical and administrative innovations in the Canadian manufacturing industry [J]. Business Strategy & the Environment, 16 (2).

SAM, 2015. CSA Methodology. [EB/OL]. [2015-07]. https://www.robecosam.com/csa/csa-resources/csa-methodology.html.

SANGWAN K, 2006. Performance value analysis for justification of green manufacturing systems [J]. Journal of advanced manufacturing systems, 5 (1).

SANGWAN K, DIGALWAR A, 2007. Development and validation of performance measures for world class manufacturing practices in India [J]. Journal of advanced manufacturing systems, 6 (1).

SANTOLARIA M, OLIVER−SOLà J, GASOL C M, et al, 2011. Eco−design in innovation driven companies: perception, predictions and the main drivers of integration. The Spanish example [J]. Journal of cleaner production, 19 (12).

SARKER T K, BURRITT R L, 2008. An empirical examination of the role of environmental accounting information in environmental investment decision − making [M] //Environmental Management Accounting for Cleaner Production. Dordrecht: Springer Netherlands.

SARVESH R, DATTA S, 2020. Sustainable and green manufacturing-A narrative literature review [J]. Materials today: proceedings (26).

SASB, 2015. SASB standards. [EB/OL]. [2015−03]. https://www.sasb.org/standards−overview/download−current−standards/.

SCOTT C, LUNDGREN H, THOMPSON P, 2011. Guide to supply chain management [M]. Berlin: Springer.

SEARCY C, MORALI O, KARAPETROVIC S, et al, 2012. Challenges in implementing a functional ISO 14001 environmental management system [J]. International journal of quality & reliability management, 29 (7).

SEC, 2015. Spotlight on Sarbanes−Oxley Rulemaking and Reports. [EB/OL]. [2015−03]. https://www.sec.gov/spotlight/sarbanes−oxley.htm

SENGUPTA P, 2004. Disclosure timing: Determinants of quarterly earnings release dates [J]. Journal of accounting and public policy, 23 (6).

SHARFMAN M P, FERNANDO C S, 2008. Environmental risk management and the cost of capital [J]. Strategic management journal, 29 (6).

SHEN C H, WU M W, CHEN T H, et al, 2016. To engage or not to engage incorporate social responsibility: Empirical evidence from global banking sector [J]. Economic modelling (55).

SINGH A, JHA S, PRAKASH A, 2014. Adoption of green manufacturing (GM) in selected Indian industries [J]. International journal of applied engineering research, 9 (23).

SKINNER D J, 1994. Why firms voluntarily disclose bad news [J]. Journal of accounting research, 32 (1).

SODHI M M S, TANG C S, 2019. Research opportunities in supply chain transparency [J]. Production and Operations Management, 28 (12).

SPADARO A J, GRUNBAUM J A, WRIGHT D S, et al, 2011. Peer reviewed: Training and technical assistance to enhance capacity building between prevention research centers and their partners [J]. Preventing chronic disease, 8 (3).

SRIVASTAVA S K, 2007. Green supply-chain management: A state-of-the-art literature review [J]. International journal of management reviews, 9 (1).

STEENKAMP N, NORTHCOTT D, 2007. Content analysis in accounting research: the practical challenges [J]. Australian accounting review, 17 (3).

STEFAN, 2007. Regional environmental supervision and corporate environmental investment: from the perspective of ecological damage compensation [J]. Environmental science and pollution research, 29 (19).

STEURER R, 2010. The role of governments in corporate social responsibility: Characterising public policies on CSR in Europe [J]. Policy sciences (43).

STIGLITZ J E, 2000. The contributions of the economics of information to twentieth century economics [J]. The quarterly journal of economics, 115 (4).

SUCHMAN M C, 1995. Managing Legitimacy: Strategic and Institutional Approaches [J]. Academy of management review, 20 (3).

TALLURI K T, VAN RYZIN G J, KARAESMEN I Z, et al, 2008. Revenue management: models and methods [C] //2008 Winter

Simulation Conference.

TASKER S C, 1998. Bridging the information gap: Quarterly conference calls as a medium for voluntary disclosure [J]. Review of Accounting Studies (3).

TATA J, PRASAD S, 2015. CSR communication: An impression management perspective [J]. Journal of business ethics (132).

TCFD, 2015. Recommendations of the Task Force on Climate-related Financial Disclosures. [EB/OL]. [2015-03]. https://www.fsb-tcfd.org/publications/final-recommendations-report/.

THIJSSENS T, BOLLEN L, HASSINK H, 2015. Secondary Stakeholder Influence on CSR Disclosure: An Application of Stakeholder Salience Theory [J]. Journal of Business Ethics, 132 (10).

TSAI C F, WU J W, 2008. Using neural network ensembles for bankruptcy prediction and credit scoring [J]. Expert systems with applications, 34 (4).

TSENG M, CHIU A, LIN Y, CHINAG J, 2006. The relationship of continuous improvement and cleaner production on operational performance: an empirical study in electronic manufacturing firms, Taiwan China [J]. International Journal of Management Science and Engineering Management, 1 (1).

TSENG M, WANG R, CHIU A, et al, 2013. Improving performance of green innovation practices under uncertainty [J]. Journal of Cleaner Production (40).

TZEREMES N G, 2011. Growth and environmental pollution: empirical evidence from China [J]. Journal of Chinese Economic and Foreign Trade Studies, 4 (3).

ULLMANN A A, 1985. Data in search of a theory: A critical examination of the relationships among social performance, social disclosure, and economic performance of US firms [J]. Academy of management review, 10 (3).

VAN DIJK J, PELLENBARG P H, 2000. Firm relocation decisions in The Netherlands: An ordered logit approach [J]. Papers in Regional science (79).

VAN DOORN J, ODIJK D, ROIJERS D M, et al, 2016. Balancing relevance criteria through multi－objective optimization [C] // Proceedings of the 39th International ACM SIGIR conference on Research and Development in Information Retrieval.

VAN S, CHRIS J, JILL H, 2007. A comprehensive comparison of corporate environmental reporting and responsiveness [J]. The British Accounting Review, 39 (3).

VERRECCHIA R, 1983. Discretionary disclosure [J]. Journal of Accounting and Economics (5).

VERRECCHIA R, 1990. Voluntary Disclosure with a Strategic Opponent [J]. Journal of Accounting and Economics, 12 (4).

VILLERS C D, STADEN C J V, 2006. Can less environmental disclosure have a legitimizing effect: evidence from Africa [J]. Accounting, Organizations and society, 31 (8).

VOS J, 2009. Actions speak louder than words: Greenwashing in corporate America [J]. Notre Dame Journal of Law Ethics & Public Policy (23).

WALKER K, WAN F, 2012. The harm of symbolic actions and green－washing: Corporate actions and communications on environmental performance and their financial implications [J]. Journal of business ethics (109).

WANG C, HAN D, LIU Q, et al, 2018. A deep learning approach for credit scoring of peer－to－peer lending using attention mechanism LSTM [J]. IEEE Access (7).

WANG X, CAO F, YE K, 2018. Mandatory corporate social responsibility (CSR) reporting and financial reporting quality: Evidence from a quasi－natural experiment [J]. Journal of business ethics (152).

WANG Y, HUSCROFT J R, HAZEN B T, et al, 2018. Green information, green certification and consumer perceptions of remanufactured automobile parts [J]. Resources, Conservation and Recycling (128).

WANG Y, WANG D, GENG N, et al, 2019. Stacking－based ensemble learning of decision trees for interpretable prostate cancer detection [J]. Applied Soft Computing (77).

WANG Z, ZHANG B, ZENG H, 2016. The effect of environmental regulation on external trade: empirical evidences from Chinese economy [J]. Journal of Cleaner Production (114).

WEBER O, 2014. Environmental, social and governance reporting in China [J]. Business Strategy and the Environment, 23 (5).

WETERINGS A, KNOBEN J, 2013. Footloose: An Analysis of the Drivers of Firm Relocations over Different Distances [J]. Papers in Regional Science, 92 (4).

WHALEN G, THOMSON J B, 1988. Using financial data to identify changes in bank condition [J]. Economic Review, 24 (2).

WILLIAMS C, AGUILERA R V, 2008. Corporate Social Responsibility in a Comparative Perspective. DOI: 10. 1093/oxfordhb/ 9780199211593. 003. 0020.

WILLIAMS S M, 1999. Voluntary environmental and social accounting disclosure practices in the Asia — Pacific region: An international empirical test of political economy theory [J]. The International Journal of Accounting, 34 (2).

WIMBUSH J C, SHEPARD J M, MARKHAM S E, 1997. An empirical examination of the relationship between ethical climate and ethical behavior from multiple levels of analysis [J]. Journal of Business Ethics (16).

WISEMAN J, 1982. An evaluation of environmental disclosures made in corporate annual reports [J]. Accounting, Organizations and Society, 7 (1).

WORKMAN JR J P, HOMBURG C, GRUNER K, 1998. Marketing organization: An integrative framework of dimensions and determinants [J]. Journal of marketing, 62 (3).

WU H, GUO H, ZHANG B, BU M, 2017. Westward Movement of New Polluting Firms in China: Pollution Reduction Mandates and Location Choice [J]. Journal of Comparative Economics, 45 (1).

XIAO J Z, GAO S S, HERAVI S, 2005. The impact of social and economic development on corporate social and environmental disclosure in Hong Kong and the UK [J]. Advances in International Accounting (18).

YACOB P, BIN MOHAMAD MAKMOR M F, ZIN A W B M, et al, 2012. Barriers to reverse logistics practices in Malaysian SMEs [J]. International Journal of Academic Research in Economics and Management Sciences, 1 (5).

YACOB P, MOORTHY M, KUMAR M, et al, 2012. Drivers for Malaysian SMEs to go green [J]. International Journal of Academic Research in Business & Social Sciences, 2 (9).

YANG Z, 2016. Tax reform, fiscal decentralization, and regional economic growth: New evidence from China [J]. Economic Modelling (59).

YANG Z, SUN J, ZHANG Y L, et al, 2019. Perceived fit between green IS and green SCM: Does it matter? [J]. Information & Management, 56 (7).

YANG Z, SUN J, ZHANG Y, et al, 2017. Employees' collaborative use of green information systems for corporate sustainability: motivation, effort and performance [C]. Hawaii International Conference on System Sciences, 23 (3).

YI H, 2014. Green businesses in a clean energy economy: Analyzing drivers of green business growth in US states [J]. Energy (68).

YU Z, GOLPIRA H, KHAN S A R, 2018. The relationship between green supply chain performance, energy demand, economic growth and environmental sustainability: An empirical evidence from developed countries [J]. Log Forum, 14 (4).

ZAILANI S, ELTYEB T, HSU C, et al, 2012. The impact of external institutional drivers and internal strategy on environmental performance [J]. International Journal of Operations & Production Management, 32 (6).

ZAK P J, KNACK S, 2001. Trust and growth [J]. The economic journal, 111 (470).

ZELENY M, 1996. Customer − specific value chain: beyond mass customization? [J]. Human Systems Management, 15 (2).

ZOTT C, HUY Q N, 2007. How entrepreneurs use symbolic management to acquire resources [J]. Administrative science quarterly, 52 (1).

中文文献

包群，邵敏，杨大利，2013. 环境管制抑制了污染排放吗？[J]. 经济研究（12）.

毕茜，顾立盟，张济建，2015. 传统文化、环境制度与企业环境信息披露 [J]. 会计研究（3）.

毕茜，彭珏，左永彦，2012. 环境信息披露制度、公司治理和环境信息披露 [J]. 会计研究（7）.

陈冬华，胡晓莉，梁上坤，等，2013. 宗教传统与公司治理 [J]. 经济研究（9）.

陈运森，朱松，2009. 政治关系、制度环境与上市公司资本投资 [J]. 财经研究（12）.

稻田健志，2011. 企业环境报告书导则与其推广——基于中日制度的比较研究 [J]. 商业时代（26）.

丁岚，骆品亮，2017. 基于 Stacking 集成策略的 P2P 网贷违约风险预警研究 [J]. 投资研究（4）.

丁世飞，齐丙娟，谭红艳，2011. 支持向量机理论与算法研究综述 [J]. 电子科技大学学报（1）.

董战峰，李红祥，葛察忠，等，2019. 国家环境经济政策进展评估报告 2018 [J]. 中国环境管理（3）.

杜龙政，赵云辉，陶克涛，等，2019. 环境规制、治理转型对绿色竞争力提升的复合效应——基于中国工业的经验证据 [J]. 经济研究（10）.

方颖，郭俊杰，2018. 中国环境信息披露政策是否有效：基于资本市场反应的研究 [J]. 经济研究（10）.

高敬忠，王英允，2013. 管理层业绩预告披露策略选择：影响机制与经济后果——基于投资者决策有用观视角的分析框架 [J]. 财经论丛（1）.

耿建新，刘长翠，2003. 企业环境会计信息披露及其相关问题探讨 [J]. 审计研究（3）.

郭冲，2013. 面向在线评论的细粒度意见挖掘及在手机口碑分析中的应用 [D]. 广州：华南理工大学.

何玉梅，罗巧，2018. 环境规制、技术创新与工业全要素生产率——对"强波特假说"的再检验 [J]. 软科学（4）.

贺建刚，2011．碳信息披露、透明度与管理绩效［J］．财经论丛（4）．

胡珺，宋献中，王红建，2017．非正式制度、家乡认同与企业环境治理［J］．管理世界（3）．

胡珺，汤泰劼，宋献中，2019．企业环境治理的驱动机制研究：环保官员变更的视角［J］．南开管理评论（2）．

黄珺，周春娜，2012．股权结构、管理层行为对环境信息披露影响的实证研究——来自沪市重污染行业的经验证据［J］．中国软科学（1）．

黄溶冰，陈伟，王凯慧，2019．外部融资需求、印象管理与企业漂绿［J］．经济社会体制比较（3）．

黄艺翔，姚铮，2016．企业社会责任报告、印象管理与企业业绩［J］．经济管理（1）．

黄永源，朱晟君，2020．公众环境关注、环境规制与中国能源密集型产业动态［J］．自然资源学报（11）．

蒋伏心，王竹君，白俊红，2013．环境规制对技术创新影响的双重效应——基于江苏制造业动态面板数据的实证研究［J］．中国工业经济（7）．

金刚，沈坤荣，2018．以邻为壑还是以邻为伴？——环境规制执行互动与城市生产率增长［J］．管理世界（12）．

金晓雨，宋嘉颖，2020．环境规制、技术距离与异质性企业研发选择［J］．南方经济（6）．

李春涛，闫续文，宋敏，等，2020．金融科技与企业创新——新三板上市公司的证据［J］．中国工业经济（1）．

李建明，2010．中国上市公司环境信息披露的现状研究——以2007年和2008年沪市A股制造业上市公司为例［J］．审计与经济研究（3）．

李龙会，2011．环境信息披露、投资者信心与公司价值——来自湖北省上市公司的经验证据［J］．中南财经政法大学学报（6）．

李强，冯波，2015．高管激励与环境信息披露质量关系研究——基于政府和市场调节作用的视角［J］．山西财经大学学报（2）．

李晚金，匡小兰，龚光明，2008．环境信息披露的影响因素研究——基于沪市201家上市公司的实证检验［J］．财经理论与实践（3）．

李晚金，张莉，2014．非财务信息披露与分析师预测——基于深市上市企业社会责任报告的实证检验［J］．财经理论与实践（5）．

李维安，张耀伟，郑敏娜，等，2019．中国上市公司绿色治理及其评价研究［J］．管理世界（5）．

李祥义，1998. 可持续发展战略下绿色会计的系统化研究［J］. 会计研究（10）.

李颖，徐小峰，郑越，2019. 环境规制强度对中国工业全要素能源效率的影响——基于2003—2016年30省域面板数据的实证研究［J］. 管理评论（12）.

梁平汉，高楠，2014. 人事变更、法制环境和地方环境污染［J］. 管理世界（6）.

梁小红，2010. 浅析当前阶段环境信息的会计处理［J］. 福建商业高等专科学校学报，（6）.

林伯强，邹楚沅，2014. 发展阶段变迁与中国环境政策选择［J］. 中国社会科学（5）.

林润辉，谢宗晓，李娅，等，2015. 政治关联、政府补助与环境信息披露——资源依赖理论视角［J］. 公共管理学报（2）.

刘海明，李明明，2020. 货币政策对微观企业的经济效应再检验——基于贷款期限结构视角的研究［J］. 经济研究（2）.

刘军丽，陈翔，2006. 基于决策树的个人住房贷款信用风险评估模型［J］. 计算机工程（13）.

刘满凤，陈梁，2020. 环境信息公开评价的污染减排效应［J］. 中国人口·资源与环境（10）.

刘茂平，2012. 上市公司实际控制人特征与企业环境信息披露质量——以广东上市公司为例［J］. 岭南学刊（2）.

刘涛，2014. 我国上市公司高管薪酬结构问题探究［J］. 河北经贸大学学报（4）.

刘向红，朱翔，2019. 环保信披参差不齐 部分公司"报喜不报忧"［EB/OL］. 上海证券报，http：//company.cnstock.com/company/scp_gsxw/201906/4384201.htm，06-05.

刘运国，刘梦宁，2015. 雾霾影响了重污染企业的盈余管理吗？——基于政治成本假说的考察［J］. 会计研究（3）.

卢馨，李建明，2010. 中国上市公司环境信息披露的现状研究——以2007年和2008年沪市A股制造业上市公司为例［J］. 审计与经济研究（3）.

吕峻，焦淑艳，2011. 环境披露、环境绩效和财务绩效关系的实证研究［J］. 山西财经大学学报（1）.

吕明晗，徐光华，沈弋，等，2018. 异质性债务治理、契约不完全性与环境信息披露［J］. 会计研究（5）.

罗晓光，孔慧，张志超，2015. 基于 PSO_SVM 的企业债务违约损失率判别模型［J］. 投资研究（1）.

孟凡利，1999. 论环境会计信息披露及其相关的理论问题［J］. 会计研究（4）.

倪娟，孔令文，2016. 环境信息披露、银行信贷决策与债务融资成本——来自我国沪深两市 A 股重污染行业上市公司的经验证据［J］. 经济评论（1）.

潘爱玲，刘昕，邱金龙，等，2019. 媒体压力下的绿色并购能否促使重污染企业实现实质性转型［J］. 中国工业经济（2）.

潘安娥，郭秋实，2018. 政府监管与企业环境信息披露——基于高管环保意识的调节作用［J］. 软科学（10）.

潘楚林，田虹，2016. 利益相关者压力、企业环境伦理与前瞻型环境战略［J］. 管理科学（3）.

潘峰，西宝，王琳，2014. 地方政府间环境规制策略的演化博弈分析［J］. 中国人口·资源与环境（6）.

彭海珍，任荣明，2003. 环境政策工具与企业竞争优势［J］. 中国工业经济（7）.

邱牧远，殷红，2019. 生态文明建设背景下企业 ESG 表现与融资成本［J］. 数量经济技术经济研究（3）.

曲芳芳，刘涛，2014. 我国上市公司高管薪酬结构问题探究［J］. 河北经贸大学学报（4）.

任胜钢，郑晶晶，刘东华，等，2019. 排污权交易机制是否提高了企业全要素生产率——来自中国上市公司的证据［J］. 中国工业经济（5）.

陕西省生态环境局，2021，勇立时代潮头 奋力追赶超越｜陕西：推动生态环境质量持续好转［EB/OL］. https://www.thepaper.cn/newsDetail_forward_12235671,04-16.

邵帅，李欣，曹建华，等，2016. 中国雾霾污染治理的经济政策选择——基于空间溢出效应的视角［J］. 经济研究（9）.

沈洪涛，程辉，袁子琪，2010. 企业环境信息披露：年报还是独立报告？［J］. 上海立信会计学院学报（6）.

沈洪涛，冯杰，2012. 舆论监督、政府监管与企业环境信息披露［J］. 会计研究（2）.

沈洪涛，黄珍，郭肪汝，2014. 告白还是辩白——企业环境表现与环信息披露关系研究［J］.南开管理评论（2）.

沈洪涛，李余晓璐，2010.我国重污染行业上市公司环境信息披露现状分析［J］.证券市场导报（6）.

沈洪涛，马正彪，2014.地区经济发展压力、企业环境表现与债务融资［J］.金融研究（2）.

沈洪涛，苏亮德，2012.企业信息披露中的模仿行为研究——基于制度理论的分析［J］.南开管理评论（3）.

沈洪涛，游家兴，刘江宏，2010.再融资环保核查、环境信息披露与权益资本成本［J］.金融研究（12）.

沈洪涛，周艳坤，2017.环境执法监督与企业环境绩效：来自环保约谈的准自然实验证据［J］.南开管理评论（6）.

沈坤荣，金刚，方娴，2017.环境规制引起了污染就近转移吗？［J］.经济研究（5）.

沈能，刘凤朝，2012.高强度的环境规制真能促进技术创新吗？——基于"波特假说"的再检验［J］.中国软科学（4）.

盛丹，李蕾蕾，2018.地区环境立法是否会促进企业出口［J］.世界经济（11）.

施炳展，金祥义，2019.注意力配置、互联网搜索与国际贸易［J］.经济研究（11）.

舒岳，2010.公司治理结构对环境信息披露影响的实证研究——来自沪市上市公司2008年的经验证据［J］.会计之友（1）.

孙蔓莉，王竹君，蒋艳霞，2012.代理问题、公司治理模式与业绩自利性归因倾向——基于美、中、日三国的数据比较［J］.会计研究（1）.

孙秀艳，2019.2017年环保举报办结率超九成［N］.人民日报，01-24（14）.

汤亚莉，陈自力，刘星，等，2006.我国上市公司环境信息披露状况及影响因素的实证研究［J］.管理世界（1）.

唐国平，李龙会，2011.环境信息披露、投资者信心与公司价值——来自湖北省上市公司的经验证据［J］.中南财经政法大学学报（6）.

汪韬，2015.环境污染，最高年损GDP3.05％，隐身八年再重启，离考核还很远［N］.南方周末，04-30.

王兵，戴敏，武文杰，2017.环保基地政策提高了企业环境绩效吗？——来自东莞市企业微观面板数据的证据［J］.金融研究（4）.

王建明，2008.环境信息披露、行业差异和外部制度压力相关性研究——来自我国沪市上市公司环境信息披露的经验证据［J］．会计研究（6）．

王杰，刘斌，2014．环境规制与企业全要素生产率——基于中国工业企业数据的经验分析［J］．中国工业经济（3）．

王磊，范超，解明明，2014．数据挖掘模型在小企业主信用评分领域的应用［J］．统计研究（10）．

王霞，徐晓东，王宸，2013．公共压力、社会声誉、内部治理与企业环境信息披露——来自中国制造业上市公司的证据［J］．南开管理评论（2）．

王云，李延喜，马壮，等，2017．媒体关注、环境规制与企业环保投资［J］．南开管理评论（6）．

吴红军，2014．环境信息披露、环境绩效与权益资本成本［J］．厦门大学学报（哲学社会科学版）（3）．

吴建祖，王蓉娟，2019．环保约谈提高地方政府环境治理效率了吗？——基于双重差分方法的实证分析［J］．公共管理学报（1）．

吴舜泽，2019．十八大以来生态文明建设理论与实践最大突破是五位一体推进［EB/OL］．中国智库网，https：//www.chinathinktanks.org.cn/content/detail/id/ch3fvj32，09-20．

武恒光，王守海，2016．债券市场参与者关注公司环境信息吗？——来自中国重污染上市公司的经验证据［J］．会计研究（9）．

向晖，唐剑琴，2015．基于bagging的决策树集成消费者信用评估模型［J］．消费经济（3）．

肖华，李建发，张国清，2013．制度压力、组织应对策略与环境信息披露［J］．厦门大学学报（哲学社会科学版）（3）．

肖华，张国清，2008．公共压力与公司环境信息披露——基于"松花江事件"的经验研究［J］．会计研究（5）．

肖淑芳，胡伟，2005．我国企业环境信息披露体系的建设［J］．会计研究（3）．

谢仍明，唐跃军，2013．预测信息披露制度的有效性及其选择：基于博弈的视角［J］．南开经济研究（4）．

徐晓霞，李金林，2006．基于决策树法的我国商业银行信用风险评估模型研究［J］．北京理工大学学报（社会科学版）（3）．

徐玉德，李挺伟，洪金明，2011．制度环境、信息披露质量与银行债务融资约束——来自深市A股上市公司的经验证据［J］．财贸经济（5）．

徐圆, 2014. 源于社会压力的非正式性环境规制是否约束了中国的工业污染?[J]. 财贸研究(2).

宣杰, 胡春晓, 2010. 重污染行业上市公司环境信息披露状况研究[J]. 统计与决策(6).

杨道广, 王佳妮, 陈丽蓉, 2019. "矫枉过正"抑或"合理管控"?——内部控制在企业创新中的作用[J]. 经济管理(8).

杨帆, 王梦媛, 陶田甜, 等, 2016. 我国临床试验受试者损害保险赔(补)偿制度研究[J]. 中国新药杂志(16).

杨瑞龙, 王元, 聂辉华, 2013. "准官员"的晋升机制:来自中国央企的证据[J]. 管理世界(3).

杨熠, 李余晓璐, 沈洪涛, 2011. 绿色金融政策、公司治理与企业环境信息披露——以502家重污染行业上市公司为例[J]. 财贸研究(5).

杨毓, 蒙肖莲, 2006. 用支持向量机(SVM)构建企业破产预测模型[J]. 金融研究(10).

姚圣, 杨洁, 梁昊天, 2016. 地理位置、环境规制空间异质性与环境信息选择性披露[J]. 管理评论(6).

叶陈刚, 王孜, 武剑锋, 等, 2015. 外部治理、环境信息披露与股权融资成本[J]. 南开管理评论(5).

于蔚, 汪淼军, 金祥荣, 2012. 政治关联和融资约束:信息效应与资源效应[J]. 经济研究(9).

余泳泽, 潘妍, 2019. 中国经济高速增长与服务业结构升级滞后并存之谜——基于地方经济增长目标约束视角的解释[J]. 经济研究(3).

余泳泽, 孙鹏博, 宣烨, 2020. 地方政府环境目标约束是否影响了产业转型升级?[J]. 经济研究(8).

原毅军, 谢荣辉, 2014. 环境规制的产业结构调整效应研究——基于中国省际面板数据的实证检验[J]. 中国工业经济(8).

张成, 陆旸, 郭路, 等, 2011. 环境规制强度和生产技术进步[J]. 经济研究(2).

张克钦, 2018. 披露质量、媒体关注、公司治理与企业环境信息披露市场反应[J]. 财会通讯(24).

张嫚, 2006. 环境规制约束下的企业行为[M]. 北京: 经济科学出版社.

张培强, 2011. 信用卡客户的分类研究[J]. 生产力研究(4).

张琦, 郑瑶, 孔东民, 2019. 地区环境治理压力、高管经历与企业环保投资——一项基于《环境空气质量标准（2012）》的准自然实验［J］. 经济研究（6）.

张淑惠，史玄玄，文雷，2011. 环境信息披露能提升企业价值吗？——来自中国沪市的经验证据［J］. 经济社会体制比较（6）.

张秀敏，薛宇，吴漪，等，2014. 环境信息披露指标文献综述——基于指标差异与发展趋势的探讨［C］//中国会计学会环境会计专业委员会. 中国会计学会环境会计专业委员会2014学术年会论文集.

张兆国，张弛，裴潇，2020. 环境管理体系认证与企业环境绩效研究［J］. 管理学报（7）.

张正勇，段咏雪，2019. 政府监管、经营开放性与企业环境信息披露——基于我国重污染行业的实证分析［J］. 南京财经大学学报（1）.

章永奎，2001. 论强制性披露和自愿性披露［C］//厦门大学会计发展研究中心. 企业财务报告问题研讨会论文集.

赵玉民，朱方明，贺立龙，2009. 环境规制的界定、分类与演进研究［J］. 中国人口·资源与环境（6）.

郑思齐，万广华，孙伟增，等，2013. 公众诉求与城市环境治理［J］. 管理世界（6）.

钟洪武，2013. 创新 催化 共享价值——英特尔中国2011-2012企业社会责任报告［J］. 办公自动化（1）.

周竹梅，2012. 上市公司环境信息披露分析——以山东省造纸企业为例［J］. 会计之友（1）.

周竹梅，单文梅，2016. 环境信息披露与资本结构实证研究——以山东省深市重污染行业上市公司为例［J］. 企业经济（4）.

朱金凤，薛惠锋，2008. 公司特征与自愿性环境信息披露关系的实证研究——来自沪市A股制造业上市公司的经验数据［J］. 预测（5）.

朱金凤，薛惠锋，2008. 公司特征与自愿性环境信息披露关系的实证研究——来自沪市A股制造业上市公司的经验数据［J］. 预测（5）.

邹璇，雷璨，胡春，2019. 环境分权与区域绿色发展［J］. 中国人口·资源与环境（6）.

附 录

附录1 我国各省区已发布的大气污染物排放标准文件汇总

地区	文件名称
北京	电子工业大气污染物排放标准（DB 11/1631—2019）
	加油站油气排放控制和限值（DB 11/208—2019）
	餐饮业大气污染物排放标准（DB 11/1488—2018）
	建筑类涂料与胶粘剂挥发性有机化合物含量限值标准（DB 11/3005—2017）
	汽车整车制造业（涂装工序）大气污染物排放标准（DB 11/1227—2015）
	北京市大气污染物综合排放标准（DB 11/501—2017）
	北京市有机化学制品制造业大气污染物排放标准（DB 11/1385—2017）
	汽车维修业大气污染物排放标准（DB 11/1228—2015）
	工业涂装工序大气污染物排放标准（DB 11/1226—2015）
	印刷业挥发性有机物排放标准（DB 11/1201—2015）
	炼油与石油化学工业大气污染物排放标准（DB 11/447—2015）
	锅炉大气污染物排放标准（DB 11/139—2015）
	木质家具制造业大气污染物排放标准（DB 11/1202—2015）
	火葬场大气污染物排放标准（DB 11/1203—2015）
	水泥工业大气污染物排放标准（DB 11/1054—2013）
	防水卷材行业大气污染物排放标准（DB 11/1055—2013）
	固定式内燃机大气污染物排放标准（DB 11/1056—2013）
	铸锻工业大气污染物排放标准（DB 11/914—2012）

续表

地区	文件名称
北京	危险废物焚烧大气污染物排放标准（DB 11/503—2007）
	油罐车油气排放控制和限值（DB 11/207—2010）
	储油库油气排放控制和限值（DB 11/206—2010）
天津	铅蓄电池工业污染物排放标准（DB 12/856—2019）
	火电厂大气污染物排放标准（DB 12/810—2018）
	恶臭污染物排放标准（DB 12/059—2018）
	生物质成型燃料锅炉大气污染物排放标准（DB 12/765—2018）
	铸锻工业大气污染物排放标准（DB 12/764—2018）
	餐饮业油烟排放标准（DB 12/644—2016）
	工业炉窑大气污染物排放标准（DB 12/556—2015）
	工业企业挥发性有机物排放控制标准（DB 12/524—2014）
上海	锅炉大气污染物排放标准（DB 31/387—2018）
	家具制造业大气污染物排放标准（DB 31/1059—2017）
	燃煤电厂大气污染物排放标准（DB 31/963—2016）
	恶臭（异味）污染物排放标准（DB 31/1025—2016）
	建筑施工颗粒物控制标准（DB 31/964—2016）
	大气污染物综合排放标准（DB 31/933—2015）
	船舶工业大气污染物排放标准（DB 31/934—2015）
	涂料、油墨及其类似产品制造工业大气污染物排放标准（DB 31/860—2014）
	印刷业大气污染物排放标准（DB 31/872—2015）
	汽车制造业（涂装）大气污染物排放标准（DB 31/859—2014）
	工业炉窑大气污染物排放标准（DB 31/860—2014）
	餐饮业油烟排放标准（DB 31/844—2014）
	生活垃圾焚烧大气污染物排放标准（DB 31/768—2013）
	危险废物焚烧大气污染物排放标准（DB 31/767—2013）
	生物制药行业污染物排放标准（DE 31/373—2010）
	半导体行业污染物排放标准（DB 31/374—2006）

续表

地区	文件名称
重庆	餐饮业大气污染物排放标准（DB 50/859—2018）
	家具制造业大气污染物排放标准（DB 50/757—2017）
	包装印刷业大气污染物排放标准（DB 50/758—2017）
	汽车维修业大气污染物排放标准（DB 50/661—2016）
	摩托车及汽车配件制造表面涂装大气污染物排放标准（DB 50/660—2016）
	工业炉窑大气污染物排放标准（DB 50/659—2016）
	锅炉大气污染物排放标准（DB 50/658—2016）
	砖瓦工业大气污染物排放标准（DB 50/657—2016）
	水泥工业大气污染物排放标准（DB 50/656—2016）
	大气污染物综合排放标准（DB 50/418—2016）
	汽车整车制造表面涂装大气污染物排放标准（DB 50/577—2015）
安徽	安徽省水泥工业大气污染物排放标准（DB 34/3576—2020）
黑龙江	糠醛工业大气污染物排放标准（DB 23/1395—2010）
吉林	生物质成型燃料锅炉大气污染物排放标准（DB 22/72581—2016）
辽宁	工业涂装工序挥发性有机物排放标准（DB 21/3160—2019）
	印刷业挥发性有机物排放标准（DB 21/3161—2019）
	镁质耐火材料工业大气污染物排放标准（DB 21/3011—2018）
	辽宁省施工及堆料场地扬尘排放标准（DB 21/2642—2016）
河北	陶瓷工业大气污染物排放标准（DB 13/5214—2020）
	水泥工业大气污染物超低排放标准（DB 13/2167—2020）
	平板玻璃工业大气污染物超低排放标准（DB 13/2168—2020）
	锅炉大气污染物排放标准（DB 13/5161—2020）
	施工场地扬尘排放标准（DB 13/2934—2019）
	钢铁工业大气污染物超低排放标准（DB 13/2169—2018）
	炼焦化学工业大气污染物超低排放标准（DB 13/2863—2018）
	生活垃圾填埋场恶臭污染物排放标准（DB 13/2697—2018）
	医疗废物焚烧污染控制标准（DB 13/2698—2018）
	建筑类涂料与胶粘剂挥发性有机化合物含量限值标准（DB 13/305－2017）
	工业企业挥发性有机物排放控制标准（DB 13/2333—2016）
	青霉素类制药挥发性有机物和恶臭特征污染物排放标准（DB 13/2208—2015）

续表

地区	文件名称
河北	燃煤电厂大气污染物排放标准（DB 13/2209—2015）
	水泥工业大气污染物排放标准（DB 13/2167—2015）
	燃煤锅炉氮氧化物排放标准（DB 13/2170—2015）
	平板玻璃工业大气污染物排放标准（DB 13/2168—2015）
	工业炉窑大气污染物排放标准（DB 13/1640—2012）
	石灰行业大气污染物排放标准（DB 13/1641—2012）
河南	锅炉大气污染物排放标准（DB 41/2089—2021）
	钢铁工业大气污染物排放标准（DB 41/1954—2020）
	水泥工业大气污染物排放标准（DB 41/1953—2020）
	铝工业污染物排放标准（DB 41/1952—2020）
	炼焦化学工业大气污染物排放标准（DB 41/1955—2020）
	工业涂装工序挥发性有机物排放标准（DB 41/1951—2020）
	印刷工业挥发性有机物排放标准（DB 41/1956—2020）
	工业炉窑大气污染物排放标准（DB 41/1066—2020）
	餐饮业油烟污染物排放标准（DB 41/1604—2018）
	河南省工业炉窑大气污染物排放标准（DB 41/1066—2015）
	河南省燃煤电厂大气污染物排放标准（DB 41/1424—2017）
	河南省铅冶炼工业污染物排放标准（DB 41/684—2011）
山西	钢铁工业大气污染物排放标准（DB 14/2249—2020）
	燃煤电厂大气污染物排放标准（DB 14/1703—2019）
	再生橡胶行业大气污染物排放标准（DB 14/1930—2019）
	锅炉大气污染物排放标准（DB 14/1929—2019）
	煤粉工业锅炉大气污染物排放地方标准（DB 14/625—2011）
陕西	锅炉大气污染物排放标准（DB 61/1226—2018）
	关中地区重点行业大气污染物超低排放标准（DB 61/941—2018）
	挥发性有机物排放控制标准（DB 61/T1061—2017）
	含油污泥处置利用控制限值（DB 61/T1025—2016）
湖北	湖北省表面涂装（汽车制造业）挥发性有机化合物排放标准（DB 42/1539—2019）
	湖北省印刷行业挥发性有机物排放标准（DB 42/1538—2019）
广西	甘蔗制糖工业水污染物排放标准（DB 45/893—2013）

续表

地区	文件名称
山东	挥发性有机物排放标准第2部分：铝型材工业（DB 37/2801.2—2019）
	挥发性有机物排放标准第7部分：其他行业（DB 37/2801.7—2019）
	火电厂大气污染物排放标准（DB 37/664—2019）
	区域性大气污染物综合排放标准（DB 37/2376—2019）
	工业炉窑大气污染物排放标准（DB 37/2375—2019）
	钢铁工业大气污染物排放标准（DB 37/990—2019）
	锅炉大气污染物排放标准（DB 37/2374—2019）
	建材工业大气污染物排放标准（DB 37/2373—2018）
	挥发性有机物排放标准第5部分：表面涂装行业（DB 37/2801.5—2018）
	挥发性有机物排放标准第4部分：印刷业（DB 37/2801.4—2017）
	挥发性有机物排放标准第3部分：家具制造业（DE 37/2801.3—2017）
	挥发性有机物排放标准第1部分：汽车制造业（DB 37/2801.1—2016）
	挥发性有机物排放标准第6部分：有机化工行业（DB 37/2801.6—2018）
	有机化工企业污水处理厂（站）挥发性有机物及恶臭污染物排放标准（DB 37/3161—2018）
江苏	固定式燃气轮机大气污染物排放标准（DB 32/3967—2021）
	表面涂装（汽车零部件）大气污染物排放标准（DB 32/3966—2021）
	工业炉窑大气污染物排放标准（DB 32/3728—2020）
	汽车维修行业大气污染物排放标准（DB 32/3814—2020）
	铅蓄电池工业大气污染物排放标准（DB 32/3559—2019）
	化学工业挥发性有机物排放标准（DB 32/3151—2016）
	表面涂装（家具制造业）挥发性有机物排放标准（DB 32/3152—2016）
	表面涂装（汽车制造业）挥发性有机物排放标准（DB 32/2862—2016）
浙江	工业涂装工序大气污染物排放标准（DB 33/2146—2018）
	燃煤电厂大气污染物排放标准（DB 33/2147—2018）
	制鞋工业大气污染物排放标准（DB 33/2046—2018）
	化学合成类制药工业大气污染物排放标准（DB 33/2015－2016）
	纺织染整工业大气污染物排放标准（DB 33/962—2015）
	生物制药工业污染物排放标准（DB 33/923—2014）

续表

地区	文件名称
江西	挥发性有机物排放标准第1部分印刷业（DB 36/1101.1—2019）
	挥发性有机物排放标准第2部分有机化工行业（DB 36/1101.2—2019）
	挥发性有机物排放标准第3部分医药制造业（DB 36/1101.3—2019）
	挥发性有机物排放标准第4部分塑料制品业（DB 36/1101.4—2019）
	挥发性有机物排放标准第5部分汽车制造业（DB 36/1101.5—2019）
	挥发性有机物排放标准第6部分家具制造业（DB 36/1101.6—2019）
福建	厦门市大气污染物排放标准（DB 35/323—2018）
	工业涂装工序挥发性有机物排放标准（DB 35/1783—2018）
	印刷行业挥发性有机物排放标准（DB 35/1784—2018）
	工业企业挥发性有机物排放标准（DB 35/1782—2018）
	水泥工业大气污染物排放标准（DB 35/1311—2013）
	制鞋工业大气污染物排放标准（DB 35/156—1996）
广东	玻璃工业大气污染物排放标准（DB 44/2159—2019）
	陶瓷工业大气污染物排放标准（DB 44/2160—2019）
	锅炉大气污染物排放标准（DB 44/765—2019）
	集装箱制造业挥发性有机物排放标准（DB 44/1837—2016）
	制鞋行业挥发性有机物排放标准（DB 44/817—2010）
	水泥工业大气污染物排放标准（DB 44/818—2010）
	印刷行业挥发性有机物排放标准（DB 44/815—2010）
	家具制造行业挥发性有机化合物排放标准（DB 44/814—2010）
	表面涂装（汽车制造业）挥发性有机化合物排放标准（DB 44/816—2010）
贵州	汞及其化合物工业污染物排放标准（DB 52/1422—2019）
	贵州省环境污染物排放标准（DB 52/864—2013）
	水泥工业大气污染物排放标准（DB 52/893—2014）
四川	四川省固定污染源大气挥发性有机物排放标准（DB 51/2377—2017）
海南	生活垃圾焚烧污染控制标准（DB 46/484—2019）
新疆	燃煤电厂烟气汞污染物排放标准（DB 65/T3909—2016）

资料来源：各省（市、自治区）生态环保厅网站

附录2 我国各地区水污染物排放标准文件汇总

地区	文件名称
北京	水污染物综合排放标准（DB 11/307—2013）
	城镇污水处理厂水污染物排放标准（DB 11/890—2012）
天津	天津污水综合排放标准（DB 12/356—2018）
上海	污水综合排放标准（DB 31/199—2018）
重庆	榨菜行业水污染物排放标准（DB 50/1050—2020）
	梁滩河流域城镇污水处理厂主要水污染物排放标准（DB 50/963—2020）
河北	大清河流域水污染物排放标准（DB 13/2795—2018）
	子牙河流域水污染物排放标准（DB 13/2796—2018）
	黑龙港及运东流域水污染物排放标准（DB 13/2797—2018）
山西	污水综合排放标准（DB 14/1928—2019）
辽宁	污水综合排放标准（DB 21/1627—2008）
浙江	浙江省水污染防治条例（2020年修正文本）
	电镀水污染物排放标准（DB 33/2260—2020）
	城镇污水处理厂主要水污染物排放标准（DB 33/2169—2018）
安徽	巢湖流域城镇污水处理厂和工业行业主要水污染物排放限值（DB 34/2710—2016）
福建	厦门市水污染物排放标准（DB 35/322—2018）
	制浆造纸工业水污染物排放标准（DB 35/1310—2013）
山东	流域水污染物综合排放标准（DB 37/3416.4—2018）
河南	黄河流域水污染物排放标准（DB 41/2087—2021）
	合成氨工业水污染物排放标准（DB 41/538—2017）
	啤酒工业水污染物排放标准（DB 41/681—2011）
湖北	湖北省汉江中下游流域污水综合排放标准（DB 42/1318—2017）
广东	小东江流域水污染物排放标准（DB 44/2155—2019）
	茅洲河流域水污染物排放标准（DB 44/2130—2018）
	工业废水铊污染物排放标准（DB 44/1989—2017）
	电镀水污染物排放标准（DB 44/1597—2015）
广西	甘蔗制糖工业水污染物排放标准（DB 45/893—2013）

续表

地区	文件名称
新疆	印染废水排放标准（试行）（DB 65/4293—2020）

资料来源：各省（市、自治区）生态环保厅网站

后　记

　　改革开放四十多年来，我国经济在取得辉煌成就的同时，环境问题也日益严峻。近年来，生态环境治理已成为事关全球社会经济可持续发展和人类命运共同体构建的重要议题。在此过程中，中国积极践行大国承诺，坚持走绿色低碳发展道路，将环境保护放在社会发展的突出位置。党的十八大首次明确将生态文明建设纳入中国特色社会主义"五位一体"总体布局的战略体系；党的十八届五中全会强调"绿色"为"十三五"规划五大理念之一，绿色理念成为引领可持续发展的重要风向标；党的十九大提出"加快生态文明体制建设，建设美丽中国"，强调"构建市场导向的绿色技术创新体系，发展绿色金融，壮大节能环保产业、清洁生产产业、清洁能源产业"。正是基于此背景，研究组成员进行了上市公司环境信息披露研究。

　　本研究是众人辛勤探索的集成与提炼，感谢课题负责人麦勇教授，研究组成员张见博士、黄斯琪、刘阳、杜逸超的辛苦付出。麦勇教授负责著作整体思路的设计和分析，包括研究目标、全部研究内容、创新之处等整体设计。麦勇教授和黄斯琪同学编写完成第一章"绪论"；黄斯琪同学完成第二章"上市公司环境信息披露行为与绿色规制"；麦勇教授和杜逸超同学完成第三章"上市公司环境信息披露的国际比较"；张见博士完成第四章"上市公司环境信息披露行为画像计算方法"；刘阳同学完成第五章"结合行为画像的上市公司环境信息披露特征"；刘阳和黄斯琪同学完成第六章"绿色规制影响上市公司环境信息披露行为的画像"；黄斯琪同学完成第七章"提升上市公司环境信息披露质量策略"。在研究过程中，多位不同领域的专家学者给予了许多有益的建议，在此一并感谢。

　　此研究尚存在不足之处，后续还要完善上市公司环境行为画像部分中的机器学习模型，继续调节模型的多种参数，以期能够分析更多的上市公司环境信息披露行为，构建更有解释力的环境信息披露行为画像。